ACESSE OS RECURSOS DIGITAIS ON-LINE NO SEU CELULAR, COMPUTADOR OU TABLET.

FTD EDUCAÇÃO

CB074981

O conteúdo se adapta ao tamanho da sua tela e pode ser acessado de qualquer dispositivo!

digital.ftd.com.br

Escaneie o código com a câmera do seu celular e conecte-se ao ambiente digital da **FTD Educação**.

Veja como é fácil acessar:

01
Digite seu nome de usuário e sua senha **Google**. Caso não tenha, crie sua conta. É muito rápido!

02
Encontre sua escola na lista.

03
Insira o código de acesso exclusivo e bons estudos!

CÓDIGO DE ACESSO EXCLUSIVO
zmF8Qw4WD

9010103000195

[PANORAMAS] 7
MATEMÁTICA

JOAMIR SOUZA

Licenciado em Matemática pela
Universidade Estadual de Londrina (UEL-PR).
Especialista em Estatística pela UEL-PR.
Mestre em Matemática pela UEL-PR.
Atua como professor de Matemática da
rede pública de ensino.
Autor de livros didáticos para o
Ensino Fundamental e o Ensino Médio.

FTD

FTD

Copyright © Joamir Roberto de Souza, 2019.

Diretor de conteúdo e negócios	Ricardo Tavares de Oliveira
Diretora editorial adjunta	Silvana Rossi Júlio
Gerente editorial	Roberto Henrique Lopes da Silva
Editor	João Paulo Bortoluci
Editores assistentes	Carlos Eduardo Bayer Simões Esteves, Janaina Bezerra Pereira, Luís Felipe Porto Mendes
Assessoria	Flávia Milão Silva, Francisco Mariani Casadore
Coordenador de produção editorial	Marcelo Henrique Ferreira Fontes
Gerente de arte	Ricardo Borges
Coordenadora de arte	Daniela Máximo
Projeto gráfico e capa	Sergio Cândido
Foto de capa	Michael H/Getty Images
Supervisora de arte	Isabel Cristina Corandin Marques
Editor de arte	Nadir Fernandes Racheti
Diagramação	Aga Estúdio
Tratamento de imagens	Ana Isabela Pithan Maraschin, Eziquiel Racheti
Coordenadora de ilustrações e cartografia	Marcia Berne
Ilustrações	Artur Fujita, Bentinho, Daniel Bogni, Danillo Souza, Dayane Raven, Eber Evangelista, Estúdio Ampla Arena, Leandro Marcondes, Leo Teixeira, Lucas Farauj, Marciano Palacio, Roberto Zoellner, Wandson Rocha, Yancom
Cartografia	Allmaps, Renato Bassani
Coordenadora de preparação e revisão	Lilian Semenichin
Supervisora de preparação e revisão	Maria Clara Paes
Revisão	Ana Lúcia Horn, Carolina Manley, Cristiane Casseb, Desirée Araújo, Giselle Mussi de Moura, Jussara R. Gomes, Kátia Cardoso, Lilian Vismari, Solange Guerra, Yara Affonso
Supervisora de iconografia e licenciamento de textos	Elaine Bueno
Iconografia	Rosa André, Jonathan Christian do Prado Santos
Licenciamento de textos	Erica Brambila, Carla Marques, Bárbara Clara
Supervisora de arquivos de segurança	Silvia Regina E. Almeida
Diretor de operações e produção gráfica	Reginaldo Soares Damasceno

Dados Internacionais de Catalogação na Publicação (CIP)
(Câmara Brasileira do Livro, SP, Brasil)

Souza, Joamir Roberto de
 Panoramas matemática 7 / Joamir Roberto de Souza. –
1. ed. – São Paulo : FTD, 2019.

 ISBN 978-85-96-02416-7 (aluno)
 ISBN 978-85-96-02417-4 (professor)

 1. Matemática (Ensino fundamental) I. Título.

19-27104 CDD-372.7

Índices para catálogo sistemático:

1. Matemática : Ensino fundamental   372.7

Maria Alice Ferreira – Bibliotecária – CRB-8/7964

1 2 3 4 5 6 7 8 9

Envidamos nossos melhores esforços para localizar e indicar adequadamente os créditos dos textos e imagens presentes nesta obra didática. No entanto, colocamo-nos à disposição para avaliação de eventuais irregularidades ou omissões de crédito e consequente correção nas próximas edições. As imagens e os textos constantes nesta obra que, eventualmente, reproduzam algum tipo de material de publicidade ou propaganda, ou a ele façam alusão, são aplicados para fins didáticos e não representam recomendação ou incentivo ao consumo.

Reprodução proibida: Art. 184 do Código Penal e Lei 9.610 de 19 de fevereiro de 1998.
Todos os direitos reservados à **EDITORA FTD**.

Produção gráfica
FTD educação | GRÁFICA & LOGÍSTICA
Avenida Antônio Bardella, 300 - 07220-020 GUARULHOS (SP)
Fone: (11) 3545-8600 e Fax: (11) 2412-5375

Rua Rui Barbosa, 156 – Bela Vista – São Paulo – SP
CEP 01326-010 – Tel. 0800 772 2300
Caixa Postal 65149 – CEP da Caixa Postal 01390-970
www.ftd.com.br
central.relacionamento@ftd.com.br

A comunicação impressa e o papel têm uma ótima história ambiental para contar

TWO SIDES
www.twosides.org.br

A - 890.957/24
M - 871.676/24

APRESENTAÇÃO

Olá!

Onde está a Matemática?

Talvez não percebamos, mas as respostas a essa pergunta estão em muitas situações do nosso dia a dia, como quando vamos ao supermercado e comparamos os preços dos produtos, verificamos o prazo de validade, observamos o formato das embalagens e estimamos o valor da compra e do troco.

O avanço das tecnologias da informação e comunicação permitiu ampliar as aplicações matemáticas cotidianas: avaliar quantas fotografias digitais podem ser armazenadas em um *pendrive* e analisar gráficos e tabelas em notícias disponibilizadas na internet são apenas alguns exemplos disso. A Matemática está presente até mesmo quando estamos brincando com um jogo de tabuleiro ou eletrônico, seja na compreensão das regras e no jogar, seja no estudo das chances de vitória.

Este livro foi escrito pensando em contribuir para seu aprendizado em Matemática, de maneira a possibilitar que você se desenvolva e se torne um cidadão crítico e participativo na sociedade. É muito importante que você acompanhe as orientações e explicações de seu professor e, sempre que tiver dúvidas ou sugestões, que se expresse e as compartilhe com seus colegas.

Por fim, desejo um ótimo ano de estudos.

O autor.

CONHEÇA SEU LIVRO

ABERTURA DE UNIDADE
Organizada em página dupla, apresenta uma diversidade de imagens, textos e infográficos acompanhados de algumas questões sobre o tema proposto.

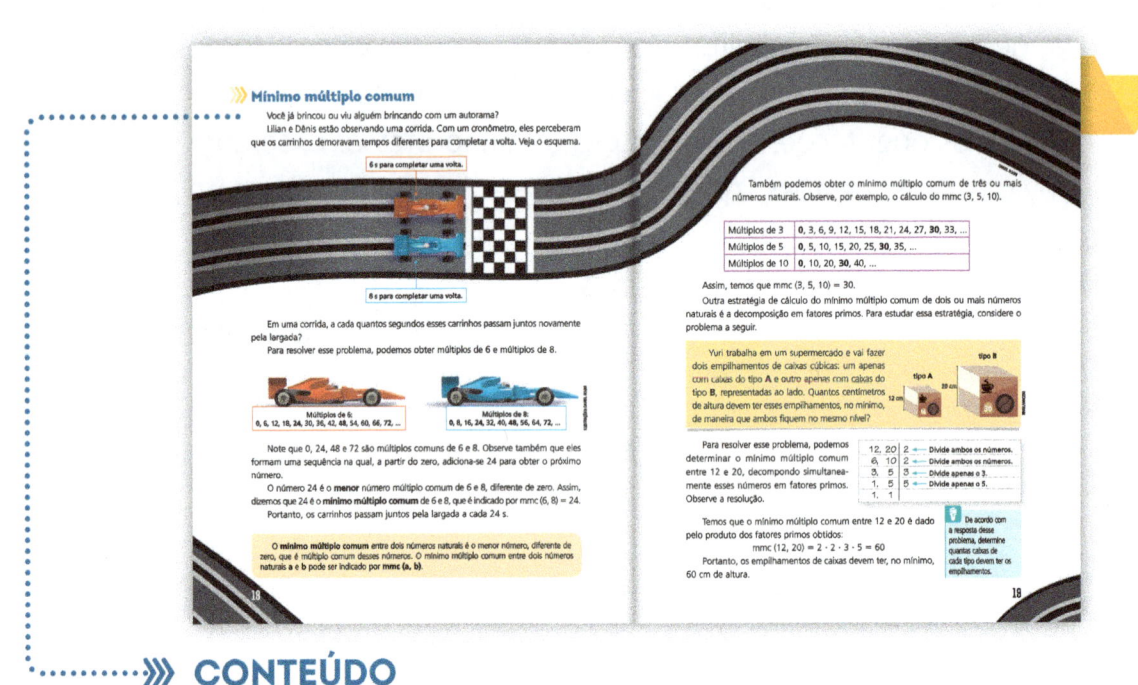

CONTEÚDO
Os conteúdos ou conceitos matemáticos são desenvolvidos com o apoio de exemplos e questões que buscam a reflexão.

ATIVIDADES
Propostas para serem realizadas individualmente ou em grupo, as atividades apresentam e discutem os conteúdos ou conceitos matemáticos em estudo. O uso de imagens, tirinhas, textos e outros recursos faz que as atividades fiquem ainda mais interessantes.

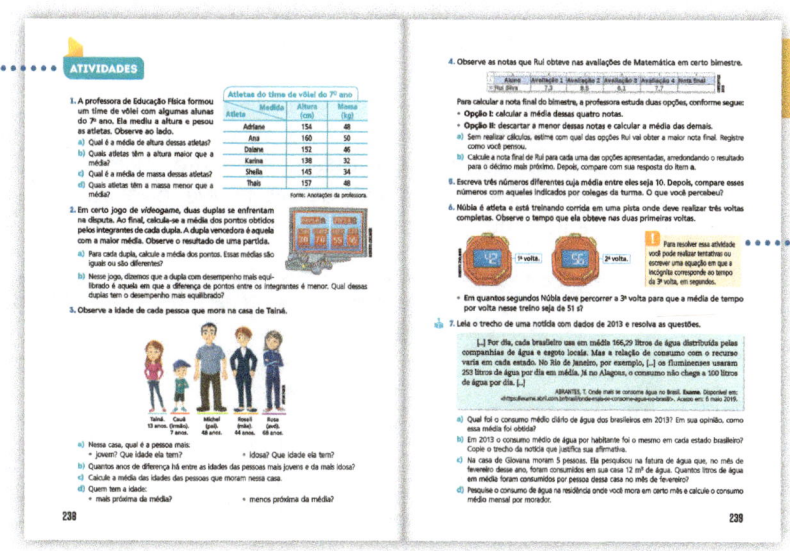

Dica
Neste boxe você encontra dicas ou lembretes importantes para a melhor compreensão de alguma informação.

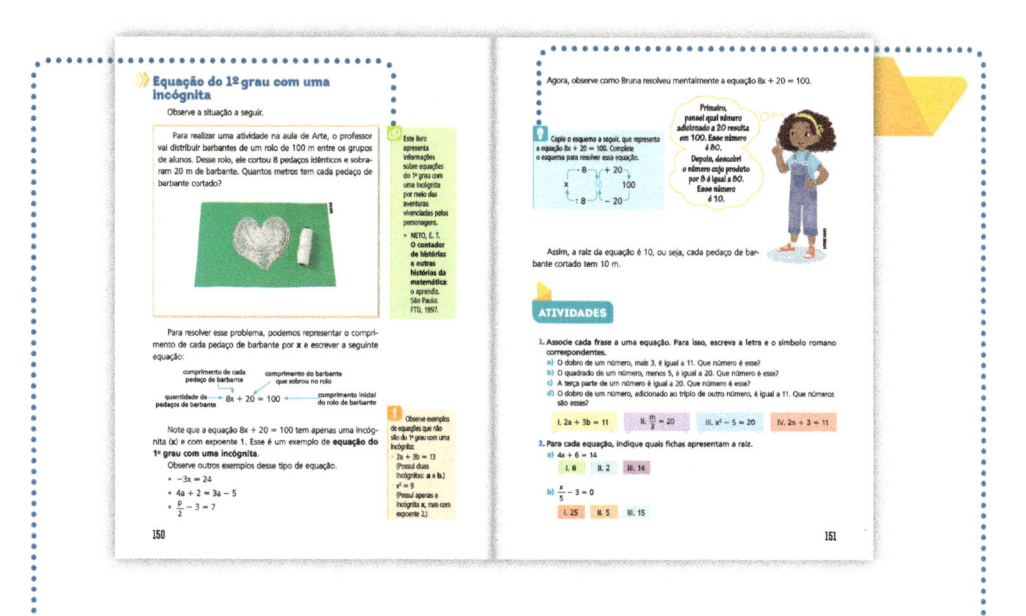

Conexões
Aqui, são apresentadas sugestões de *sites* e livros que você pode consultar para ampliar seu conhecimento sobre algum tema que está sendo estudado.

Para pensar
Neste boxe são propostas questões para você refletir e analisar situações que podem contribuir para a compreensão de determinados assuntos ou conceitos.

››› INTEGRANDO COM...

Já observou como Arte, Ciências, Educação Física, Geografia, História, Língua Portuguesa e Matemática mantêm um diálogo constante? Nesta seção são desenvolvidos momentos de integração em que você vai usar o que aprendeu em diferentes áreas e perceber que há muitas maneiras de estudar um assunto. Além disso, você terá a oportunidade de desenvolver diversas competências muito importantes para a sua vida.

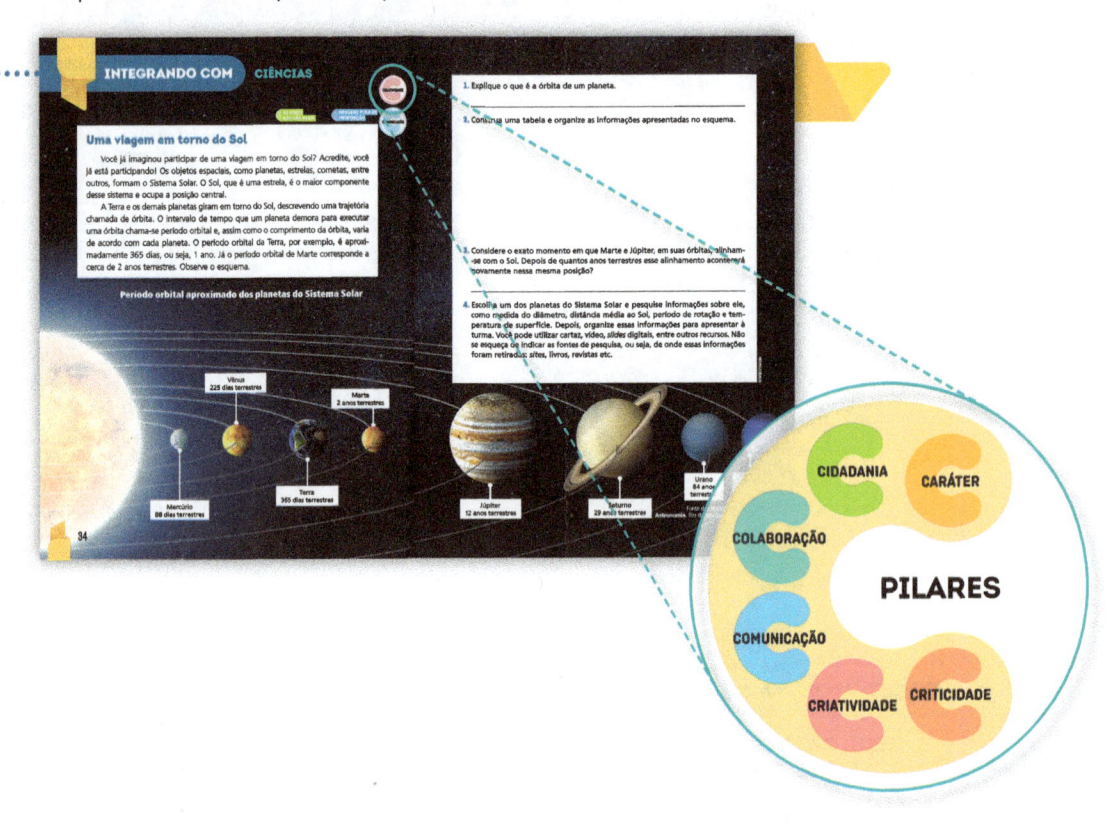

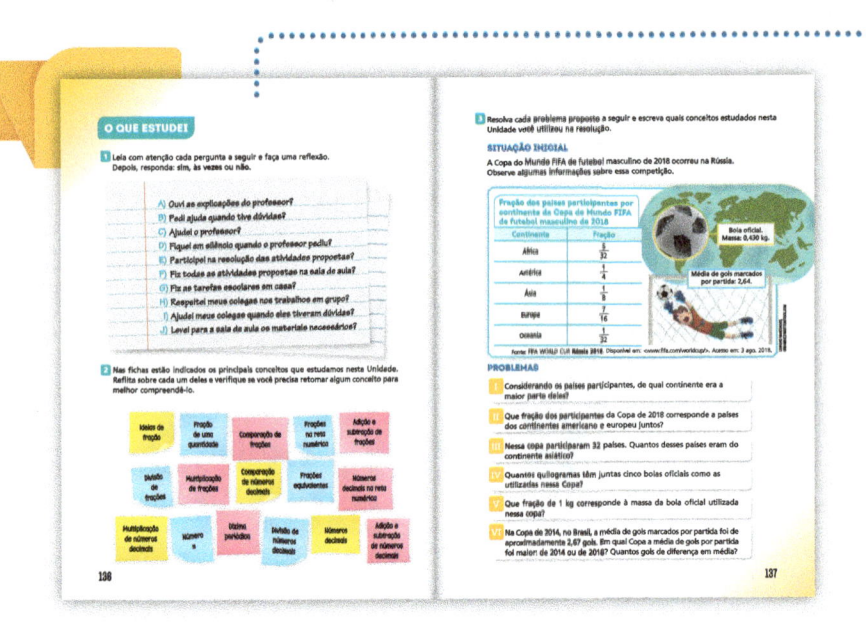

PILARES: CIDADANIA, CARÁTER, COLABORAÇÃO, COMUNICAÇÃO, CRIATIVIDADE, CRITICIDADE

O QUE ESTUDEI

Neste momento do livro, você vai refletir sobre os conteúdos ou conceitos matemáticos estudados na Unidade. As questões propostas buscam o desenvolvimento de uma autoavaliação, de modo que você consiga identificar o que foi aprendido a contento e aquilo que precisa ser revisto.

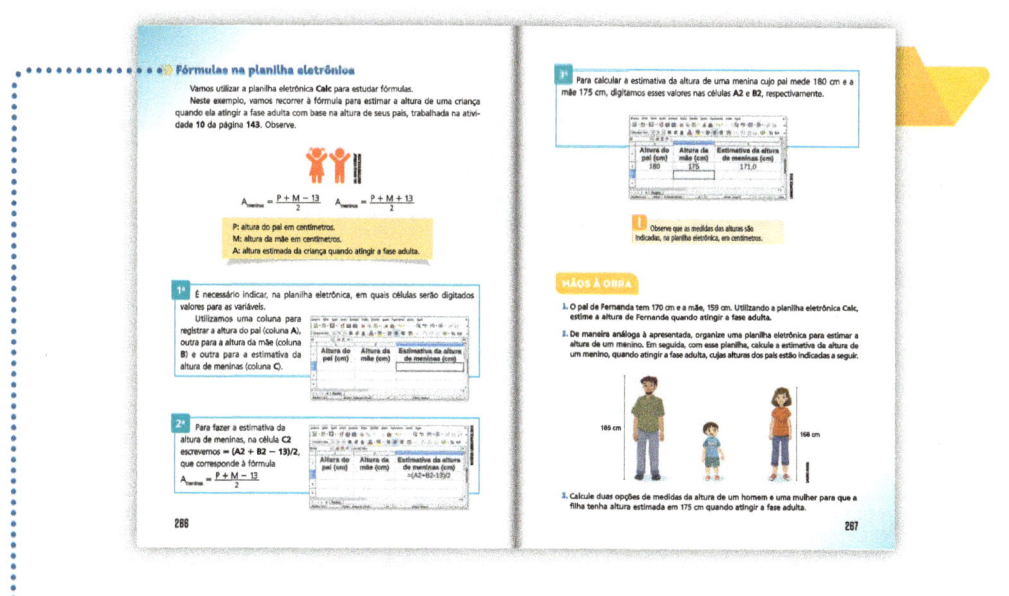

VOCÊ CONECTADO

Nesta seção são propostas atividades que envolvem conceitos matemáticos com o apoio de recursos tecnológicos, como o **GeoGebra** e a planilha eletrônica **Calc**. Por meio de construções, você vai analisar e discutir características de figuras geométricas planas, realizar transformações de figuras, construir tabelas e gráficos, estudar sequências numéricas, entre outras atividades. Além disso, essa seção apresenta instruções gerais sobre os recursos utilizados.

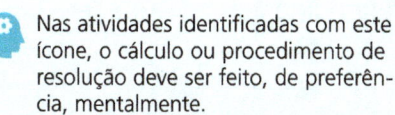

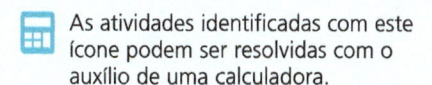

ÍCONES

Nas atividades identificadas com este ícone, o cálculo ou procedimento de resolução deve ser feito, de preferência, mentalmente.

As atividades identificadas com este ícone podem ser resolvidas com o auxílio de uma calculadora.

Nas atividades com este ícone é apresentada uma variedade de textos e imagens que buscam desenvolver sua competência como leitor.

Nas atividades com este ícone, você é convidado a registrar seus pensamentos, suas reflexões ou conclusões de diferentes maneiras, como por meio de desenho e entrevista.

Nas atividades identificadas com este ícone, a resposta deve ser realizada oralmente e compartilhada com os colegas.

Este selo aparece em atividades cuja resolução deve ser feita com um ou mais colegas.

AVALIAÇÕES

As atividades propostas nesta seção são apresentadas em forma de avaliações e foram organizadas para que você possa praticar, ampliar e avaliar o seu aprendizado sobre os principais conteúdos abordados neste livro.

SUMÁRIO

UNIDADE 1 — MÚLTIPLOS, DIVISORES, POTÊNCIAS E RAÍZES • 12

1. Múltiplos e divisores 14
   - Números primos e números compostos 15
   - **Atividades** 16
   - Mínimo múltiplo comum 18
   - **Atividades** 20
   - Máximo divisor comum 21
   - **Atividades** 23
2. Potências e raízes 25
   - Potenciação 25
   - **Atividades** 27
   - Radiciação 30
   - **Atividades** 32
- **Integrando com Ciências** • Uma viagem em torno do Sol 34
- **O que estudei** 36

UNIDADE 2 — NÚMEROS INTEIROS • 38

1. Os números negativos 40
2. Os números inteiros e a reta numérica 42
   - Distância de um ponto à origem na reta numérica 43
   - **Atividades** 44
3. Comparação de números inteiros 45
   - **Atividades** 46
4. Operações com números inteiros 48
   - Adição 48
   - **Atividades** 49
   - Subtração 51
   - **Atividades** 52
   - Multiplicação 54
   - Divisão 55
   - **Atividades** 56
- **Integrando com Geografia** • Preservação sob as águas 59
- **O que estudei** 62

LUCAS FARAUJ

UNIDADE 3 — FIGURAS GEOMÉTRICAS PLANAS • 64

1. Ângulos 66
Atividades 68
   Ângulos formados por retas paralelas e uma transversal 71
Atividades 73
2. Polígonos 75
Atividades 77
   Polígonos no plano cartesiano 79
Atividades 80
   Triângulos 81
Atividades 83
   Os ângulos nos polígonos 85
Atividades 87
3. O círculo e a circunferência 89
Atividades 91
Integrando com Arte • A Matemática além dos números 95
O que estudei 98

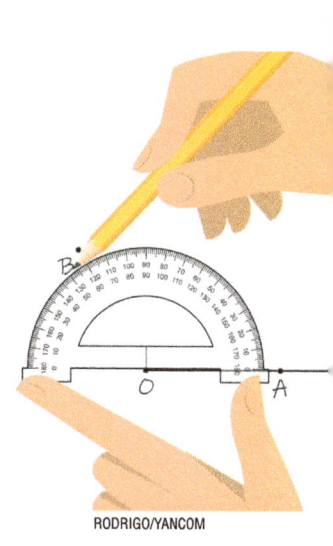

UNIDADE 4 — OS NÚMEROS RACIONAIS • 100

1. Números racionais na forma de fração 102
Atividades 104
   Frações equivalentes, simplificação e comparação de frações 107
Atividades 109
   Adição e subtração de frações 110
Atividades 111
   Multiplicação de frações 113
Atividades 115
   Divisão de frações 117
Atividades 119
2. Números racionais na forma decimal 120
   Transformação de um número racional na forma decimal para a forma de fração 120
   Transformação de um número racional na forma de fração para a forma decimal 121
   Comparação de números decimais 121
Atividades 122
   Adição e subtração de números decimais 125
Atividades 126
   Multiplicação de números decimais 127
Atividades 128
   Divisão de números naturais com quociente decimal 129
   Divisão com números decimais 130
Atividades 131
Integrando com Língua Portuguesa • Entenda os riscos do uso do *smartphone* ao volante 133
O que estudei 136

UNIDADE 5 — EXPRESSÕES ALGÉBRICAS E EQUAÇÕES • 138

1. Expressões algébricas **140**
Atividades **141**
2. Sequências **144**
Atividades **146**
3. Equações **149**
   Equação do 1º grau com uma incógnita **150**
Atividades **151**
   Resolução de equações do 1º grau com uma incógnita .. **154**
Atividades **155**
Integrando com História • Leonardo de Pisa e sua famosa sequência **158**
O que estudei **160**

UNIDADE 6 — PROPORCIONALIDADE E SIMETRIA • 162

1. Proporcionalidade **164**
   Razão **164**
Atividades **166**
   Proporção **169**
Atividades **170**
   Relação entre grandezas **171**
Atividades **174**
Atividades **180**
2. Simetria **182**
   Simetria de reflexão **182**
Atividades **185**
   Simetria de translação **187**
Atividades **188**
   Simetria de rotação **190**
Atividades **191**
Integrando com Arte e Língua Portuguesa • Perfeita simetria **193**
O que estudei **196**

UNIDADE 7 — MEDIDAS DE SUPERFÍCIE E VOLUME • 198

1. Medidas de superfície 200
Atividades 201
   Área de quadriláteros 202
Atividades 206
   Área do triângulo 210
Atividades 211
2. Medidas de volume 213
Atividades 214
   Volume do bloco retangular 217
Atividades 219
Integrando com Ciências • Gerando energia elétrica em casa 221
O que estudei 224

UNIDADE 8 — ESTATÍSTICA E PROBABILIDADE • 226

1. Estatística 228
   Tabelas 228
Atividades 229
   Gráfico de colunas e gráfico de barras 230
   Gráfico de segmentos 231
Atividades 231
   Gráfico de setores 234
Atividades 235
   Média aritmética 237
Atividades 238
   Pesquisa estatística 240
Atividades 242
2. Probabilidade 244
Atividades 245
Integrando com Geografia • Valorização da mulher 249
O que estudei 252

GOOGLE MAPS 2018

Você conectado 254
   Instruções gerais 254
   Calculando múltiplos 258
   Controle financeiro 260
   Ângulos entre retas 262
   Construindo e medindo o comprimento de uma circunferência 264
   Fórmulas na planilha eletrônica 266
   Figuras simétricas – reflexão em relação a um eixo 268
   Figuras simétricas – rotação em relação a um ponto 270
   Construindo gráficos 272
Respostas 274
Referências bibliográficas 285
Avaliações 289

UNIDADE 1
MÚLTIPLOS, DIVISORES, POTÊNCIAS E RAÍZES

Flipagem

Você sabe como são feitos os filmes de animação?

Uma das técnicas mais utilizadas para a produção de filmes de animação é a flipagem (do inglês *flip*, que significa virar rapidamente). Nessa técnica, a passagem de várias imagens bem parecidas em alta velocidade gera a ilusão de movimento.

Como nossa visão consegue distinguir até 8 imagens por segundo, os desenhistas fazem, no mínimo, 12 desenhos para compor cada 1 segundo da animação. Assim, uma animação curta de 30 segundos necessita que sejam feitos pelo menos 360 desenhos.

Acesse estes *sites* para obter mais informações sobre filmes de animação e a técnica de flipagem.

- RAMOS, M. **No mundo da animação**. Disponível em: <http://livro.pro/ngqqk2>. Acesso em: 16 abr. 2019.
- O TRABALHÃO da animação. **Ciência Hoje das Crianças**. Disponível em: <http://livro.pro/ixxecc>. Acesso em: 17 jun. 2019.

▶ Fotogramas de película de desenho do Mickey Mouse. Repare nas pequenas diferenças entre esses desenhos, como a posição em que a personagem aparece em cada *frame*.

Converse com os colegas e o professor sobre os itens a seguir.
- Quais são os filmes de animação de que você mais gosta?
- Você entendeu como a técnica de flipagem é realizada? Explique aos colegas como ela funciona.
- Como você faria para calcular quantos desenhos são necessários para produzir uma cena de alguns segundos em um filme de animação?

▶ **Branca de Neve e os sete anões** foi o primeiro longa-metragem de animação lançado pela Disney, em 1937. Utilizando a técnica de flipagem, a animação fez muito sucesso na época e até hoje é muito assistida.

13

1. MÚLTIPLOS E DIVISORES

Nas páginas de abertura desta Unidade, vimos que, para se obter 1 segundo da animação, são necessários, no mínimo, 12 desenhos da cena.

Para indicar a quantidade de desenhos necessários para produzir uma animação, considerando o tempo, em segundos, podemos escrever a seguinte sequência numérica, indicada em vermelho.

▶ Mickey Mouse em cena do curta-metragem **O vapor Willie** (1928).

0s	1s	2s	3s	4s	5s	6s
0,	**12,**	**24,**	**36,**	**48,**	**60,**	**72,** ...
12 · 0 = 0	12 · 1 = 12	12 · 2 = 24	12 · 3 = 36	12 · 4 = 48	12 · 5 = 60	12 · 6 = 72

Os números dessa sequência foram obtidos multiplicando-se por 12 os números naturais 0, 1, 2, 3, 4, 5 e 6. Por isso, dizemos que os números dessa sequência são **múltiplos** de 12.

Um número múltiplo de 12, ao ser dividido por 12, resultará em uma divisão exata.

Assim, dizemos que 72 é **divisível** por 12, que 12 é **divisor** de 72 ou, ainda, que 12 é **fator** de 72.

> Dizemos que um número natural é **múltiplo** de outro se o primeiro é resultado da multiplicação do segundo por um número natural qualquer.
>
> Dizemos que um número natural diferente de zero é **divisor** ou **fator** de outro se a divisão do segundo pelo primeiro é exata.

Podemos utilizar a divisão para verificar se:

- um número natural é múltiplo de um número natural;
- um número natural diferente de zero é divisor de um número natural.

Exemplo:

```
  8 4 | 7
 -7   |12
  ---
  1 4
 -1 4
  ---
   0 0   ← resto 0
         divisão exata
```

Como a divisão 84 : 7 = 12 **é exata**, podemos afirmar que:

- 84 é **múltiplo** de 7, pois 7 · 12 = 84;
- 84 é **múltiplo** de 12, pois 12 · 7 = 84;
- 7 é **divisor** de 84, pois 84 : 7 = 12 e resto 0;
- 12 é **divisor** de 84, pois 84 : 12 = 7 e resto 0.

Números primos e números compostos

Você lembra o que são números primos e números compostos? Observe.

Número primo: Número natural maior do que 1 e que possui apenas dois divisores: o 1 e o próprio número.

Número composto: Número natural maior do que 1 e que possui mais de dois divisores.

> ❗ Os números primos menores do que 100 são: 2, 3, 5, 7, 11, 13, 17, 19, 23, 29, 31, 37, 41, 43, 47, 53, 59, 61, 67, 71, 73, 79, 83, 89 e 97.

Para verificar se um número natural maior do que 1 é **primo** ou **composto**, podemos realizar sucessivas divisões desse número por primos de maneira ordenada. Observe, por exemplo, esta verificação para os números **133** e **113**.

- 133

```
 133 | 2       133 | 3       133 | 5       133 | 7
-12    066    -12    044    -10    026    - 7    019
  13            13            33            63
 -12           -12           -30           -63
  01            01            03            00
```

Como essa divisão é exata, temos que 133 é um número **composto**, uma vez que, pelo menos, 1, 7, 19 e 133 são seus divisores.

- 113

```
 113 | 2       113 | 3       113 | 5       113 | 7       113 | 11
-10    056    - 9    037    -10    022    - 7    016    -11    010
  13            23            13            43            03
 -12           -21           -10           -42
  01            02            03            01
```

Como a divisão é não exata e o quociente é menor do que o divisor (10 < 11), temos que 113 é um número primo.

> ❗ Note que, na verificação de 113, se continuássemos as divisões sucessivas por números primos, obteríamos quocientes cada vez menores. Como já realizamos as divisões por números primos menores do que 13, não encontraríamos um número primo divisor de 113.

15

ATIVIDADES

1. Utilizando a técnica da flipagem, quantos desenhos são necessários para se produzir um filme de animação de 40 segundos em que, para cada segundo, há 12 desenhos?

   - O número correspondente à quantidade de desenhos que você obteve como resposta é múltiplo de 12? Explique.

2. Observe os números do quadro e responda às questões.

10	21	22	45	72	140
63	121	91	18	7	

   Quais desses números são:
   a) múltiplos de 9?
   b) múltiplos de 5?
   c) múltiplos de 2?
   d) simultaneamente múltiplos de 2 e de 9?

3. Observe os números apresentados em cada caso.

   I. 1 4 5 6 10 50
   II. 1 2 5 10 25 50
   III. 2 5 6 10 12 20

   a) Em qual desses casos estão indicados todos os divisores de 50?
   b) Em qual desses casos todos os números indicados são divisores de 60?

4. Veja como Alan e Bruna fizeram para obter alguns dos múltiplos de 7.

   Escrevi os primeiros números naturais e multipliquei cada um deles por 7.

·7	0	1	2	3	4	5
	0	7	14	21	28	35

   A partir do zero, adicionei 7 unidades sucessivas vezes.

   0 → 7 → 14 → 21 → 28 → 35
     +7   +7   +7   +7   +7

   Com uma dessas estratégias, obtenha os seis primeiros múltiplos de:
   a) 6.
   b) 11.
   c) 100.
   d) 17.

5. Para obter todos os divisores de 10, Camila dividiu esse número pelos números naturais de 1 até 10 e verificou as divisões exatas. Observe as anotações que ela fez.

10 : 1 = 10
10 : 2 = 5
10 : 3 = 3 e resto 1
10 : 4 = 2 e resto 2
10 : 5 = 2
10 : 6 = 1 e resto 4
10 : 7 = 1 e resto 3
10 : 8 = 1 e resto 2
10 : 9 = 1 e resto 1
10 : 10 = 1

   a) De acordo com as anotações de Camila, escreva todos os divisores de 10.
   b) Agora, obtenha todos os divisores de:
      - 15.
      - 20.
      - 11.
   c) Classifique os números 11, 15 e 20 em primo ou composto.

6. Para organizar as músicas que tem em seu computador, Caio criou algumas pastas e colocou 20 músicas em cada uma. Observe a seguir a quantidade de pastas criadas e as músicas que sobraram.

a) Quantas músicas Caio organizou nas pastas? E quantas músicas ele tem ao todo?

b) Quantas músicas faltam para ele criar outra pasta?

c) Alfredo e Beatriz vão organizar as pastas de músicas da mesma maneira que Caio. Calcule quantas pastas eles vão precisar e quantas músicas vão sobrar, sabendo que:
  - Alfredo tem 500 músicas.
  - Beatriz tem 475 músicas.

7. Na turma do 7º ano de uma escola estudam 38 alunos. Em certo dia, quando alguns alunos haviam faltado, o professor de Matemática contou-os de 6 em 6, e sobraram 5 alunos. Depois, contou-os de 5 em 5, e não sobrou aluno.

a) Quantos alunos havia na sala de aula nesse dia?

b) Caso o professor tivesse contado os alunos de 4 em 4, sobrariam alunos?

! Nesse dia, mais de 10 alunos da turma foram à escola.

8. (Enem-2014) Uma loja decide premiar seus clientes. Cada cliente receberá um dos seis possíveis brindes disponíveis, conforme sua ordem de chegada na loja. Os brindes a serem distribuídos são: uma bola, um chaveiro, uma caneta, um refrigerante, um sorvete e um CD, nessa ordem. O primeiro cliente da loja recebe uma bola, o segundo recebe um chaveiro, o terceiro recebe uma caneta, o quarto recebe um refrigerante, o quinto recebe um sorvete, o sexto recebe um CD, o sétimo recebe uma bola, o oitavo recebe um chaveiro, e assim sucessivamente, segundo a ordem dos brindes.

O milésimo cliente receberá de brinde um(a):

a) bola.
b) caneta.
c) refrigerante.
d) sorvete.
e) CD.

9. Elabore e escreva dois problemas envolvendo os conceitos de múltiplos e de divisores de um número natural. Em seguida, junte-se a um colega e troquem os problemas para que um resolva os do outro. Juntos, verifiquem se as respostas estão corretas.

10. Indique, justificando sua resposta, um número:

a) composto e ímpar.
b) primo e par.
c) que não seja primo nem composto.

⟩⟩ Mínimo múltiplo comum

Você já brincou ou viu alguém brincando com um autorama?

Lilian e Dênis estão observando uma corrida. Com um cronômetro, eles perceberam que os carrinhos demoravam tempos diferentes para completar a volta. Veja o esquema.

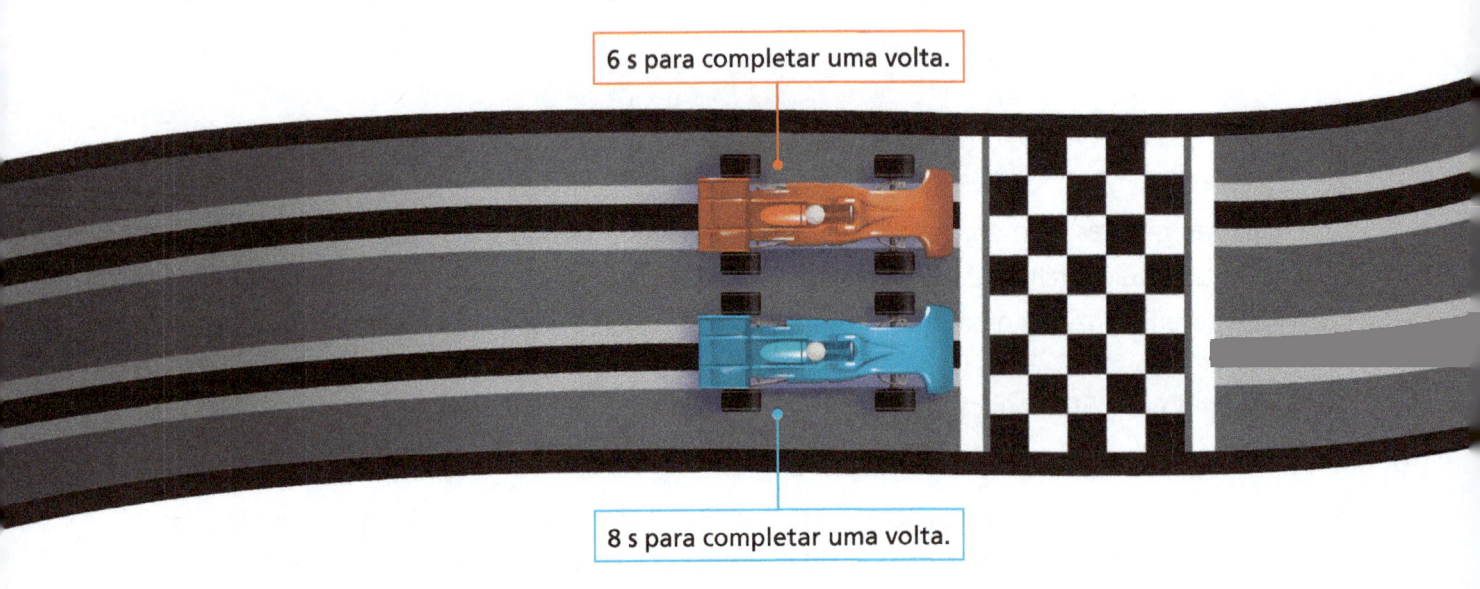

6 s para completar uma volta.

8 s para completar uma volta.

Em uma corrida, a cada quantos segundos esses carrinhos passam juntos novamente pela largada?

Para resolver esse problema, podemos obter múltiplos de 6 e múltiplos de 8.

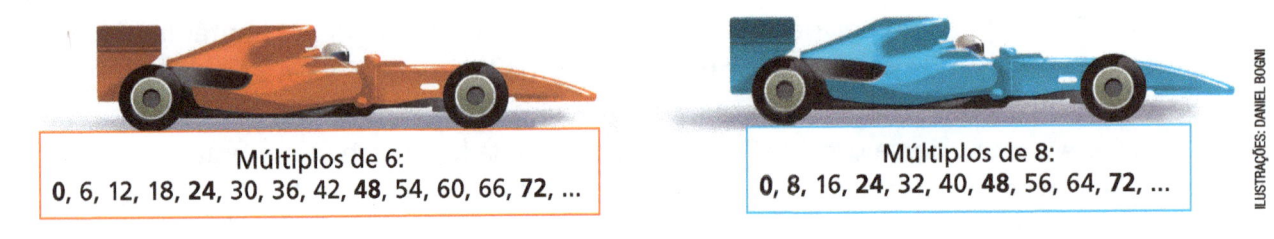

Múltiplos de 6:
0, 6, 12, 18, **24**, 30, 36, 42, **48**, 54, 60, 66, **72**, ...

Múltiplos de 8:
0, 8, 16, **24**, 32, 40, **48**, 56, 64, **72**, ...

Note que 0, 24, 48 e 72 são múltiplos comuns de 6 e 8. Observe também que eles formam uma sequência na qual, a partir do zero, adiciona-se 24 para obter o próximo número.

O número 24 é o **menor** número múltiplo comum de 6 e 8, diferente de zero. Assim, dizemos que 24 é o **mínimo múltiplo comum** de 6 e 8, que é indicado por mmc (6, 8) = 24.

Portanto, os carrinhos passam juntos pela largada a cada 24 s.

> O **mínimo múltiplo comum** entre dois números naturais é o menor número, diferente de zero, que é múltiplo comum desses números. O mínimo múltiplo comum entre dois números naturais **a** e **b** pode ser indicado por **mmc (a, b)**.

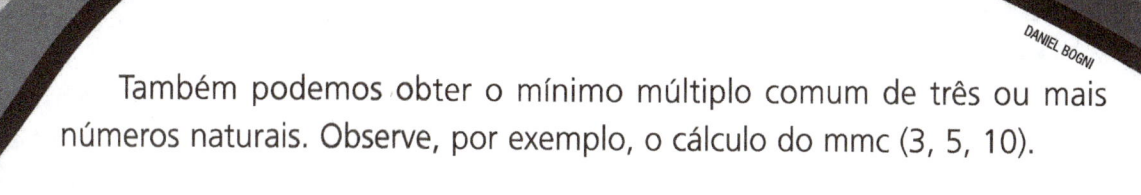

Também podemos obter o mínimo múltiplo comum de três ou mais números naturais. Observe, por exemplo, o cálculo do mmc (3, 5, 10).

Múltiplos de 3	**0**, 3, 6, 9, 12, 15, 18, 21, 24, 27, **30**, 33, ...
Múltiplos de 5	**0**, 5, 10, 15, 20, 25, **30**, 35, ...
Múltiplos de 10	**0**, 10, 20, **30**, 40, ...

Assim, temos que mmc (3, 5, 10) = 30.

Outra estratégia de cálculo do mínimo múltiplo comum de dois ou mais números naturais é a decomposição em fatores primos. Para estudar essa estratégia, considere o problema a seguir.

Yuri trabalha em um supermercado e vai fazer dois empilhamentos de caixas cúbicas: um apenas com caixas do tipo **A** e outro apenas com caixas do tipo **B**, representadas ao lado. Quantos centímetros de altura devem ter esses empilhamentos, no mínimo, de maneira que ambos fiquem no mesmo nível?

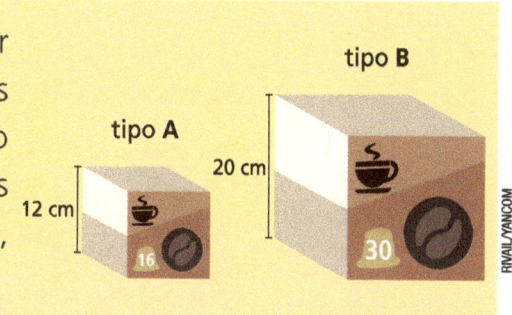

tipo A — 12 cm
tipo B — 20 cm

Para resolver esse problema, podemos determinar o mínimo múltiplo comum entre 12 e 20, decompondo simultaneamente esses números em fatores primos. Observe a resolução.

12, 20	2	← Divide ambos os números.
6, 10	2	← Divide ambos os números.
3, 5	3	← Divide apenas o 3.
1, 5	5	← Divide apenas o 5.
1, 1		

Temos que o mínimo múltiplo comum entre 12 e 20 é dado pelo produto dos fatores primos obtidos:

mmc (12, 20) = 2 · 2 · 3 · 5 = 60

Portanto, os empilhamentos de caixas devem ter, no mínimo, 60 cm de altura.

De acordo com a resposta desse problema, determine quantas caixas de cada tipo devem ter os empilhamentos.

ATIVIDADES

1. Obtenha os oito primeiros múltiplos de **6, 9** e **12**. Depois, determine:
   a) mmc (6, 9)
   b) mmc (9, 12)
   c) mmc (6, 12)
   d) mmc (6, 9, 12)

2. Calcule.
   a) mmc (12, 18)
   b) mmc (14, 21)
   c) mmc (8, 10, 20)
   d) mmc (18, 24, 36)

3. Heloísa ajudou os avós a montar a árvore de Natal. Eles usaram lâmpadas pisca-pisca brancas, que piscavam a cada 4 s, e verdes, que piscavam a cada 6 s. Sabendo que as lâmpadas permanecem ligadas e considerando um momento em que piscaram juntas, após quantos segundos elas vão piscar juntas novamente?

4. André está brincando com um jogo de *videogame*. À medida que coleta moedas, o personagem ganha dois tipos de bônus: energia e vida. Observe a tela desse jogo em certo momento.

   Total de moedas coletadas. ⨯ 265
   A cada 20 moedas coletadas ganha uma vida. ♥ ⨯ 13
   ⚡ ⨯ 17
   A cada 15 moedas coletadas ganha uma energia.

   a) Até esse momento, quantas moedas foram coletadas? E quantos bônus de cada tipo foram ganhos?
   b) Quantas moedas foram coletadas para que, pela primeira vez, fossem ganhos os dois tipos de bônus ao mesmo tempo?
   c) Quando completar 500 moedas coletadas, quantos bônus de cada tipo terão sido ganhos?

5. Veja como Bianca calculou mentalmente o mmc (6, 15).

   Escrevi os múltiplos de 15, que é o maior número, e verifiquei qual desses múltiplos, maior do que zero, é o primeiro que é divisível por 6.

   Agora, calcule mentalmente:
   a) mmc (3, 8)
   b) mmc (4, 10)
   c) mmc (6, 20)
   d) mmc (15, 25)

6. O professor de Matemática propôs um desafio a três alunos de uma turma: Aline, Danilo e Clara. Para fazer a atividade, eles usariam um mesmo livro, que tinha mais de 100 páginas. Aline deveria ler uma palavra em cada página com número múltiplo de 8, Danilo deveria ler uma palavra em cada página com número múltiplo de 12 e Clara, em cada página com número múltiplo de 18.
   a) Qual é o número da primeira página do livro em que cada aluno vai ler uma palavra?
   b) Algumas páginas terão palavras lidas pelos três alunos? Qual é a primeira dessas páginas?

7. Elabore e escreva um problema envolvendo o conceito de mínimo múltiplo comum de dois ou mais números naturais. Em seguida, junte-se a um colega e troquem o problema para que um resolva o do outro. Juntos, verifiquem se as respostas estão corretas.

Máximo divisor comum

Você faz algum tipo de coleção?

Olívia coleciona adesivos de animais e de super-heróis. Ela tem 36 adesivos de animais e 45 de super-heróis e decidiu organizar sua coleção da seguinte maneira:

Em cada página do álbum vou colar a mesma quantidade de adesivos de animais. Farei o mesmo com os adesivos de super-heróis. Ao final, cada página terá os dois tipos de adesivo e não sobrará nenhum.

No máximo, quantas páginas do álbum Olívia pode utilizar?

Para resolver esse problema, podemos inicialmente obter os divisores de 36 e 45. Podemos compreender esses divisores como a quantidade de páginas necessárias para colar os adesivos. Por exemplo: como 12 é divisor de 36, temos que os 36 adesivos de animais podem ser colados em 12 páginas.

Adesivos de animais
Divisores de 36:
1, 2, **3**, 4, 6, **9**, 12, 18, 36

Adesivos de super-heróis
Divisores de 45:
1, **3**, 5, **9**, 15, 45

Ao utilizar 9 páginas do álbum, quantos adesivos de cada tipo terá em cada uma delas?

Note que os divisores comuns de 36 e 45 são 1, 3 e 9, ou seja, os adesivos podem ser distribuídos no álbum, como Olívia quer, utilizando 1, 3 ou 9 páginas.

Assim, ela vai utilizar no máximo 9 páginas do álbum.

21

Para resolver esse problema, determinamos o **máximo divisor comum** dos números 36 e 45, que é indicado por mdc (36, 45) = 9.

> O **máximo divisor comum** de dois números naturais é o maior número que é divisor comum deles. O máximo divisor comum de dois números naturais **a** e **b** pode ser indicado por **mdc (a, b)**.

Também podemos obter o máximo divisor comum entre três ou mais números naturais. Observe, por exemplo, o cálculo do mdc (28, 42, 63).

Divisores de 28	**1**, 2, 4, **7**, 14, 28
Divisores de 42	**1**, 2, 3, 6, **7**, 14, 21, 42
Divisores de 63	**1**, 3, **7**, 9, 21, 63

Assim, temos que mdc (28, 42, 63) = 7.

Outra estratégia que pode ser usada para calcular o máximo divisor comum de dois ou mais números naturais é por decomposição em fatores primos. Observe, por exemplo, o cálculo do mdc (420, 150).

420, 150	2	← Divide ambos os números.
210, 75	2	← Divide apenas o 210.
105, 75	3	← Divide ambos os números.
35, 25	5	← Divide ambos os números.
7, 5	5	← Divide apenas o 5.
7, 1	7	← Divide apenas o 7.
1, 1		

Temos que o máximo divisor comum entre 420 e 150 é dado pelo produto dos fatores primos que dividem ambos os números na decomposição mostrada:

$$\text{mdc }(420, 150) = 2 \cdot 3 \cdot 5 = 30$$

ATIVIDADES

1. Determine todos os divisores de **12, 18** e **27**. Em seguida, calcule:
   a) mdc (12, 18)
   b) mdc (12, 27)
   c) mdc (18, 27)
   d) mdc (12, 18, 27)

2. Calcule.
   a) mdc (16, 24)
   b) mdc (21, 32)
   c) mdc (75, 120)
   d) mdc (168, 216)
   e) mdc (54, 81, 135)
   f) mdc (90, 144, 336)

3. A professora de História levará os alunos das turmas **A** e **B** do 7º ano, com 20 e 25 alunos, respectivamente, para visitar um museu. Ela irá organizá-los em grupos com a mesma quantidade de alunos, de maneira que cada grupo tenha apenas alunos da mesma turma. Os grupos formados poderão ter no máximo quantos alunos?

4. Calcule o máximo divisor comum dos números em cada caso.
   - 6, 12
   - 20, 80
   - 11, 33, 77

   a) Que característica têm em comum esses cálculos de máximo divisor comum? De maneira geral, em que situações você acha que isso ocorre?
   b) Sem fazer cálculos por escrito, determine:
      - mdc (2 500, 5 000)
      - mdc (13, 39, 65)

5. Na loja em que Cátia trabalha foram comprados estes dois rolos de corda.

Para revender, Cátia vai cortar os dois rolos de corda em pedaços de mesmo comprimento, de modo que os pedaços tenham o maior comprimento possível e sem sobras. Em quantos pedaços de corda cada rolo será cortado?

23

6. Gabriel faz decoração de festas infantis. Para decorar certa festa, ele encheu 56 balões azuis, 68 balões vermelhos e 52 balões amarelos. Ele quer distribuir igualmente todos os balões de cada cor para fazer enfeites, sem sobrar balão. Quantos enfeites, com a maior quantidade possível de balões de cada cor, Gabriel poderá fazer? Nesse caso, quantos balões de cada cor haverá em cada enfeite?

7. Elabore e escreva um problema envolvendo o conceito de máximo divisor comum. Em seguida, junte-se a um colega e troquem os problemas para que um resolva o do outro. Verifiquem se as respostas estão corretas.

8. Existem diferentes procedimentos para determinar o máximo divisor comum entre dois números naturais. Um dos mais antigos é apresentado na obra **Elementos**, do grego Euclides, considerada uma das mais importantes contribuições da Matemática grega, e data de cerca de 300 a.C.

Observe como Maísa calculou o mdc (45, 30) e o mdc (26, 9) com base nesse procedimento.

Subtraio o menor desses números do maior. Depois, sucessivas vezes, faço o mesmo considerando o subtraendo e o resultado obtido na subtração anterior, até que o resultado seja 0 ou 1.

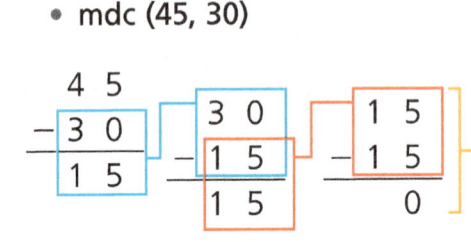

- mdc (45, 30)

$$45 - 30 = 15$$
$$30 - 15 = 15$$
$$15 - 15 = 0$$

Ao obter uma subtração com resultado zero, o máximo divisor comum corresponde ao resultado da subtração anterior. Assim, mdc (45, 30) = 15.

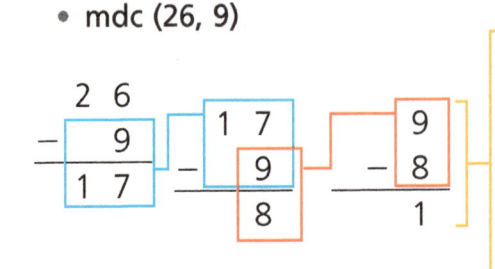

- mdc (26, 9)

$$26 - 9 = 17$$
$$17 - 9 = 8$$
$$9 - 8 = 1$$

Ao obter uma subtração com resultado 1, o máximo divisor comum corresponde ao número 1. Assim, mdc (26, 9) = 1.

Fonte dos dados: BOYER, C. B. **História da Matemática**. Tradução: Elza F. Gomide. São Paulo: Edgard Blücher, 1974. p. 84-87.

Use essa estratégia para calcular:
a) mdc (42, 98)
b) mdc (16, 24)
c) mdc (40, 81)
d) mdc (12, 30)

2. POTÊNCIAS E RAÍZES

≫ Potenciação

As bactérias são microrganismos que possuem apenas uma célula. Enquanto algumas bactérias podem ser prejudiciais à saúde, outras não nos fazem mal nenhum e, inclusive, são importantes para garantir o bom funcionamento do organismo. Existem também algumas bactérias que são utilizadas na fabricação de alimentos, como queijos e iogurtes.

Alguns tipos de bactérias têm como característica o rápido aumento de sua população. Observe o esquema.

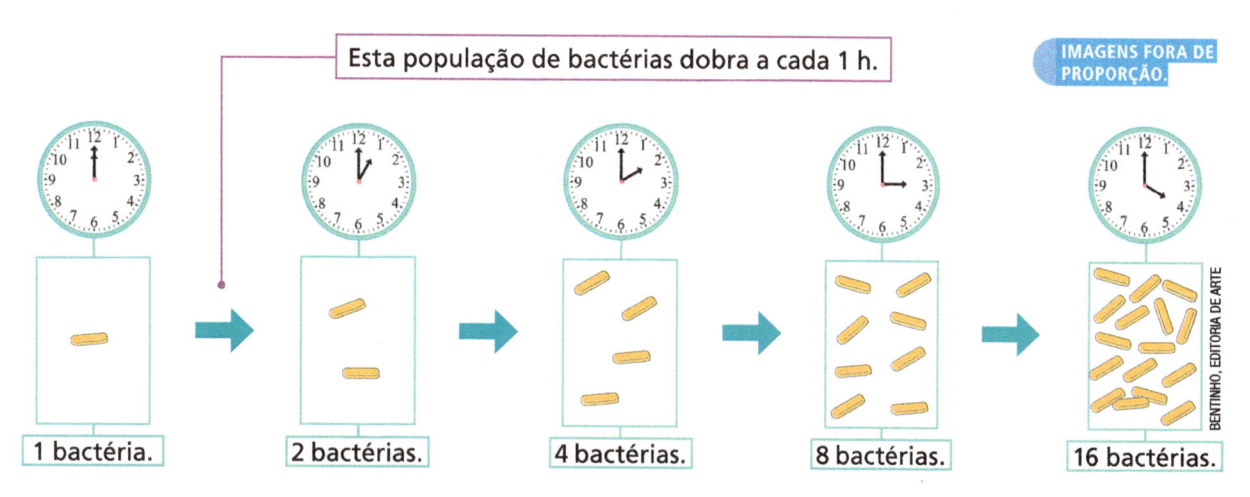

Esta população de bactérias dobra a cada 1 h.

IMAGENS FORA DE PROPORÇÃO.

1 bactéria. → 2 bactérias. → 4 bactérias. → 8 bactérias. → 16 bactérias.

Como a quantidade de bactérias da população dobra a cada 1 h, podemos representar essa quantidade usando **potenciação**. Observe.

- 1 bactéria ⟶ $1 = 2^0$
- 2 bactérias ⟶ $2 = 2^1$
- 4 bactérias ⟶ $4 = 2 \cdot 2 = 2^2$
- 8 bactérias ⟶ $8 = 2 \cdot 2 \cdot 2 = 2^3$
- 16 bactérias ⟶ $16 = 2 \cdot 2 \cdot 2 \cdot 2 = 2^4$

> Como você representaria $2 \cdot 2 \cdot 2 \cdot 2 \cdot 2$ usando potenciação?

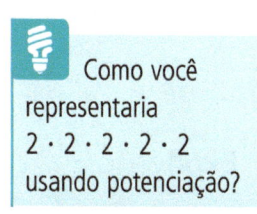

Para representar uma multiplicação de fatores iguais, podemos utilizar a **potenciação**. Em uma potenciação destacam-se os seguintes elementos:

$$2^3 = 2 \cdot 2 \cdot 2 = 8$$

O **expoente** indica a quantidade de vezes que o fator se repete na multiplicação.

A **base** indica o fator que se repete na multiplicação.

A **potência** indica o produto dos fatores iguais.

25

- Em uma potência com **expoente 1** e a base um número qualquer, temos que o resultado é esse próprio número. Por exemplo, **2¹ = 2**.
- Em uma potência com **expoente 0** e a base diferente de zero, temos que o resultado é 1. Por exemplo, **2⁰ = 1**.

Exemplos:
- $3^4 = 3 \cdot 3 \cdot 3 \cdot 3 = 81$
- $7^0 = 1$
- $(4,2)^1 = 4,2$

▸ Leitura de potências

Para fazermos a leitura de uma potência, temos de ficar atentos ao expoente. Observe alguns exemplos.

5^0 → cinco elevado a zero.

2^1 → dois elevado à primeira potência.

7^4 → sete elevado à quarta potência.

8^{10} → oito elevado à décima potência.

Expoente 2: O expoente 2 também pode ser lido usando a expressão **ao quadrado**. Isso ocorre porque podemos usar figuras de quadrados para representar potências com esse expoente. Observe.

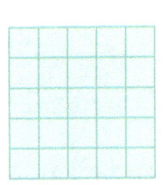

$5^2 = 5 \cdot 5 = 25$, ou seja, 25 ▢.

Lê-se "cinco elevado à segunda potência" ou "cinco ao quadrado".

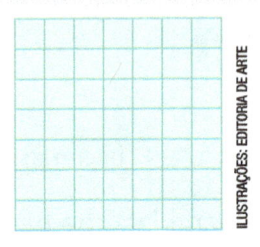

$7^2 = 7 \cdot 7 = 49$, ou seja, 49 ▢.

Lê-se "sete elevado à segunda potência" ou "sete ao quadrado".

Expoente 3: O expoente 3 também pode ser lido usando a expressão **ao cubo**. Isso ocorre porque podemos usar figuras de cubos para representar potências com esse expoente. Observe.

$2^3 = 2 \cdot 2 \cdot 2 = 8$, ou seja, 8 ▢.

Lê-se "dois elevado à terceira potência" ou "dois ao cubo".

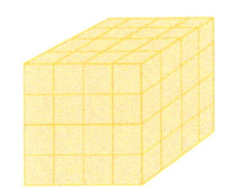

$4^3 = 4 \cdot 4 \cdot 4 = 64$, ou seja, 64 ▢.

Lê-se "quatro elevado à terceira potência" ou "quatro ao cubo".

ATIVIDADES

1. Temos de ficar atentos para não confundir potenciação e multiplicação. Enquanto a potenciação corresponde a uma multiplicação de fatores iguais, a multiplicação corresponde a uma adição de parcelas iguais. Observe os exemplos.
   - $4^3 = 4 \cdot 4 \cdot 4 = 64$
   - $4 \cdot 3 = 3 + 3 + 3 + 3 = 12$

   Agora, associe as fichas de resultados iguais, escrevendo a letra e o símbolo romano correspondente.
   a) 5^4
   b) $5 \cdot 4$
   c) 4^5

   I. $4 \cdot 4 \cdot 4 \cdot 4 \cdot 4$
   II. $5 \cdot 5 \cdot 5 \cdot 5$
   III. $4 + 4 + 4 + 4 + 4$

2. Represente cada produto por meio de uma potência. Depois, resolva-a.
   a) $4 \cdot 4$
   b) $7 \cdot 7 \cdot 7 \cdot 7$
   c) $1,6 \cdot 1,6 \cdot 1,6$
   d) $1 \cdot 1 \cdot 1 \cdot 1 \cdot 1 \cdot 1 \cdot 1$
   e) $2 \cdot 2 \cdot 2 \cdot 2 \cdot 2 \cdot 2 \cdot 2 \cdot 2$
   f) $15 \cdot 15$

3. Calcule as potências.
   a) 4^5
   b) $(0,5)^2$
   c) 41^0
   d) 128^1

4. Represente as potências usando algarismos. Depois, resolva-as.
   a) Cinco elevado à quarta potência.
   b) Doze ao cubo.
   c) Quatro inteiros e seis décimos elevado ao quadrado.
   d) Um elevado à décima potência.

5. Você já ouviu falar da *Escherichia coli* ou *E. coli*? Ela é uma bactéria presente no intestino humano de forma natural; porém, em outras partes do organismo, pode causar várias doenças.

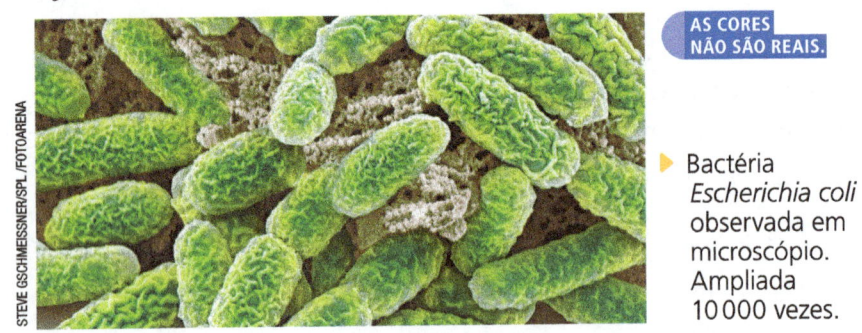

AS CORES NÃO SÃO REAIS.

▶ Bactéria *Escherichia coli* observada em microscópio. Ampliada 10 000 vezes.

Alguns hábitos simples podem evitar a contaminação por bactérias causadoras de doenças. Veja duas recomendações.

- Lavar bem as mãos após usar o banheiro, ao chegar da rua e antes de comer ou manusear alimentos.
- Lavar bem os alimentos, sobretudo os que são consumidos crus, como verduras, frutas e legumes.

Em um laboratório, uma cientista está estudando o crescimento da população de uma bactéria causadora de certa doença. Observe os resultados que ela registrou a cada 20 minutos.

Medição	1ª	2ª	3ª	4ª	5ª
Tempo (min)	0	20	40	60	80
Quantidade de bactérias	1	2	4	8	16

a) Quantas bactérias há nessa população após 1 hora da 1ª medição? E após 2 horas?

b) Em certa medição, a cientista quantificou 512 bactérias nessa população. Qual foi essa medição?

6. Veja as etapas para calcular 7^5 utilizando uma calculadora.

- Calculamos 7^2. Para isso, digitamos:

  [7] [×] [7] [=] [49]

- Depois, digitamos a tecla [=] três vezes consecutivas.

Na 1ª vez, obtemos o resultado de 7^3: [343]

Na 2ª vez, obtemos o resultado de 7^4: [2 401]

Na 3ª vez, obtemos o resultado de 7^5: [16 807]

Portanto, $7^5 = 7 \cdot 7 \cdot 7 \cdot 7 \cdot 7 = 16\,807$.

Com uma calculadora, resolva os itens.

a) 13^4 **b)** 3^{12} **c)** $(0,2)^5$ **d)** $(2,9)^3$

7. Com uma calculadora, obtenha o resultado de cada potência a seguir.

$$10^2 \quad 10^3 \quad 10^4 \quad 10^5$$

a) Em relação a essas potências, o que elas têm em comum?

b) Agora, compare cada potência com seu resultado. Que regularidade você pôde perceber?

c) Sem utilizar a calculadora ou realizar cálculos por escrito, resolva:

$$10^6 \quad 10^7 \quad 10^8$$

8. Os **números quadrados perfeitos** podem ser representados por figuras e obtidos calculando-se o quadrado de um número natural. Observe a sequência de números quadrados perfeitos.

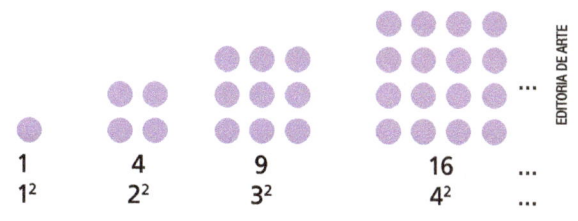

| 1 | 4 | 9 | 16 | ... |
| 1^2 | 2^2 | 3^2 | 4^2 | ... |

a) Em sua opinião, por que esses números são chamados de quadrados perfeitos?

b) Escreva os próximos seis números dessa sequência.

c) O número 115 é um número quadrado perfeito? Como você pensou para responder?

9. Uma loja de brinquedos decorou sua vitrine com empilhamentos de cubos mágicos. Observe na imagem os empilhamentos, que também tinham o formato de cubo.

empilhamento **A**

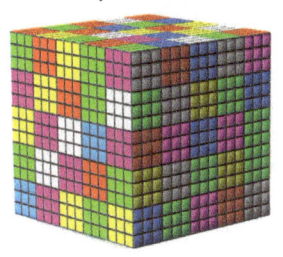

empilhamento **B**

Escreva potências para representar a quantidade de cubos mágicos em cada empilhamento. Depois, calcule as potências e determine essas quantidades.

10. Podemos decompor um número em fatores primos realizando divisões sucessivas e representar essa decomposição usando potências. Observe, por exemplo, como obter $720 = 2^4 \cdot 3^2 \cdot 5$.

Agora, decomponha em fatores primos os números indicados a seguir.

a) 121
b) 260
c) 375
d) 256

720	2
360	2
180	2
90	2
45	3
15	3
5	5
1	

$$\underbrace{2 \cdot 2 \cdot 2 \cdot 2}_{\text{4 fatores}} \cdot \underbrace{3 \cdot 3}_{\text{2 fatores}} \cdot 5 = 2^4 \cdot 3^2 \cdot 5$$

Radiciação

Na escola onde Carlos estuda será construída uma horta. Observe o que a diretora da escola disse.

Nossa horta vai ter formato quadrado e ocupar uma área de 36 m². Quantos metros deverá ter cada lado da horta?

! Lembre-se de que a área de um quadrado é dada pelo produto da medida de um lado por ela mesma. Por exemplo, a área de um quadrado com 3 m de lado é 9 m², pois 3 · 3 = 9.

Para resolver esse problema, temos de obter um número que, multiplicado por ele mesmo, resulte em 36. Nesse caso, temos que 6 · 6 = 36.

Podemos usar uma malha quadriculada para representar a área ocupada pela horta. Supondo que cada lado de figura de quadradinho represente 1 m de comprimento, cada figura de quadradinho representa 1 m² de área.

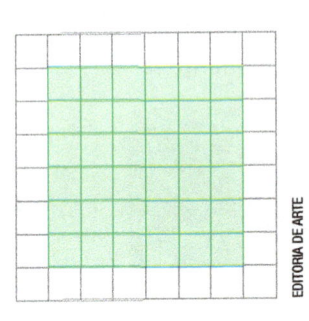

Assim, cada lado da horta deverá ter **6** m de comprimento.

Ao determinar o número que multiplicado por ele mesmo resulta em 36, obtemos a **raiz quadrada de 36**, que pode ser indicada da seguinte maneira:

índice   radical

$$\sqrt[2]{36} = 6$$

radicando   raiz

Lê-se: a raiz quadrada de 36 é igual a 6.

Para representar uma raiz quadrada, costumamos não indicar o índice. No exemplo apresentado, podemos escrever $\sqrt{36} = 6$.

Agora, considere a seguinte situação.

Fábio está brincando com peças do material dourado. Ele quer empilhar 8 cubinhos de modo que o empilhamento tenha formato de cubo. Como ele poderá resolver esse problema?

Para isso, temos de determinar um número **a** tal que $a \cdot a \cdot a = 8$, ou seja, $a^3 = 8$. Nesse caso, temos que $2^3 = 2 \cdot 2 \cdot 2 = 8$.

Podemos representar esse empilhamento da seguinte maneira:

Ao determinar o número **a**, em que $a^3 = 8$, obtemos a **raiz cúbica de 8**, que pode ser indicada da seguinte maneira: $\sqrt[3]{8} = 2$.

Lê-se: a raiz cúbica de 8 é igual a 2.

Exemplos

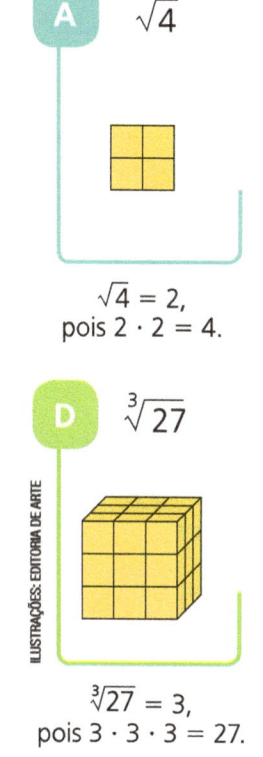

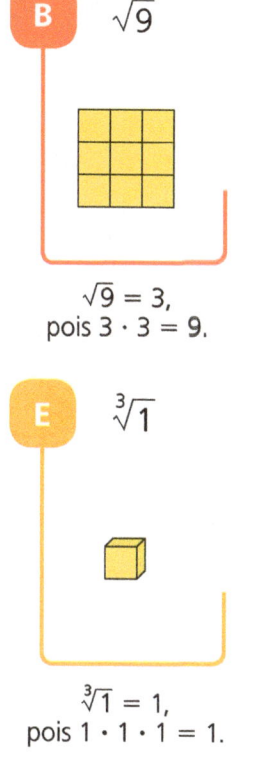

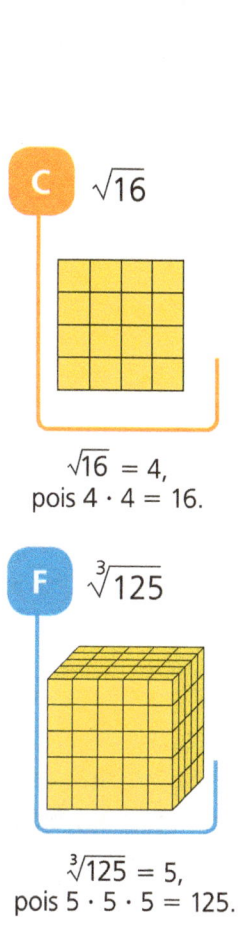

A $\sqrt{4}$

$\sqrt{4} = 2$,
pois $2 \cdot 2 = 4$.

B $\sqrt{9}$

$\sqrt{9} = 3$,
pois $3 \cdot 3 = 9$.

C $\sqrt{16}$

$\sqrt{16} = 4$,
pois $4 \cdot 4 = 16$.

D $\sqrt[3]{27}$

$\sqrt[3]{27} = 3$,
pois $3 \cdot 3 \cdot 3 = 27$.

E $\sqrt[3]{1}$

$\sqrt[3]{1} = 1$,
pois $1 \cdot 1 \cdot 1 = 1$.

F $\sqrt[3]{125}$

$\sqrt[3]{125} = 5$,
pois $5 \cdot 5 \cdot 5 = 125$.

ATIVIDADES

1. Observe as igualdades.

$12^2 = 12 \cdot 12 = 144$
$11^3 = 11 \cdot 11 \cdot 11 = 1331$
$36^2 = 36 \cdot 36 = 1296$
$16^3 = 16 \cdot 16 \cdot 16 = 4096$
$25^2 = 25 \cdot 25 = 625$
$20^3 = 20 \cdot 20 \cdot 20 = 8000$

Com base nessas igualdades, calcule:

a) $\sqrt{625}$
b) $\sqrt[3]{8000}$
c) $\sqrt{1296}$
d) $\sqrt{144}$
e) $\sqrt[3]{1331}$
f) $\sqrt[3]{4096}$

2. Para calcular $\sqrt[3]{216}$, Amanda fez um empilhamento com cubinhos do material dourado. Qual dos empilhamentos a seguir foi aquele feito por ela?

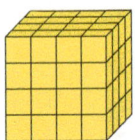

a)

b)

c)

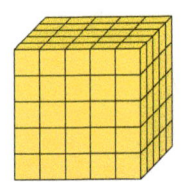

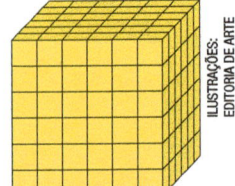

ILUSTRAÇÕES: EDITORIA DE ARTE

• Qual resposta Amanda obteve para $\sqrt[3]{216}$?

3. Para que os alunos possam treinar ginástica, o professor de Educação Física pretende organizar 144 placas quadradas de EVA, de modo que a composição lembre um quadrado. Como o professor deve dispor essas placas?

4. Calcule.

a) $\sqrt{121}$
b) $\sqrt{81}$
c) $\sqrt[3]{125}$
d) $\sqrt[3]{1000}$

5. Em uma calculadora, podemos determinar a raiz quadrada de um número. Observe, por exemplo, a sequência de teclas que digitamos para calcular $\sqrt{169}$.

| 1 | 6 | 9 | √ | **13** |

Com uma calculadora, determine:

a) $\sqrt{529}$
b) $\sqrt{900}$
c) $\sqrt{324}$
d) $\sqrt{841}$

6. Helena calculou $\sqrt{225}$ decompondo 225 em fatores primos. Observe.

Primeiro, decomponho 225 em fatores primos. Depois, escrevo 225 na forma fatorada e organizo os fatores de maneira conveniente.

DAYANE RAVEN

225	3
75	3
25	5
5	5
1	

$225 = 3 \cdot 3 \cdot 5 \cdot 5 =$
$= (3 \cdot 5) \cdot (3 \cdot 5) =$
$= 15 \cdot 15$

Portanto, Helena obteve $\sqrt{225} = 15$.

Agora, calcule:

a) $\sqrt{196}$
b) $\sqrt{100}$
c) $\sqrt{576}$
d) $\sqrt{729}$

• Com uma calculadora, verifique as respostas dos itens.

32

7. Em qual item está indicada a quantidade de cubinhos do material dourado com a qual é possível fazer um empilhamento com formato de cubo, sem que sobre cubinho?

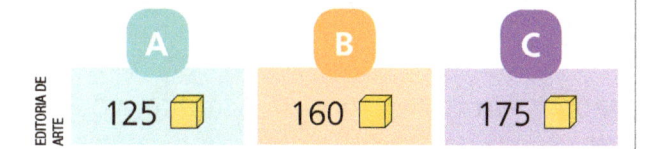

- **A** 125
- **B** 160
- **C** 175

- Explique como será esse empilhamento.

8. Para resolvermos uma expressão numérica, primeiro calculamos as raízes e potências, depois as divisões e multiplicações e, por fim, as adições e subtrações, sempre na ordem em que aparecem. Observe as expressões e copie substituindo os ▨ pelos resultados correspondentes.

a) $15 + 5^2 \cdot \sqrt{4} - 18 : \sqrt[3]{27} =$
$= 15 + 25 \cdot ▨ - ▨ : 3 =$
$= 15 + ▨ - ▨ =$
$= ▨ - ▨ =$
$= ▨$

b) $3 \cdot (2^3 - 4) - (7 + \sqrt{25}) : \sqrt[3]{8} =$
$= 3 \cdot (▨ - 4) - (7 + ▨) : ▨ =$
$= 3 \cdot ▨ - ▨ : ▨ =$
$= ▨ - ▨ =$
$= ▨$

! Lembre-se de que, quando temos parênteses, os cálculos que aparecem em seu interior devem ser resolvidos logo após as potências e raízes.

9. Mateus fez um projeto para a construção de dois canis de formato quadrado em um terreno. Cada canil terá um portão de 1 m de comprimento e telas instaladas no restante do contorno.

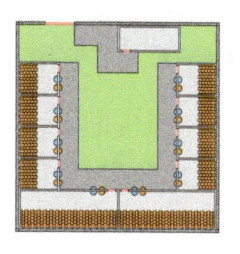

Canil para filhotes com 25 m² de área.

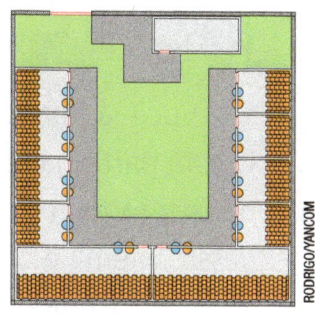

Canil para cães adultos com 49 m² de área.

Copie a expressão numérica a seguir que corresponde à quantidade de tela, em metros, necessária para cercar os canis. Depois, resolva a expressão e indique essa quantidade em metros.

a) $4 \cdot (\sqrt{25} + \sqrt{49} - 1)$
b) $4 \cdot (\sqrt{25} - 1) + 4 \cdot (\sqrt{49} - 1)$
c) $(4 \cdot \sqrt{25} - 1) + (4 \cdot \sqrt{49} - 1)$
d) $(\sqrt{25} - 1) + (\sqrt{49} - 1)$

10. (Obmep-2006) A figura é formada por três quadrados, um deles com área de 25 cm² e outro com 9 cm². Qual é o perímetro da figura?

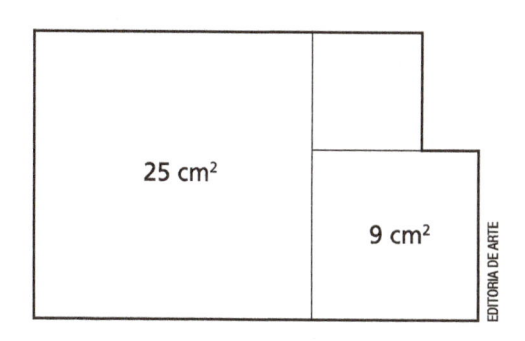

25 cm²
9 cm²

a) 20 cm
b) 22 cm
c) 24 cm
d) 26 cm
e) 38 cm

33

INTEGRANDO COM CIÊNCIAS

AS CORES NÃO SÃO REAIS.

IMAGENS FORA DE PROPORÇÃO.

Uma viagem em torno do Sol

Você já imaginou participar de uma viagem em torno do Sol? Acredite, você já está participando! Os objetos espaciais, como planetas, estrelas, cometas, entre outros, formam o Sistema Solar. O Sol, que é uma estrela, é o maior componente desse sistema e ocupa a posição central.

A Terra e os demais planetas giram em torno do Sol, descrevendo uma trajetória chamada de órbita. O intervalo de tempo que um planeta demora para executar uma órbita chama-se período orbital e, assim como o comprimento da órbita, varia de acordo com cada planeta. O período orbital da Terra, por exemplo, é aproximadamente 365 dias, ou seja, 1 ano. Já o período orbital de Marte corresponde a cerca de 2 anos terrestres. Observe o esquema.

Período orbital aproximado dos planetas do Sistema Solar

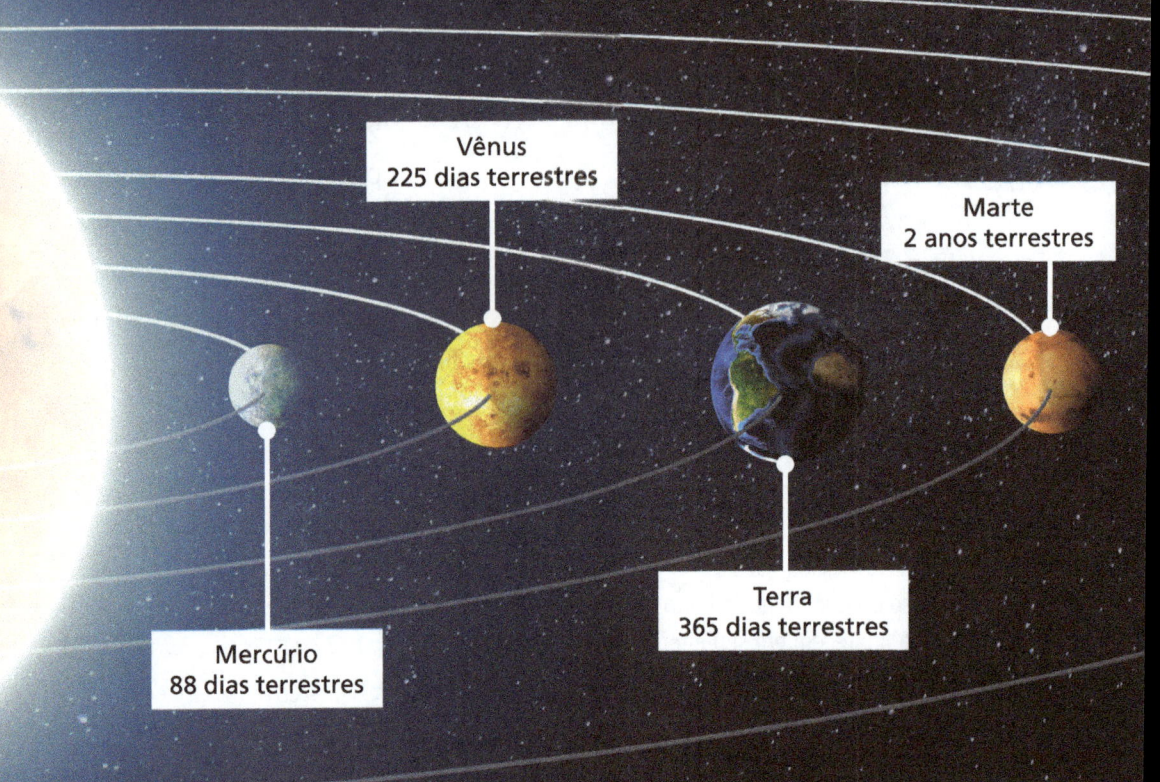

Mercúrio
88 dias terrestres

Vênus
225 dias terrestres

Terra
365 dias terrestres

Marte
2 anos terrestres

34

1. Explique o que é a órbita de um planeta.

   _____

2. Construa uma tabela e organize as informações apresentadas no esquema.

3. Considere o exato momento em que Marte e Júpiter, em suas órbitas, alinham-se com o Sol. Depois de quantos anos terrestres esse alinhamento acontecerá novamente nessa mesma posição?

   _____

4. Escolha um dos planetas do Sistema Solar e pesquise informações sobre ele, como medida do diâmetro, distância média ao Sol, período de rotação e temperatura de superfície. Depois, organize essas informações para apresentar à turma. Você pode utilizar cartaz, vídeo, slides digitais, entre outros recursos. Não se esqueça de indicar as fontes de pesquisa, ou seja, de onde essas informações foram retiradas: sites, livros, revistas etc.

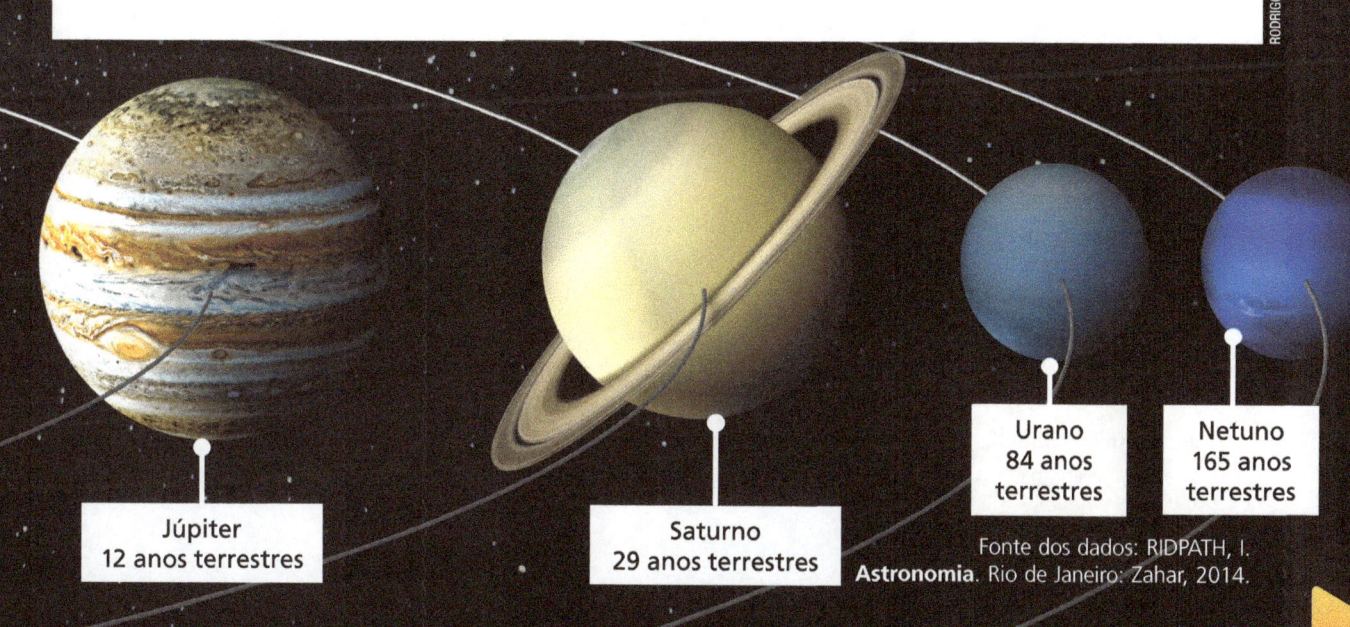

Júpiter
12 anos terrestres

Saturno
29 anos terrestres

Urano
84 anos terrestres

Netuno
165 anos terrestres

Fonte dos dados: RIDPATH, I. **Astronomia**. Rio de Janeiro: Zahar, 2014.

35

O QUE ESTUDEI

1 Leia com atenção cada pergunta a seguir e faça uma reflexão. Depois, responda: **sim**, **às vezes** ou **não**.

A) Ouvi as explicações do professor?
B) Pedi ajuda quando tive dúvidas?
C) Ajudei o professor?
D) Fiquei em silêncio quando o professor pediu?
E) Participei na resolução das atividades propostas?
F) Fiz todas as atividades propostas na sala de aula?
G) Fiz as tarefas escolares em casa?
H) Respeitei meus colegas nos trabalhos em grupo?
I) Ajudei meus colegas quando eles tiveram dúvidas?
J) Levei para a sala de aula os materiais necessários?

2 Nas fichas estão indicados os principais conceitos que estudamos nesta Unidade. Reflita sobre cada um deles e verifique se você precisa retomar algum para melhor compreendê-lo.

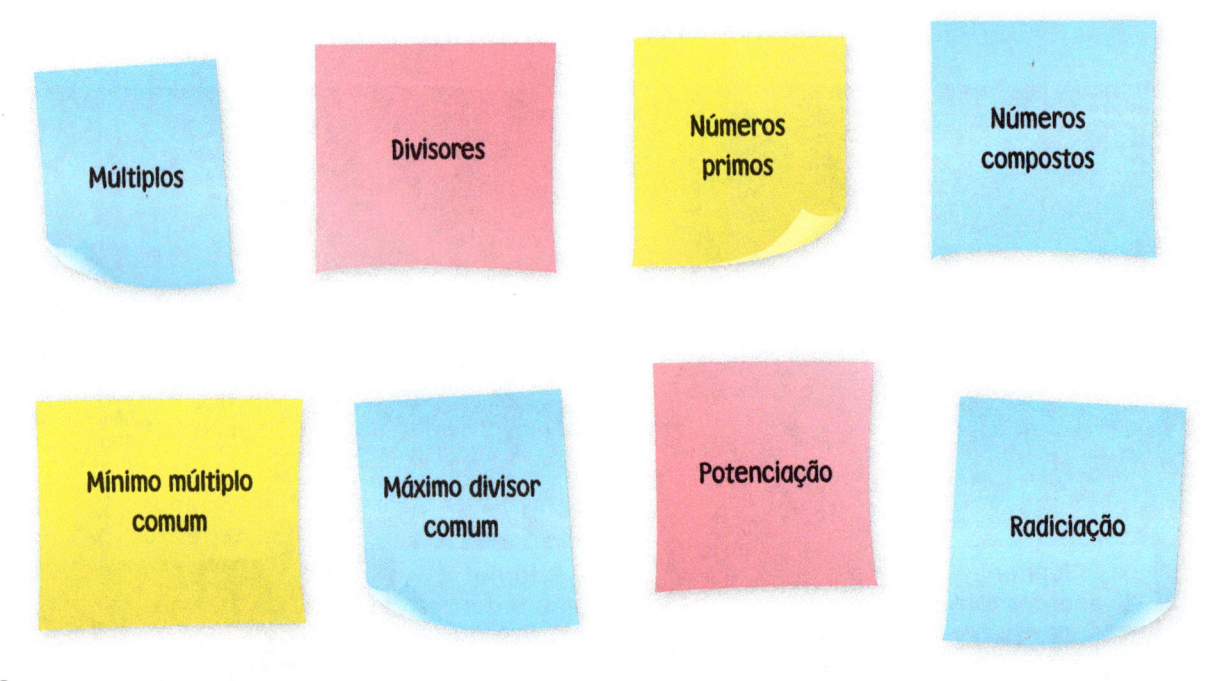

- Múltiplos
- Divisores
- Números primos
- Números compostos
- Mínimo múltiplo comum
- Máximo divisor comum
- Potenciação
- Radiciação

36

3 Resolva cada problema proposto a seguir e escreva quais conceitos estudados nesta Unidade você utilizou na resolução.

PROBLEMAS

I No depósito do supermercado serão empilhadas 5 caixas com formato de bloco retangular, como a representada ao lado, todas na mesma posição. Quais são as possíveis alturas desse empilhamento?

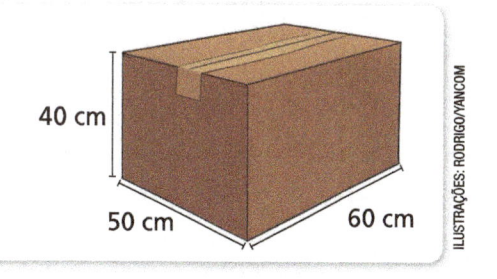

40 cm
50 cm
60 cm

II No supermercado há alguns carrinhos de compra. Eles podem ser organizados em fileiras de 12 ou de 15 carrinhos, de maneira que não sobrem carrinhos. No mínimo, quantos carrinhos de compra há nesse supermercado?

III O estacionamento do supermercado ocupa uma região quadrada cuja área é de 900 m². Quantos metros tem cada lado do muro que contorna essa região?

IV Em um expositor foram organizadas latas de leite em pó da seguinte maneira: 8 camadas, em que cada uma possui 8 fileiras de 8 latas cada. Quantas latas de leite em pó foram organizadas?

V O setor de hortifrúti do supermercado recebeu uma caixa em que havia 140 maçãs. É possível distribuir igualmente todas essas maçãs em 18 bandejas sem que sobre maçã?

VI Na padaria do supermercado foram preparados dois tipos de biscoito: 120 de coco e 90 de manteiga. Eles serão empacotados de maneira que cada pacote tenha um único tipo de biscoito, todos os pacotes tenham a mesma quantidade e não sobre biscoito. Quantos biscoitos, no máximo, terá em cada pacote?

37

UNIDADE 2
NÚMEROS INTEIROS

O inverno no Brasil

Como costuma ser o inverno na região onde você mora? Enquanto em algumas regiões do Brasil o cenário é de geada, podendo até nevar, em outras o dia é ensolarado e quente. Essa diferença de temperatura ocorre por vários fatores, como pela proporção continental do nosso país. Sua extensão é de cerca de 8,5 milhões de km² e ocupa quase a metade da América do Sul, abrangendo várias zonas climáticas.

Para se ter uma ideia dessa diferença de temperatura, no dia 18 de julho de 2017, por exemplo, a temperatura mínima registrada no município de Bom Jesus (RS) foi de aproximadamente três graus Celsius abaixo de zero (−3 °C), e em Chapadinha (MA) foi de vinte e um graus Celsius (21 °C).

▶ Paisagem com os campos cobertos de neve na Serra Gaúcha. Fotografia de 2017.

Converse com os colegas e o professor sobre os itens a seguir.

- De acordo com o texto, por que as regiões do Brasil apresentam diferentes temperaturas? Descreva como é o inverno na região onde você mora.
- Em qual dos municípios apresentados no mapa foi registrada a maior temperatura? Em que região do Brasil fica esse município?
- O que você entende por temperaturas abaixo de zero? Em qual dos municípios apresentados no mapa foi registrada temperatura abaixo de zero?

Temperaturas mínima e máxima registradas em 18/7/2017 em alguns municípios brasileiros*

Rio Branco (AC)
Mínima: 12 °C
Máxima: 24 °C

Chapadinha (MA)
Mínima: 21 °C
Máxima: 31 °C

Poxoréu (MT)
Mínima: 7 °C
Máxima: 20 °C

São Paulo (SP)
Mínima: 8 °C
Máxima: 18 °C

Bom Jesus (RS)
Mínima: −3 °C
Máxima: 8 °C

Fonte: IBGE. **Atlas geográfico escolar**. 7. ed. Rio de Janeiro: IBGE, 2016. p. 90.
Fonte dos dados: INMET. Disponível em: <www.inmet.gov.br>. Acesso em: 20 nov. 2017.
* Valores aproximados.

39

1. OS NÚMEROS NEGATIVOS

Na abertura desta Unidade, vimos que existem temperaturas abaixo de 0 °C, chamadas de temperaturas negativas.

Porém, no dia a dia, diversas outras situações envolvem números negativos. Observe alguns exemplos.

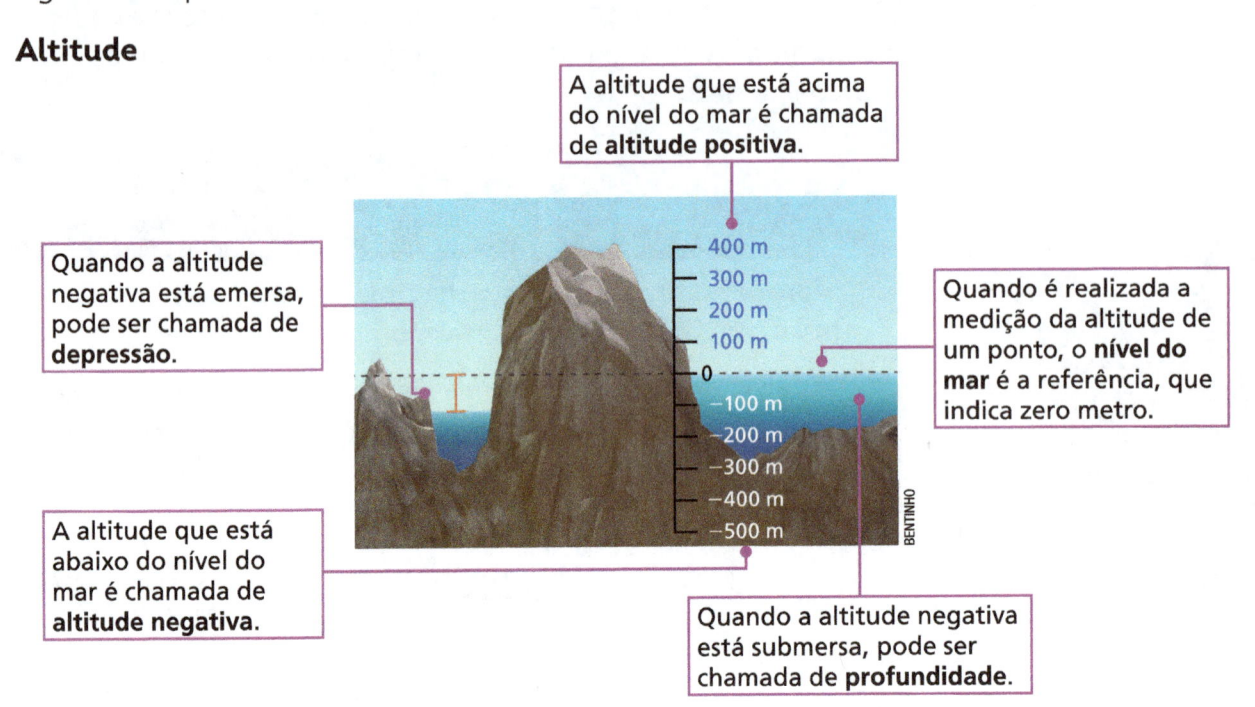

Altitude

A altitude que está acima do nível do mar é chamada de **altitude positiva**.

Quando a altitude negativa está emersa, pode ser chamada de **depressão**.

Quando é realizada a medição da altitude de um ponto, o **nível do mar** é a referência, que indica zero metro.

A altitude que está abaixo do nível do mar é chamada de **altitude negativa**.

Quando a altitude negativa está submersa, pode ser chamada de **profundidade**.

Saldo de gols

Times com o maior e o menor saldo de gols do Campeonato Brasileiro de 2017.

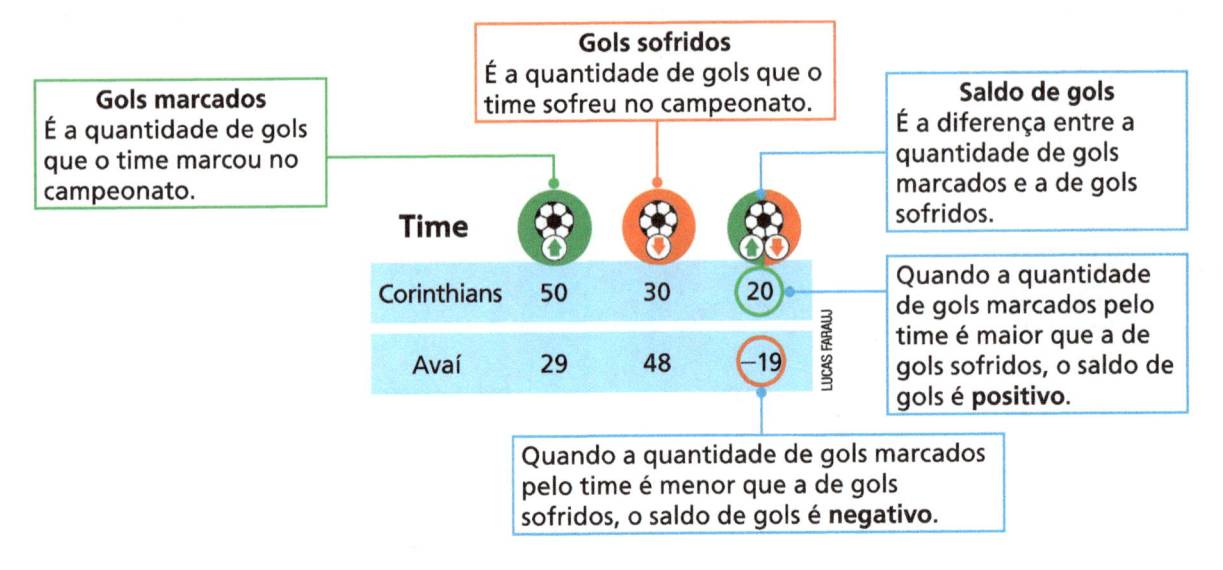

Gols marcados
É a quantidade de gols que o time marcou no campeonato.

Gols sofridos
É a quantidade de gols que o time sofreu no campeonato.

Saldo de gols
É a diferença entre a quantidade de gols marcados e a de gols sofridos.

Time	Gols marcados	Gols sofridos	Saldo de gols
Corinthians	50	30	20
Avaí	29	48	−19

Quando a quantidade de gols marcados pelo time é maior que a de gols sofridos, o saldo de gols é **positivo**.

Quando a quantidade de gols marcados pelo time é menor que a de gols sofridos, o saldo de gols é **negativo**.

Fonte dos dados: CBF. **Campeonato Brasileiro de Futebol - Série A**. Disponível em: <www.cbf.com.br/futebol-brasileiro/competicoes/campeonato-brasileiro-serie-a/2017>. Acesso em: 23 abr. 2019.

Saldo bancário

O **extrato bancário** é um documento com a descrição da movimentação ocorrida na conta bancária em determinado período.

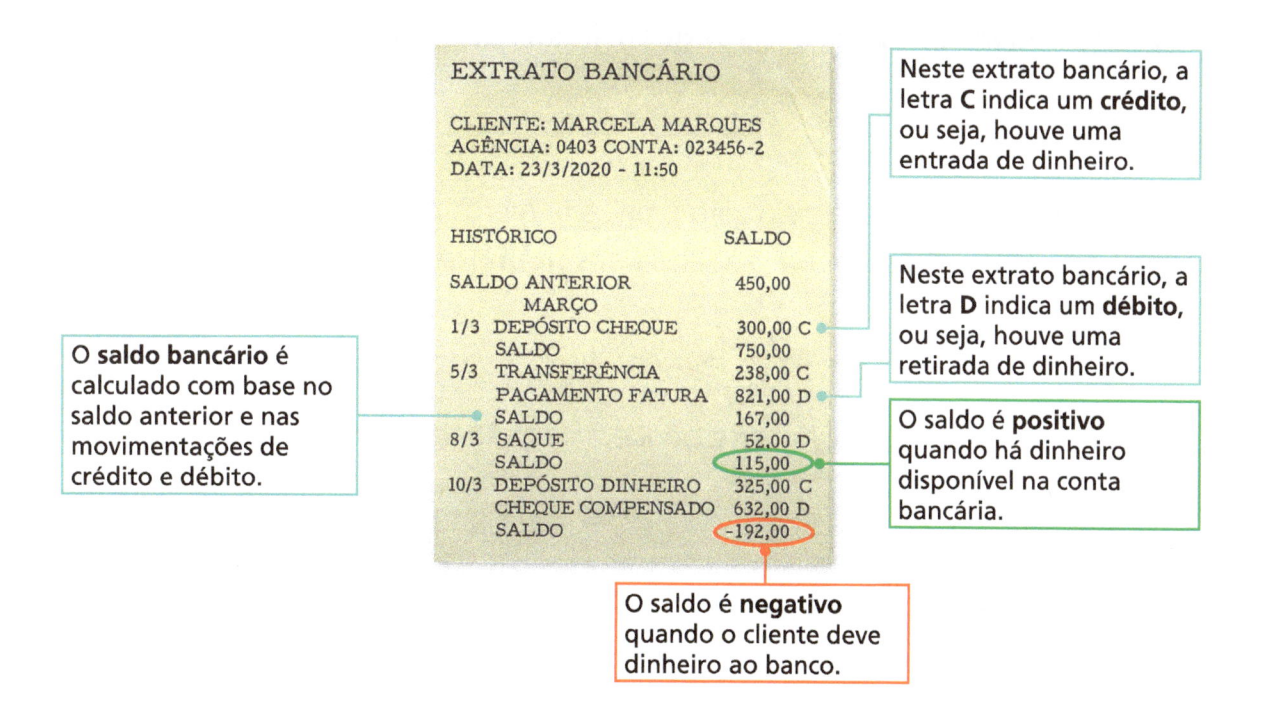

EXTRATO BANCÁRIO

CLIENTE: MARCELA MARQUES
AGÊNCIA: 0403 CONTA: 023456-2
DATA: 23/3/2020 - 11:50

HISTÓRICO	SALDO
SALDO ANTERIOR MARÇO	450,00
1/3 DEPÓSITO CHEQUE	300,00 C
SALDO	750,00
5/3 TRANSFERÊNCIA	238,00 C
PAGAMENTO FATURA	821,00 D
SALDO	167,00
8/3 SAQUE	52,00 D
SALDO	115,00
10/3 DEPÓSITO DINHEIRO	325,00 C
CHEQUE COMPENSADO	632,00 D
SALDO	−192,00

Neste extrato bancário, a letra **C** indica um **crédito**, ou seja, houve uma entrada de dinheiro.

Neste extrato bancário, a letra **D** indica um **débito**, ou seja, houve uma retirada de dinheiro.

O **saldo bancário** é calculado com base no saldo anterior e nas movimentações de crédito e débito.

O saldo é **positivo** quando há dinheiro disponível na conta bancária.

O saldo é **negativo** quando o cliente deve dinheiro ao banco.

Temperatura

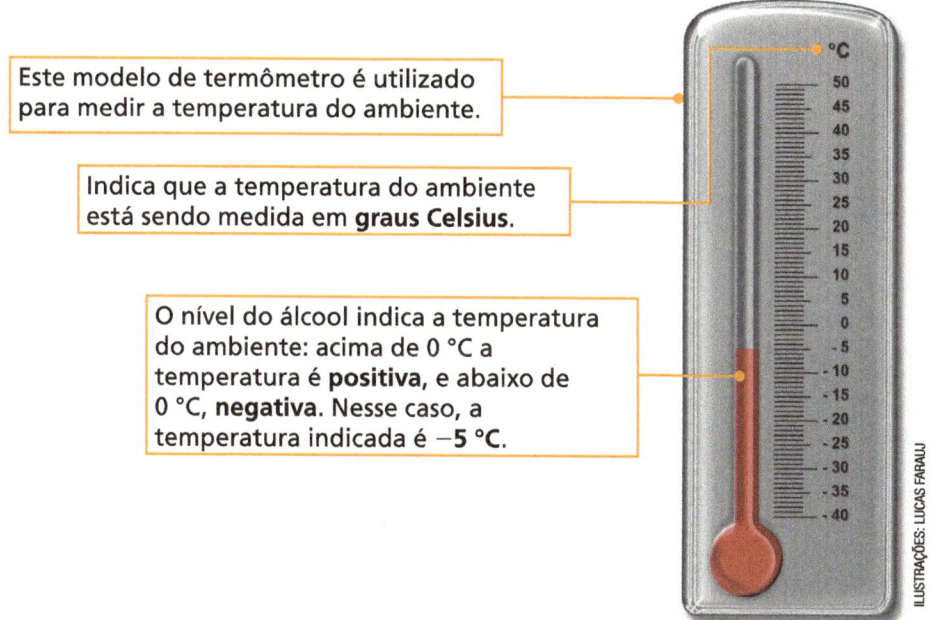

Este modelo de termômetro é utilizado para medir a temperatura do ambiente.

Indica que a temperatura do ambiente está sendo medida em **graus Celsius**.

O nível do álcool indica a temperatura do ambiente: acima de 0 °C a temperatura é **positiva**, e abaixo de 0 °C, **negativa**. Nesse caso, a temperatura indicada é **−5 °C**.

ILUSTRAÇÕES: LUCAS FARAUJ

Este livro apresenta informações sobre números negativos por meio de aplicações práticas.
- IMENES, L. M. P.; LELLIS, M. C.; JAKUBOVIC, J. **Números negativos**. São Paulo: Atual, 2004. (Pra que serve Matemática?)

2. OS NÚMEROS INTEIROS E A RETA NUMÉRICA

Em anos anteriores estudamos a **sequência dos números naturais**:

0, 1, 2, 3, 4, 5, 6, 7, ...

Essa sequência é formada pelo zero e pelos números inteiros positivos. Também podemos escrever a sequência dos **números inteiros negativos**:

..., −7, −6, −5, −4, −3, −2, −1

A reunião dessas sequências corresponde à **sequência dos números inteiros**:

..., −7, −6, −5, −4, −3, −2, −1, 0, 1, 2, 3, 4, 5, 6, 7, ...

Observe como podemos representar esses números na reta numérica.

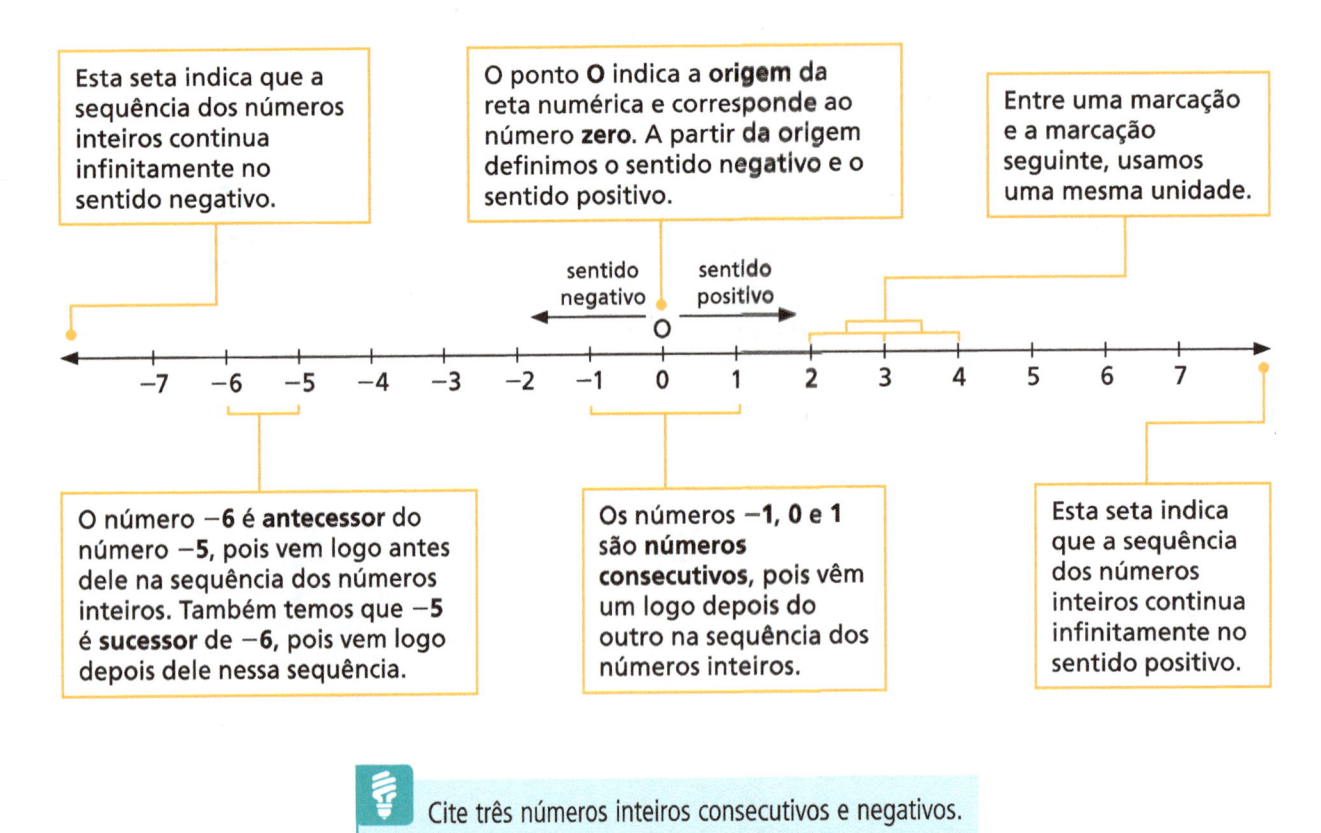

Esta seta indica que a sequência dos números inteiros continua infinitamente no sentido negativo.

O ponto O indica a **origem** da reta numérica e corresponde ao número **zero**. A partir da origem definimos o sentido negativo e o sentido positivo.

Entre uma marcação e a marcação seguinte, usamos uma mesma unidade.

O número −6 é **antecessor** do número −5, pois vem logo antes dele na sequência dos números inteiros. Também temos que −5 é **sucessor** de −6, pois vem logo depois dele nessa sequência.

Os números −1, 0 e 1 são **números consecutivos**, pois vêm um logo depois do outro na sequência dos números inteiros.

Esta seta indica que a sequência dos números inteiros continua infinitamente no sentido positivo.

Cite três números inteiros consecutivos e negativos.

! Também podemos representar um número positivo acompanhado do símbolo "+". Assim, o número 7, por exemplo, pode ser representado por +7.

Distância de um ponto à origem na reta numérica

Considere, na reta numérica, o ponto **A**, correspondente ao número −5, e o ponto **B**, correspondente ao número 3. Observe a distância de cada um desses pontos à origem **O**.

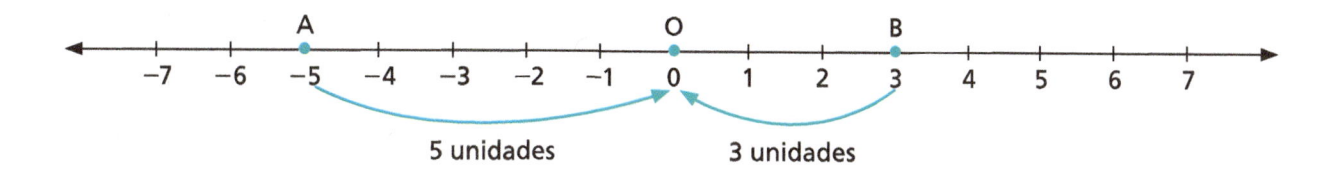

Definimos como **módulo** ou **valor absoluto** de um número a distância entre o ponto correspondente ao número e à origem na reta numérica. Assim, temos que:

- módulo de **−5** é igual a **5**;
- módulo de **3** é igual a **3**.

Também podemos indicar o módulo de um número usando | |. Em relação aos exemplos apresentados anteriormente, temos **|−5| = 5** e **|3| = 3**.

Veja outros exemplos.

- |−10| = 10
- |2| = 2
- |0| = 0
- |−7| = 7

> Quais números inteiros são iguais ao seu módulo?

Agora, observe na reta numérica as distâncias dos pontos correspondentes aos números 4 e −4 em relação à origem.

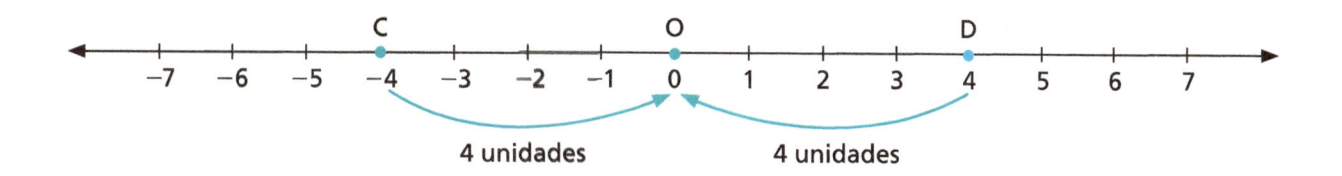

Note que essas distâncias são iguais. Nesse caso, dizemos que **4** e **−4** são **números opostos** ou **números simétricos**.

Veja outro exemplo.

- −6 e 6 são números opostos.
  - −6 é o oposto de 6.
  - 6 é o oposto de −6.

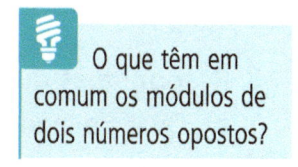

> O que têm em comum os módulos de dois números opostos?

43

ATIVIDADES

1. Vimos que em um mesmo dia, no Brasil, os municípios podem registrar diferentes temperaturas. Isso também ocorre em todo o planeta. Observe o esquema.

Temperatura mínima prevista para 30/11/2017 em alguns municípios

−8 °C	−1 °C	−6 °C	−1 °C	25 °C	26 °C	18 °C
Astana (Cazaquistão)	Toronto (Canadá)	Pequim (China)	Virton (Bélgica)	Adelaide (Austrália)	Fortaleza (Brasil)	Durban (África do Sul)

Fonte dos dados: WORLD METEOROLOGICAL ORGANIZATION. Disponível em: <http://worldweather.wmo.int/en/home.html>. Acesso em: 30 nov. 2017.

a) Organize esses municípios em dois grupos: os do Hemisfério Norte e os do Hemisfério Sul.

b) Nesse dia, para quais municípios havia previsão de temperatura mínima:
- negativa?
- positiva?

c) Junte-se a um colega e pesquisem em um *site* de meteorologia dois municípios cuja temperatura mínima prevista para hoje seja negativa e dois em que seja positiva. Depois, registrem essas informações e localizem esses municípios em um mapa.

2. Leia as informações e represente as partes destacadas com números positivos ou negativos.

a) A fossa de Porto Rico é considerada o ponto mais profundo do Oceano Atlântico, com **8 605 m abaixo do nível do mar**.

b) Em certo dia, a temperatura mínima registrada em São Joaquim (SC) foi de **cinco graus Celsius abaixo de zero**.

3. Na reta numérica a seguir, as distâncias entre duas marcações consecutivas são iguais. Escreva o número correspondente a cada ponto indicado pelas letras **A**, **B**, **C**, **D** e **E**.

A −9 E D 0 3 B C

4. Vamos brincar de adivinhar? Leia as pistas e adivinhe a resposta.

a) O antecessor de um número é −8. Que número é esse?

b) O menor de três números consecutivos é −2. Quais são os outros dois números?

c) O sucessor de um número é −14. Que número é esse?

5. Responda às questões a seguir.

a) Qual é o módulo de:
- 12?
- −523?
- 0?

b) Quais números têm módulo igual a:
- 6?
- 27?
- 528?

3. COMPARAÇÃO DE NÚMEROS INTEIROS

Você sabia que existem municípios que se localizam abaixo do nível do mar?

Nos Países Baixos, também conhecidos como Holanda, alguns municípios estão localizados abaixo do nível do mar, enquanto outros, a apenas poucos metros acima desse nível. Observe a altitude de alguns deles.

▸ Midelburgo. Altitude: **7 m**. Fotografia de 2017.

▸ Rokkeveen. Altitude: **−4 m**. Fotografia de 2012.

▸ Volendam. Altitude: **−2 m**. Fotografia de 2017.

Para comparar as altitudes desses municípios em relação ao nível do mar, podemos utilizar uma reta numérica.

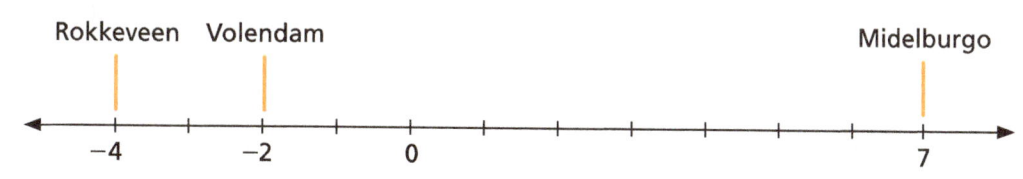

Observando a reta numérica, notamos que:

- −4 está à esquerda de −2, ou seja, **−4 é menor do que −2**.

$$-4 < -2 \quad \text{ou} \quad -2 > -4$$

Assim, a altitude do município de Rokkeveen é menor que a de Volendam.

- −4 está à esquerda de 7, ou seja, **−4 é menor do que 7**.

$$-4 < 7 \quad \text{ou} \quad 7 > -4$$

Assim, a altitude do município de Rokkeveen é menor que a de Midelburgo.

- −2 está à esquerda de 7, ou seja, **−2 é menor do que 7**.

$$-2 < 7 \quad \text{ou} \quad 7 > -2$$

Assim, a altitude do município de Volendam é menor que a de Midelburgo.

Ao comparar dois números inteiros na reta numérica, temos que:
- se um for positivo, e outro, negativo, o menor será o negativo;
- se ambos forem negativos, o menor é o representado mais distante da origem;
- se ambos forem positivos, o menor é o representado mais próximo da origem.

ATIVIDADES

1. Copie cada item e substitua o ▧ por < ou >.
   a) 1 025 ▧ 1 228
   b) −12 ▧ −8
   c) 127 ▧ −523
   d) −341 ▧ 25
   e) 0 ▧ −6
   f) −56 ▧ −98

2. Escreva os números do quadro em ordem decrescente.

9	421	−728
3 845	−123	0	−1 622
77	−2 523	−3

3. Na reta numérica a seguir, foram usadas letras para indicar alguns pontos.

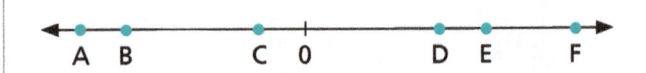

A B   C 0   D E   F

Relacione cada número do quadro a seguir a um ponto correspondente na reta numérica.

18	−15
−3	9
−12	12

4. Também podemos utilizar a reta numérica em outras situações. Observe.

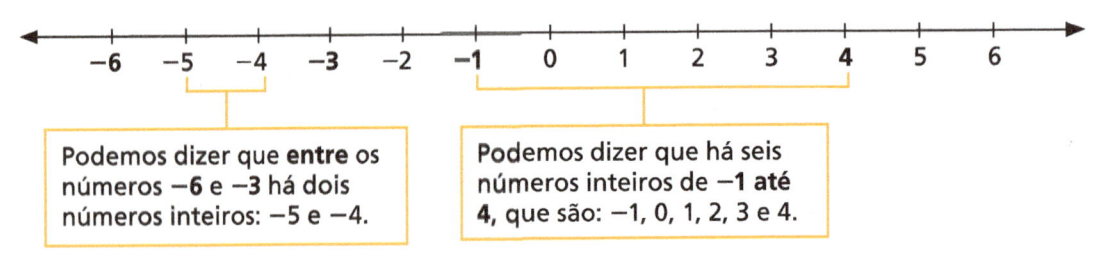

−6 −5 −4 −3 −2 −1 0 1 2 3 4 5 6

Podemos dizer que **entre** os números **−6 e −3** há dois números inteiros: −5 e −4.

Podemos dizer que há seis números inteiros de **−1 até 4**, que são: −1, 0, 1, 2, 3 e 4.

Agora, responda.
a) Quantos números inteiros há entre −9 e 2?
b) De −5 até 5 há quantos números inteiros?

5. No edifício em que Sérgio trabalha há andares no subsolo, onde ficam os estacionamentos. Observe o painel do elevador desse edifício e resolva as questões.
a) Quantos andares tem esse edifício?
b) Entre os andares −2 e 5, há quantos andares? Quais são eles?

46

6. Observe a tabela.

Temperatura média dos planetas do Sistema Solar

Planeta	Temperatura (em °C)
Júpiter	−150 °C
Marte	−53 °C
Mercúrio	420 °C
Netuno	−225 °C
Saturno	−180 °C
Terra	15 °C
Urano	−210 °C
Vênus	456 °C

Fonte: CAMILLO, A. P. et al. **Temperatura dos planetas**. Disponível em: <www.cienciamao.usp.br/tudo/exibir.php?midia=aas&cod=_indefinidotemperaturaeco>. Acesso em: 22 abr. 2019.

a) Reescreva as temperaturas da tabela em ordem crescente.

b) Quais planetas apresentam temperatura média positiva? E temperatura média negativa?

c) Qual planeta apresenta a menor temperatura média: Júpiter ou Saturno?

d) Quais planetas apresentam temperatura média entre −200 °C e 430 °C?

7. Observe o saldo da conta bancária de Aroldo no último dia de cada mês do primeiro semestre do ano.

	A	B
1	Mês	Saldo (R$)
2	Janeiro	821,00
3	Fevereiro	−246,00
4	Março	−485,00
5	Abril	63,00
6	Maio	181,00
7	Junho	537,00

Com base nessas informações, elabore duas questões que tratem de comparação de números inteiros e troque-as com um colega. Depois, responda às que você recebeu. Por fim, verifiquem as resoluções.

8. Armazenar os alimentos em temperatura adequada é importante para conservar seus nutrientes por mais tempo. Segundo determina a Agência Nacional de Vigilância Sanitária (Anvisa), os produtos refrigerados e congelados devem ser mantidos na temperatura indicada pelo fabricante. Observe alguns produtos congelados de certo supermercado.

Pizza. −18 °C a −12 °C.

Sorvete. −18 °C ou mais frio.

Filé de Frango. −12 °C ou mais frio.

Lasanha. −12 °C a −8 °C.

Pão de queijo. −12 °C.

a) Você já viu esse tipo de informação na embalagem de algum produto? Converse com os colegas.

b) Qual dos produtos apresentados pode ser armazenado em maior temperatura?

c) Observe a seguir como estão reguladas as temperaturas de cada *freezer* nesse supermercado e, de acordo com essa informação, indique uma maneira possível de distribuir os produtos entre eles.

Freezer	Temperatura
I	−18 °C
II	−12 °C

d) Em casa, faça uma lista com o nome de cada produto que esteja no congelador ou *freezer* e consulte no rótulo a respectiva temperatura em que deve ser armazenado. Depois, responda: a que temperatura o congelador deve estar para armazenar todos esses produtos de maneira adequada?

4. OPERAÇÕES COM NÚMEROS INTEIROS

Adição

Davi instalou um jogo no celular de seu pai. Nesse jogo, o participante lança dardos em balões que, ao estourarem, indicam um valor que deve ser adicionado à pontuação do jogador. Esse valor pode ser positivo ou negativo.

• Observe a pontuação que Davi tinha e o balão que ele estourou em certo lançamento.

Pontuação: −3
+7

Para obter a pontuação de Davi após esse lançamento, podemos calcular −3 + (+7) utilizando a reta numérica.

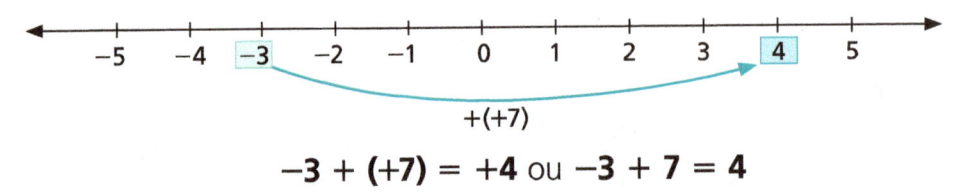

−3 + (+7) = +4 ou −3 + 7 = 4

Assim, após esse lançamento, Davi ficou com a seguinte pontuação: +4.

• Agora, observe ao lado o balão que Davi estourou em seguida.

Para obter a pontuação após esse lançamento, calculamos +4 + (−5).

−5

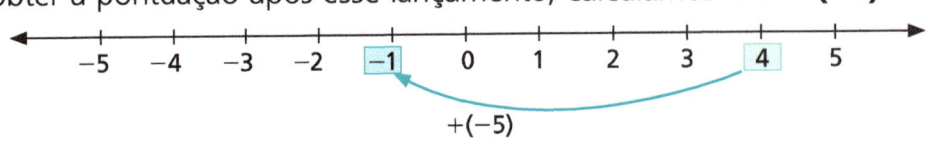

+4 + (−5) = −1 ou 4 − 5 = −1

Assim, após esse lançamento, Davi ficou com a seguinte pontuação: −1.

• O próximo balão que Davi estourou está representado ao lado.

Para obter a pontuação após esse lançamento, calculamos −1 + (−3).

−3

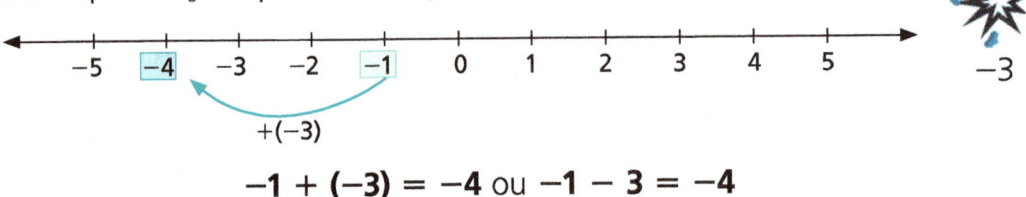

−1 + (−3) = −4 ou −1 − 3 = −4

Assim, após esse lançamento, Davi ficou com a seguinte pontuação: −4.

ATIVIDADES

1. Relacione cada reta numérica ao cálculo correspondente e registre o resultado de cada um.

a) +6 + (−8)   **b)** +2 + (+4)   **c)** −2 + (−6)   **d)** −4 + (+8)

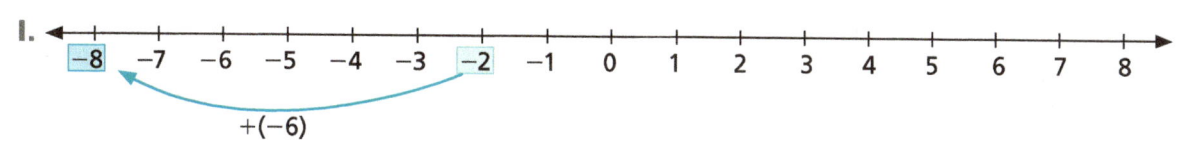

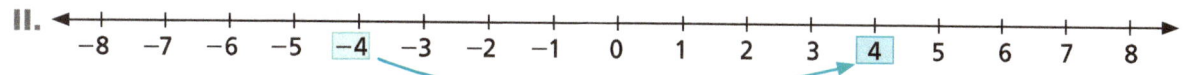

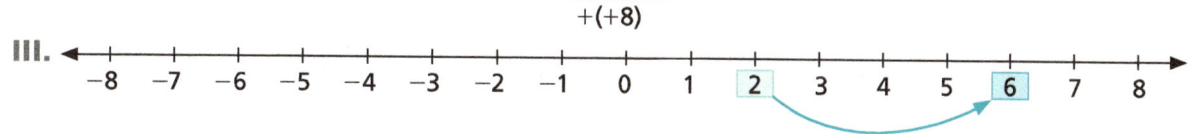

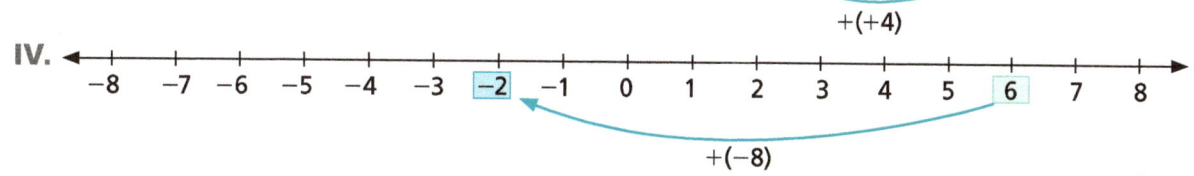

I. (reta numérica de −8 a 8, seta de −2 para −8, +(−6))

II. (reta numérica de −8 a 8, seta de −4 para 4, +(+8))

III. (reta numérica de −8 a 8, seta de 2 para 6, +(+4))

IV. (reta numérica de −8 a 8, seta de 6 para −2, +(−8))

2. Davi começou uma nova rodada no jogo de celular descrito na página **48**. Ele iniciou a rodada com pontuação **−10**. Observe o balão que ele estourou em um lançamento e calcule a pontuação após esse lançamento.

+9

3. No início do dia, em certo município, os termômetros registravam −5 °C. No decorrer da manhã, essa temperatura aumentou 9 °C. Qual a temperatura nesse município ao final da manhã?

4. Ester realizou diversas adições de números inteiros. Observe.

+10 + (+5) = 15 −9 + (−9) = −18	+12 + (−13) = −1 −16 + (+2) = −14
+7 + (+4) = 11 −3 + (−17) = −20	−6 + (+9) = 3 +24 + (−19) = 5

Analise esses cálculos, copie as frases e complete-as com a palavra **positivo** ou **negativo**.

a) Nas adições em que as duas parcelas são positivas, adicionamos seus módulos, e o resultado é ▨.

b) Nas adições em que as duas parcelas são negativas, adicionamos seus módulos, e o resultado é ▨.

c) Nas adições em que as duas parcelas têm sinais contrários, e o módulo da parcela positiva é o maior, calculamos a diferença dos módulos, e o resultado é ▨.

d) Nas adições em que as duas parcelas têm sinais contrários, e o módulo da parcela negativa é o maior, calculamos a diferença dos módulos, e o resultado é ▨.

49

5. Calcule.

a) +13 + (+10)
b) +25 + (+45)
c) −8 + (−14)
d) −15 + (−4)
e) −34 + (+7)
f) +50 + (−12)

6. Observe como Alex e Lívia calcularam +**50** + (**−30**) + (**+70**) + (**−100**) utilizando a propriedade associativa da adição.

Alex
+50 + (−30) + (+70) + (−100) =
= +20 + (+70) + (−100) =
= +90 + (−100) =
= −10

Lívia
+50 + (−30) + (+70) + (−100) =
= +120 + (−130) =
= −10

Agora, resolva as adições.

a) +80 + (−52) + (−36)
b) +170 + (−36) + (+42) + (−74) + (−90)
c) −200 + (+50) + (+120) + (−70) + (+40) + (−60)

7. Os pais de Paulo estão ensinando o filho a organizar o que ele ganha e o que gasta todos os meses. Observe a planilha eletrônica que eles utilizaram no mês de abril.

	A	B
1	Controle financeiro do Paulo – Abril	
2	Despesa/Receita	Valor
3	Mesada	R$ 45,00
4	Passeio	−R$ 10,00
5	Alimentação	−R$ 15,00
6	Livros e gibis	−R$ 12,00
7	Presente recebido do avô	R$ 30,00
8		
9	Saldo	

Ao final de cada mês, guardo em um cofrinho o valor que sobra. Se no mês eu gastar mais do que recebi, pego dinheiro emprestado nesse cofrinho.

Escreva uma expressão para representar o valor que Paulo vai ter de saldo ao final do mês de abril. Depois, resolva essa expressão e indique esse valor.

8. Observe como podemos calcular (**−35**) + (**+49**) + (**−28**) utilizando as teclas de memória da calculadora.

- Para armazenar −**35** na memória, digitamos:

  [3] [5] [M−] → [M 35]

- Para adicionar +**49**, digitamos:

  [4] [9] [M+] → [M 49]

- Para adicionar −**28**, digitamos:

  [2] [8] [M−] → [M 28]

- Digitamos a tecla [MR] e obtemos o resultado.

  [M −14]

Usando as teclas de memória, resolva cada item na calculadora.

a) (+19) + (−56)
b) (−24) + (−18) + (+86)
c) (−97) + (−71) + (−25)
d) (+80) + (+63) + (−57)

9. Elabore e escreva um problema envolvendo a adição de números inteiros. Em seguida, junte-se a um colega e troquem os problemas para que um resolva o do outro. Juntos, verifiquem se as respostas estão corretas.

Subtração

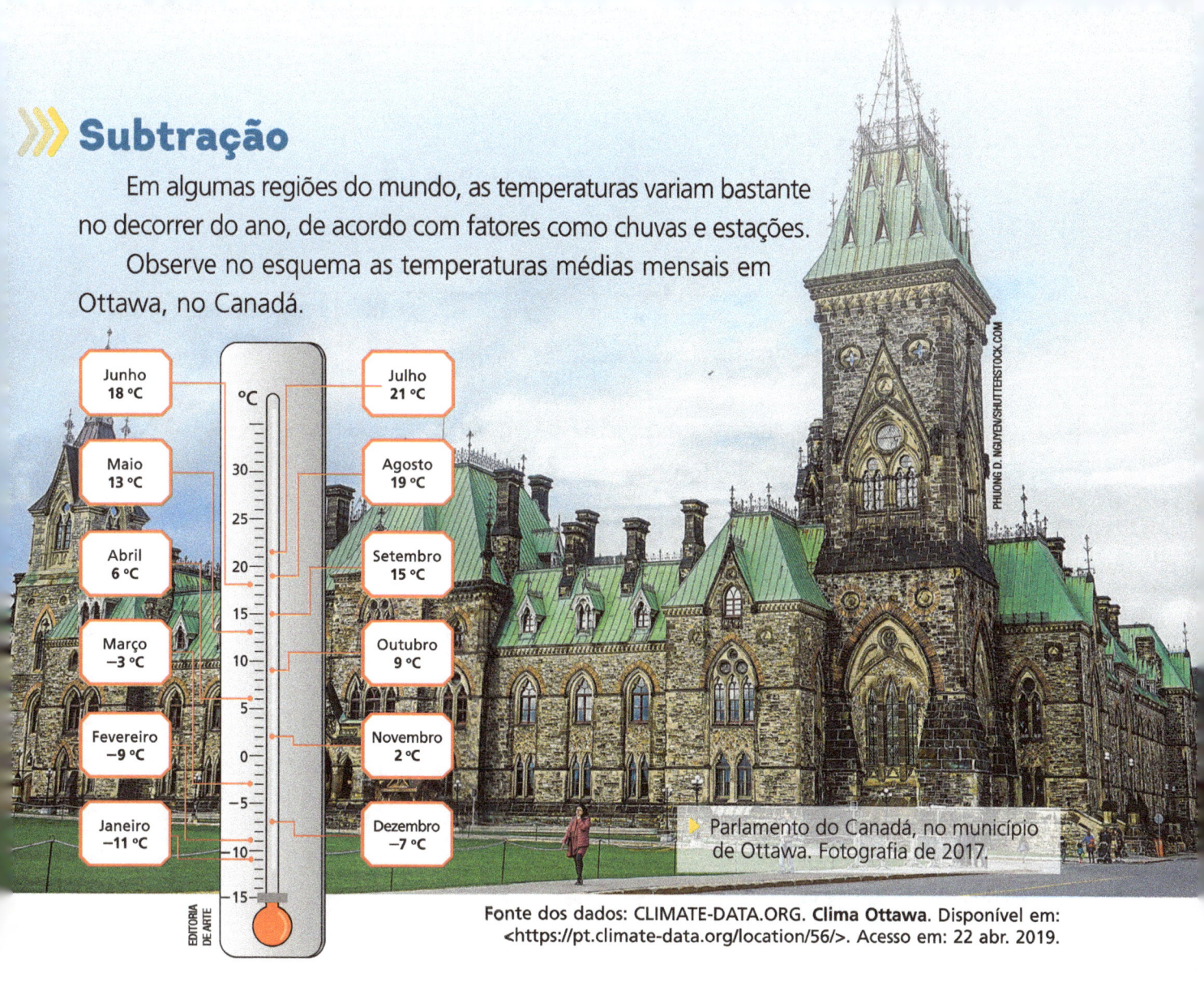

Em algumas regiões do mundo, as temperaturas variam bastante no decorrer do ano, de acordo com fatores como chuvas e estações.

Observe no esquema as temperaturas médias mensais em Ottawa, no Canadá.

- Junho: 18 °C
- Maio: 13 °C
- Abril: 6 °C
- Março: −3 °C
- Fevereiro: −9 °C
- Janeiro: −11 °C
- Julho: 21 °C
- Agosto: 19 °C
- Setembro: 15 °C
- Outubro: 9 °C
- Novembro: 2 °C
- Dezembro: −7 °C

Parlamento do Canadá, no município de Ottawa. Fotografia de 2017.

Fonte dos dados: CLIMATE-DATA.ORG. **Clima Ottawa**. Disponível em: <https://pt.climate-data.org/location/56/>. Acesso em: 22 abr. 2019.

Podemos calcular a variação da temperatura média entre dois meses consecutivos subtraindo da temperatura média de um mês aquela do mês anterior. Observe os exemplos.

- Entre fevereiro e março.

Essa variação pode ser calculada por **(−3) − (−9)**.

Podemos calcular o resultado de **(−3) − (−9)** com base na seguinte afirmação: subtrair um número corresponde a adicionar o seu oposto. Observe.

$$(-3) - (-9) = (-3) + (+9) = 6$$

(+9) é o oposto de (−9)

Assim, a variação da temperatura média de fevereiro para março foi de +6 °C.

- Entre agosto e setembro.

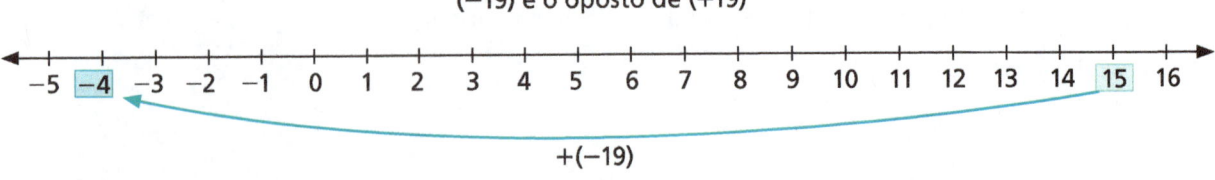

$$(+15) - (+19) = (+15) + (-19) = -4$$

(−19) é o oposto de (+19)

Assim, a variação da temperatura média de agosto para setembro foi de −4 °C.

- Entre novembro e dezembro.

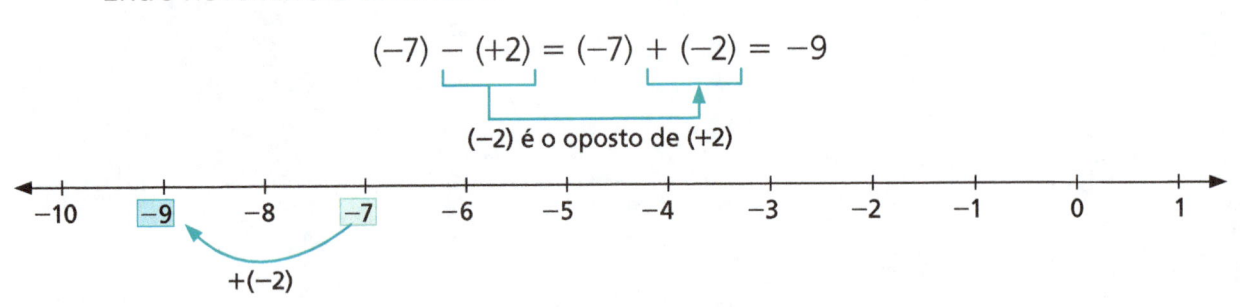

$$(-7) - (+2) = (-7) + (-2) = -9$$

(−2) é o oposto de (+2)

Assim, a variação da temperatura média de novembro para dezembro foi de −9 °C.

ATIVIDADES

1. Com base nas informações apresentadas anteriormente, calcule a variação da temperatura média em Ottawa entre os meses de:
   a) janeiro e fevereiro.
   b) março e abril.
   c) setembro e outubro.

2. Calcule.
   a) (−25) − (+17)
   b) (+48) − (−56)
   c) (−60) − (−31)
   d) (+150) − (+80)

3. Veja a quantidade de gols marcados e de gols sofridos por algumas seleções nas eliminatórias, da América do Sul, para a Copa do Mundo de futebol masculino 2018.

   Brasil: 41 / 11
   Bolívia: 16 / 38
   Uruguai: 32 / 20
   Venezuela: 19 / 35

   Gols marcados Gols sofridos

   Fonte dos dados: FIFA. **South America**. Disponível em: <www.fifa.com/worldcup/preliminaries/southamerica/>. Acesso em: 22 abr. 2019.

   a) Qual dessas seleções marcou menos gols nessa eliminatória? E qual marcou mais gols?
   b) Calcule o saldo de gols de cada uma dessas seleções.

4. Até 2017, o Tikuna era o maior submarino convencional brasileiro, com 62 m de comprimento. Esse submarino pode chegar a 200 m abaixo do nível do mar.

▶ Submarino Tikuna. Seu nome é uma homenagem a um povo indígena. Fotografia de 2014.

Fonte dos dados: IPEA. **O submarino verde-e-amarelo**: o Tikuna tem equipamentos de ponta desenvolvidos no Brasil. Disponível em: <www.ipea.gov.br/desafios/index.php?option=com_content&view=article&id=1478:catid=28&Itemid=23>. Acesso em: 22 abr. 2019.

Em certo dia, um submarino fazia uma atividade em alto-mar. O comandante fez a medição da posição desse submarino em relação ao nível do mar em dois momentos. Observe.

1º momento	2º momento
−43 m	−67 m

a) Em qual momento o submarino estava em menor altitude?

b) Do 1º para o 2º momento, de quantos metros foi a variação de altitude desse submarino?

5. Escreva os próximos três números de cada sequência numérica a seguir.

a) −(−8) −(−8) −(−8) −(−8) −(−8)

−30 −22 −14 −6 2 ...

b) +(−15) +(−15) +(−15) +(−15) +(−15)

48 33 18 3 −12 ...

6. A professora do 7º ano pediu aos alunos que escrevessem uma sequência de oito números. Observe a sequência que Renato fez.

84, 64, 44, 24, 4, −16, −36, −56

a) Explique como você acha que Renato pensou para escrever essa sequência.

b) De acordo com a resposta do item **a**, quais seriam os próximos dois números dessa sequência?

7. Veja como Lara resolveu a expressão numérica **(−42) − (−11) + (+60) − (+83)**.

$$(-42) - (-11) + (+60) - (+83) =$$
$$= (-42) + (+11) + (+60) + (-83) =$$
$$= (-125) + (+71) =$$
$$= -54$$

Primeiro, Lara usou a ideia de que subtrair um número inteiro corresponde a adicionar o seu oposto.

Depois, ela usou a propriedade associativa da adição.

Agora, resolva as expressões numéricas a seguir.

a) (+130) − (−18) + (−150) − (+31)

b) (−46) + (+13) − (+51) − (−84)

c) (+72) − (+37) − (−7) + (−22)

d) (−63) − (+27) + (+45) − (−9) + (−50)

8. Elabore e escreva um problema envolvendo a subtração de números inteiros. Em seguida, junte-se a um colega e troquem os problemas para que um resolva o elaborado pelo outro. Juntos, verifiquem se as respostas estão corretas.

›› Multiplicação

Yara e Tobias estão brincando com um alvo feito de materiais recicláveis.

Na brincadeira, colocam o alvo no chão e cada um lança seis tampinhas a certa distância. Cada tampinha que parar na região **verde** do alvo vale **+5 pontos** e, na região **azul**, **−3 pontos**. Observe as tampinhas lançadas por Yara em certa partida.

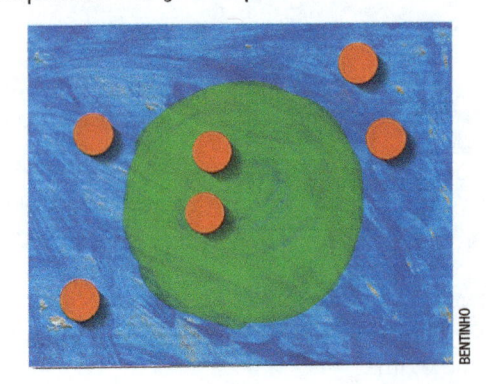

Para calcular a pontuação de Yara, podemos escrever a seguinte expressão:

$$2 \cdot (+5) + 4 \cdot (-3)$$

- Pontuação na região **verde**.
- Pontuação na região **azul**.

Para os pontos obtidos na região **verde**, calculamos **2 · (+5) = 10**.

Para os pontos obtidos na região **azul**, podemos efetuar **4 · (−3)** de duas maneiras:

- Com adições de parcelas iguais.

  $4 \cdot (-3) = (-3) + (-3) + (-3) + (-3) = -12$

- Usando a reta numérica.

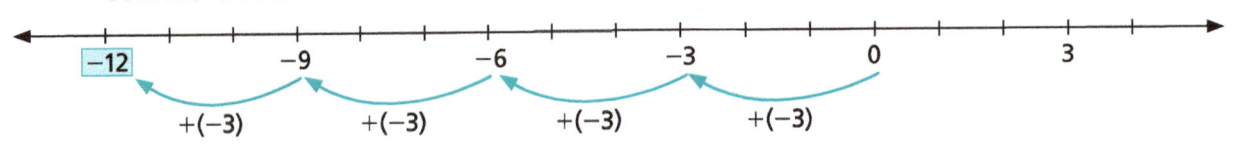

Assim, a pontuação de Yara na partida é dada por:

$$2 \cdot (+5) + 4 \cdot (-3) = 10 + (-12) = -2$$

Portanto, nessa partida Yara fez −2 pontos.

Agora, veja outras multiplicações com números positivos e números negativos.

- $(-3) \cdot (+5)$

Como $(-3) = -(+3)$, temos:

$$(-3) \cdot (+5) = -(+3) \cdot (+5) = -15$$

> **!** Também podemos calcular **(−3) · (+5)** usando a propriedade comutativa da multiplicação:
>
> $$(-3) \cdot (+5) = (+5) \cdot (-3) = (-3) + (-3) + (-3) + (-3) + (-3) = -15$$
>
> propriedade comutativa da multiplicação

- $(-7) \cdot (-4)$

Como $(-7) = -(+7)$, temos:

$$(-7) \cdot (-4) = -(+7) \cdot (-4) = -(-28)$$

Temos também que $-(-28) = (+28)$. Assim:

$$(-7) \cdot (-4) = -(+7) \cdot (-4) = -(-28) = 28$$

- O **produto** de dois números inteiros, diferentes de zero, com **sinais iguais** é um número **positivo**.
- O **produto** de dois números inteiros, diferentes de zero, com **sinais diferentes** é um número **negativo**.

Divisão

Você se lembra de que a multiplicação e a divisão são operações inversas?

Podemos resolver **(−42) : (+6)**, por exemplo, usando essa ideia. Para isso, temos de determinar um número que multiplicado por +6 seja igual a −42. Observe.

Como $(-7) \cdot (+6) = -42$, temos que $(-42) : (+6) = -7$.

Observe outros exemplos.

- $(+20) : (+5) = 4$, pois $(+4) \cdot (+5) = +20$
- $(+24) : (-3) = -8$, pois $(-8) \cdot (-3) = +24$
- $(-63) : (-9) = +7$, pois $(+7) \cdot (-9) = -63$

- O **quociente** de dois números inteiros, diferentes de zero, com **sinais iguais** é um **número positivo**.
- O **quociente** de dois números inteiros, diferentes de zero, com **sinais diferentes** é um número **negativo**.

ATIVIDADES

1. Calcule.

a) (+9) · (−3)
b) (−15) · (−5)
c) (−12) · (+4)
d) (+8) · (+25)
e) (−72) : (−8)
f) (−105) : (+7)
g) (+240) : (+20)
h) (+96) : (−6)

2. José trabalha em uma sorveteria. Observe ao lado a temperatura interna da máquina com a qual ele está fabricando picolés.

Se a máquina for ajustada a fim de que a temperatura abaixe, ficando com o dobro da temperatura atual, quantos graus Celsius ela vai registrar?

(−7 °C)

3. Júlia não controlou bem suas despesas e o saldo bancário de sua conta ao final de janeiro ficou em −R$ 638,00, ou seja, saldo negativo. Após planejar melhor seus gastos, conseguiu que o saldo da conta, ao final de fevereiro, correspondesse à metade daquele do mês anterior. Qual foi o saldo da conta bancária de Júlia ao final de fevereiro?

4. Escreva os próximos três números de cada sequência numérica.

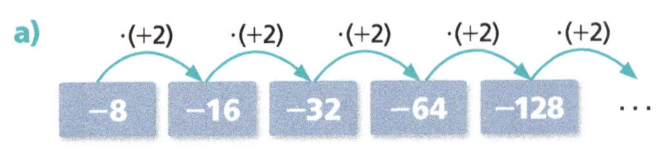

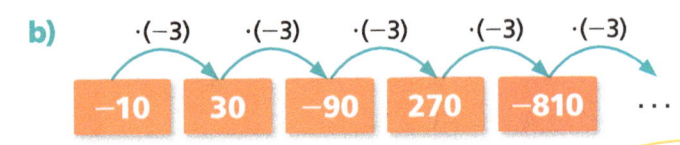

a) −8 ·(+2)→ −16 ·(+2)→ −32 ·(+2)→ −64 ·(+2)→ −128 ·(+2)→ ...

b) −10 ·(−3)→ 30 ·(−3)→ −90 ·(−3)→ 270 ·(−3)→ −810 ·(−3)→ ...

5. Determine o número em que Luiz pensou.

Pensei em um número, multipliquei esse número por (−5) e obtive (−130). Em que número pensei?

6. Veja como Marina calculou o resultado de **(−5) · (+12) · (−20)**, associando os fatores de maneira conveniente.

$$(-5) \cdot (+12) \cdot (-20) =$$
$$= (+100) \cdot (+12) =$$
$$= 1\,200$$

a) Por que você acha que Marina, na primeira etapa, associou os fatores da multiplicação dessa maneira?

b) Agora, calcule o resultado de cada multiplicação.
- (−4) · (−28) · (−25)
- (+2) · (−150) · (+7)
- (+6) · (−20) · (−30)

7. Elabore e escreva dois problemas envolvendo a multiplicação e a divisão de números inteiros. Em seguida, junte-se a um colega e troquem os problemas para que um resolva os do outro. Juntos, verifiquem se as respostas estão corretas.

8. Leia a tirinha.

BECK, A. **Armandinho um.** Florianópolis: A. C. Beck, 2014. p. 85.

a) Qual propriedade da multiplicação Armandinho disse ter estudado na escola? Explique essa propriedade com um exemplo envolvendo números positivos e números negativos.

b) No último quadrinho, o que o pai de Armandinho não permite que ele faça? Qual a relação disso com essa propriedade da multiplicação?

c) Usando a propriedade da multiplicação citada por Armandinho, identifique os itens que apresentam o mesmo resultado.

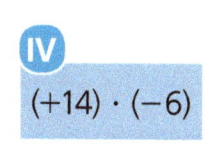

I	II	III	IV	V
(−6) · (+14)	(−14) · (−6)	(−14) · (+16)	(+14) · (−6)	(+16) · (−14)

9. Para verificar se o resultado da expressão **(+14) · (−9) · (−22)** é um número positivo ou negativo, Inês pensou apenas nos sinais dos fatores: associou, pela multiplicação, os sinais dos dois primeiros fatores e, depois, associou o sinal desse produto ao do outro fator.

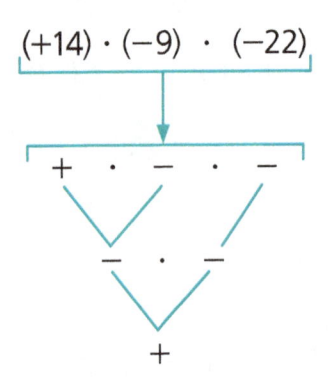

$$(+14) \cdot (-9) \cdot (-22)$$
$$\underbrace{(+) \cdot (-)}_{(-)} \cdot (-)$$
$$= (+)$$

Verifique, mentalmente, se o resultado de cada produto a seguir é um número positivo ou um número negativo.

a) (−13) · (+4) · (−19)

b) (+21) · (+2) · (−17)

c) (−75) · (−46) · (−8)

d) (+20) · (−30) · (−16) · (+5)

10. A temperatura de certa câmara frigorífica de um supermercado está −2 °C. Para acondicionar novas mercadorias, essa temperatura será ajustada por 4 h, de maneira que, a cada hora, diminua 5 °C.

a) Qual das expressões numéricas a seguir corresponde à temperatura dessa câmara frigorífica após o término do ajuste?

   I. (+2) − (+4) · (−5)

   II. (+4) · (−2) · (+5)

   III. (−2) + (+4) · (−5)

b) Ao término do ajuste, qual será a temperatura dessa câmara frigorífica?

11. Observe como Heitor desenvolveu a expressão **(−8) · [(−6) + (+10)]**.

$$(-8) \cdot [(-6) + (+10)] =$$
$$= (-8) \cdot (-6) + (-8) \cdot (+10)$$

a) A partir do que fez Heitor, termine de resolver a expressão numérica.

b) Resolva a expressão (+15) · [(−7) + (−20)].

58

INTEGRANDO COM GEOGRAFIA

CIDADANIA COMUNICAÇÃO

Preservação sob as águas

O litoral brasileiro é considerado um dos mais extensos do mundo, com uma grande diversidade de vegetação aquática, recifes de corais e milhares de espécies animais que povoam e colorem toda a faixa litorânea. Nele, são desenvolvidas diversas atividades de recreação, extração de recursos e transporte marítimo.

Essas atividades humanas geram grandes impactos, ameaçando o ecossistema marítimo. Para reverter essa situação, é preciso tomar diversas medidas de proteção ambiental e de conscientização ecológica da população. Um exemplo de que essas medidas funcionam é o estado de conservação do arquipélago brasileiro Fernando de Noronha (PE), com suas águas transparentes e riquezas naturais. Esse arquipélago foi tombado pela Unesco como Patrimônio Mundial da Humanidade e compõe a Unidade de Conservação Parque Nacional Marinho de Fernando de Noronha.

> Acesse este *site* para obter mais informações sobre Unidades de Conservação no Brasil.
> - BRASIL. ICMBio. **Unidades de Conservação**. Disponível em: <http://livro.pro/n569be>. Acesso em: 23 abr. 2019.

▶ Vista do Morro Dois Irmãos, na Baía dos Porcos – Fernando de Noronha, Pernambuco. Fotografia de 2017.

59

Uma das maneiras de explorar e conhecer as riquezas marinhas de Fernando de Noronha é a prática de mergulho. Nesse sentido, é importante conhecer suas diferentes modalidades, assim como os equipamentos e as regras de segurança necessárias. Observe no esquema tipos de mergulho oferecidos em Fernando de Noronha e alguns equipamentos necessários.

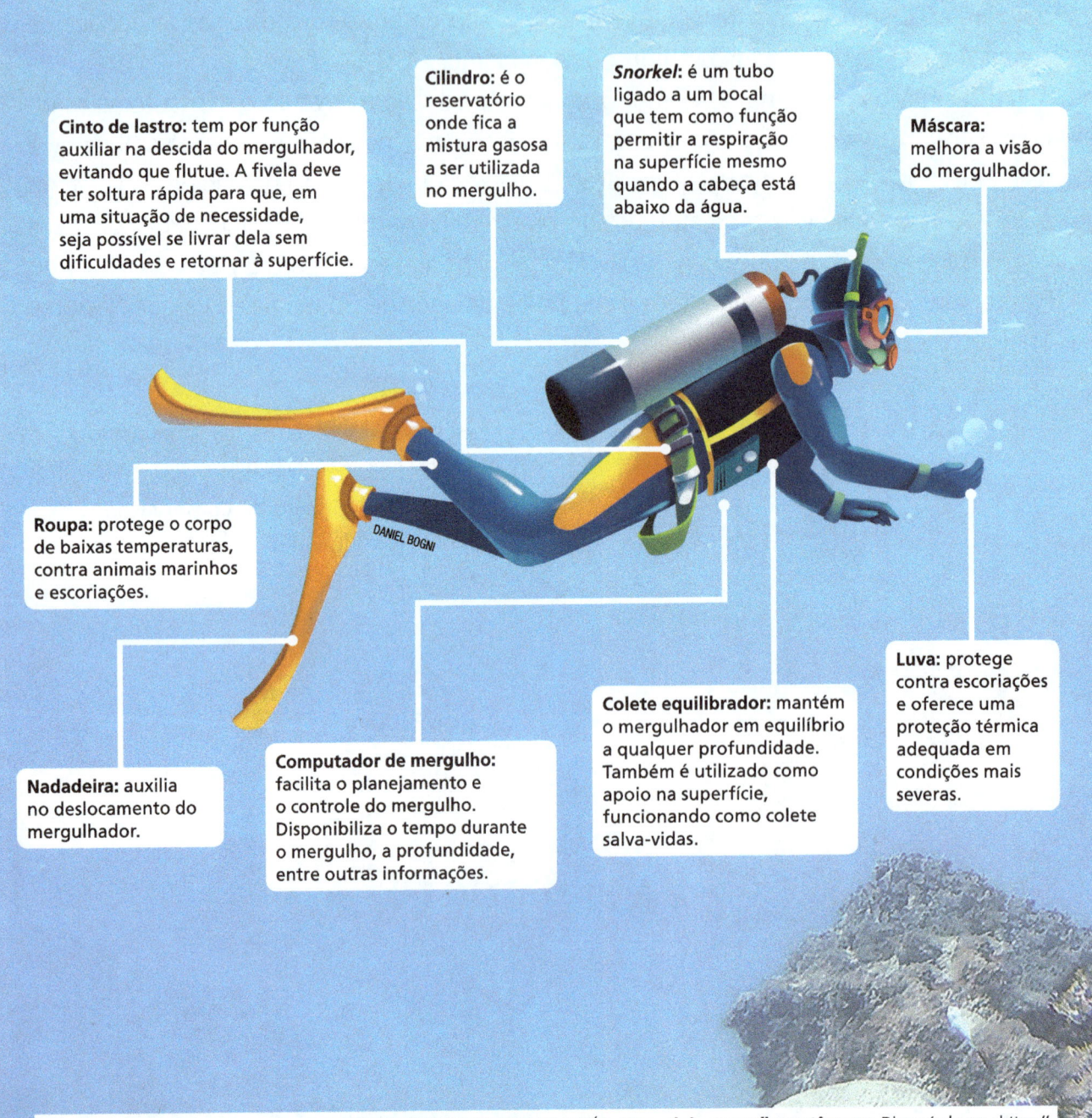

Cinto de lastro: tem por função auxiliar na descida do mergulhador, evitando que flutue. A fivela deve ter soltura rápida para que, em uma situação de necessidade, seja possível se livrar dela sem dificuldades e retornar à superfície.

Cilindro: é o reservatório onde fica a mistura gasosa a ser utilizada no mergulho.

Snorkel: é um tubo ligado a um bocal que tem como função permitir a respiração na superfície mesmo quando a cabeça está abaixo da água.

Máscara: melhora a visão do mergulhador.

Roupa: protege o corpo de baixas temperaturas, contra animais marinhos e escoriações.

Luva: protege contra escoriações e oferece uma proteção térmica adequada em condições mais severas.

Nadadeira: auxilia no deslocamento do mergulhador.

Computador de mergulho: facilita o planejamento e o controle do mergulho. Disponibiliza o tempo durante o mergulho, a profundidade, entre outras informações.

Colete equilibrador: mantém o mergulhador em equilíbrio a qualquer profundidade. Também é utilizado como apoio na superfície, funcionando como colete salva-vidas.

DANIEL BOGNI

Fontes dos dados: CORPO DE BOMBEIROS MILITAR DO ESTADO DE GOIÁS. **Manual de mergulho autônomo.** Disponível em: <https://www.bombeiros.go.gov.br/wp-content/uploads/2012/09/mergulho.pdf>. GOVERNO DO BRASIL. **Litoral brasileiro tem 7,4 mil km de belezas naturais.** Disponível em: <www.brasil.gov.br/noticias/turismo/2015/01/litoral-brasileiro-tem-7-4-mil-km-de-belezas-naturais>. IPHAN. **Arquipélago de Fernando de Noronha (PE).** Disponível em: <http://portal.iphan.gov.br/pagina/detalhes/1662>. Acessos em: 22 abr. 2019.

60

A profundidade dos mergulhos é limitada de acordo com a técnica de cada nível de certificação dos mergulhadores.

Mergulho sem credencial: para as pessoas que não possuem certificação de mergulho. O instrutor explica como funciona e como se utiliza cada equipamento. Esse mergulho atinge até −12 m e é acompanhado pelo instrutor.

Mergulho com credencial básica: para as pessoas que possuem certificação com técnicas básicas. Esse mergulho atinge até −18 m.

Mergulho com credencial avançada: para as pessoas que possuem certificação com técnicas avançadas. Esse mergulho atinge até −30 m.

Mergulho profundo: para as pessoas que estão em um nível acima da credencial avançada. Esse mergulho atinge até −63 m.

1. Você conhece alguma Unidade de Conservação do município, estado ou região em que mora? Comente isso.

   _____

2. Para ajudar na preservação do ecossistema marinho, podemos tomar algumas medidas simples, como: cuidar da praia; não comprar frutos do mar cuja procedência seja de pesca irregular; reciclar e diminuir o uso de produtos plásticos. Junte-se a um colega e pesquisem outras medidas de preservação dos mares e oceanos. Depois, elaborem uma peça publicitária (como vídeo, *jingle* ou *spot*, por exemplo) com algumas das medidas pesquisadas.

3. Pedro vai realizar um mergulho com credencial básica em Fernando de Noronha.

   a) Até quantos metros de profundidade ele pode mergulhar de acordo com seu nível de certificação?

   _____

   b) No decorrer do mergulho, Pedro realizou a medição da posição de sua descida em relação ao nível do mar em dois momentos: −7 m no 1º momento e −15 m no 2º. Em qual momento ele estava mais distante da superfície? Do 1º para o 2º momento, de quantos metros foi a variação na posição dele em relação ao nível do mar?

   _____

   c) Pedro atingiu a profundidade de −18 m e resolveu retornar à superfície realizando uma parada na metade do percurso. A quantos metros em relação ao nível do mar Pedro realizou essa parada?

   _____

61

O QUE ESTUDEI

1 Leia com atenção cada pergunta a seguir e faça uma reflexão. Depois, responda: **sim**, **às vezes** ou **não**.

A) Ouvi as explicações do professor?

B) Pedi ajuda quando tive dúvidas?

C) Ajudei o professor?

D) Fiquei em silêncio quando o professor pediu?

E) Participei na resolução das atividades propostas?

F) Fiz todas as atividades propostas na sala de aula?

G) Fiz as tarefas escolares em casa?

H) Respeitei meus colegas nos trabalhos em grupo?

I) Ajudei meus colegas quando eles tiveram dúvidas?

J) Levei para a sala de aula os materiais necessários?

2 Nas fichas estão indicados os principais conceitos que estudamos nesta Unidade. Reflita sobre cada um deles e verifique se você precisa retomar algum conceito para melhor compreendê-lo.

- Sequência dos números inteiros
- Reta numérica
- Módulo ou valor absoluto de um número
- Números opostos ou simétricos
- Comparação de números inteiros
- Adição com números inteiros
- Subtração com números inteiros
- Multiplicação com números inteiros
- Divisão com números inteiros
- Expressões numéricas

3 Resolva cada problema proposto a seguir e escreva quais conceitos estudados nesta Unidade você utilizou na resolução.

SITUAÇÃO INICIAL

Observe a tabela de um campeonato de futebol que está sendo realizado em uma escola.

Campeonato escolar de futebol

Equipe	Jogos	Pontos	Vitórias	Empates	Derrotas	Gols marcados	Gols sofridos	Saldo de gols
A	4	9	3	0	1	9	6	3
B	4	7	2	1	1	16	7	9
C	4	4	1	1	2	6	9	−3
D	4	4	1	1	2	5	7	−2
E	4	4	1	1	2	7	14	−7

Fonte: Súmula do campeonato.

PROBLEMAS

I Qual equipe tem o maior saldo de gols? E qual tem o menor?

II Se na próxima rodada a equipe **E** perder o jogo de 5 a 2, qual será o saldo?

III Para que o saldo da equipe **D**, na próxima rodada, passe a ser de 3 gols, quantos gols ela deve marcar a mais do que sofrer?

IV Qual equipe tem como saldo de gols o triplo do saldo de gols da equipe **A**?

V Qual equipe tem saldo de gols mais próximo de zero?

VI Quais equipes têm 3 gols de diferença entre a quantidade de gols marcados e sofridos?

UNIDADE 3
FIGURAS GEOMÉTRICAS PLANAS

Acessibilidade

Você sabia que, no Brasil, ir e vir é direito de todo cidadão? Esse direito garante às pessoas locomoverem-se de maneira segura e independente.

Uma simples escadaria, por exemplo, pode impedir o deslocamento de pessoas com deficiência ou mobilidade reduzida, assim como alguém empurrando um carrinho de bebê. Dessa forma, a acessibilidade busca garantir a melhoria da qualidade de vida das pessoas e, por isso, algumas medidas são regulamentadas por leis ou normas para a adequação de espaços físicos, de uso público ou privado.

Para as rampas de acesso há alguns padrões que são estabelecidos, como a largura e a inclinação máxima da rampa. Portanto, temos de ficar atentos, buscando sempre informar aos órgãos públicos responsáveis situações em que o direito de ir e vir não está sendo garantido a todos.

É importante que a calçada rebaixada esteja junto da faixa de pedestres.

As rampas devem possuir pisos antiderrapantes, firmes e nivelados.

WANDSON ROCHA

Converse com os colegas e o professor sobre os itens a seguir.

- O que as leis e normas de acessibilidade buscam garantir? Você conhece outras leis e normas de acessibilidade?
- Em sua opinião, por que a inclinação da rampa de acesso não pode ultrapassar o limite máximo estabelecido?
- Você costuma observar rampas de acesso nos locais por onde passa, perto da escola ou de sua residência? Comente.

Há rampas que são construídas para vencer desníveis e, como são extensas, devem ter áreas para descanso.

A largura livre mínima recomendável para as rampas é de 120 cm.

É estabelecido por norma (NBR 9050) que as rampas de acesso tenham uma inclinação máxima, que não pode ser superior a 4°.

Toda rampa deve possuir corrimão de duas alturas em cada lado.

Fonte dos dados: BRASIL. Ministério da Educação. **Manual de acessibilidade espacial para escolas**: o direito à escola acessível! Disponível em: <www.mp.go.gov.br/portalweb/hp/41/docs/manual_escolas_-_deficientes.pdf.pdf>. Acesso em: 23 abr. 2019.

1. ÂNGULOS

Na abertura desta Unidade, vimos que as rampas de acesso devem possuir uma inclinação máxima, estabelecida por uma norma. Essa inclinação está relacionada a uma ideia de **ângulo**. Agora, observe outras situações em que podemos identificar ideias de ângulo.

O **giro** da cadeira apresenta uma ideia de ângulo.

A **abertura** do *notebook* apresenta uma ideia de ângulo.

A **inclinação** da luminária apresenta uma ideia de ângulo.

Ângulo é a figura geométrica delimitada no plano por duas semirretas de mesma origem. Observe a seguir a representação de um ângulo e alguns de seus elementos.

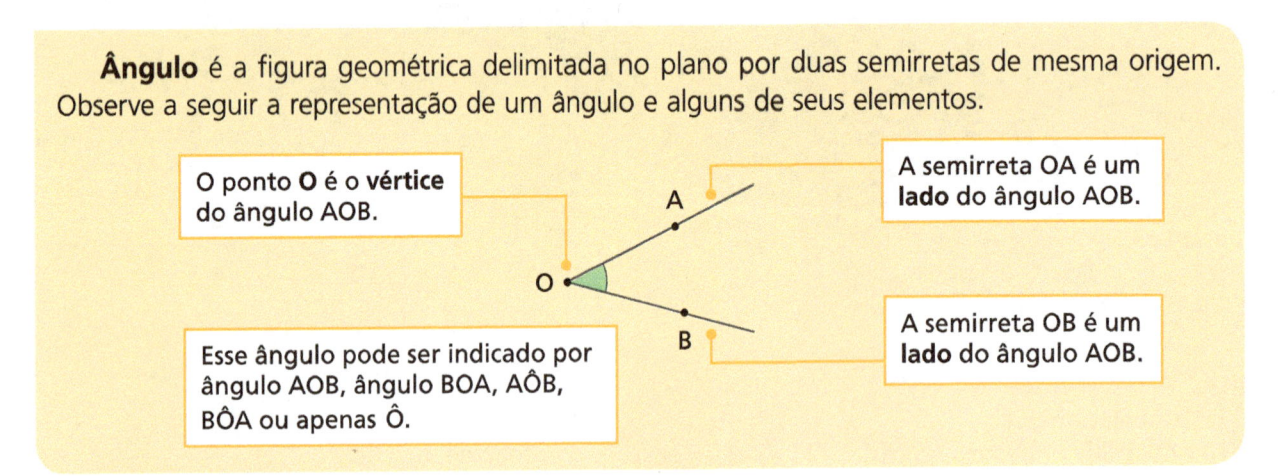

O ponto **O** é o **vértice** do ângulo AOB.

A semirreta OA é um **lado** do ângulo AOB.

A semirreta OB é um **lado** do ângulo AOB.

Esse ângulo pode ser indicado por ângulo AOB, ângulo BOA, AÔB, BÔA ou apenas Ô.

Para expressar a medida de um ângulo, podemos usar o **grau** como unidade.

Ao dividirmos a figura de um círculo em 360 partes iguais, cada parte obtida corresponde a um ângulo de medida **um grau**, que indicamos por **1°**.

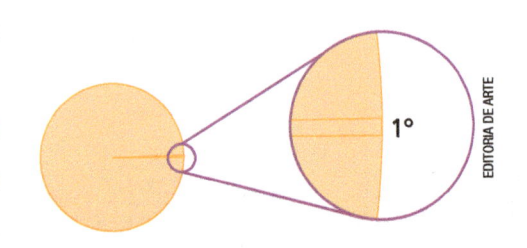

Para medir ou construir um ângulo, podemos utilizar um instrumento chamado **transferidor**.

- Medindo um ângulo.

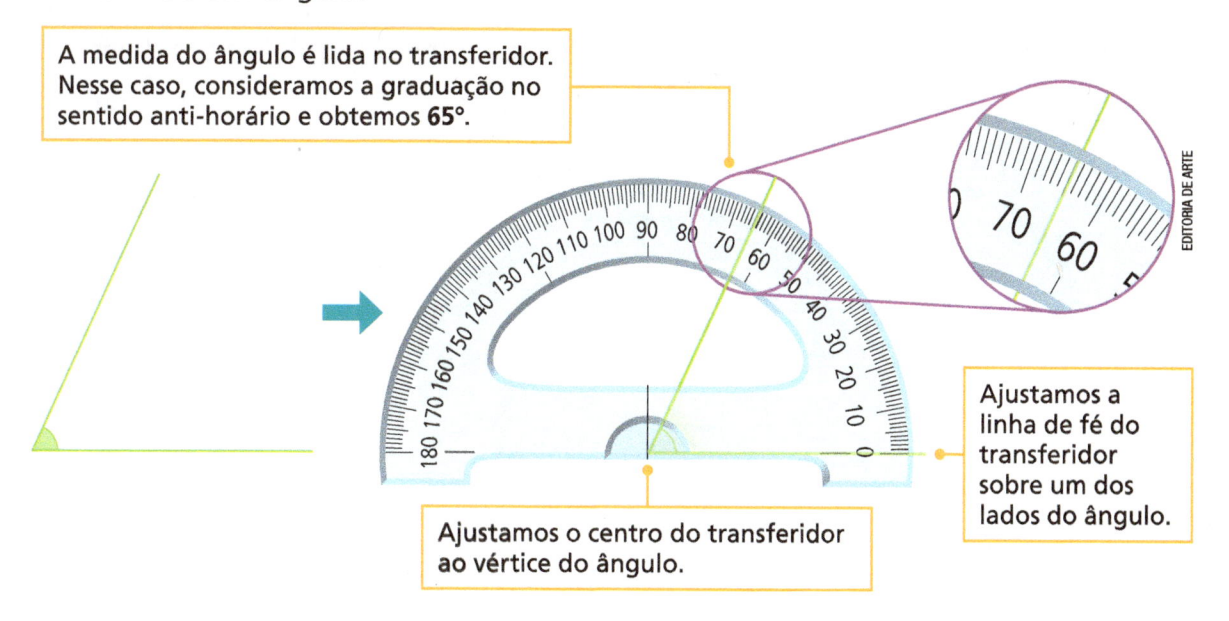

A medida do ângulo é lida no transferidor. Nesse caso, consideramos a graduação no sentido anti-horário e obtemos **65°**.

Ajustamos o centro do transferidor ao vértice do ângulo.

Ajustamos a linha de fé do transferidor sobre um dos lados do ângulo.

- Construindo um ângulo.

Observe como podemos construir um ângulo de 120°.

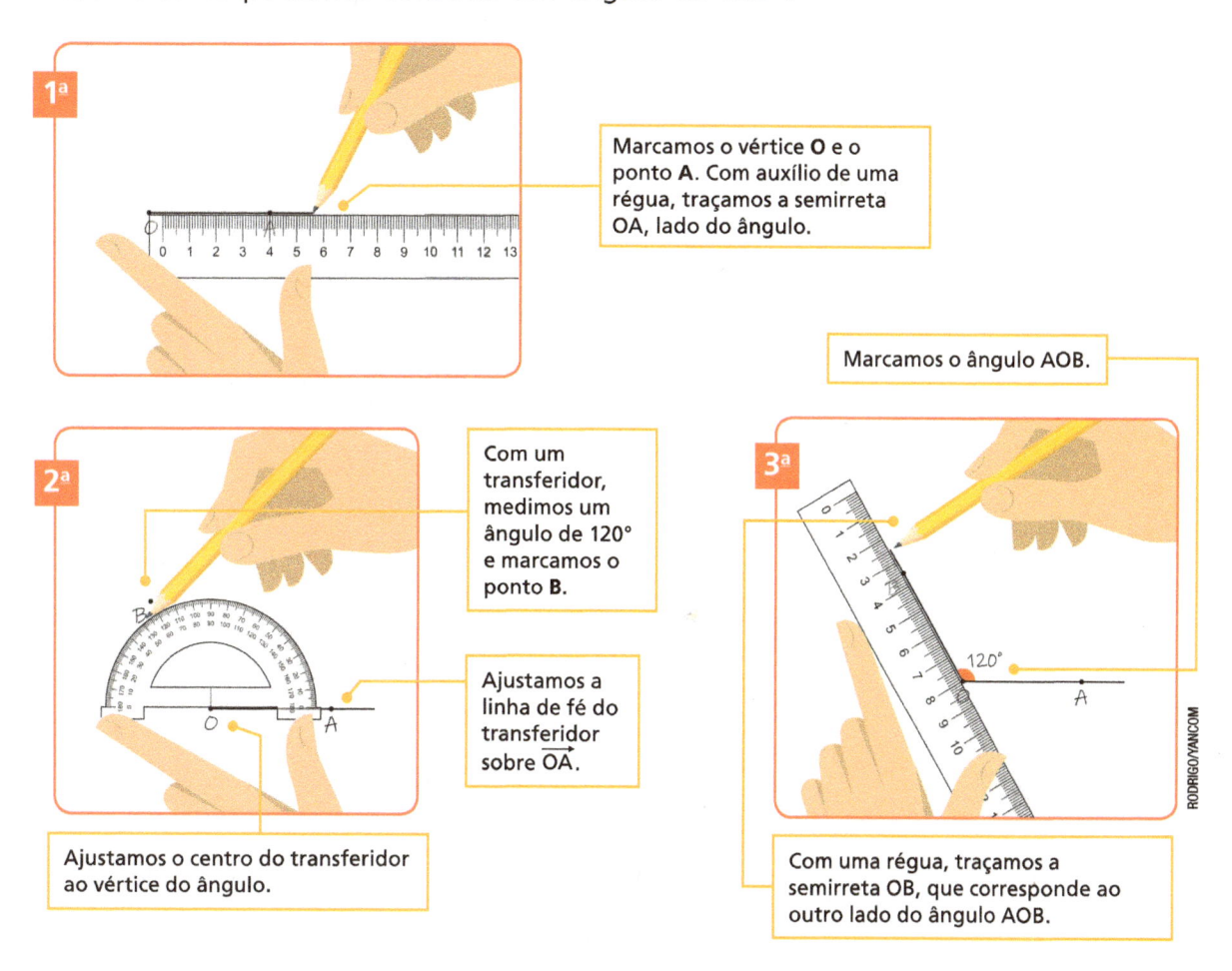

1ª Marcamos o vértice **O** e o ponto **A**. Com auxílio de uma régua, traçamos a semirreta OA, lado do ângulo.

2ª Com um transferidor, medimos um ângulo de 120° e marcamos o ponto **B**.

Ajustamos a linha de fé do transferidor sobre $\overrightarrow{OA}$.

Ajustamos o centro do transferidor ao vértice do ângulo.

3ª Marcamos o ângulo AOB.

Com uma régua, traçamos a semirreta OB, que corresponde ao outro lado do ângulo AOB.

67

ATIVIDADES

1. Alice está medindo ângulos. Observe e indique a medida de cada um deles.

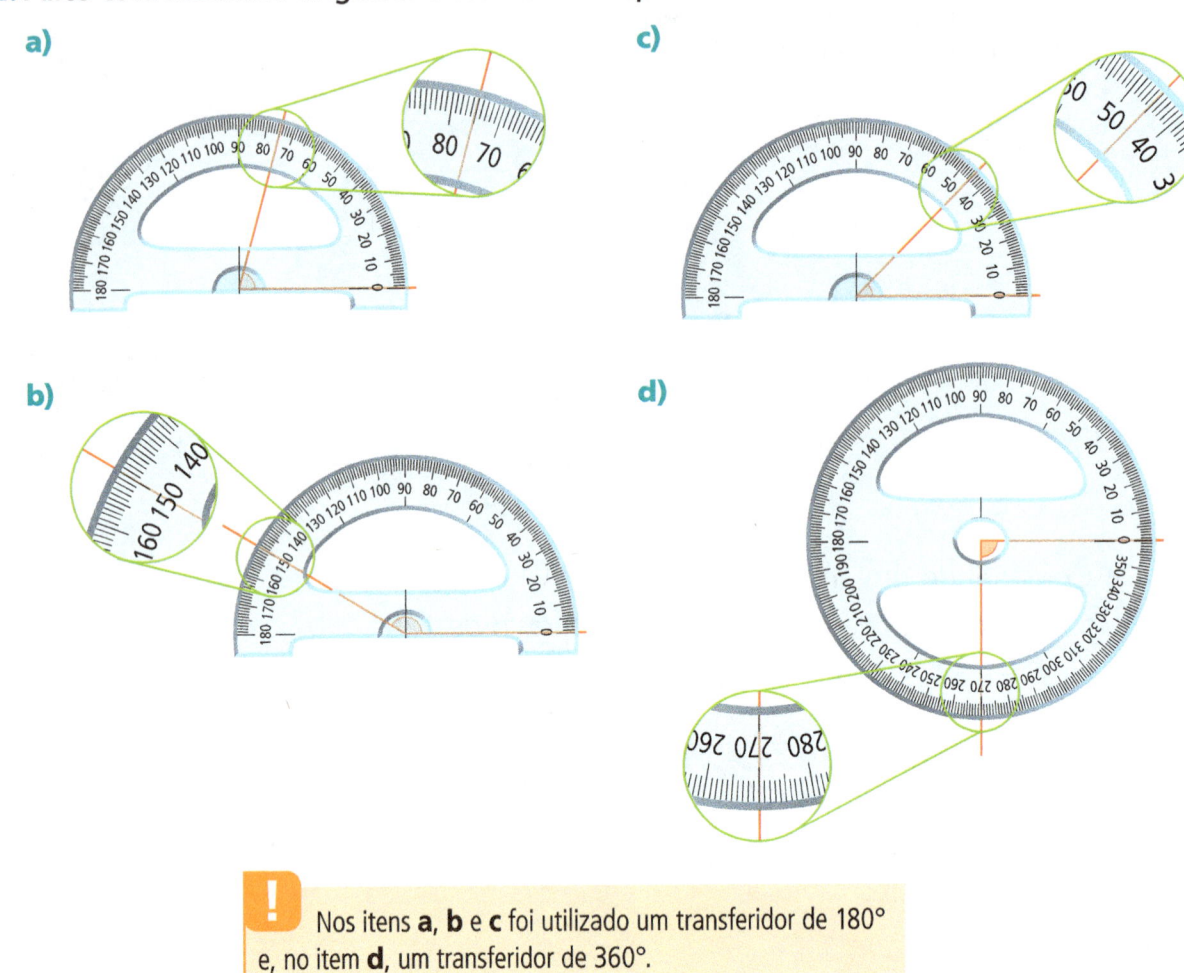

a)

b)

c)

d)

> ❗ Nos itens **a**, **b** e **c** foi utilizado um transferidor de 180° e, no item **d**, um transferidor de 360°.

2. Você se lembra de como um ângulo pode ser classificado de acordo com sua medida? Observe.

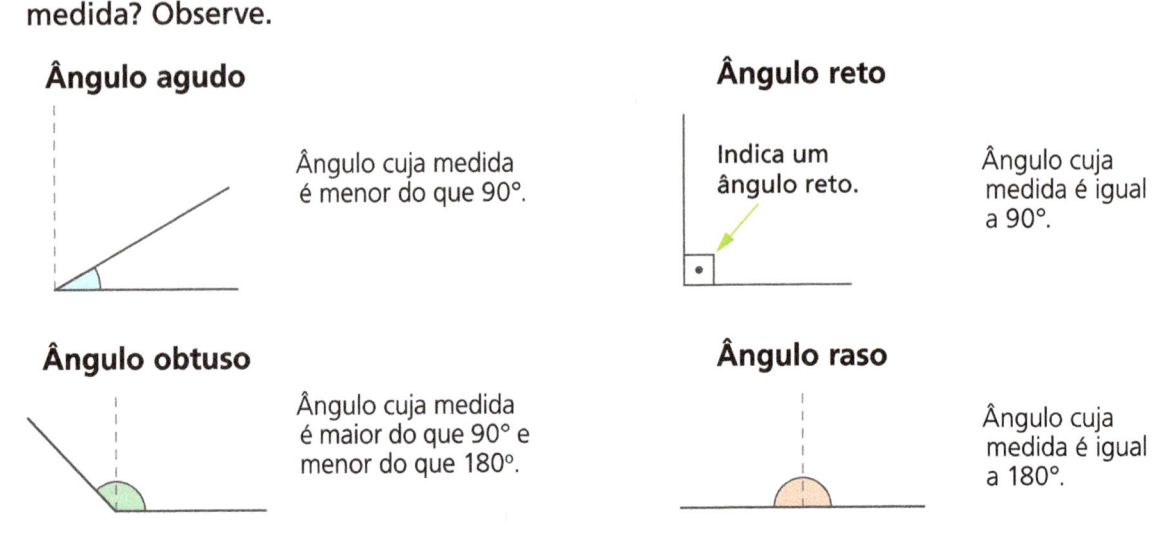

Ângulo agudo

Ângulo cuja medida é menor do que 90°.

Ângulo reto

Indica um ângulo reto.

Ângulo cuja medida é igual a 90°.

Ângulo obtuso

Ângulo cuja medida é maior do que 90° e menor do que 180°.

Ângulo raso

Ângulo cuja medida é igual a 180°.

68

Agora, com um transferidor, meça cada ângulo a seguir e classifique-o de acordo com sua medida.

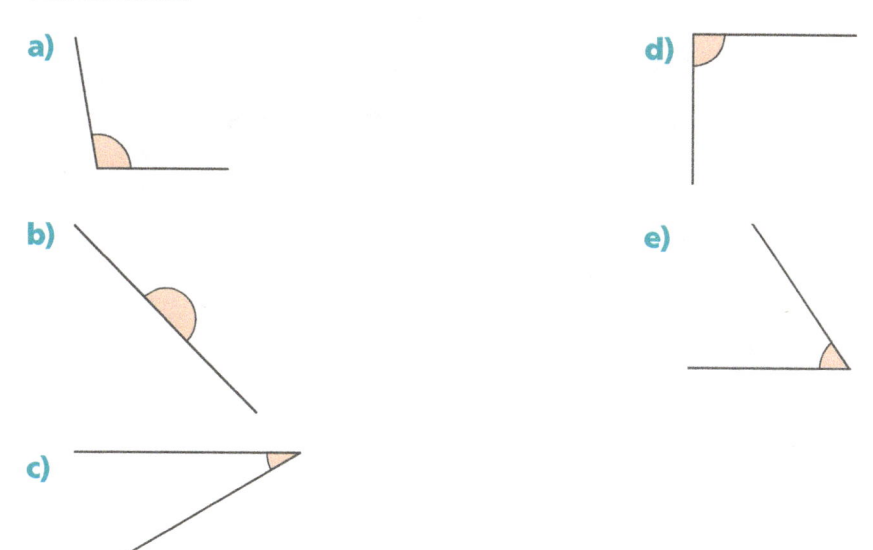

a)

b)

c)

d)

e)

3. Você sabe o que são **ângulos complementares** e **ângulos suplementares**? Observe.

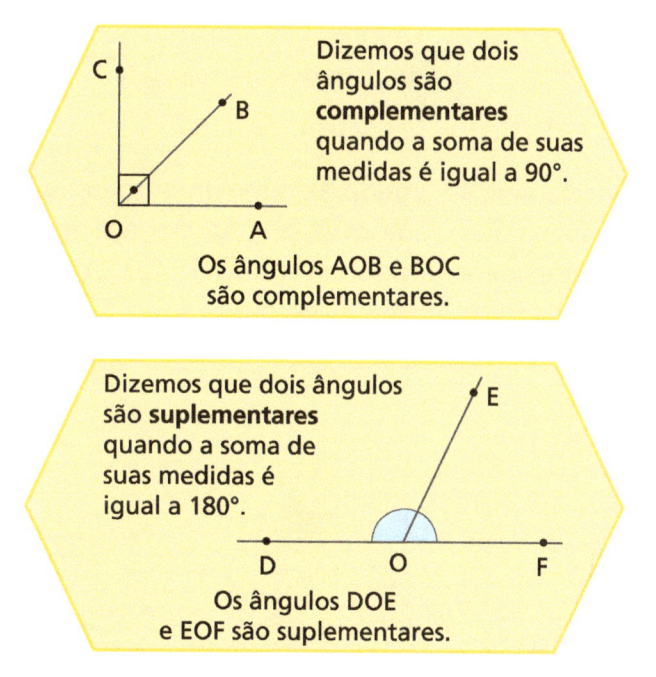

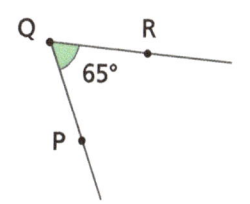

Dizemos que dois ângulos são **complementares** quando a soma de suas medidas é igual a 90°.

Os ângulos AOB e BOC são complementares.

Dizemos que dois ângulos são **suplementares** quando a soma de suas medidas é igual a 180°.

Os ângulos DOE e EOF são suplementares.

Escreva os pares de ângulos representados a seguir que são:

a) complementares.
b) suplementares.

25°   93°   87°   65°

69

4. Lana faz um curso de programação de computadores para crianças. Nesse curso, ela aprendeu a criar jogos e aplicativos. Em certa atividade, Lana tem de indicar os botões que representam o caminho que leva o pirata ao tesouro. Copie as indicações que ela já fez e desenhe os botões que faltam para completar esse caminho.

→ Avançar uma casa.

↻ Girar 90° para a direita.

5. Você sabia que a energia eólica é obtida pelo movimento do vento? A energia é gerada a partir do giro das pás dos aerogeradores, que funcionam de maneira parecida com os moinhos de vento. Nesses aerogeradores, considerando duas pás quaisquer, o menor ângulo formado por elas tem sempre a mesma medida.

a) Você já viu algum aerogerador? Converse com os colegas sobre como ele funciona.
b) Considerando o aerogerador representado acima, determine a medida do ângulo em destaque.
c) Classifique esse ângulo de acordo com sua medida.

Ângulos formados por retas paralelas e uma transversal

A direção de uma escola estuda demarcar as vagas de seu estacionamento, de modo que facilite a manobra dos motoristas. Observe a proposta apresentada.

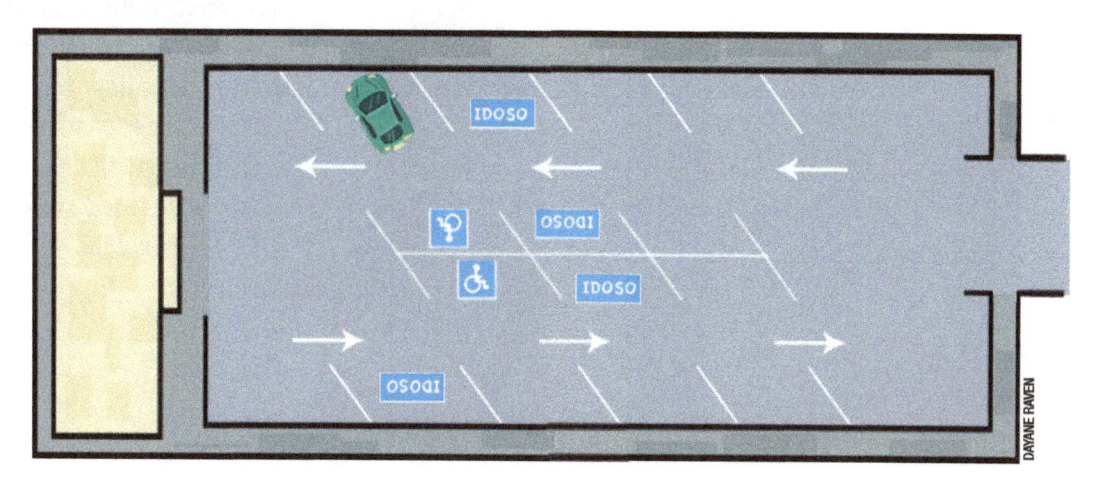

Em um programa de computador, Felipe e sua professora de Matemática representaram retas e ângulos para ilustrar parte das demarcações do estacionamento. Observe que a reta **t** cruza as retas paralelas **r** e **s**.

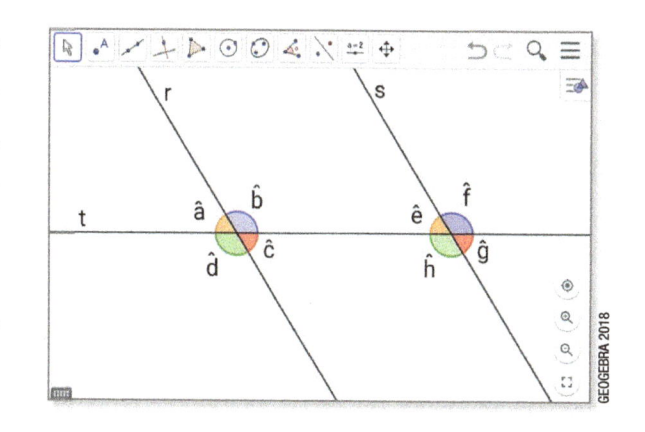

Quando uma reta transversal cruza um par de retas paralelas, podemos classificar alguns pares de ângulos formados de acordo com a posição que ocupam em relação às retas. Observe.

Ângulos opostos pelo vértice	$\hat{a}$ e $\hat{c}$ $\hat{b}$ e $\hat{d}$ $\hat{e}$ e $\hat{g}$ $\hat{f}$ e $\hat{h}$
Ângulos correspondentes	$\hat{a}$ e $\hat{e}$ $\hat{b}$ e $\hat{f}$ $\hat{c}$ e $\hat{g}$ $\hat{d}$ e $\hat{h}$
Ângulos alternos	$\hat{a}$ e $\hat{g}$ $\hat{b}$ e $\hat{h}$ $\hat{c}$ e $\hat{e}$ $\hat{d}$ e $\hat{f}$
Ângulos colaterais	$\hat{a}$ e $\hat{f}$ $\hat{b}$ e $\hat{e}$ $\hat{c}$ e $\hat{h}$ $\hat{d}$ e $\hat{g}$

71

Para estudar as relações entre esses ângulos, Felipe imprimiu, recortou as figuras dos ângulos e fez comparações. Analise as observações feitas por Felipe.

- Ângulos opostos pelo vértice.

  â e ĉ

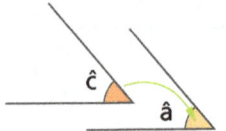

  b̂ e d̂

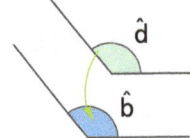

  ê e ĝ

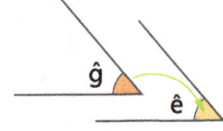

  f̂ e ĥ

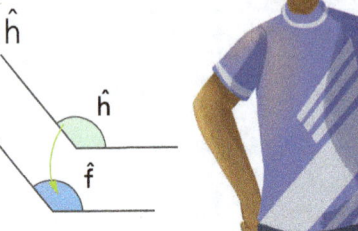

> As figuras dos ângulos opostos pelo vértice ficaram perfeitamente sobrepostas. O mesmo aconteceu com as figuras dos ângulos correspondentes e também com as figuras dos ângulos alternos. Isso aconteceu porque cada par desses ângulos é formado por ângulos que têm medidas iguais.

- Ângulos correspondentes.

  â e ê   b̂ e f̂ 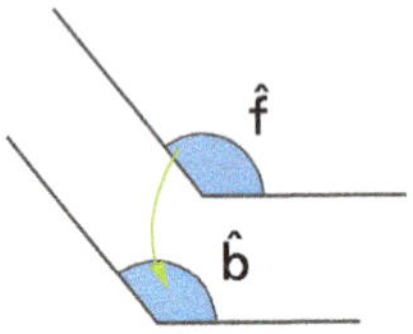   ĉ e ĝ 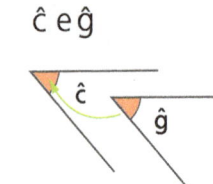   d̂ e ĥ

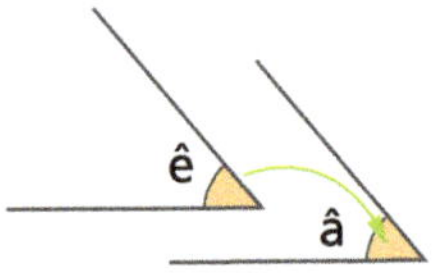

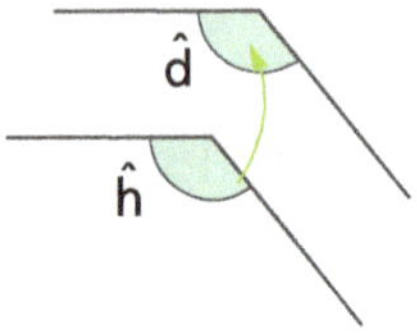

- Ângulos alternos.

  â e ĝ   b̂ e ĥ 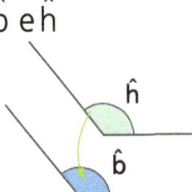   ĉ e ê 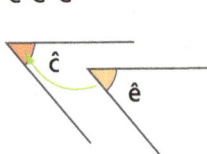   d̂ e f̂

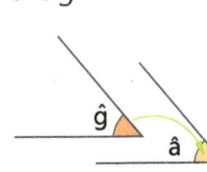

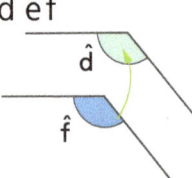

- Ângulos colaterais.

  â e f̂   b̂ e ê

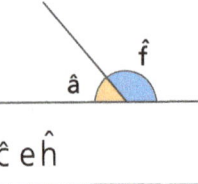

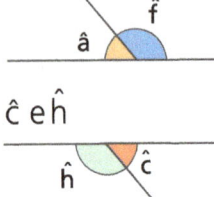

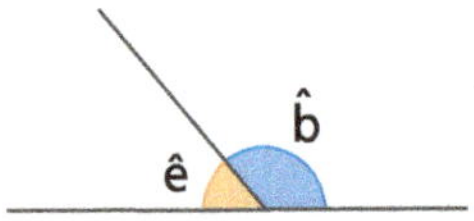

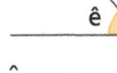

  ĉ e ĥ 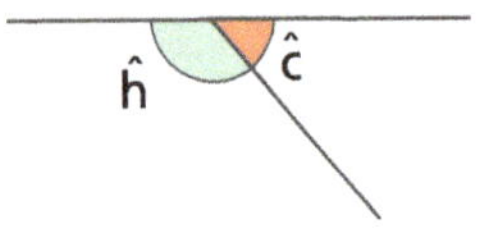   d̂ e ĝ

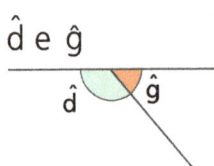

> Já as figuras dos ângulos colaterais se ajustaram de maneira que dois lados coincidiram e os outros dois ficaram alinhados. Assim, cada par desses ângulos é formado por ângulos suplementares.

Na construção feita por Felipe, os ângulos â e b̂ são ângulos adjacentes, pois estão no mesmo plano, têm o mesmo vértice e têm em comum apenas os pontos de um dos lados. Os ângulos â e d̂ também são adjacentes. O que podemos afirmar também sobre esses pares de ângulos?

72

ATIVIDADES

1. Em um programa de computador, Luana representou um par de retas paralelas, uma reta transversal a elas e destacou os ângulos formados. Observe.

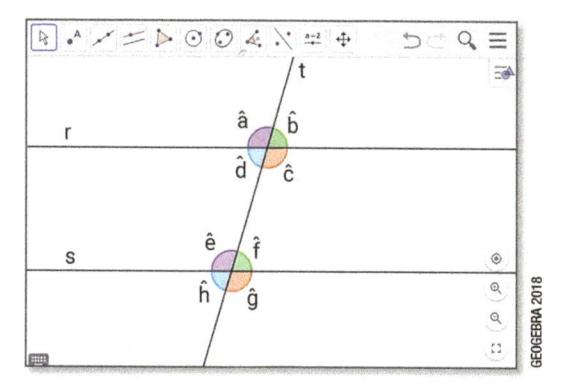

a) Em relação aos ângulos destacados, indique os pares de ângulos:
- opostos pelo vértice.
- alternos.
- colaterais.
- correspondentes.
- adjacentes.

b) Quais pares de ângulos são formados por ângulos de medidas iguais? E quais são formados por ângulos suplementares?

2. Observe uma maneira de construir figuras de retas paralelas.

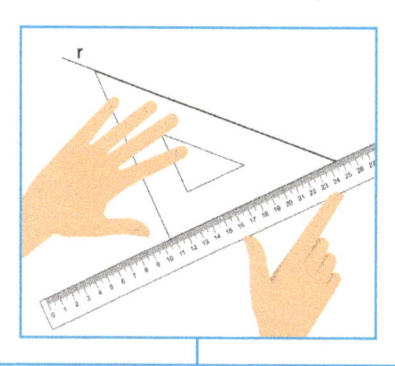

Com a régua, traçamos uma reta **r** e, depois, ajustamos um dos lados do esquadro a essa reta.
Apoiamos a régua em um dos lados livres do esquadro, mantendo-a fixa.

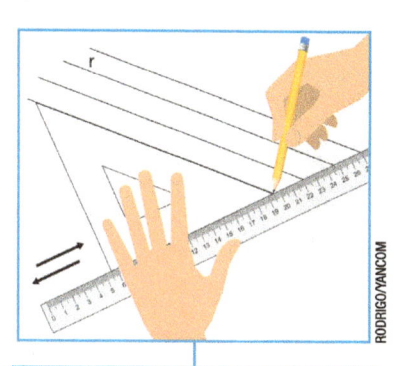

Deslizamos o esquadro sobre a régua, nos dois sentidos. Traçamos as retas paralelas à reta **r**, de acordo com as posições do esquadro.

Junte-se a dois colegas e, utilizando régua e esquadro, tracem em uma folha de papel um par de retas paralelas e uma reta transversal a elas. Depois, destaquem, nomeiem e recortem as figuras dos ângulos formados por essas retas. Por fim, ajustem as figuras de ângulos recortados e verifiquem as relações entre as medidas dos pares de ângulos:

a) opostos pelo vértice.
b) correspondentes.
c) alternos.
d) colaterais.
e) adjacentes.

73

3. Observe como Karina pensou para determinar as medidas dos ângulos $\hat{c}$, $\hat{e}$ e $\hat{f}$ na figura a seguir, em que as retas **r** e **s** representadas são paralelas e o ângulo $\hat{a}$ mede 120°.

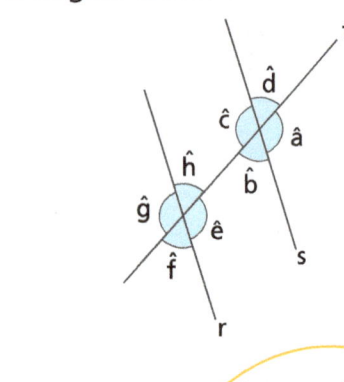

> Como os ângulos $\hat{a}$ e $\hat{c}$ são opostos pelo vértice e os ângulos $\hat{a}$ e $\hat{e}$ são correspondentes, eles têm a mesma medida. Já os ângulos $\hat{a}$ e $\hat{f}$ são colaterais e, dessa maneira, suplementares.

a) Quais são as medidas dos ângulos $\hat{c}$, $\hat{e}$ e $\hat{f}$?

b) Agora, observe a figura a seguir, em que **u** e **v** são retas paralelas, e determine as medidas dos ângulos em destaque.

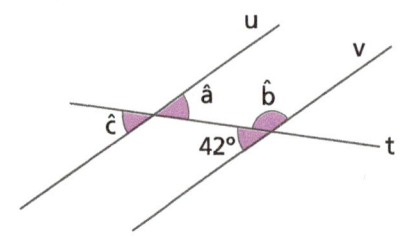

4. Observe a figura a seguir.

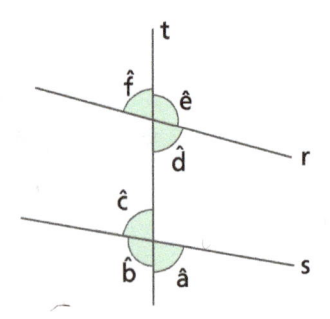

a) Com um transferidor, meça os ângulos destacados e anote as medidas.

b) Os ângulos $\hat{a}$ e $\hat{d}$ têm medidas iguais? Os ângulos $\hat{b}$ e $\hat{e}$ têm medidas iguais? Os ângulos $\hat{c}$ e $\hat{d}$ têm medidas iguais?

c) Os ângulos $\hat{e}$ e $\hat{a}$ são suplementares?

d) As retas **r** e **s** são paralelas?

5. Em certo município há um bosque bastante frequentado pelos moradores. Ele ocupa um quarteirão inteiro e está localizado entre quatro ruas, conforme apresentado a seguir.

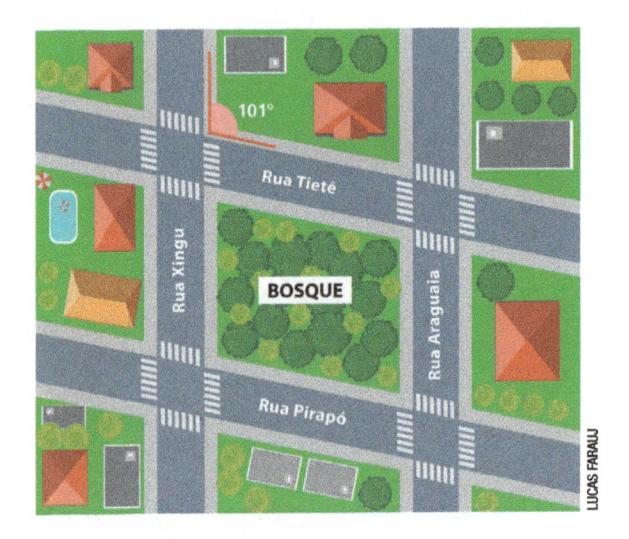

A Rua Xingu é paralela à Rua Araguaia, e a Rua Tietê é paralela à Rua Pirapó. Determine as medidas dos ângulos internos da figura de quadrilátero que representa o quarteirão em que está o bosque.

74

2. POLÍGONOS

O artesanato é uma das maneiras de expressar a riqueza cultural de um povo. O Brasil, por ser um país formado por povos indígenas e povos vindos de diferentes regiões do mundo, como europeus, africanos, asiáticos etc., possui uma grande diversidade cultural, o que contribui para o desenvolvimento de vários tipos e técnicas de artesanato.

Uma dessas técnicas é a **marchetaria**, que consiste na arte de compor formas sobre superfícies planas utilizando diferentes materiais, como madeiras coloridas, metais e pedras.

Na tampa da caixa ao lado, podemos identificar figuras de **polígonos**.

▶ Caixa de madeira trabalhada com a técnica de marchetaria.

Observe um exemplo de polígono.

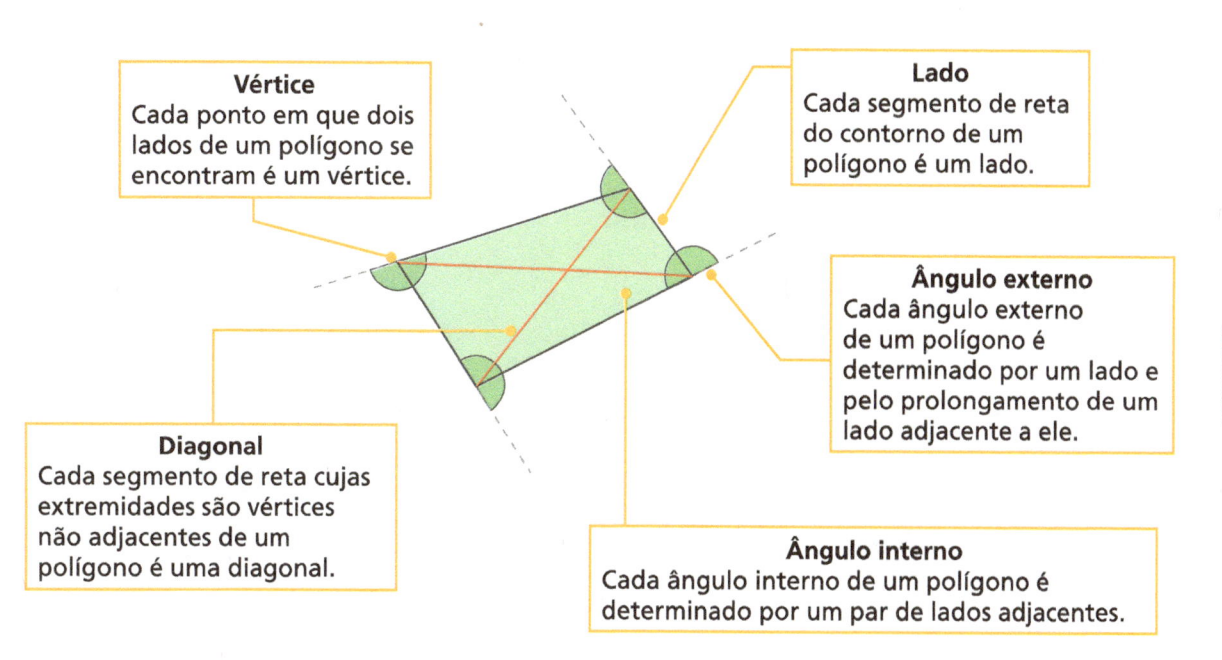

Vértice
Cada ponto em que dois lados de um polígono se encontram é um vértice.

Lado
Cada segmento de reta do contorno de um polígono é um lado.

Ângulo externo
Cada ângulo externo de um polígono é determinado por um lado e pelo prolongamento de um lado adjacente a ele.

Diagonal
Cada segmento de reta cujas extremidades são vértices não adjacentes de um polígono é uma diagonal.

Ângulo interno
Cada ângulo interno de um polígono é determinado por um par de lados adjacentes.

75

Podemos classificar e nomear um polígono de acordo com a quantidade de lados, vértices e ângulos internos. Observe alguns exemplos.

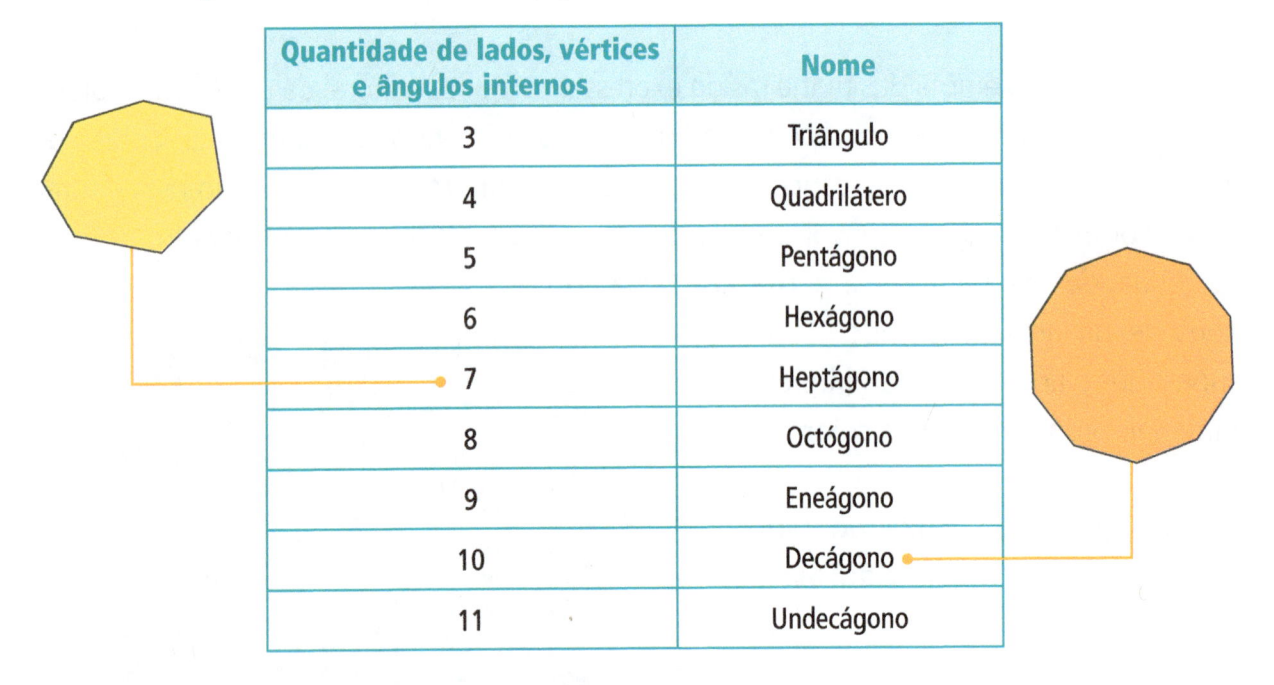

Quantidade de lados, vértices e ângulos internos	Nome
3	Triângulo
4	Quadrilátero
5	Pentágono
6	Hexágono
7	Heptágono
8	Octógono
9	Eneágono
10	Decágono
11	Undecágono

Também podemos classificar um polígono em **convexo** ou **não convexo**. Observe.

Quando todo segmento de reta com extremidades no polígono tem todos os seus pontos também no polígono, dizemos que esse é um **polígono convexo**.

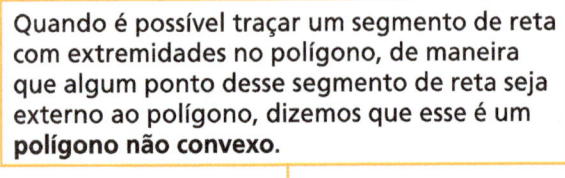

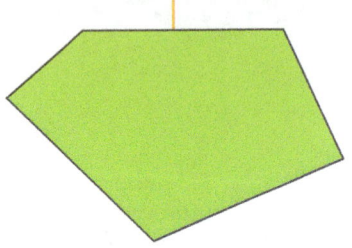

Quando é possível traçar um segmento de reta com extremidades no polígono, de maneira que algum ponto desse segmento de reta seja externo ao polígono, dizemos que esse é um **polígono não convexo**.

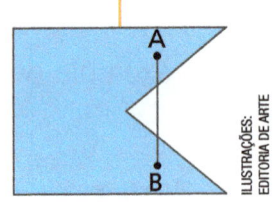

ILUSTRAÇÕES: EDITORIA DE ARTE

Quando um polígono possui todos os lados e todos os ângulos internos com medidas iguais, dizemos que é um **polígono regular**.

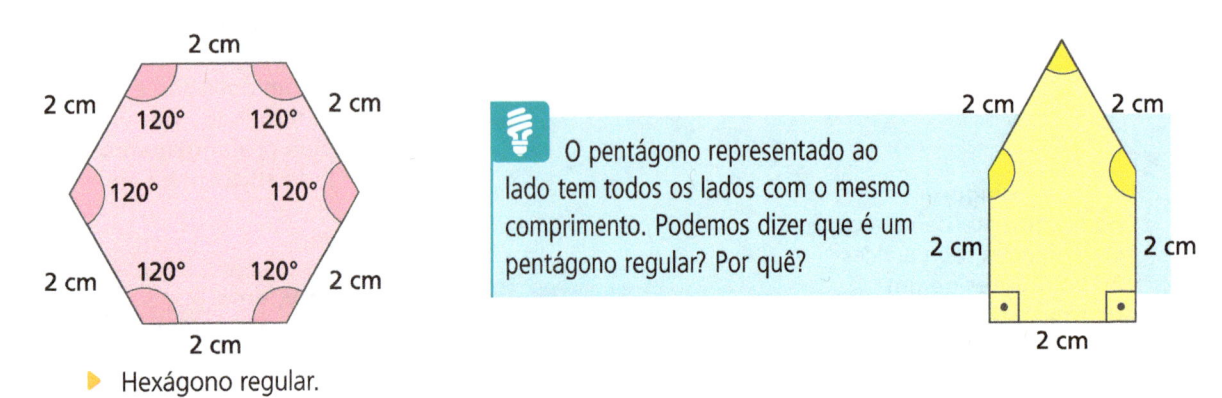

▶ Hexágono regular.

O pentágono representado ao lado tem todos os lados com o mesmo comprimento. Podemos dizer que é um pentágono regular? Por quê?

76

ATIVIDADES

1. Observe as figuras e resolva os itens a seguir.

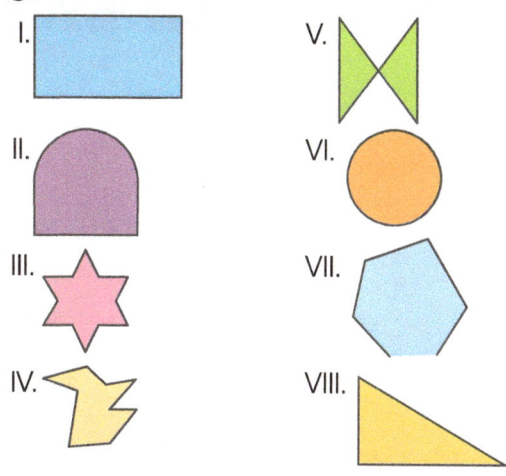

I. (retângulo)
II. (figura arredondada no topo)
III. (estrela)
IV. (figura com linhas curvas)
V. (dois triângulos unidos)
VI. (círculo)
VII. (pentágono)
VIII. (triângulo)

a) Quais das figuras acima **não** representam polígonos?

b) Para cada figura que você indicou no item **a**, justifique o motivo pelo qual ela não representa polígono.

2. Desenhe a figura de um polígono qualquer utilizando uma régua. Depois, troque seu desenho com um colega para que ele indique os vértices, os ângulos internos e os ângulos externos da figura que você desenhou, e classifique o polígono de acordo com a quantidade de lados. Faça o mesmo com o desenho que você receber.

3. Gabriela desenhou a figura de um pentágono ABCDE. Depois, traçou todas as diagonais em que uma das extremidades era o vértice **A**. Observe.

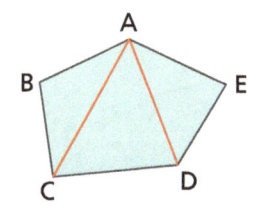

a) Quantas diagonais desse polígono têm o vértice **A** como uma extremidade? Escolha outro vértice qualquer e responda: quantas diagonais tem esse vértice como uma extremidade?

b) Com uma régua, represente um hexágono qualquer. Depois, escolha um vértice e trace todas as diagonais que têm esse vértice como uma extremidade. Quantas são essas diagonais? Compare sua resposta com a de um colega.

4. Observe os polígonos representados a seguir.

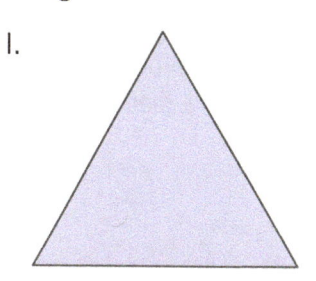

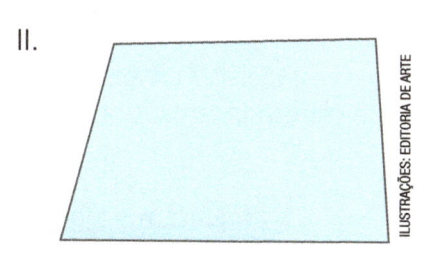

I. (triângulo)
II. (quadrilátero)

a) Nomeie esses polígonos de acordo com a quantidade de lados, vértices e ângulos internos.

b) Meça os lados desses polígonos e calcule o perímetro de cada um deles.

5. (Obmep-2016) A figura foi construída com triângulos de lados de 3 cm, 7 cm e 8 cm. Qual é o perímetro da figura?

a) 60 cm
b) 66 cm
c) 72 cm
d) 90 cm
e) 108 cm

77

6. Márcio é artesão e usa recortes de azulejos para fazer mosaico. Ele começou a decorar uma bandeja e fixou algumas peças de azulejo na primeira fileira. Observe.

Márcio desenhou o polígono a seguir para representar a peça verde e, assim, verificar qual peça será encaixada à direita dela.

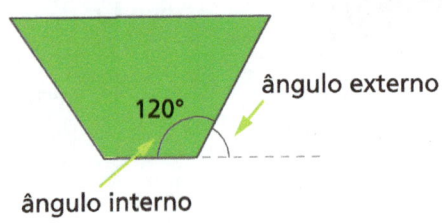

ângulo externo
120°
ângulo interno

a) Qual é a soma das medidas dos ângulos interno e externo, correspondentes, destacados no polígono?

b) Qual das figuras de polígono a seguir representa uma peça que, na posição que está, pode ser encaixada perfeitamente à peça verde, de maneira que continue a composição do mosaico na primeira fileira? Justifique.

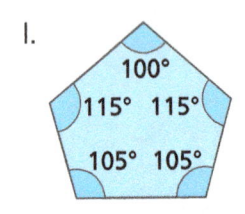

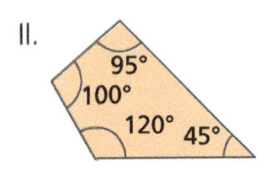

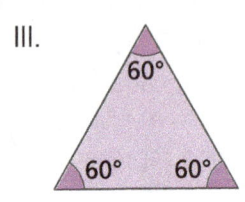

I. 100°, 115°, 115°, 105°, 105°

II. 95°, 100°, 120°, 45°

III. 60°, 60°, 60°

c) Podemos estabelecer uma relação entre o ângulo interno de um polígono e o ângulo externo correspondente. Copie a frase que indica essa relação.

- Em um polígono, um ângulo interno e o ângulo externo correspondente têm **medidas iguais**.
- Em um polígono, um ângulo interno e o ângulo externo correspondente são **complementares**.
- Em um polígono, um ângulo interno e o ângulo externo correspondente são **suplementares**.

7. Obtenha a medida de cada ângulo externo dos polígonos representados a seguir.

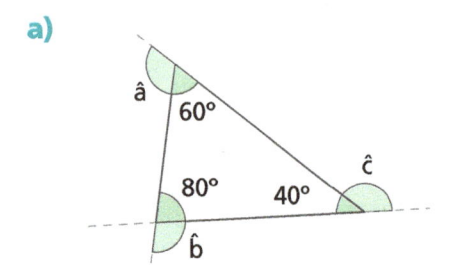

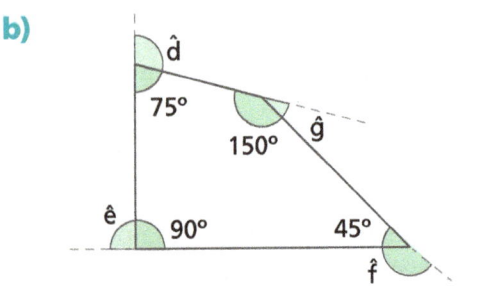

a) â 60°, 80°, b̂, 40°, ĉ

b) d̂ 75°, 150° ĝ, ê 90°, 45° f̂

78

Polígonos no plano cartesiano

Você já ouviu falar do filósofo francês René Descartes? Além dos diversos trabalhos filosóficos, René também contribuiu para a Matemática. No livro **Discurso do método**, publicado em 1637, apresentou ideias sobre a localização de pontos sobre um plano. Com base nessas ideias, foi desenvolvido aquilo que mais tarde ficou conhecido como **plano cartesiano**.

Fonte dos dados: EMILIO, D. R. **Descartes, René du Peiron (1596-1650)**. Disponível em: <www.fem.unicamp.br/~em313/paginas/person/descarte.htm>. Acesso em: 23 abr. 2019.

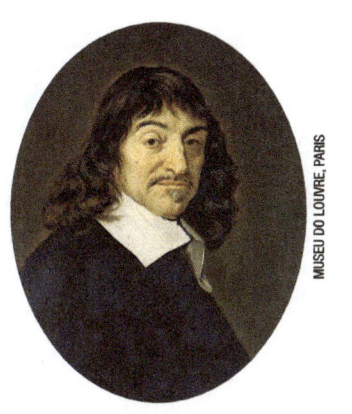

▶ René Descartes (1596-1650).

O plano cartesiano é composto de duas retas numeradas e perpendiculares entre si. A reta horizontal é o **eixo das abscissas** (eixo **x**), a reta vertical é o **eixo das ordenadas** (eixo **y**) e o ponto em que elas se cruzam é a **origem**. Observe.

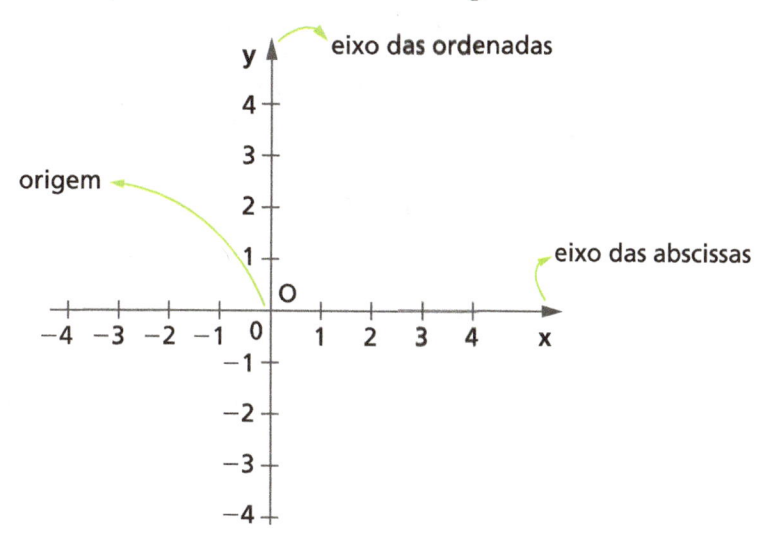

Indicamos um ponto por meio das **coordenadas cartesianas** (**x**, **y**), em que **x** indica a posição em relação ao eixo das abscissas e **y**, em relação ao eixo das ordenadas. A origem tem coordenadas O (0, 0).

No triângulo representado, os vértices podem ser indicados pelos pontos:

- A(−1, 4);
- B(−5, −3);
- C(3, −2).

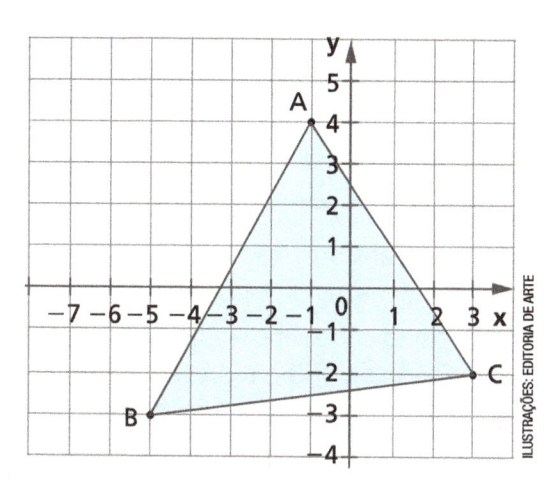

79

ATIVIDADES

1. Escreva as coordenadas de cada vértice do quadrilátero e do triângulo representados no plano cartesiano.

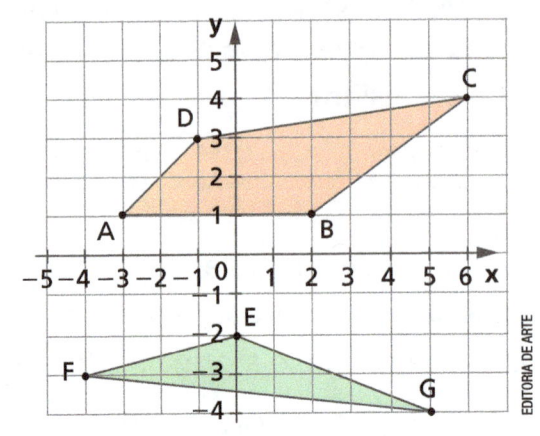

2. Em uma malha quadriculada, use régua e lápis e desenhe um plano cartesiano. Depois, nele, represente um triângulo cujos vértices têm coordenadas A(2, 4), B(1, 1) e C(3, 1). Agora, faça os ajustes indicados a seguir nas coordenadas desses vértices, represente o triângulo obtido no mesmo plano cartesiano e descreva a transformação realizada em relação ao triângulo ABC.

a) Multiplicar a abscissa de cada vértice por −1 e manter a ordenada.

b) Multiplicar a ordenada de cada vértice por −1 e manter a abscissa.

3. Mário, utilizando um programa de computador, representou um retângulo de vértices A(1, 2), B(1, −1), C(3, −1) e D(3, 2). Depois, ele multiplicou as coordenadas de cada vértice por −2 e obteve a figura do retângulo de vértices A'B'C'D'.

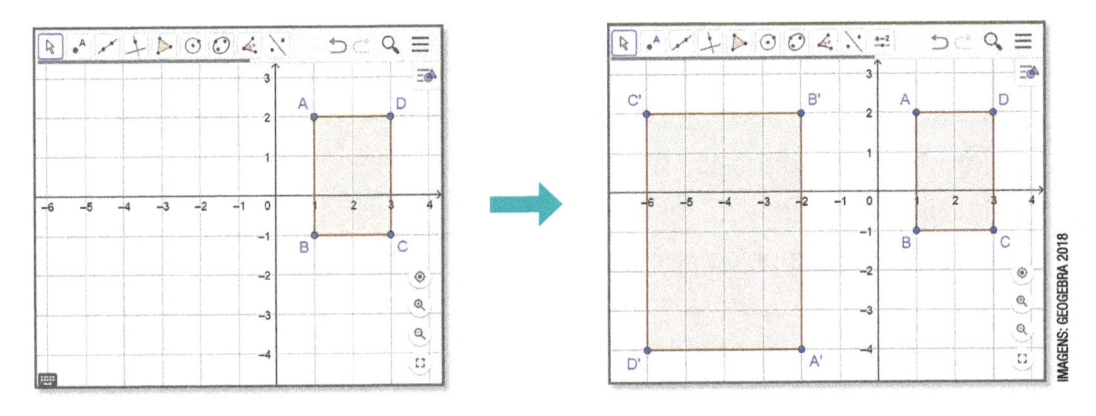

a) Explique a transformação que ocorreu com as medidas dos lados do retângulo ABCD ao ter as coordenadas de seus vértices multiplicadas por −2.

b) Em um plano cartesiano, reproduza o retângulo ABCD. Depois, multiplique as coordenadas de cada vértice por 3 e represente, nesse mesmo plano cartesiano, a figura cujos vértices correspondem aos resultados obtidos. Por fim, compare as medidas dos lados das duas figuras e registre suas conclusões.

Triângulos

Muitas pessoas gostam de passear de bicicleta. Algumas, no entanto, utilizam suas bicicletas para praticar esportes.

Nos Jogos Olímpicos, por exemplo, quatro modalidades preveem o uso de bicicleta: ciclismo BMX, ciclismo de estrada, ciclismo de pista e ciclismo MTB. Nessas modalidades, as bicicletas possuem diferenças que buscam atender às necessidades específicas da modalidade, como velocidade, manobras e resistência. Essas bicicletas, contudo, costumam ter algo em comum: composições triangulares em sua estrutura. Observe.

IMAGENS FORA DE PROPORÇÃO.

▶ Ciclismo BMX.

▶ Ciclismo de estrada.

▶ Ciclismo de pista.

▶ Ciclismo MTB.

Acesse este *site* para obter mais informações sobre as modalidades do ciclismo.
- COB. **Esportes**. Disponível em: <http://livro.pro/8uc2tb>. Acesso em: 17 jun. 2019.

Essa característica está relacionada à chamada **rigidez** do triângulo, ou seja, à sua propriedade de não se deformar, o que não ocorre com outros polígonos. A rigidez do triângulo também é utilizada em diversas outras estruturas, como a de pontes e telhados.

▶ Condição de existência de um triângulo

A professora de Matemática de Antônio propôs aos alunos que tentassem representar contorno de triângulos com canudos de diferentes comprimentos e barbantes. Observe as tentativas de Antônio.

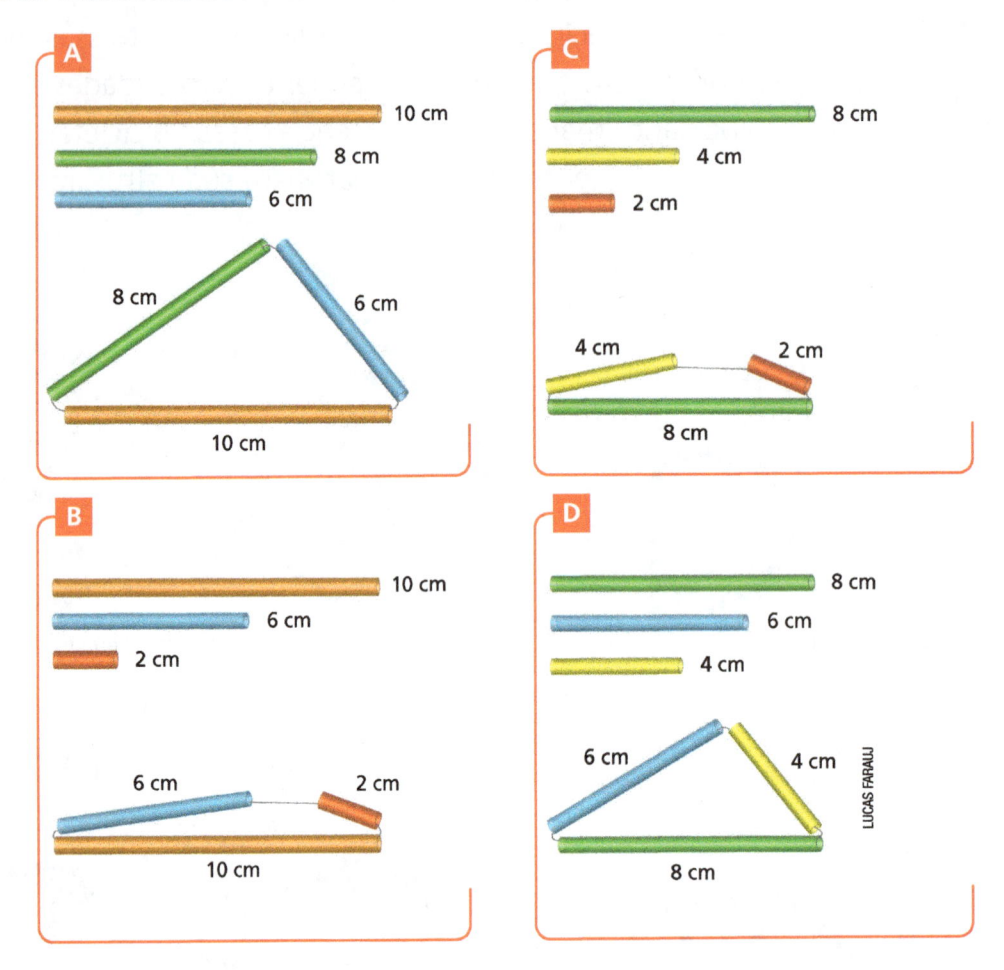

A
- 10 cm
- 8 cm
- 6 cm

Triângulo formado com lados 8 cm, 6 cm e 10 cm.

C
- 8 cm
- 4 cm
- 2 cm

Canudos de 4 cm e 2 cm sobre canudo de 8 cm (não forma triângulo).

B
- 10 cm
- 6 cm
- 2 cm

Canudos de 6 cm e 2 cm sobre canudo de 10 cm (não forma triângulo).

D
- 8 cm
- 6 cm
- 4 cm

Triângulo formado com lados 6 cm, 4 cm e 8 cm.

LUCAS FARAUJ

💡 Em quais tentativas Antônio conseguiu representar o contorno de um triângulo? E em quais ele não conseguiu? Para cada tentativa, calcule a soma dos comprimentos dos dois canudos menores e compare com o comprimento do canudo maior.

Note que Antônio conseguiu representar contorno de triângulos apenas nas tentativas em que o comprimento do maior canudo era menor que a soma dos comprimentos dos dois outros canudos.

> A construção de um triângulo é possível apenas quando a medida do maior lado é menor que a soma das medidas dos outros dois lados. Essa é a **condição de existência de um triângulo**.

82

ATIVIDADES

1. Junte-se a um colega e pesquisem em jornais, revistas ou na internet imagens de construções em que seja possível identificar estruturas triangulares, usadas por sua rigidez. Depois, recortem ou imprimam essas imagens e destaquem com lápis de cor as figuras de triângulos identificadas. Também é possível fotografar essas estruturas com uma câmera fotográfica ou um celular e imprimir as imagens.

2. Você lembra como podemos classificar um triângulo? Observe duas maneiras.

Em relação às medidas dos lados.
- **Triângulo escaleno:** todos os lados têm medidas diferentes.
- **Triângulo isósceles:** ao menos dois lados têm medidas iguais.
- **Triângulo equilátero:** os três lados têm medidas iguais.

Em relação às medidas dos ângulos internos.
- **Triângulo acutângulo:** todos os ângulos internos são agudos.
- **Triângulo retângulo:** um dos ângulos internos é reto.
- **Triângulo obtusângulo:** um dos ângulos internos é obtuso.

a) Classifique cada figura de triângulo a seguir em relação às medidas dos ângulos internos.

I. Triângulo ACE: A = 40°, C = 90°, E = 50°
II. Triângulo DFE: D = 60°, F = 60°, E = 60°
III. Triângulo JLK: L = 45°, J = 90°, K = 45°
IV. Triângulo GIH: G = 35°, I = 110°, H = 35°

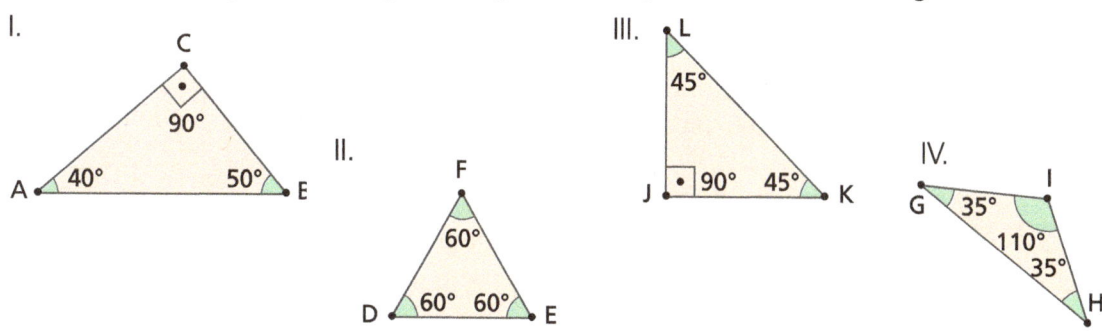

b) Classifique cada figura de triângulo a seguir em relação às medidas dos lados.

I. Triângulo ABC: AB = 4 cm, AC = 4 cm, BC = 6 cm
II. Triângulo DFE: DF = 3 cm, FE = 5 cm, DE = 7 cm
III. Triângulo GHI: GH = 5 cm, GI = 5 cm, HI = 5 cm
IV. Triângulo JKL: JK = 5 cm, JL = 4 cm, LK = 3 cm

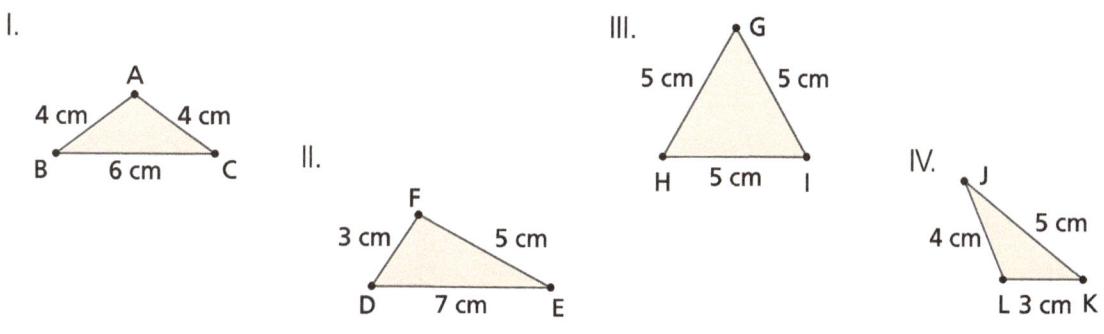

- Algum dos triângulos representados acima recebeu duas classificações? Por quê?

83

3. Para representarmos um triângulo ABC usando régua e compasso, conhecendo as medidas dos três lados, podemos realizar as etapas indicadas no fluxograma.

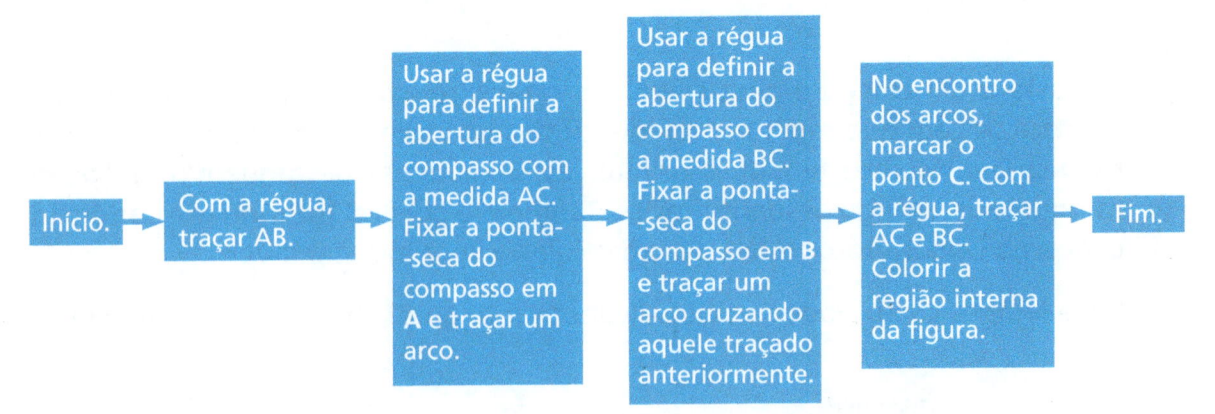

Início. → Com a régua, traçar $\overline{AB}$. → Usar a régua para definir a abertura do compasso com a medida AC. Fixar a ponta-seca do compasso em **A** e traçar um arco. → Usar a régua para definir a abertura do compasso com a medida BC. Fixar a ponta-seca do compasso em **B** e traçar um arco cruzando aquele traçado anteriormente. → No encontro dos arcos, marcar o ponto **C**. Com a régua, traçar $\overline{AC}$ e $\overline{BC}$. Colorir a região interna da figura. → Fim.

Com base nesse fluxograma, Núbia representou um triângulo ABC com lados medindo 3 cm, 5 cm e 6 cm. Observe.

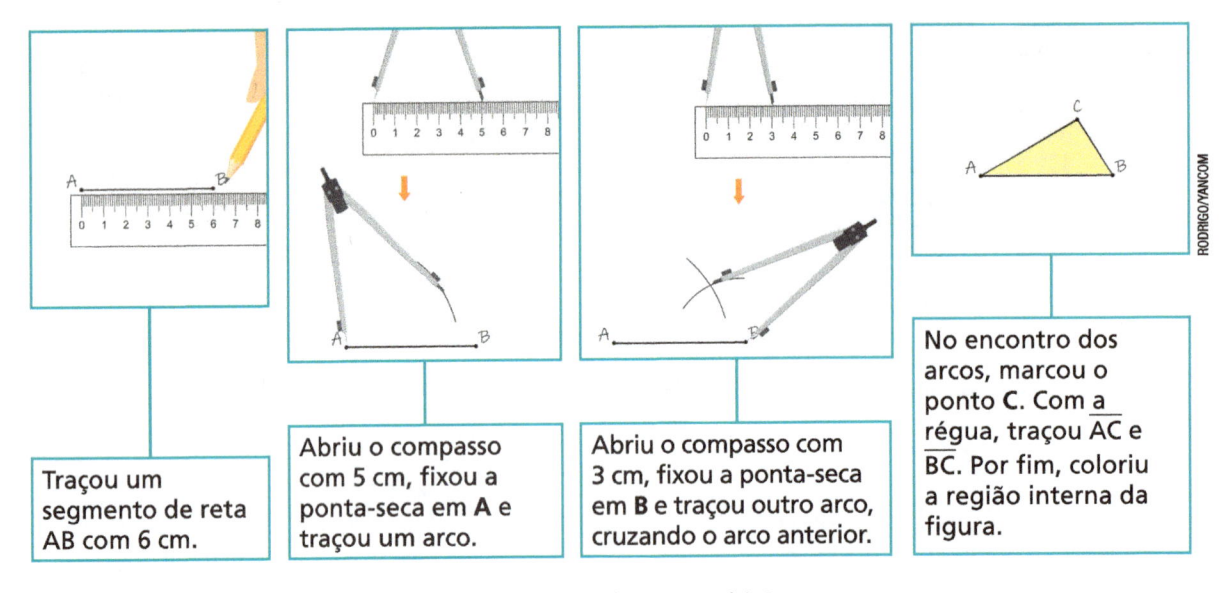

Traçou um segmento de reta AB com 6 cm.

Abriu o compasso com 5 cm, fixou a ponta-seca em **A** e traçou um arco.

Abriu o compasso com 3 cm, fixou a ponta-seca em **B** e traçou outro arco, cruzando o arco anterior.

No encontro dos arcos, marcou o ponto **C**. Com a régua, traçou $\overline{AC}$ e $\overline{BC}$. Por fim, coloriu a região interna da figura.

a) Qual é o perímetro do triângulo representado por Núbia?

b) Identifique as fichas a seguir, que apresentam medidas com as quais é possível representar lados de um triângulo.

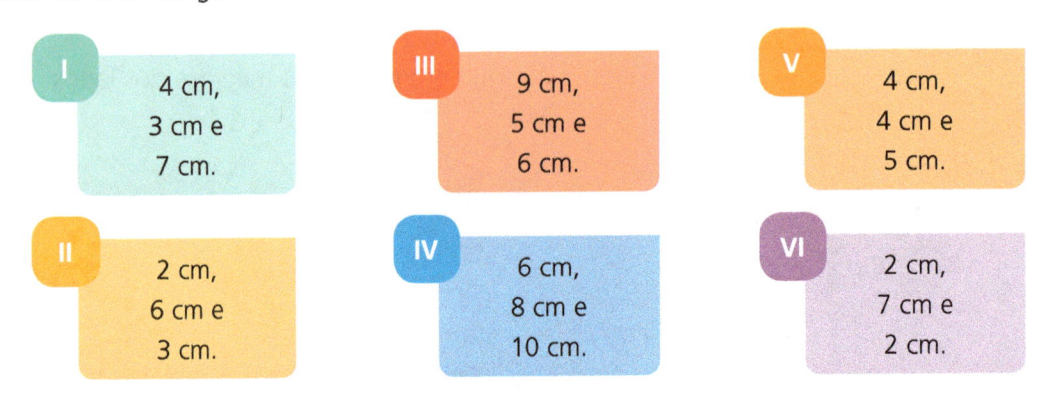

I — 4 cm, 3 cm e 7 cm.

II — 2 cm, 6 cm e 3 cm.

III — 9 cm, 5 cm e 6 cm.

IV — 6 cm, 8 cm e 10 cm.

V — 4 cm, 4 cm e 5 cm.

VI — 2 cm, 7 cm e 2 cm.

c) Escolha uma das fichas que você indicou no item anterior e, usando régua e compasso, represente o triângulo correspondente.

84

Os ângulos nos polígonos

▸ Soma das medidas dos ângulos internos de um triângulo

A professora de Matemática do 7º ano propôs aos alunos que representassem um triângulo qualquer em uma folha de papel, destacando os ângulos internos. Depois, pediu que recortassem esse triângulo em três partes e ajustassem os ângulos destacados, encaixando-os. Observe como Karen fez.

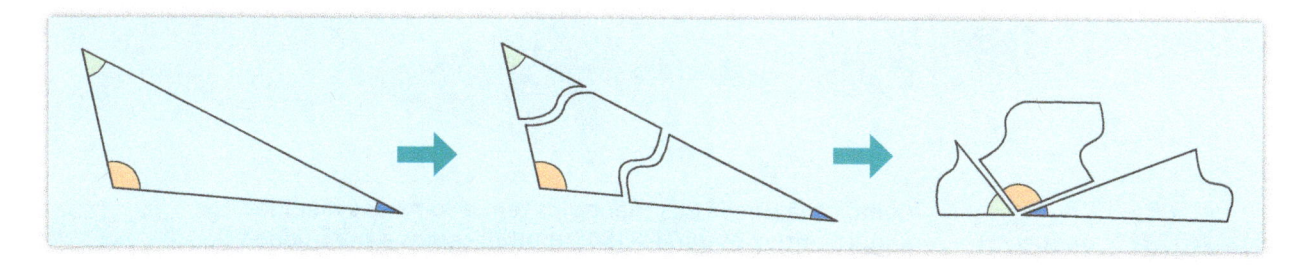

Agora, veja como outros alunos fizeram.

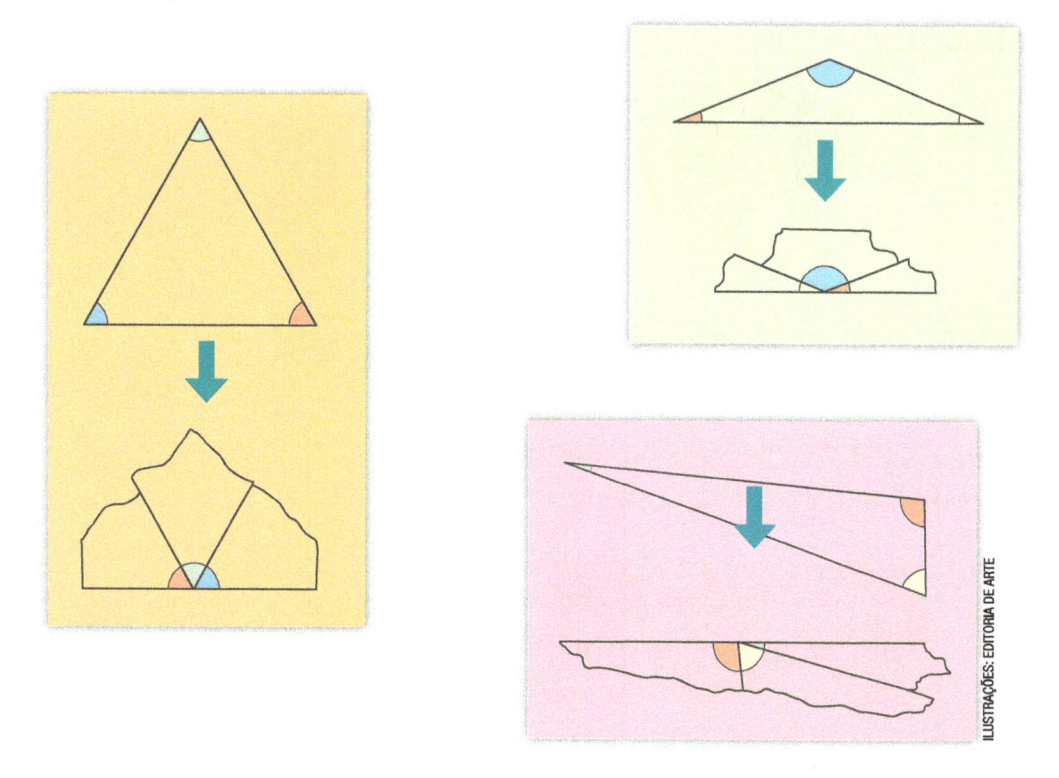

Note que, com as representações dos diferentes triângulos, ao ajustar os ângulos internos destacados, formamos um ângulo raso, ou seja, de 180°.

Qualquer que seja o triângulo, a soma das medidas dos seus ângulos internos é 180°.

▸ Soma das medidas dos ângulos internos de um polígono

Para determinar a soma das medidas dos ângulos internos de um polígono qualquer, podemos decompô-lo em triângulos. Observe os exemplos.

- Quadrilátero.

Escolhemos um vértice do polígono e, a partir dele, traçamos todas as diagonais possíveis. Assim, decompomos a figura do polígono em triângulos. Nesse caso, obtemos duas representações de triângulos.

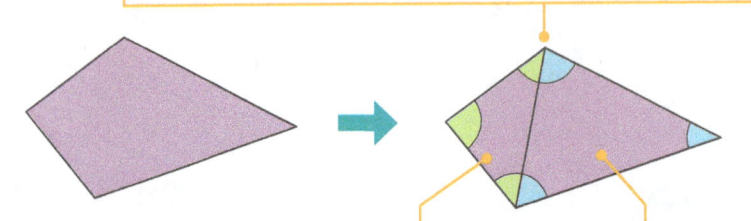

Como cada um desses triângulos tem a soma das medidas dos ângulos internos igual a 180°, multiplicamos a quantidade de triângulos por 180°. Nesse caso, temos 2 · 180° = 360°.

Portanto, a soma das medidas dos ângulos internos do quadrilátero é 360°.

- Pentágono.

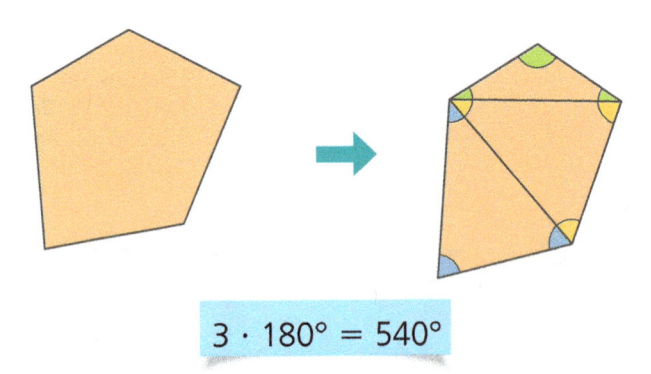

3 · 180° = 540°

Portanto, a soma das medidas dos ângulos internos do pentágono é 540°. Agora, considere o problema a seguir.

Qual é a medida de cada ângulo interno de um pentágono regular?

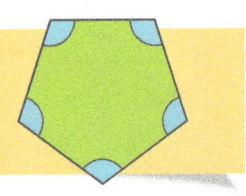

Para resolver esse problema, temos de considerar duas informações:

- em um pentágono regular as medidas dos cinco ângulos internos são iguais;
- a soma das medidas dos ângulos internos de um pentágono é 540°.

Assim, para resolver o problema, basta dividirmos 540° por 5, ou seja, 540° : 5 = 108°. Portanto, cada ângulo interno do pentágono regular tem 108°.

ATIVIDADES

1. Que tal realizar uma atividade prática para verificar a soma das medidas dos ângulos internos de uma figura de triângulo, como a apresentada na página 85? Leia as orientações a seguir.

   1ª) Marque três pontos não alinhados em uma folha de papel, ligue esses pontos com a régua, pinte a região interna da figura, destaque os ângulos internos e recorte a figura obtida. Depois, recorte essa figura em três partes, como indicado.

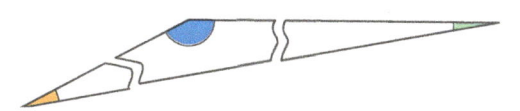

   2ª) Por fim, ajuste as partes com os ângulos internos destacados, encaixando-os.

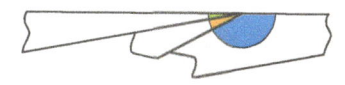

   - Agora, observe as construções de alguns colegas e responda às questões.

     a) Os triângulos representados por você e pelos seus colegas são idênticos?

     b) Ao encaixar as figuras recortadas, os ângulos formados têm quantos graus?

     c) Qual é a soma das medidas dos ângulos internos de uma figura de um triângulo?

2. Determine a medida do ângulo indicado em azul nas figuras a seguir.

   a) 35°, 50°

   b) 30°, 110°

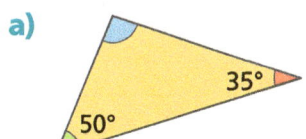

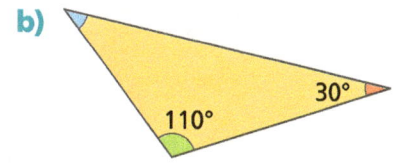

   - Agora, com um transferidor, meça os ângulos indicados em azul e verifique suas respostas.

3. A professora de Raul propôs a ele que obtivesse a soma das medidas dos ângulos internos de uma figura de trapézio. Observe ao lado como ele fez.

   - O procedimento realizado por Raul está correto? Explique.

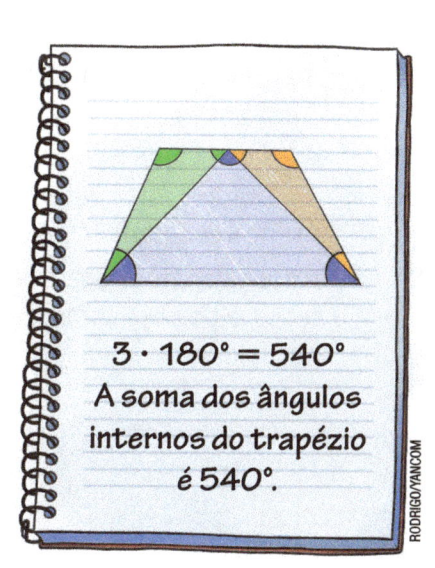

   $3 \cdot 180° = 540°$
   A soma dos ângulos internos do trapézio é 540°.

4. Represente as figuras indicadas nas fichas a seguir. Decomponha-as em triângulos e obtenha a soma das medidas dos ângulos internos de cada uma delas.

   a) Decágono

   b) Octógono

   c) Eneágono

   d) Heptágono

5. Laura está fazendo medições em peças que lembram prismas cujas bases são polígonos regulares. Em uma peça, ela mediu um ângulo interno da figura da base com transferidor e obteve 135°. Em qual das peças a seguir Laura fez essa medição?

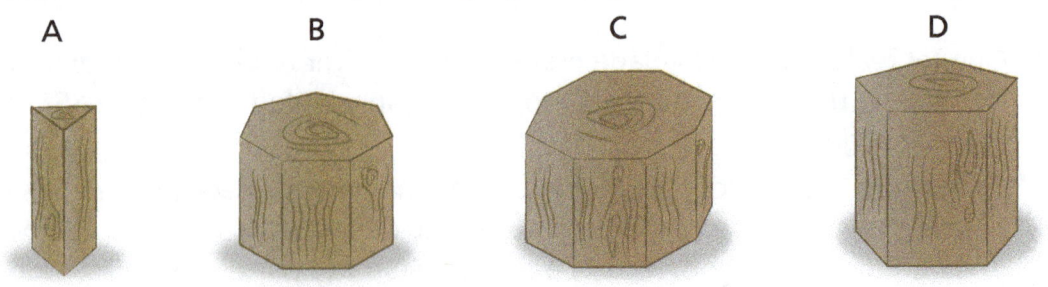

A   B   C   D

6. Você sabia que na natureza também podemos identificar composições que dão ideia de figuras geométricas?

Um exemplo são os alvéolos construídos pelas abelhas, que se encaixam lembrando um mosaico. Observe um modelo matemático de alvéolos de uma colmeia.

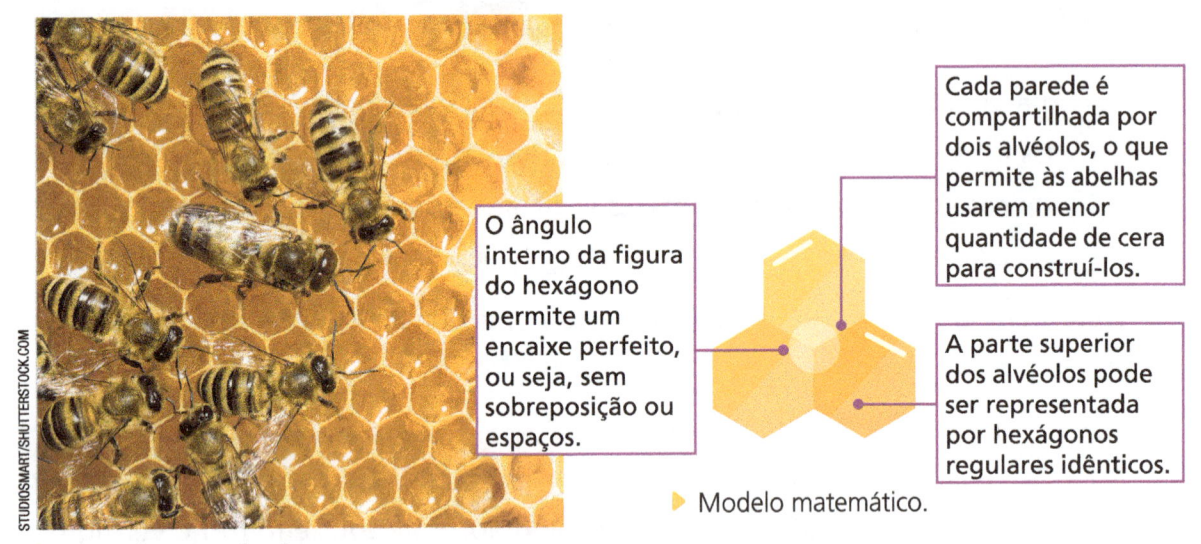

O ângulo interno da figura do hexágono permite um encaixe perfeito, ou seja, sem sobreposição ou espaços.

Cada parede é compartilhada por dois alvéolos, o que permite às abelhas usarem menor quantidade de cera para construí-los.

A parte superior dos alvéolos pode ser representada por hexágonos regulares idênticos.

▶ Modelo matemático.

▶ Parte de uma colmeia.

a) Na figura de um hexágono regular, qual é a medida de cada ângulo interno?

b) No modelo matemático apresentado, três figuras de hexágonos regulares idênticos se encaixam em um vértice comum. Qual é a soma das medidas dos ângulos que têm esse vértice comum?

c) De acordo com as respostas dos itens **a** e **b**, explique por que os alvéolos de uma colmeia se encaixam perfeitamente formando um mosaico.

d) Junte-se a um colega e respondam: com quais dos polígonos regulares representados a seguir é possível compor mosaicos com encaixes perfeitos como verificado com os hexágonos regulares?

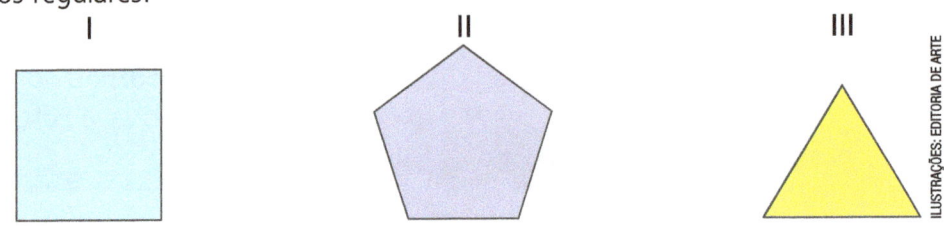

I   II   III

88

3. O CÍRCULO E A CIRCUNFERÊNCIA

O Brasil apresenta uma grande variedade de povos indígenas, cada um com suas tradições, línguas e culturas próprias. Um exemplo é a maneira como constroem suas aldeias.

Em aldeias do povo Bororo, por exemplo, as casas são dispostas em formato circular. O *baito*, construção onde são realizados diversos rituais e encontros culturais e políticos da comunidade, fica localizado ao centro.

▶ Representação de uma aldeia do povo Bororo.

A disposição dessas casas, assim como a região delimitada por elas, lembra um **círculo**, que é uma figura geométrica plana formada pela circunferência e todos os pontos do seu interior. Observe a representação a seguir.

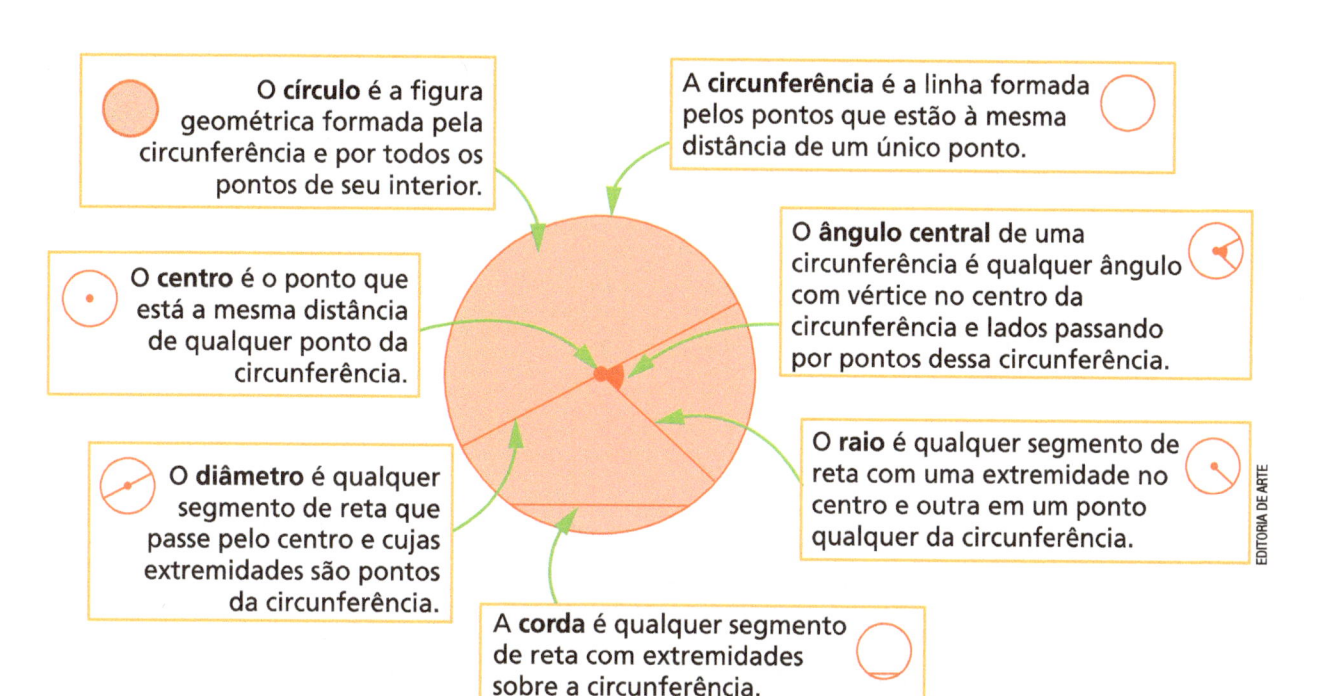

O **círculo** é a figura geométrica formada pela circunferência e por todos os pontos de seu interior.

A **circunferência** é a linha formada pelos pontos que estão à mesma distância de um único ponto.

O **centro** é o ponto que está a mesma distância de qualquer ponto da circunferência.

O **ângulo central** de uma circunferência é qualquer ângulo com vértice no centro da circunferência e lados passando por pontos dessa circunferência.

O **diâmetro** é qualquer segmento de reta que passe pelo centro e cujas extremidades são pontos da circunferência.

O **raio** é qualquer segmento de reta com uma extremidade no centro e outra em um ponto qualquer da circunferência.

A **corda** é qualquer segmento de reta com extremidades sobre a circunferência.

Na aula de Educação Física, o professor propôs uma brincadeira aos alunos. Observe.

Vou traçar uma linha no chão para que vocês fiquem sobre ela. Depois, colocarei esta bola no chão e, após um sinal, o aluno que pegá-la primeiro marca um ponto.

Observe como o professor fez para traçar a linha sobre a qual os alunos deveriam ficar.

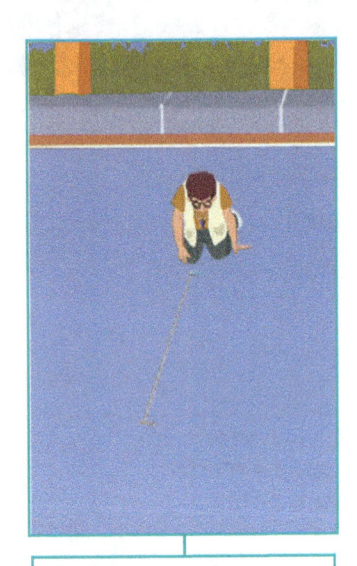

1ª) Fixou uma das extremidades de um barbante no chão com fita adesiva. Na outra extremidade amarrou um giz.

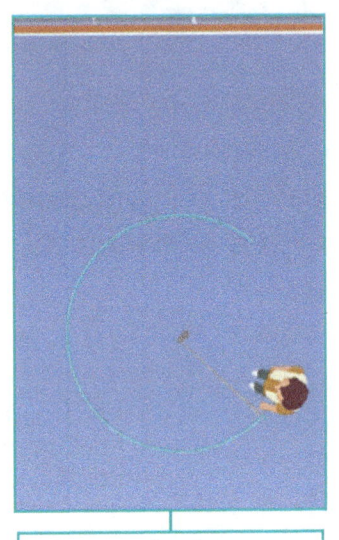

2ª) Com o barbante esticado, foi realizando um giro e traçando no chão uma linha com o giz.

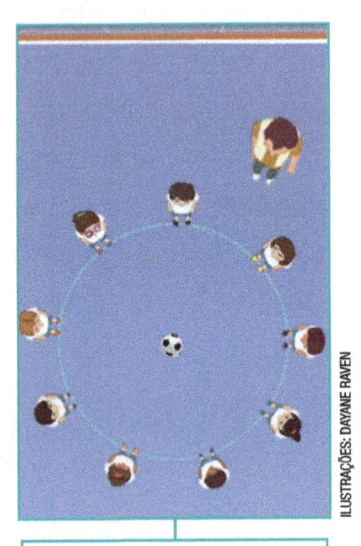

3ª) Após completar o giro, posicionou a bola no local onde a extremidade do barbante estava fixada e os alunos ficaram sobre a linha traçada com giz.

ILUSTRAÇÕES: DAYANE RAVEN

Todos os alunos que participaram dessa brincadeira ficaram à mesma distância da bola? Justifique.

A linha traçada pelo professor representa uma **circunferência**.
Uma importante propriedade da circunferência é que todos os seus pontos são equidistantes ao centro, ou seja, estão a uma mesma distância dele.

90

ATIVIDADES

1. Analise a circunferência de centro **O** representada ao lado e indique os segmentos de reta que representam:

   a) raios dessa circunferência.

   b) diâmetros dessa circunferência.

   c) cordas dessa circunferência.

2. Lucas representou uma circunferência com 2 cm de raio usando régua e compasso. Veja as etapas a seguir.

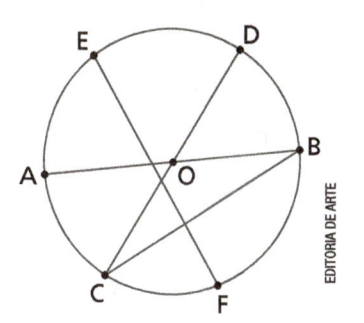

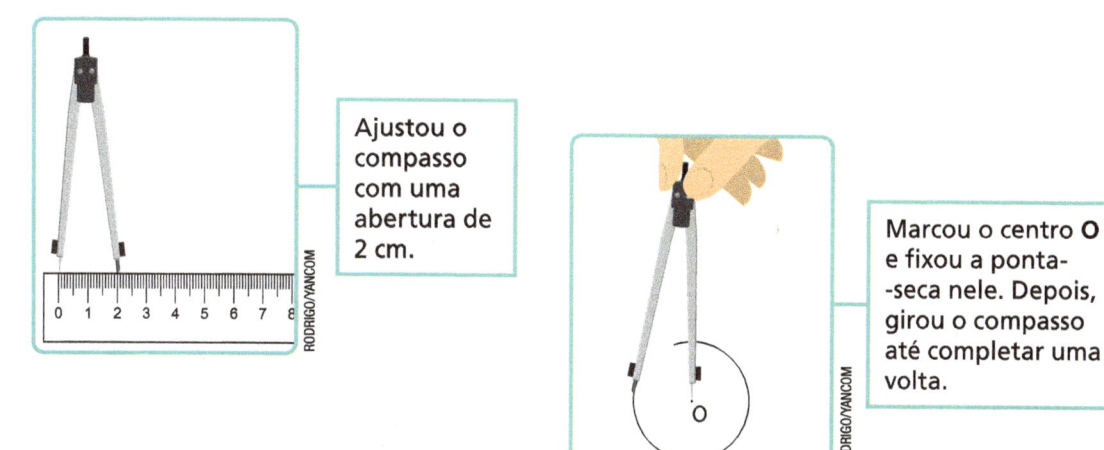

Ajustou o compasso com uma abertura de 2 cm.

Marcou o centro **O** e fixou a ponta-seca nele. Depois, girou o compasso até completar uma volta.

   a) Faça como Lucas e represente uma circunferência com raio de:
   - 3 cm.
   - 4 cm.
   - 5 cm.

   b) Em cada circunferência que você representou, trace um diâmetro e meça-o.

   c) Analise a medida do raio e do diâmetro de cada circunferência representada. Que relação você pôde perceber entre essas medidas?

3. Para determinar o centro de uma folha de papel circular, Mariana inicialmente dobrou essa folha ao meio e, em seguida, dobrou-a ao meio novamente. Por fim, desdobrou a folha e marcou um ponto **M** no encontro dos vincos, que corresponde ao centro.

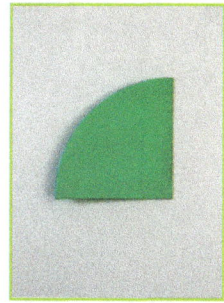

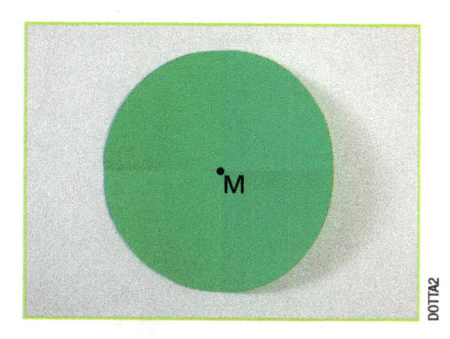

- Em uma folha de papel, contorne um objeto circular e recorte a figura do círculo. Depois, faça dobraduras e encontre o centro dessa figura.

4. Leia a tirinha e resolva as questões.

> NA MOSCA!!
>
> EU FALEI! A PRÁTICA LEVA À PERFEIÇÃO!

BROWNE, D. **O melhor de Hagar, o horrível 7**. Porto Alegre: L&PM, 2016. p. 49.

a) Qual dos itens a seguir melhor indica o que o pai quis dizer com a expressão "A prática leva à perfeição!"?

   I. Mesmo tentando muitas vezes, você nunca vai conseguir.
   II. A cada nova tentativa, podemos melhorar, até conseguirmos o que queremos.
   III. Bom mesmo é acertar logo na primeira tentativa.

b) Quantas figuras de circunferência você identifica na composição desse alvo?

c) Quantas flechas o menino acertou no alvo? Como você explicaria o local do alvo onde a flecha ficou?

5. Assim como em diversas áreas, as artes também são influenciadas pelo desenvolvimento das novas tecnologias. Alguns artistas para produzir suas obras utilizam, por exemplo, programas de computador. A imagem a seguir, na qual é possível identificar figuras circulares, é uma reprodução de um trabalho digital do artista Angel Estevez, que nasceu na Espanha e mora no Brasil.

▶ ESTEVEZ, A. **Composição abstrata 136**. Imagem digital.

- Em uma folha de sulfite, faça uma releitura dessa obra, representando círculos para criar uma composição. Se preferir, é possível também utilizar um programa de computador.

6. Vimos que em aldeias do povo Bororo as casas costumam ser dispostas em formato circular.

Imagine que, em certa aldeia, as casas fiquem organizadas sobre a figura de uma circunferência com 50 m de raio, com o *baito* ao centro. Qual é a menor distância que uma pessoa pode percorrer para se deslocar de sua casa na aldeia até o *baito* e, em seguida, ir até outra casa da aldeia?

7. Uma operadora de telefonia instalou uma torre de transmissão em uma região plana de certo município. Essa torre emite um sinal que cobre uma região de até 5 km de distância em todas as direções. A imagem a seguir representa parte desse município, e os pontos destacados, a torre e algumas casas.

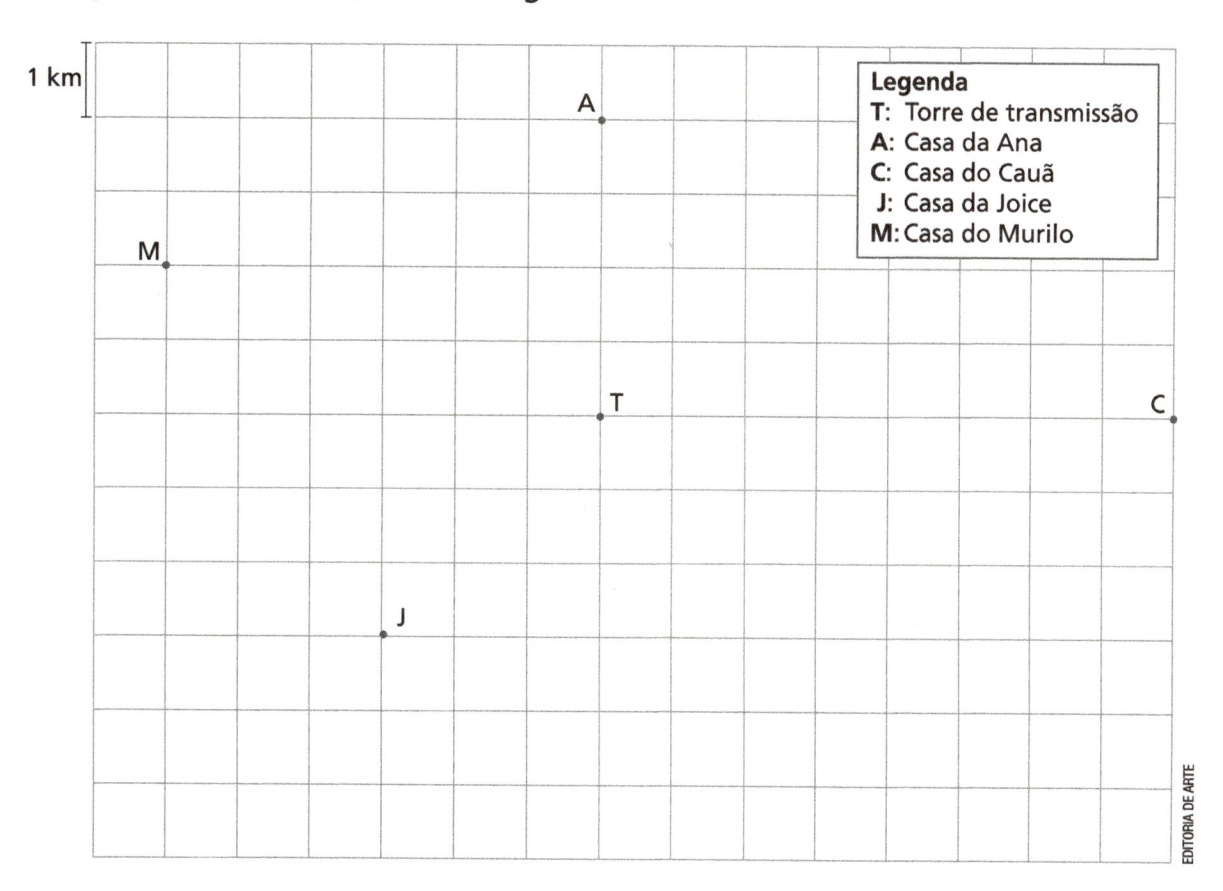

Legenda
T: Torre de transmissão
A: Casa da Ana
C: Casa do Cauã
J: Casa da Joice
M: Casa do Murilo

a) Reproduza a imagem anterior em uma malha quadriculada. Depois, faça um desenho para representar a região coberta pelo sinal da torre.

b) Quais das casas representadas recebem o sinal dessa torre?

8. Utilizando régua e compasso, represente um triângulo equilátero cujos lados medem 3 cm.

a) Qual é o perímetro desse triângulo?

b) Qual é a medida de cada ângulo interno desse triângulo?

9. Veja como podemos representar um quadrado ABCD com 3 cm de lado usando régua e compasso.

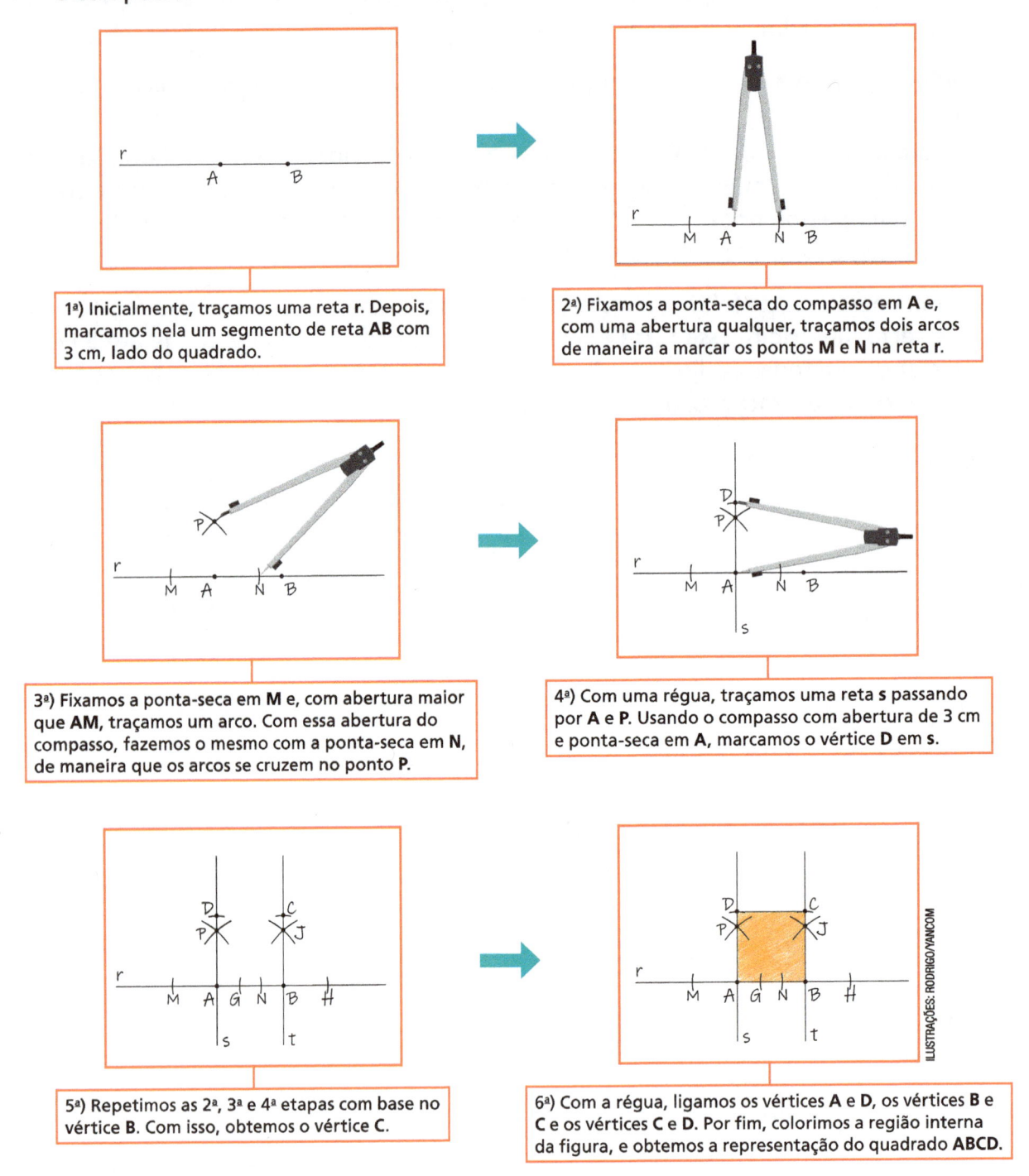

1ª) Inicialmente, traçamos uma reta **r**. Depois, marcamos nela um segmento de reta **AB** com 3 cm, lado do quadrado.

2ª) Fixamos a ponta-seca do compasso em **A** e, com uma abertura qualquer, traçamos dois arcos de maneira a marcar os pontos **M** e **N** na reta **r**.

3ª) Fixamos a ponta-seca em **M** e, com abertura maior que **AM**, traçamos um arco. Com essa abertura do compasso, fazemos o mesmo com a ponta-seca em **N**, de maneira que os arcos se cruzem no ponto **P**.

4ª) Com uma régua, traçamos uma reta **s** passando por **A** e **P**. Usando o compasso com abertura de 3 cm e ponta-seca em **A**, marcamos o vértice **D** em **s**.

5ª) Repetimos as 2ª, 3ª e 4ª etapas com base no vértice **B**. Com isso, obtemos o vértice **C**.

6ª) Com a régua, ligamos os vértices **A** e **D**, os vértices **B** e **C** e os vértices **C** e **D**. Por fim, colorimos a região interna da figura, e obtemos a representação do quadrado **ABCD**.

a) Na 2ª etapa da construção apresentada, os pontos **M** e **N** são equidistantes do ponto **A**? Justifique sem realizar medições.

b) Desenhe, com régua e compasso, um quadrado com 5 cm de lado.

c) Podemos afirmar que o quadrado é um polígono regular? Explique por quê.

d) Construa um fluxograma para indicar as etapas necessárias na representação de um quadrado, usando régua e compasso, conhecida a medida do lado.

INTEGRANDO COM ARTE

A Matemática além dos números

Você já parou para pensar como a Matemática está presente em nosso cotidiano? Suas aplicações nos cercam, como quando analisamos a embalagem de um produto, calculamos as despesas que tivemos ou observamos um gráfico em uma revista. Também podemos observar elementos matemáticos utilizados na composição de obras de diferentes artistas ao longo da história, como a simetria, a ilusão de ótica, as figuras geométricas, entre outros.

Luiz Sacilotto (1924-2003) é um artista brasileiro, nascido em Santo André (SP), que buscou estabelecer uma relação entre Matemática e Arte em suas obras.

Observe nas páginas seguintes como produzir uma releitura da obra de Sacilotto apresentada abaixo, realizando dobradura e pintura em uma folha de papel.

Você vai precisar de:

- Régua.
- Tesoura com pontas arredondadas.
- Folha de papel de formato quadrado e branca com no mínimo 18 cm de lado.
- Lápis grafite.
- Lápis de cor.

▶ SACILOTTO, L. **C8717**. 1987. Têmpera vinílica sobre tela, 80 cm × 80 cm. Coleção particular.

95

1ª

2ª

3ª

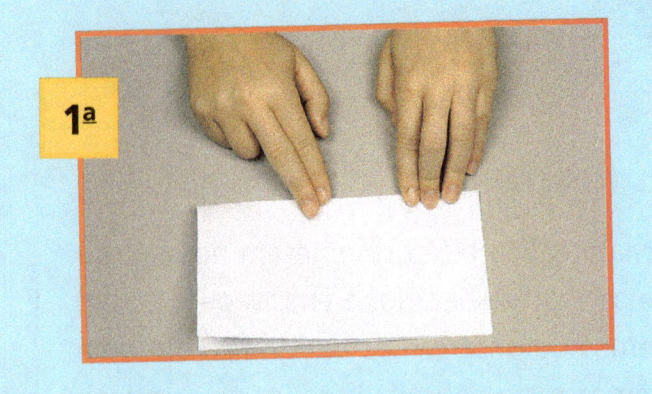

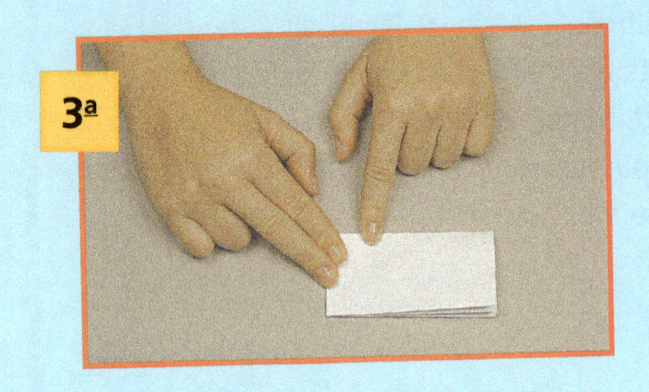

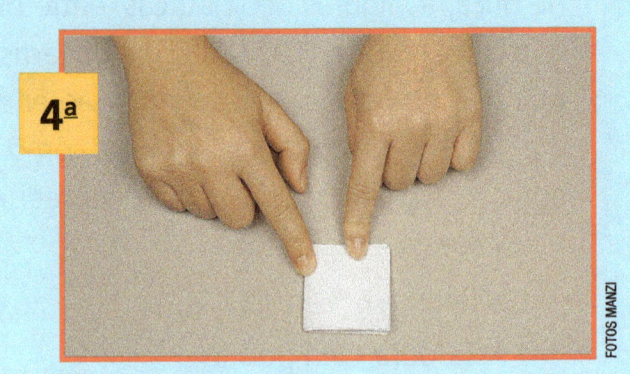

4ª

5ª

6ª Desdobrar tudo e, com um lápis, traçar linhas sobre os vincos, conforme apresentado na obra. As partes obtidas devem ser pintadas.

Acesse estes *sites* para obter mais informações sobre o artista brasileiro Luiz Sacilotto e suas obras.
- SACILOTTO. Disponível em: <http://livro.pro/spr63q>. Acesso em: 24 abr. 2019.
- ENCICLOPÉDIA ITAÚ CULTURAL. **Luiz Sacilotto**. Disponível em: <http://livro.pro/n75cnh>. Acesso em: 24 abr. 2019.

1. Nas etapas apresentadas para a confecção da releitura da obra de Sacilotto, quantas dobraduras são realizadas?

2. Quais figuras geométricas são possíveis identificar na obra apresentada?

3. Leia com atenção a legenda da obra **C8717**, de Luiz Sacilotto. Qual é o perímetro dessa obra, em centímetros?

4. Faça como no exemplo e crie uma releitura da obra apresentada. Você pode mudar as linhas sobre os vincos e as cores. Também é possível pesquisar outra obra desse artista e usar sua criatividade para fazer uma releitura. Depois, escreva quais figuras geométricas podem ser identificadas na sua releitura.

O QUE ESTUDEI

1 Leia com atenção cada pergunta a seguir e faça uma reflexão. Depois, responda: **sim**, **às vezes** ou **não**.

A) Ouvi as explicações do professor?
B) Pedi ajuda quando tive dúvidas?
C) Ajudei o professor?
D) Fiquei em silêncio quando o professor pediu?
E) Participei na resolução das atividades propostas?
F) Fiz todas as atividades propostas na sala de aula?
G) Fiz as tarefas escolares em casa?
H) Respeitei meus colegas nos trabalhos em grupo?
I) Ajudei meus colegas quando eles tiveram dúvidas?
J) Levei para a sala de aula os materiais necessários?

2 Nas fichas estão indicados os principais conceitos que estudamos nesta Unidade. Reflita sobre cada um deles e verifique se você precisa retomar algum conceito para melhor compreendê-lo.

- Ângulos
- Ângulos formados por retas paralelas e uma transversal
- Polígonos
- Polígonos no plano cartesiano
- Triângulos
- Condição de existência de um triângulo
- Ângulos nos polígonos
- Soma das medidas dos ângulos internos de um triângulo
- Soma das medidas dos ângulos internos de um polígono
- Círculo e circunferência

3 Resolva cada problema proposto a seguir e escreva quais conceitos estudados nesta Unidade você utilizou na resolução.

SITUAÇÃO INICIAL

A sinalização no trânsito é composta de placas, marcações, luzes, entre outros. É importante ficar atento e respeitar essas sinalizações, pois elas garantem fluidez e segurança aos pedestres e aos veículos.

PROBLEMAS

I A placa de advertência representada indica ao motorista uma via com aclive acentuado, ou seja, com grande inclinação. Como é possível expressar a medida de uma inclinação?

▶ Aclive acentuado.

II A faixa de pedestres busca garantir a segurança na travessia das vias. Como você explicaria a posição entre as marcações brancas nessa faixa?

▶ Faixa de pedestres.

III A placa que indica proibição de parada e de estacionamento de veículos teve a parte em vermelho representada por um modelo matemático. Observe.

▶ Proibido parar e estacionar. ▶ Modelo matemático.

a) Essa placa tem o formato que lembra qual figura geométrica plana? Como é chamado o contorno dessa figura?

b) No modelo matemático, qual relação é possível estabelecer entre as medidas dos ângulos em destaque? Justifique.

IV A placa representada a seguir tem o formato de um polígono regular e indica que o veículo deve parar, antes de entrar na via ou cruzá-la.

a) Como pode ser classificado esse polígono de acordo com a quantidade de lados?

b) Qual é a medida de cada ângulo interno desse polígono?

▶ Parada obrigatória.

99

UNIDADE 4
OS NÚMEROS RACIONAIS

Vida longa às baterias

Os aparelhos *smartphones* estão cada vez mais presentes em nosso dia a dia. No Brasil, por exemplo, ao final de 2016, cerca de 166 milhões de unidades desses aparelhos estavam em uso.

Navegar na internet, fazer fotografias, acessar redes sociais, assistir a vídeos, ouvir músicas, jogar *videogame*, realizar pesquisas, trocar mensagens instantâneas, realizar chamadas telefônicas e, até mesmo, monitorar atividades físicas são apenas alguns exemplos do que é possível fazer com os *smartphones*. No entanto, todos esses recursos acabam consumindo muito a carga da bateria.

Produzir *smartphones* com cada vez mais tecnologias e funções e, ao mesmo tempo, com uma bateria que suporte tudo isso é um grande desafio aos fabricantes.

No dia a dia, pensando na duração da bateria, vida útil e segurança, algumas dicas podem ser úteis. Observe.

Economia

- Apesar de a maioria dos aparelhos deixar de receber energia quando a carga da bateria atinge 100%, o ideal é não deixar o aparelho carregando de um dia para o outro.
- Evitar deixar o carregador na tomada sem o aparelho estar sendo carregado.
- De acordo com a iluminação do ambiente, ajustar a luminosidade do aparelho.
- Quando possível, desabilitar o localizador do aparelho, a rede de dados móveis, as conexões sem fio, entre outros recursos ou aplicativos.

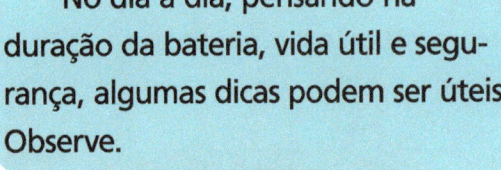

Prolongando a vida útil da bateria

- Manter a carga da bateria entre 40% e 80%. O ideal é carregar o aparelho em pequenos intervalos durante o dia.
- Evitar que a carga oscile de zero a 100% frequentemente. Isso pode prejudicar seu desempenho com o tempo.
- Não deixar o aparelho em ambientes muito quentes. Se mantidas a 25 °C, por exemplo, as baterias perdem cerca de 20% de sua capacidade por ano.

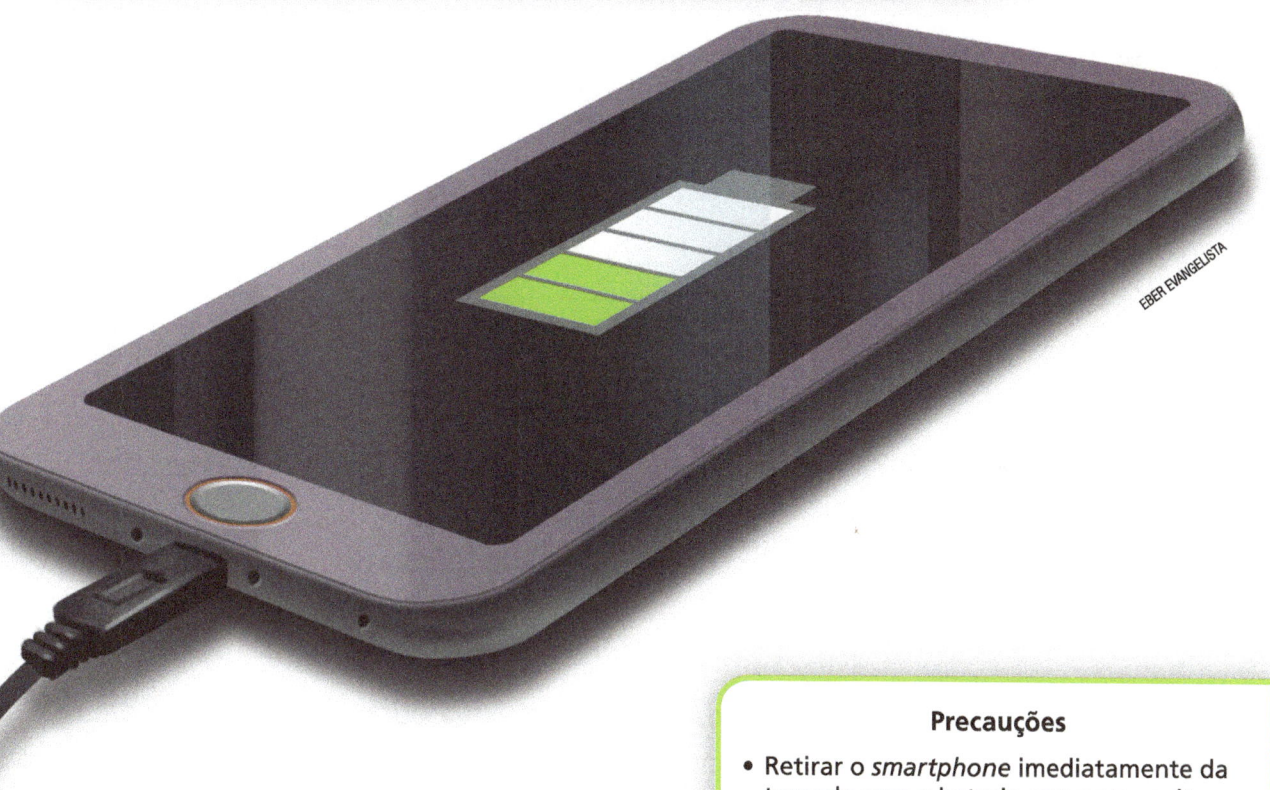

Precauções

- Retirar o *smartphone* imediatamente da tomada caso a bateria esquente muito. Uma maneira de evitar esse aquecimento é retirar a capa de proteção do aparelho quando for carregar.
- Não utilizar carregadores falsificados ou não autorizados pelo fabricante, pois muitos não estão de acordo com as normas de segurança e podem colocar o usuário em risco.

Fontes dos dados: DEMARTINI, M. Brasil terá um *smartphone* por habitante até outubro, diz FGV. **Exame**. Disponível em: <https://exame.abril.com.br/tecnologia/brasil-tera-um-smartphone-por-habitante-ate-outubro-diz-fgv>.

BEGGIORA, H. **Li-Ion ou Li-Po? Conheça as diferenças dos tipos de bateria e de celular**. Disponível em: <www.techtudo.com.br/noticias/noticia/2016/08/li-ion-ou-li-po-conheca-diferencas-dos-tipos-de-bateria-de-celular.html>. Acessos em: 22 abr. 2019.

Converse com os colegas e o professor sobre os itens a seguir.

- Você já utilizou alguma vez um aparelho *smartphone*? Para quê?
- Você conhece alguma pessoa que tenha um aparelho desses? Com que frequência ela costuma recarregar a bateria dele?
- Na figura de *smartphone* que aparece nesta página, como você expressaria com números o nível de carga da bateria?

1. NÚMEROS RACIONAIS NA FORMA DE FRAÇÃO

Vimos na abertura desta Unidade algumas informações sobre a bateria dos aparelhos *smartphones*.

Observe agora alguns exemplos, em que o nível de carga das baterias de diferentes aparelhos desse tipo está representado por meio de uma fração.

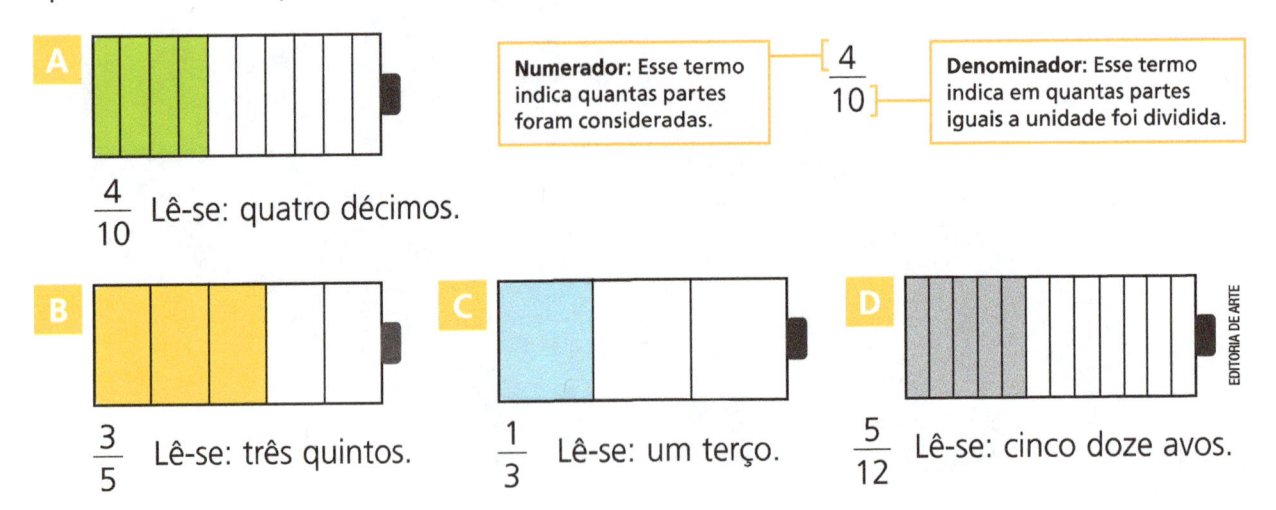

A

Numerador: Esse termo indica quantas partes foram consideradas. — $\frac{4}{10}$ — **Denominador:** Esse termo indica em quantas partes iguais a unidade foi dividida.

$\frac{4}{10}$ Lê-se: quatro décimos.

B $\frac{3}{5}$ Lê-se: três quintos.

C $\frac{1}{3}$ Lê-se: um terço.

D $\frac{5}{12}$ Lê-se: cinco doze avos.

Na situação anterior, verificamos fração com a ideia de **partes de um inteiro**. Agora, veja exemplos envolvendo outras ideias de fração.

- **Razão**

Você sabia que, no mundo, para cada pessoa sem água potável que vive nas áreas urbanas, há 4 pessoas sem água potável nas áreas rurais? Essa razão pode ser representada pela seguinte fração:

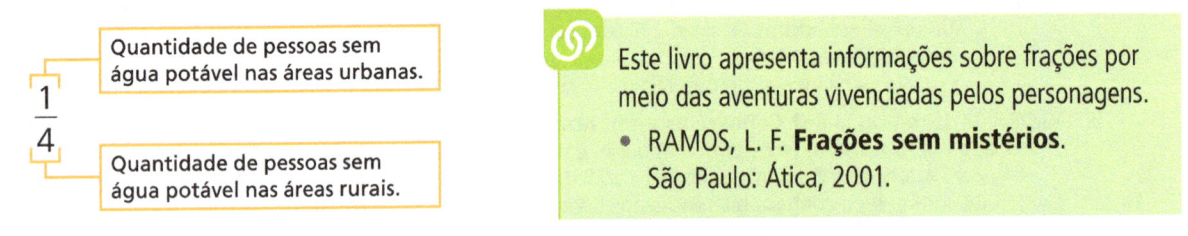

$\frac{1}{4}$ — Quantidade de pessoas sem água potável nas áreas urbanas. / Quantidade de pessoas sem água potável nas áreas rurais.

Este livro apresenta informações sobre frações por meio das aventuras vivenciadas pelos personagens.
- RAMOS, L. F. **Frações sem mistérios**. São Paulo: Ática, 2001.

Fonte dos dados: TRATA BRASIL. **Principais estatísticas no mundo**. Disponível em: <www.tratabrasil.org.br/saneamento/principais-estatisticas/no-mundo/agua>. Acesso em: 22 abr. 2019.

- **Divisão**

Considere a seguinte situação:

> Marcos é feirante e, para atender ao pedido de uma cliente, tem de dividir igualmente 4 kg de feijão em 3 pacotes. Quantos quilogramas de feijão deve ter em cada pacote?

Podemos representar cada quilograma de feijão por uma figura retangular dividida em 3 partes iguais, correspondentes à quantidade de pacotes. Note que, ao todo, obtemos 12 partes. Desta maneira, destacamos um terço dessas partes, ou seja, 4 partes.

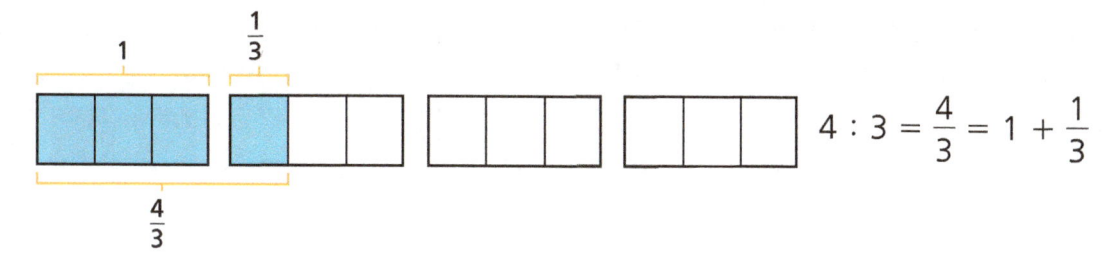

$$4 : 3 = \frac{4}{3} = 1 + \frac{1}{3}$$

Assim, cada pacote deve conter $\frac{4}{3}$ kg de feijão ou 1 kg mais $\frac{1}{3}$ kg de feijão.

A quantidade de feijão (em quilogramas) em cada pacote também pode ser indicada por um **número na forma mista**. Observe.

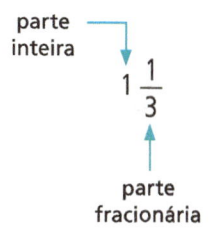

parte inteira → $1\frac{1}{3}$ ← parte fracionária

- **Fração de uma quantidade**

Agora, leia a situação a seguir.

Em certa escola, $\frac{3}{5}$ dos dias do mês de junho correspondem às férias escolares. Quantos dias de férias há nessa escola no mês de junho?

Para resolver esse problema temos de calcular $\frac{3}{5}$ de 30, sabendo que, em junho, temos 30 dias. Observe.

1º) Inicialmente, dividimos 30 por 5, ou seja, 30 dias em 5 grupos.

quantidade de dias de junho ↓ ↓ denominador da fração $\frac{3}{5}$

$$30 : 5 = 6$$

↑ $\frac{1}{5}$ dos dias de junho

2º) Depois, multiplicamos por 3 o resultado obtido.

numerador da fração $\frac{3}{5}$ ↓ ↓ $\frac{1}{5}$ dos dias de junho

$$3 \cdot 6 = 18$$

↑ $\frac{3}{5}$ dos dias de junho

Assim, há nessa escola 18 dias de férias no mês de junho.

ATIVIDADES

1. Uma das brincadeiras favoritas de Taís é fazer empilhamentos com blocos de montar. Observe os blocos que ela separou, que se diferenciam apenas pela cor.

a) Que fração dessa quantidade de blocos tem cor:
- azul?
- verde?
- amarela?
- vermelha?

b) Qual dos empilhamentos a seguir tem $\frac{2}{5}$ dos blocos na cor verde?

I.   II.   III.   IV.

2. Veja como Luan e Sílvia fizeram para localizar $\frac{7}{3}$ na reta numérica.

Dividi as unidades da reta numérica em 3 partes iguais. Contei 7 partes e localizei $\frac{7}{3}$ na reta.

Calculei 7 dividido por 3 e obtive 2 inteiros mais $\frac{1}{3}$. Contei 2 unidades e $\frac{1}{3}$ de unidade e localizei $\frac{7}{3}$ na reta.

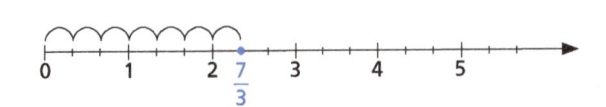

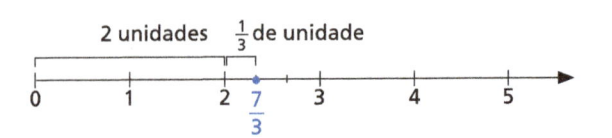

Agora, represente uma reta numérica para localizar nela cada fração a seguir.

a) $\frac{11}{2}$

b) $\frac{15}{4}$

c) $\frac{26}{3}$

3. Na página **103** calculamos $\frac{3}{5}$ de 30 dias para resolver um problema. É possível representar as ideias das etapas dessa resolução em um fluxograma, o qual pode ser utilizado para resolver problemas com a mesma estrutura que aquele, ou seja, que envolvam o cálculo da fração de uma quantidade. Observe um exemplo.

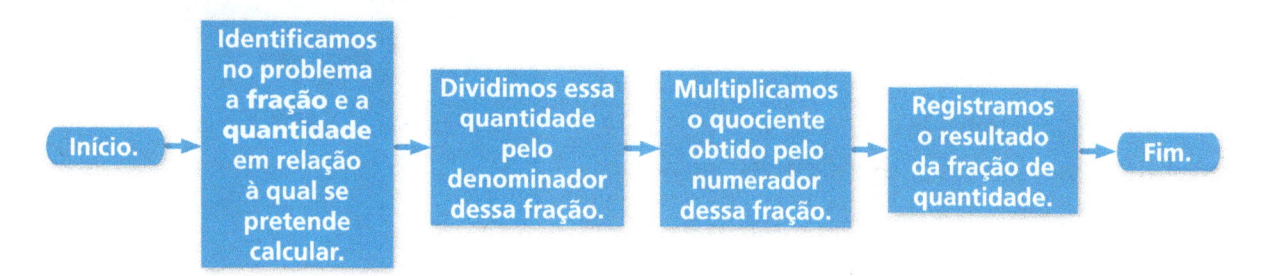

Início. → Identificamos no problema a **fração** e a **quantidade** em relação à qual se pretende calcular. → Dividimos essa quantidade pelo denominador dessa fração. → Multiplicamos o quociente obtido pelo numerador dessa fração. → Registramos o resultado da fração de quantidade. → Fim.

> ! Em relação ao problema apresentado na página **103**, ao analisarmos esse fluxograma, temos que a "fração" é $\frac{3}{5}$ e a "quantidade" é 30.

a) Identifique quais dos problemas a seguir têm a resolução envolvendo o cálculo da fração de uma quantidade.

I João utilizou $\frac{2}{5}$ de um frasco com 200 mL de leite de coco para fazer um bolo. Quantos mililitros de leite de coco ele utilizou?

II Os ossos de um homem adulto correspondem a cerca de $\frac{3}{10}$ de sua massa. A quantos quilogramas correspondem os ossos de um homem adulto de 80 kg?

III Para comprar um quebra-cabeça de 120 peças, Alice contribuiu com $\frac{3}{4}$ do valor pago e seu irmão, com o restante. Quem mais contribuiu para a compra desse quebra-cabeça: Alice ou seu irmão?

IV Fernanda fez um laço com $\frac{5}{12}$ dos 300 cm de fita que tinha em um rolo. Quantos centímetros de fita ela utilizou para fazer o laço?

b) Agora, resolva os problemas que você identificou no item **a**. Para isso, você pode utilizar o fluxograma.

c) Elabore e escreva um problema envolvendo o cálculo da fração de uma quantidade. Em seguida, junte-se a um colega, e troquem os problemas para que um resolva o do outro. Juntos, verifiquem se as respostas estão corretas.

4. Leia o problema a seguir.

> Sônia é artesã e está confeccionando uma pulseira usando miçangas amarelas e azuis. Nessa montagem, a cada 2 miçangas amarelas colocadas no cordão, ela coloca também 3 miçangas azuis, sempre na razão 2 para 3 (ou $\frac{2}{3}$). Se, nessa pulseira, Sônia pretende utilizar 12 miçangas azuis, de quantas miçangas amarelas ela vai precisar?

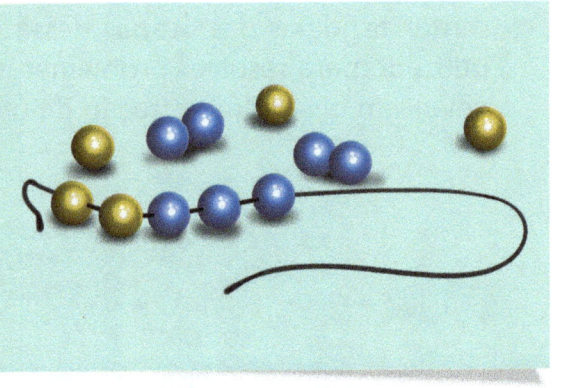

Veja como podemos resolver esse problema.

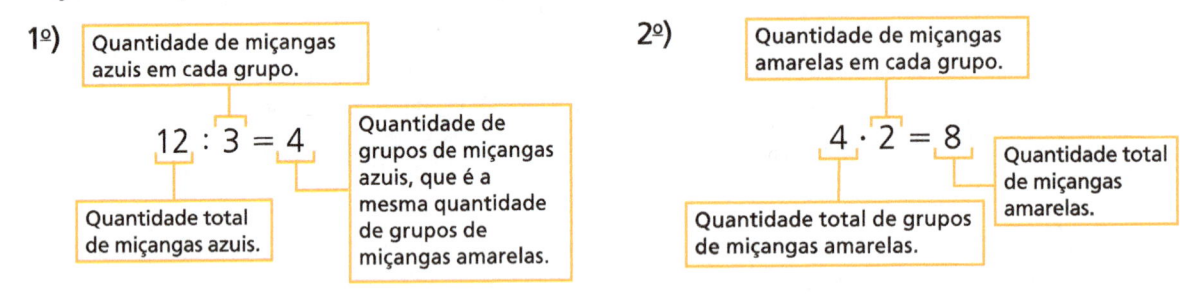

1º) Quantidade de miçangas azuis em cada grupo.

$12 : 3 = 4$

Quantidade total de miçangas azuis.
Quantidade de grupos de miçangas azuis, que é a mesma quantidade de grupos de miçangas amarelas.

2º) Quantidade de miçangas amarelas em cada grupo.

$4 \cdot 2 = 8$

Quantidade total de grupos de miçangas amarelas.
Quantidade total de miçangas amarelas.

Assim, Sônia vai precisar de 8 miçangas amarelas.

a) Sônia vai fazer também um colar usando miçangas amarelas e azuis, na mesma razão de $\frac{2}{3}$ entre miçangas amarelas e azuis. Caso ela utilize 14 miçangas amarelas, de quantas miçangas azuis ela vai precisar?

b) Que tal um desafio? Sônia pretende confeccionar um colar utilizando 60 miçangas no total, mantendo essa razão de $\frac{2}{3}$ entre miçangas amarelas e miçangas azuis. De quantas miçangas de cada cor ela vai precisar?

c) Com base na estratégia apresentada, represente, por meio de um fluxograma, as etapas para resolver outros problemas parecidos com o demonstrado anteriormente, ou seja, de mesma estrutura.

5. Melina comprou uma garrafa de suco natural concentrado de uva. Observe as informações sobre o preparo de um suco.

Para preparar esse suco, misture:
Suco concentrado — Água

a) Escreva uma fração para representar a razão entre a quantidade de copos de suco concentrado e a quantidade de copos de água necessários para o preparo do suco.

b) Caso sejam utilizados 15 copos de água no preparo do suco, quantos copos de suco concentrado devem ser misturados?

106

Frações equivalentes, simplificação e comparação de frações

Na aula de Matemática, a professora propôs um jogo com fichas, nas quais estavam indicadas a mesma figura, sendo que cada ficha estava dividida em partes iguais de maneira única, com a parte destacada em verde correspondente a uma fração do inteiro. Os alunos deveriam reunir fichas com figuras que tinham a mesma parte destacada em verde. Observe as fichas que Luiz reuniu.

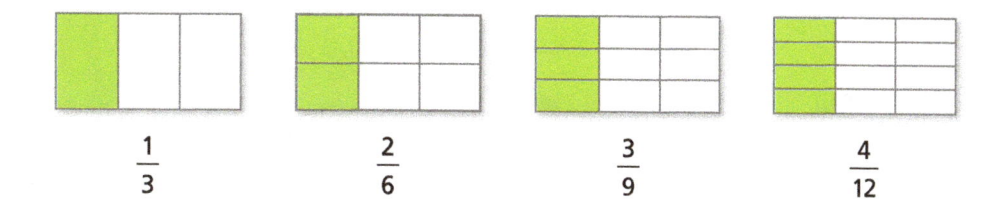

$$\frac{1}{3} \qquad \frac{2}{6} \qquad \frac{3}{9} \qquad \frac{4}{12}$$

Note que essas frações representam a mesma parte das figuras. Nesse caso, dizemos que $\frac{1}{3}$, $\frac{2}{6}$, $\frac{3}{9}$ e $\frac{4}{12}$ são **frações equivalentes**.

Podemos obter frações equivalentes multiplicando ou dividindo o numerador e o denominador de uma fração por um mesmo número natural, diferente de zero. Observe:

$$\frac{1}{3} \overset{\cdot 2}{\underset{\cdot 2}{=}} \frac{2}{6} \qquad \frac{1}{3} \overset{\cdot 3}{\underset{\cdot 3}{=}} \frac{3}{9} \qquad \frac{1}{3} \overset{\cdot 4}{\underset{\cdot 4}{=}} \frac{4}{12} \qquad \frac{2}{6} \overset{\cdot 2}{\underset{\cdot 2}{=}} \frac{4}{12}$$

$$\frac{4}{12} \overset{:4}{\underset{:4}{=}} \frac{1}{3} \qquad \frac{4}{12} \overset{:2}{\underset{:2}{=}} \frac{2}{6} \qquad \frac{3}{9} \overset{:3}{\underset{:3}{=}} \frac{1}{3} \qquad \frac{2}{6} \overset{:2}{\underset{:2}{=}} \frac{1}{3}$$

Ao dividir o numerador e o denominador de uma fração por um mesmo número natural, maior do que 1, estamos fazendo a **simplificação da fração**. Observe o exemplo.

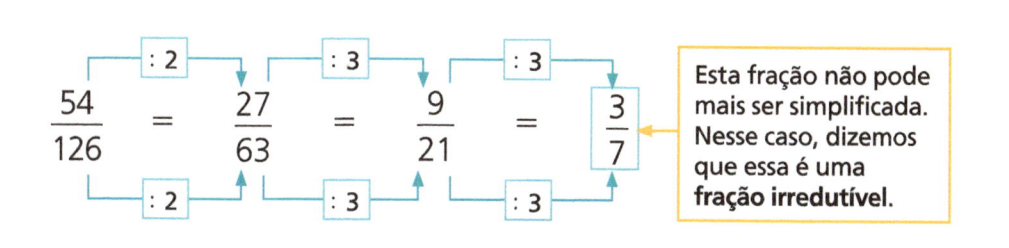

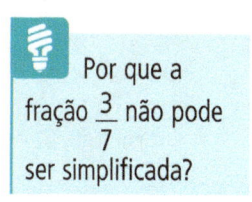

$$\frac{54}{126} \overset{:2}{\underset{:2}{=}} \frac{27}{63} \overset{:3}{\underset{:3}{=}} \frac{9}{21} \overset{:3}{\underset{:3}{=}} \frac{3}{7}$$

Esta fração não pode mais ser simplificada. Nesse caso, dizemos que essa é uma **fração irredutível**.

Por que a fração $\frac{3}{7}$ não pode ser simplificada?

107

Usando essas mesmas fichas, a professora propôs outro jogo: os alunos se organizariam em duplas e cada participante viraria uma ficha do monte. O vencedor da dupla seria aquele que obtivesse a maior fração da ficha destacada em verde. Observe as fichas viradas em algumas duplas.

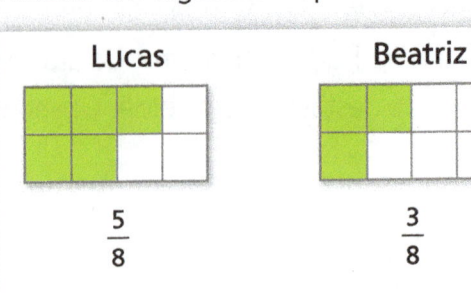

Lucas $\frac{5}{8}$ **Beatriz** $\frac{3}{8}$

Como os denominadores das frações são iguais, a maior fração é aquela que possui o numerador maior.
$$\frac{5}{8} > \frac{3}{8}$$
Lucas foi o vencedor.

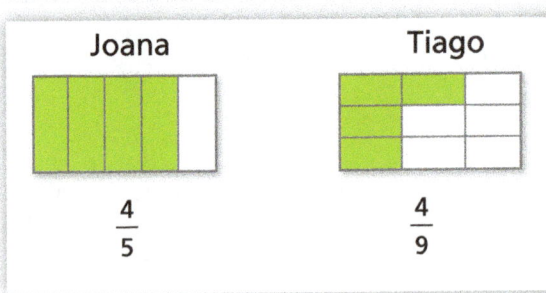

Joana $\frac{4}{5}$ **Tiago** $\frac{4}{9}$

Como os numeradores das frações são iguais, a maior fração é aquela que possui o denominador menor.
$$\frac{4}{5} > \frac{4}{9}$$
Joana foi a vencedora.

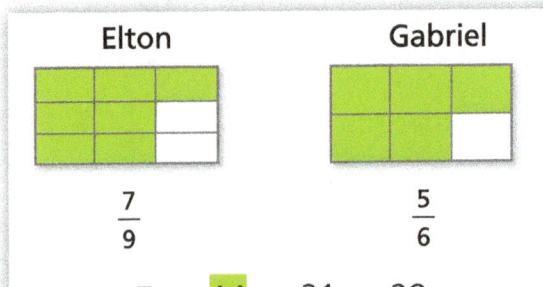

Elton $\frac{7}{9}$ **Gabriel** $\frac{5}{6}$

Como os denominadores e os numeradores são diferentes, podemos obter frações equivalentes a estas, com denominadores iguais, e comparar as frações obtidas.

- $\frac{7}{9} = \frac{14}{18} = \frac{21}{27} = \frac{28}{36}$

- $\frac{5}{6} = \frac{10}{12} = \frac{15}{18} = \frac{20}{24}$

Assim, como $\frac{14}{18} < \frac{15}{18}$, temos que $\frac{7}{9} < \frac{5}{6}$. Gabriel foi o vencedor.

! Também podemos obter frações com denominadores iguais equivalentes às frações $\frac{7}{9}$ e $\frac{5}{6}$ utilizando o mínimo múltiplo comum. Observe.

1º) Obtemos o mínimo múltiplo comum dos denominadores, ou seja, mmc (9, 6).

$$\begin{array}{rr|r} 9, & 6 & 2 \\ 9, & 3 & 3 \\ 3, & 1 & 3 \\ 1, & 1 & \end{array}$$

mmc (9, 6) = 2 · 3 · 3 = 18

2º) Obtemos as frações equivalentes a $\frac{7}{9}$ e $\frac{5}{6}$ cujo denominador seja 18.

$$\frac{7}{9} \underset{\cdot 2}{\overset{\cdot 2}{=}} \frac{14}{18} \qquad \frac{5}{6} \underset{\cdot 3}{\overset{\cdot 3}{=}} \frac{15}{18}$$

108

ATIVIDADES

1. Em cada item, simplifique e obtenha a fração irredutível.

   a) $\dfrac{60}{72}$
   b) $\dfrac{45}{30}$
   c) $\dfrac{84}{108}$
   d) $\dfrac{25}{100}$

2. Escreva uma fração equivalente a $\dfrac{8}{20}$ cujo denominador seja 25.

3. Cada letra na reta numérica corresponde a uma das frações do quadro. Escreva a letra e a fração correspondente.

   $\dfrac{5}{2}$ $\dfrac{1}{6}$ $\dfrac{2}{4}$ $\dfrac{3}{2}$ $\dfrac{7}{8}$ $\dfrac{5}{4}$

4. Observe o gráfico ao lado com o resultado de uma votação dos alunos do 7º ano sobre a apresentação de dança típica no festival da escola.

   Nas fichas estão indicadas as frações de acordo com as votações nas danças dessa pesquisa. Escreva a fração correspondente a cada dança.

   $\dfrac{1}{24}$ $\dfrac{5}{12}$ $\dfrac{1}{12}$ $\dfrac{5}{24}$ $\dfrac{1}{4}$

   Dança típica preferida dos alunos do 7º ano no festival
   - Catira
   - Fandango
   - Frevo
   - Samba
   - Carimbó

   Fonte: Alunos do 7º ano.

5. Os aplicativos e *sites* de vídeos, de maneira geral, apresentam uma barra na qual é possível acompanhar qual parte do vídeo está sendo reproduzida. Observe ao lado.

   a) Faça estimativas e identifique qual das frações a seguir corresponde à parte desse vídeo que já foi reproduzida?

   I. $\dfrac{9}{20}$ II. $\dfrac{1}{4}$ III. $\dfrac{7}{8}$

   Esta barra corresponde à duração total do vídeo.

   A parte vermelha da barra indica quanto do vídeo já foi reproduzido.

   b) Esse vídeo tem 260 s de duração. Com base em sua estimativa anterior, quantos segundos dele já foram reproduzidos? E quantos ainda faltam ser exibidos?

6. De acordo com o IBGE, em 2017 no Brasil, cerca de $\dfrac{3}{20}$ da população vivia na zona rural e o restante, na zona urbana. Nesse caso, havia mais brasileiros vivendo na zona urbana ou rural?

7. Escreva duas frações que estejam entre $\dfrac{3}{8}$ e $\dfrac{5}{7}$, ou seja, maiores do que $\dfrac{3}{8}$ e menores do que $\dfrac{5}{7}$.

Adição e subtração de frações

Na escola em que Benício estuda, será construída uma horta. Para escolher os vegetais a serem plantados, foi realizada uma pesquisa para saber a preferência dos alunos. Observe a fração dos alunos que escolheram cada vegetal.

Morango: $\frac{5}{24}$. Rabanete: $\frac{1}{24}$. Cenoura: $\frac{1}{4}$. Alface: $\frac{5}{24}$. Repolho: $\frac{1}{6}$. Couve: $\frac{1}{8}$.

Com base nessas informações, vamos explorar três problemas.

I Ao todo, qual é a fração de alunos que preferem morango ou rabanete?

Para resolver esse problema, temos de calcular $\frac{5}{24} + \frac{1}{24}$.

$$\frac{5}{24} + \frac{1}{24} = \frac{6}{24}$$

Note que a fração $\frac{6}{24}$ pode ser simplificada: $\frac{6}{24} = \frac{1}{4}$.

Assim, $\frac{6}{24}$ ou $\frac{1}{4}$ dos alunos preferem morango ou rabanete.

II Ao todo, qual é a fração de alunos que preferem cenoura ou repolho?

Para resolver esse problema, temos de calcular $\frac{1}{4} + \frac{1}{6}$.

Inicialmente, obtemos frações equivalentes a $\frac{1}{4}$ e $\frac{1}{6}$ com denominadores iguais. Depois, adicionamos as frações obtidas.

$$\frac{1}{4} = \frac{2}{8} = \frac{3}{12}$$

$$\frac{1}{6} = \frac{2}{12}$$

$$\frac{1}{4} + \frac{1}{6} = \frac{3}{12} + \frac{2}{12} = \frac{5}{12}$$

! Também podemos obter frações equivalentes a $\frac{1}{4}$ e $\frac{1}{6}$ com denominadores iguais com auxílio do mínimo múltiplo comum.

Assim, $\frac{5}{12}$ dos alunos preferem cenoura ou repolho.

III Que fração dos alunos representa a diferença entre aqueles que preferem repolho e os que preferem couve?

Para resolver esse problema, temos de calcular $\frac{1}{6} - \frac{1}{8}$.

Inicialmente, obtemos frações equivalentes a $\frac{1}{6}$ e $\frac{1}{8}$ com denominadores iguais. Depois, realizamos a subtração com as frações obtidas.

$$\frac{1}{6} = \frac{2}{12} = \frac{3}{18} = \frac{4}{24}$$

$$\frac{1}{8} = \frac{2}{16} = \frac{3}{24}$$

$$\frac{1}{6} - \frac{1}{8} = \frac{4}{24} - \frac{3}{24} = \frac{1}{24}$$

! Também podemos obter frações equivalentes a $\frac{1}{6}$ e $\frac{1}{8}$ com denominadores iguais com auxílio do mínimo múltiplo comum.

Assim, a diferença entre aqueles que preferem repolho e os que preferem couve é de $\frac{1}{24}$ dos alunos.

Em uma adição (ou subtração) de frações com **denominadores iguais**, adicionamos (ou subtraímos) os numeradores e mantemos os denominadores.

Em uma adição (ou subtração) de frações com **denominadores diferentes**, podemos obter frações equivalentes a elas com denominadores iguais e realizar a adição (ou subtração) com as frações obtidas.

ATIVIDADES

1. Com base no resultado da pesquisa apresentada na página anterior, resolva os itens a seguir.

   a) Ao todo, qual é a fração de alunos que preferem:
   - morango ou alface?
   - cenoura ou rabanete?

   b) Que fração dos alunos representa a diferença entre aqueles que preferem:
   - alface e os que preferem rabanete?
   - cenoura e os que preferem couve?

2. Calcule.

   a) $\frac{6}{5} + \frac{8}{5}$

   b) $\frac{4}{9} - \frac{2}{9}$

   c) $\frac{7}{3} + \frac{3}{4}$

   d) $\frac{5}{8} + \frac{1}{6}$

   e) $\frac{3}{7} + \frac{2}{7} + \frac{13}{9}$

   f) $\frac{1}{2} + \frac{7}{4} - \frac{1}{4}$

3. Observe o modo de preparo de certo produto no verso de sua embalagem.

MODO DE PREPARO

1. DISSOLVA O PÓ DE GELATINA DESTE PACOTE EM $\frac{1}{4}$ DE LITRO DE ÁGUA FERVENTE.

2. MISTURE BEM ATÉ DISSOLVER TODO O PÓ E ADICIONE $\frac{1}{4}$ DE LITRO DE ÁGUA FRIA OU GELADA.

3. COLOQUE A GELATINA EM POTINHOS INDIVIDUAIS E LEVE À GELADEIRA POR 30 MINUTOS PARA ADQUIRIR CONSISTÊNCIA.

DANILLO SOUZA

a) Qual alimento é preparado com essa receita? Quantas são as etapas do modo de preparo?

b) Quais ingredientes são necessários nessa receita? Por quanto tempo esse alimento deve ser levado à geladeira?

c) Qual dos itens a seguir indica a quantidade total de água usada no preparo dessa receita?

I. $\frac{3}{4}$ L   II. $\frac{1}{2}$ L   III. 2 L

4. A professora resolveu na lousa com os alunos uma adição de frações. Porém, uma fração foi apagada. Observe.

$$\frac{7}{4} + \square = \frac{35}{12}$$

EDITORIA DE ARTE

• Qual fração foi apagada?

5. Juliana vai abrir o cofre representado cuja roleta gira apenas no sentido horário. Para isso, ela girou a roleta $\frac{1}{4}$ de volta. Depois, girou mais $\frac{3}{16}$ de volta.

ROBERTO ZOELLNER

a) Ao todo, que fração do giro de uma volta representa a posição final da roleta em relação à posição inicial?

b) Qual das figuras a seguir corresponde à posição final da roleta após os giros?

I.

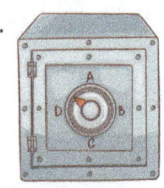

II.

III.

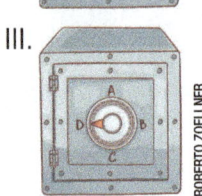

ROBERTO ZOELLNER

6. Carla controla suas despesas do cartão de crédito em um aplicativo no celular. No fechamento da fatura, o aplicativo gera um gráfico com as despesas classificadas por categoria. Observe o gráfico de certo mês.

Gráfico de despesas

$\frac{9}{25}$ Supermercado
$\frac{6}{25}$ Transporte
$\frac{11}{100}$ Vestuário
$\frac{7}{50}$ Alimentação
$\frac{3}{20}$ Outros

Fonte: Dados fictícios.

X-VECTORS/SHUTTERSTOCK.COM, DAVOODA/SHUTTERSTOCK.COM, BRILLIANTSKYLIGHT/SHUTTERSTOCK.COM, KSENVITALN/SHUTTERSTOCK.COM, POWERART/SHUTTERSTOCK.COM, EDITORIA DE ARTE

a) Que fração dessas despesas Carla teve com transporte?

b) Ao todo, que fração dessas despesas corresponde a supermercado e vestuário?

c) Que fração corresponde à diferença entre as despesas com transporte e alimentação?

112

Multiplicação de frações

▸ Multiplicação de número natural por fração

O potássio é um nutriente fundamental para nossa saúde. Ele mantém a pressão arterial controlada, o bom funcionamento dos sistemas nervoso e muscular e a regulação de líquidos no organismo. O potássio pode ser ingerido por meio de diversos alimentos. Observe um exemplo.

Uma banana-nanica de tamanho médio (100 g), por exemplo, contém cerca de $\frac{1}{10}$ de todo o potássio recomendado diariamente para um adulto.

Caso um adulto coma 4 bananas como esta, que fração aproximada da quantidade diária recomendada de potássio ele terá ingerido?

▸ Banana-nanica.

Para resolver esse problema, temos de calcular $4 \cdot \frac{1}{10}$. Observe.

> Para ingerir todo o potássio recomendado diariamente para um adulto, quantas bananas como essa deveriam ser consumidas?

$$4 \cdot \frac{1}{10} = \frac{1}{10} + \frac{1}{10} + \frac{1}{10} + \frac{1}{10} = \frac{4}{10} \quad \text{ou} \quad 4 \cdot \frac{1}{10} = \frac{4 \cdot 1}{10} = \frac{4}{10}$$

Assim, o adulto terá ingerido cerca de $\frac{4}{10}$ da quantidade diária recomendada de potássio.

Agora, considere o problema a seguir.

Segundo a Organização Mundial da Saúde (OMS), um adulto deve ingerir no mínimo 3 510 mg de potássio por dia. Com base nessas informações, cerca de quantos miligramas de potássio tem uma banana como a apresentada anteriormente?

Para responder a essa questão, temos de obter $\frac{1}{10}$ de 3 510 mg, que pode ser determinado ao calcularmos $\frac{1}{10} \cdot 3510$. Observe.

$$\frac{1}{10} \cdot 3510 = \frac{1 \cdot 3510}{10} = \frac{3510}{10} = 351$$

Portanto, uma banana como a apresentada tem cerca de 351 mg de potássio.

113

▸ Multiplicação de fração por fração

Laércio é bibliotecário em uma escola e está classificando os livros por gênero. Ele registrou que $\frac{1}{4}$ dos livros da biblioteca são de História e, além disso, $\frac{3}{5}$ dos livros de História são de História do Brasil.

Para determinarmos que fração dos livros da biblioteca são de História do Brasil, temos de calcular $\frac{3}{5} \cdot \frac{1}{4}$. Observe as etapas para realizar esse cálculo usando figuras.

1ª Representamos o total de livros da biblioteca por uma figura.

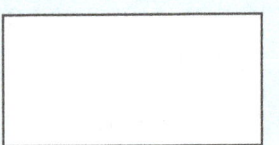

2ª Para representar $\frac{1}{4}$, dividimos a figura em 4 partes iguais e destacamos uma delas, correspondente à fração dos livros da biblioteca que são de História.

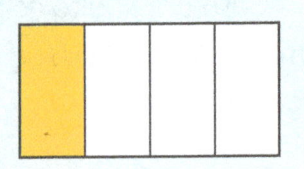

3ª Para representar $\frac{3}{5}$ dos livros de História, correspondentes aos livros de História do Brasil, dividimos cada uma das partes obtidas anteriormente em 5 partes iguais e consideramos 3 dessas partes. Por fim, escrevemos a fração dos livros da biblioteca (o inteiro) correspondente apenas aos livros de História do Brasil: $\frac{3}{20}$.

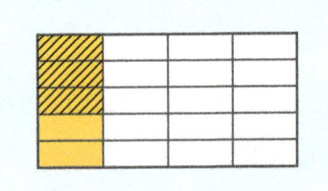

$$\frac{3}{5} \cdot \frac{1}{4} = \frac{3}{20}$$

Portanto, $\frac{3}{20}$ dos livros da biblioteca são de História do Brasil.

Também podemos calcular multiplicações de frações de maneira prática. Para isso, multiplicamos os numeradores entre si e multiplicamos denominadores entre si. Os produtos obtidos correspondem, respectivamente, ao numerador e ao denominador do resultado. Observe.

$$\frac{3}{5} \cdot \frac{1}{4} = \frac{3 \cdot 1}{5 \cdot 4} = \frac{3}{20}$$

▸ O inverso de um número

A professora de Rita perguntou à turma qual número deve ser multiplicado por $\frac{2}{7}$ para obter 1 como resultado. Observe como Rita fez.

Multipliquei 2 por 7 e 7 por 2 para obter a fração $\frac{14}{14}$, pois um número natural diferente de zero dividido por ele mesmo é igual a 1.

Quando o produto de dois números diferentes de zero é igual a 1, dizemos que eles são **números inversos**. Dizemos que $\frac{2}{7}$ e $\frac{7}{2}$, por exemplo, são números inversos, pois $\frac{2}{7} \cdot \frac{7}{2} = \frac{2 \cdot 7}{7 \cdot 2} = \frac{14}{14} = 1$.

Observe mais um exemplo de números inversos.

- 4 e $\frac{1}{4}$, pois $4 \cdot \frac{1}{4} = \frac{4}{1} \cdot \frac{1}{4} = \frac{4 \cdot 1}{1 \cdot 4} = \frac{4}{4} = 1$

💡 Compare o numerador e o denominador de dois números inversos. Você identifica alguma regularidade?

ATIVIDADES

1. Vimos que a banana-nanica é uma fruta rica em potássio. Porém, esse nutriente está presente em outras frutas também. Observe, ao lado, algumas delas.

Determine, em miligramas, a quantidade aproximada de potássio que uma porção de 100 g de cada fruta tem em relação à quantidade diária mínima recomendada para um adulto. Se necessário, utilize uma calculadora.

Fração aproximada da quantidade mínima de potássio em algumas frutas, de acordo com a recomendação diária para um adulto

Fruta (porção de 100 g)	Fração aproximada
Abacate	$\frac{3}{50}$
Kiwi	$\frac{2}{25}$
Maracujá	$\frac{9}{100}$
Romã	$\frac{3}{20}$

Fontes: UNIVERSIDADE ESTADUAL DE CAMPINAS. **Tabela Brasileira de Composição de Alimentos: TACO**. Disponível em: <www.cfn.org.br/wp-content/uploads/2017/03/taco_4_edicao_ampliada_e_revisada.pdf>. OMS divulga novas orientações para consumo diário de sal e potássio. **G1**. Disponível em: <http://g1.globo.com/bemestar/noticia/2013/01/oms-divulga-novas-orientacoes-para-consumo-diario-de-sal-e-potassio.html>. Acessos em: 23 abr. 2019.

2. Efetue os cálculos a seguir e simplifique o resultado, quando possível.

a) $6 \cdot \dfrac{5}{8}$

b) $\dfrac{10}{3} \cdot \dfrac{4}{7}$

c) $\dfrac{5}{9} \cdot \dfrac{3}{2}$

d) $\dfrac{7}{4} \cdot \dfrac{8}{3} \cdot \dfrac{1}{12}$

3. Clarice está brincando com um jogo de tabuleiro que contém as seguintes moedas fictícias.

Moeda de ouro.

Moeda de prata.

Moeda de bronze.

Cada moeda equivale a uma pontuação diferente. Uma moeda de ouro equivale a $\dfrac{9}{2}$ da pontuação de uma moeda de prata e uma moeda de prata equivale a $\dfrac{4}{3}$ da pontuação de uma moeda de bronze.

a) A quantas moedas de prata equivalem 6 moedas de ouro?

b) A quantas moedas de bronze equivalem 3 moedas de prata?

c) A quantas moedas de bronze equivale uma moeda de ouro?

4. Fabiano trabalha como atendente em um consultório médico. Do salário que recebe, $\dfrac{3}{20}$ ele utiliza para pagar a mensalidade do curso de inglês. Da quantia restante, ele poupa $\dfrac{1}{4}$.

a) Após pagar a mensalidade do curso de inglês, que fração do salário de Fabiano resta?

b) Que fração do salário Fabiano separa para poupar?

c) Sabendo que o salário de Fabiano é de R$ 1 840,00, qual a quantia que ele poupa por mês?

5. Para calcular $\dfrac{5}{6} \cdot \dfrac{7}{2} \cdot \dfrac{9}{14}$, Túlio inicialmente fez simplificações. Na 1ª etapa, ele dividiu 7 e 14 por 7, que é divisor comum deles. Na 2ª etapa, dividiu 6 e 9 por 3, que é divisor comum deles, e efetuou as multiplicações.

1ª etapa

$\dfrac{5}{6} \cdot \dfrac{\cancel{7}^{1}}{2} \cdot \dfrac{9}{\cancel{14}^{2}}$

2ª etapa

$\dfrac{5}{\cancel{6}^{2}} \cdot \dfrac{\cancel{7}^{1}}{2} \cdot \dfrac{\cancel{9}^{3}}{\cancel{14}^{2}} = \dfrac{5}{2} \cdot \dfrac{1}{2} \cdot \dfrac{3}{2} = \dfrac{15}{8}$

Utilize a mesma estratégia que Túlio e efetue.

a) $\dfrac{12}{5} \cdot \dfrac{3}{6}$

b) $\dfrac{20}{21} \cdot \dfrac{14}{15}$

c) $\dfrac{3}{5} \cdot \dfrac{10}{7} \cdot \dfrac{1}{9}$

d) $\dfrac{15}{2} \cdot \dfrac{8}{3} \cdot \dfrac{5}{16}$

6. Determine o inverso de cada número.

a) $\dfrac{13}{8}$

b) 10

c) 1

d) $\dfrac{1}{99}$

7. Elabore e escreva um problema envolvendo a multiplicação de frações. Em seguida, junte-se a um colega e troquem os problemas para que um resolva o do outro. Juntos, verifiquem se as respostas estão corretas.

Divisão de frações

▸ Divisão de um número natural por fração

Uma receita de bolo de fubá utiliza $\frac{1}{5}$ kg de açúcar. Com todo o conteúdo de um pacote de 2 kg de açúcar, quantas receitas iguais a essa podem ser preparadas?

Para resolver esse problema, temos de verificar quantas vezes $\frac{1}{5}$ kg "cabe" em 2 kg, ou seja, calcular $2 : \frac{1}{5}$. Observe.

- Representamos cada quilograma de açúcar por uma figura dividida em 5 partes iguais. Cada parte representa $\frac{1}{5}$ kg de açúcar.

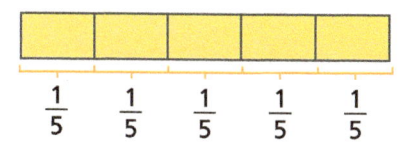

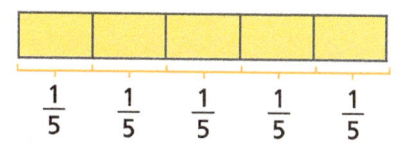

$$2 : \frac{1}{5} = 10$$

Portanto, todo o conteúdo do pacote de açúcar é suficiente para preparar 10 receitas iguais a essa.

▸ Divisão de fração por número natural

No marcador de combustível de um carro, os traços indicam divisões em partes iguais da capacidade desse tanque. Que fração da capacidade desse tanque de combustível corresponde à reserva?

Observe que traços menores dividem cada parte correspondente a $\frac{1}{4}$ da capacidade do tanque em 3 partes iguais. Uma dessas partes corresponde à reserva. Assim, para resolver esse problema, temos de calcular $\frac{1}{4} : 3$. Veja.

Esta parte indica a quantidade de combustível na reserva do tanque.

- 1º) Representamos a capacidade desse tanque por uma figura dividida em 4 partes iguais e destacamos uma dessas partes, ou seja, $\frac{1}{4}$.

- 2º) Dividimos a parte destacada em 3 partes iguais e consideramos uma dessas partes, que corresponde à reserva do tanque.

$$\frac{1}{4} : 3 = \frac{1}{12}$$

Portanto, $\frac{1}{12}$ da capacidade desse tanque corresponde à reserva.

117

▶ Divisão de fração por fração

Uma vendedora ambulante de café utiliza uma garrafa térmica e copos descartáveis com capacidade equivalente a $\frac{1}{18}$ da capacidade da garrafa. Quando a garrafa está com $\frac{1}{3}$ de sua capacidade, quantos copos de café ela consegue servir?

Para resolver esse problema, temos de obter quantas vezes $\frac{1}{18}$ "cabe" em $\frac{1}{3}$, ou seja, calcular $\frac{1}{3} : \frac{1}{18}$. Observe.

1º) Representamos a capacidade da garrafa por meio de uma mesma figura dividida de duas maneiras diferentes.

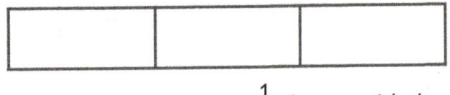

Cada parte representa $\frac{1}{3}$ da capacidade da garrafa.

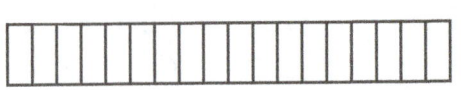

Cada parte representa $\frac{1}{18}$ da capacidade da garrafa.

2º) Comparamos as figuras e destacamos partes delas para determinar quantas vezes $\frac{1}{18}$ "cabe" em $\frac{1}{3}$.

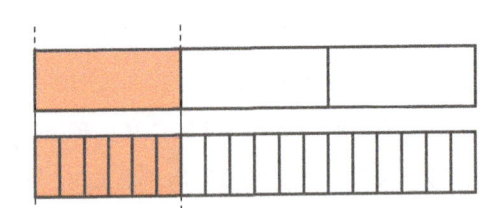

$$\frac{1}{3} : \frac{1}{18} = 6$$

Assim, com $\frac{1}{3}$ da capacidade da garrafa podem ser servidos 6 copos de café.

Podemos efetuar divisões envolvendo frações sem o auxílio de figuras. Observe o exemplo.

$$\frac{1}{3} : \frac{1}{18} = \frac{\frac{1}{3}}{\frac{1}{18}} = \frac{\frac{1}{3} \cdot \frac{18}{1}}{\frac{1}{18} \cdot \frac{18}{1}} = \frac{\frac{1}{3} \cdot \frac{18}{1}}{1} = \frac{1}{3} \cdot \frac{18}{1} = \frac{18}{3} = 6$$

De maneira geral, para obter o quociente de uma divisão envolvendo frações, podemos multiplicar o dividendo pelo número inverso do divisor. Observe o exemplo.

• $8 : \frac{2}{5} = 8 \cdot \frac{5}{2} = \frac{8 \cdot 5}{2} = \frac{40}{2} = 20$

> 💡 Explique a um colega as etapas realizadas no cálculo anterior.

ATIVIDADES

1. Em cada item, calcule as divisões e, quando possível, simplifique o resultado.

   a) $10 : \dfrac{3}{4}$

   b) $\dfrac{2}{6} : \dfrac{1}{2}$

   c) $\dfrac{13}{20} : 26$

   d) $\dfrac{9}{25} : \dfrac{18}{16}$

   e) $\dfrac{11}{3} : 7$

   f) $32 : \dfrac{8}{9}$

2. Isabel estava resolvendo as divisões propostas pelo professor de Matemática por meio de desenhos. Ela resolveu corretamente uma dessas divisões com estas figuras.

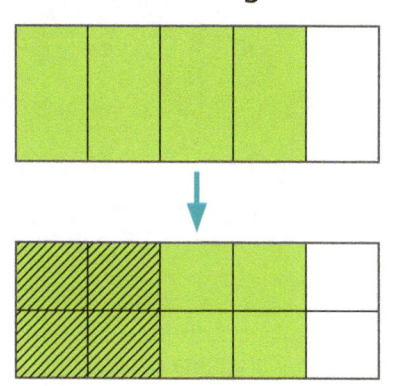

   a) Qual das divisões a seguir Isabel resolveu usando essas figuras?

   I. $10 : \dfrac{8}{9}$

   II. $\dfrac{4}{5} : 2$

   III. $\dfrac{5}{10} : \dfrac{4}{8}$

   IV. $1 : \dfrac{2}{6}$

   b) Qual é o resultado dessa divisão?

3. Daniel recebe mesada de seus pais. Dois quintos da mesada ele guarda em um cofrinho. Da parte que sobra, gasta metade com passeios.

   a) Que fração da mesada Daniel gasta com passeios?

   b) Sabendo que a mesada de Daniel é de R$ 60,00, quanto ele guarda no cofrinho?

4. Em cada item, realize cálculos e descubra a fração que pode substituir o ▨.

   a) $▨ : \dfrac{1}{7} = \dfrac{7}{2}$

   b) $\dfrac{6}{11} \cdot ▨ = \dfrac{9}{22}$

   c) $▨ : \dfrac{3}{5} = \dfrac{5}{8}$

   d) $▨ \cdot \dfrac{7}{8} = 56$

5. (Obmep-2013) Ângela tem uma caneca com capacidade para $\dfrac{2}{3}$ L de água. Que fração dessa caneca ela encherá com $\dfrac{1}{2}$ L de água?

   a) $\dfrac{7}{12}$

   b) $\dfrac{2}{3}$

   c) $\dfrac{3}{4}$

   d) $\dfrac{5}{6}$

   e) $\dfrac{4}{3}$

6. Alberto tem uma barraca em um mercado municipal, onde vende diversos tipos de tempero. Um dos mais vendidos é o pacote de açafrão em pó. Com 5 kg de açafrão em pó, quantos pacotes com $\dfrac{1}{4}$ kg cada um Alberto pode preparar?

7. Elabore e escreva um problema envolvendo a divisão de frações. Em seguida, junte-se a um colega, e troquem os problemas para que um resolva o do outro. Juntos, verifiquem se as respostas estão corretas.

2. NÚMEROS RACIONAIS NA FORMA DECIMAL

Nos Jogos Olímpicos Rio 2016, o brasileiro Arthur Zanetti conquistou a medalha de prata na prova de argolas da ginástica artística. Para conseguir essa posição, o atleta marcou 15,766 pontos. Essa pontuação corresponde a um número racional representado na forma decimal, em que a vírgula separa a parte inteira da parte decimal.

Parte inteira			Parte decimal		
C	D	U	d	c	m
	1	5 ,	7	6	6

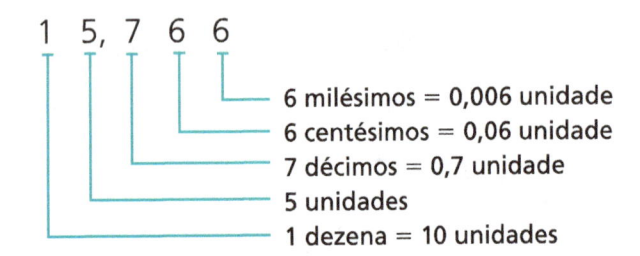

1 5, 7 6 6
- 6 milésimos = 0,006 unidade
- 6 centésimos = 0,06 unidade
- 7 décimos = 0,7 unidade
- 5 unidades
- 1 dezena = 10 unidades

Lê-se: quinze inteiros e setecentos e sessenta e seis milésimos.

▶ Ginasta brasileiro Arthur Zanetti em competição. Fotografia de 2017.

Agora, observe como podemos decompor esse número.

15,766 = 10 + 5 + 0,7 + 0,06 + 0,006

Transformação de um número racional na forma decimal para a forma de fração

A leitura de um número racional na forma decimal auxilia a escrita desse número na forma de fração. Observe alguns exemplos.

a) $0,8 = \dfrac{8}{10} = \dfrac{4}{5}$
   oito décimos

b) $0,85 = \dfrac{85}{100} = \dfrac{17}{20}$
   oitenta e cinco centésimos

c) $0,125 = \dfrac{125}{1000} = \dfrac{1}{8}$
   cento e vinte e cinco milésimos

d) $6,5 = 6 + \dfrac{5}{10} = \dfrac{60}{10} + \dfrac{5}{10} = \dfrac{65}{10} = \dfrac{13}{2}$
   seis inteiros e cinco décimos

Transformação de um número racional na forma de fração para a forma decimal

Para obter a forma decimal de um número racional na forma de fração, podemos determinar uma fração decimal equivalente. Observe alguns exemplos.

a) $\dfrac{2}{5} = \dfrac{4}{10} = 0,4$ (· 2)

b) $\dfrac{18}{25} = \dfrac{72}{100} = 0,72$ (· 4)

c) $\dfrac{28}{40} = \dfrac{7}{10} = 0,7$ (: 4)

Comparação de números decimais

Observe quantos quilogramas de castanhas-do-pará há em cada pacote a seguir.

1,260 kg — 2,053 kg — 1,268 kg — 1,237 kg — 1,500 kg

Para comparar as massas de dois desses pacotes, primeiro comparamos a parte inteira em quilograma. Caso a parte inteira seja igual, comparamos a parte decimal: inicialmente os décimos, depois os centésimos, e assim por diante. Observe algumas comparações.

- 2,053 kg e 1,500 kg

  2 , 0 5 3
  1 , 5 0 0

  2,053 > 1,500

  O pacote de 2,053 kg é mais pesado do que o de 1,500 kg.

- 1,260 kg e 1,237 kg

  1 , 2 6 0
  1 , 2 3 7

  1,260 > 1,237

  O pacote de 1,260 kg é mais pesado do que o de 1,237 kg.

- 1,260 kg e 1,500 kg

  1 , 2 6 0
  1 , 5 0 0

  1,260 < 1,500

  O pacote de 1,260 kg é mais leve do que o de 1,500 kg.

- 1,268 kg e 1,260 kg

  1 , 2 6 8
  1 , 2 6 0

  1,268 > 1,260

  O pacote de 1,268 kg é mais pesado do que o de 1,260 kg.

121

ATIVIDADES

1. Escreva como se lê cada número decimal a seguir.
   a) 0,7
   b) 1,15
   c) 2,345
   d) 4,016

   • Agora, escreva esses números na forma de fração decimal e a simplifique quando possível.

2. Em cada item a seguir, a figura está dividida em partes iguais. Escreva uma fração decimal e um número decimal para representar a parte destacada em verde de cada figura.

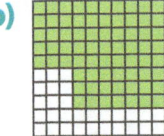

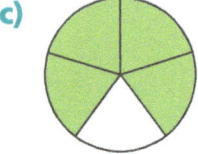

   a)   b)   c)

3. Cada letra indicada na reta numérica a seguir corresponde a um dos números do quadro. Escreva cada letra e o número correspondente.

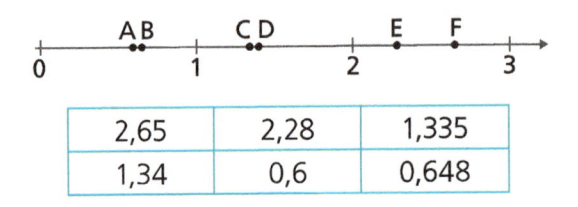

2,65	2,28	1,335
1,34	0,6	0,648

4. O Índice de Desenvolvimento Humano (IDH) é uma medida que leva em consideração três fatores de uma população: renda, educação e saúde. Observe as informações e resolva as questões.

   a) Qual desses países teve o maior IDH em 2015? E qual teve o menor IDH?
   b) Em 2015, quais desses países tiveram o IDH entre 0,750 e 0,800?
   c) Quais desses países tiveram o IDH maior que o do Brasil em 2015?

   Oito países com o maior IDH na América do Sul, em 2015

País	IDH
Argentina	0,827
Brasil	0,754
Chile	0,847
Colômbia	0,727
Equador	0,739
Peru	0,740
Uruguai	0,795
Venezuela	0,767

   Fonte: UNDP. **Human Development Report 2016**. Disponível em: <www.br.undp.org/content/dam/brazil/docs/RelatoriosDesenvolvimento/undp-br-2016-human-development-report-2017.pdf>. Acesso em: 25 abr. 2019.

5. A temperatura corporal normal de uma pessoa varia entre 36 °C e 36,7 °C. A febre é uma reação do organismo que se caracteriza pelo aumento da temperatura corpórea acima de 37,8 °C. Observe os termômetros a seguir, que foram utilizados para medir a temperatura de algumas pessoas, e indique quais delas estão com febre.

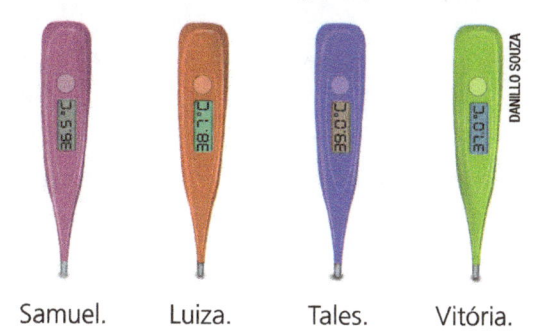

Samuel: 36,5 °C. Luiza: 38,1 °C. Tales: 39,0 °C. Vitória: 37,0 °C.

6. Os terremotos são vibrações na crosta terrestre que podem ser causadas por vulcanismos, falhas geológicas ou movimento das placas tectônicas. A escala Richter é uma maneira de medir a magnitude de um terremoto. Veja informações sobre alguns terremotos e resolva as questões.

Ocorrência de terremotos no mundo

Local	Ano	Magnitude (escala Richter)
Alasca (Estados Unidos)	1964	9,2
Atencingo (México)	2017	7,1
Sumatra (Indonésia)	2004	9,1
Valdívia (Chile)	1960	9,5

Fonte: UOL NOTÍCIAS INTERNACIONAL. **Top 10**: após revisão, terremoto no Japão passa a ser o quarto maior da história. Disponível em: <https://noticias.uol.com.br/internacional/listas/top-10---maiores-terremotos-da-historia.jhtm>. MÉXICO SOFRE novo terremoto, de magnitude 7,1. **Veja**. Disponível em: <https://veja.abril.com.br/mundo/forte-terremoto-atinge-o-mexico/>. Acessos em: 25 abr. 2019.

▶ Efeito de terremoto no México. Fotografia de 2017.

a) Escreva, em ordem decrescente, as magnitudes desses terremotos na escala Richter.

b) Os terremotos que atingem mais de 8 graus na escala Richter são considerados catastróficos, podendo destruir municípios inteiros. Quais desses terremotos podem ser classificados assim?

c) Pesquise sobre algum terremoto que tenha ocorrido recentemente no mundo. Registre o local onde ele ocorreu, a data e a magnitude na escala Richter.

123

7. Certa loja de materiais de construção vende três tipos de areia, que se diferenciam pelo tamanho dos grãos. Observe.

Areia fina	Areia média	Areia grossa
Grãos entre 0,06 mm e 0,20 mm.	Grãos entre 0,20 mm e 0,60 mm.	Grãos entre 0,60 mm e 2 mm.

No depósito dessa loja, involuntariamente, foram misturadas areia fina e areia grossa. Para separar parte desses dois tipos de areia, serão utilizadas peneiras. Quais dos modelos de peneira a seguir podem ser usados nesse trabalho?

a) Peneiras com furos de 0,5 mm.
b) Peneiras com furos de 0,9 mm.
c) Peneiras com furos de 0,1 mm.
d) Peneiras com furos de 0,3 mm.

8. Antes de comprar um livro que gostaria de ler, Jorge está pesquisando em um *site* que compara o preço em diversas lojas. Observe.

Produto	Loja	Avaliação	Preço
	Cia do Livro	★★★☆☆	R$ 18,50
	Livraria Alfa	★★★★★	R$ 18,95
	Livraria Virtual	★★★☆☆	R$ 34,90
	Ponto do Livro	★☆☆☆☆	R$ 13,45
	Livraria Meu Livro	★★★☆☆	R$ 18,25
	Livraria Brasil	★★☆☆☆	R$ 19,00

a) Em quais lojas Jorge poderá comprar esse livro gastando no máximo R$ 18,50?
b) Escreva os preços obtidos na pesquisa em ordem crescente.
c) Em qual loja você acha que Jorge deve comprar o livro? Explique por quê.

9. Observe as fichas a seguir.

7   0   1   2   ,

Agora, utilizando uma única vez os algarismos e a vírgula apresentados nessas 5 fichas, escreva:

a) o menor número possível.
b) um número entre 2 e 2,5.
c) um número maior que 7,5.

Adição e subtração de números decimais

Você e seus familiares têm o hábito de controlar as despesas mensais e de fazer economia?

Economizar faz parte da rotina de muitas famílias que tentam reduzir as despesas para equilibrar o orçamento doméstico.

Pensando nisso, a família de Paula adotou alguns hábitos simples, como diminuir o tempo de banho, reduzindo o consumo de água e de energia elétrica. Com isso, eles conseguiram economizar.

Veja a seguir o controle dessas despesas em dois meses.

	Março	Abril
Água	R$ 56,25	R$ 50,48
Energia elétrica	R$ 185,36	R$ 178,15

Para calcular quantos reais essa família gastou com essas faturas em cada mês, podemos realizar adições.

- Março.

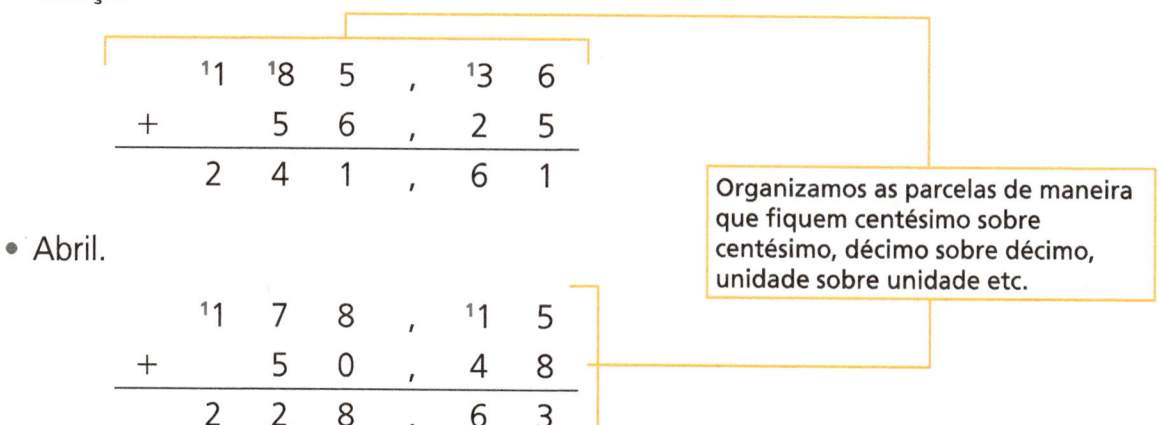

$$\begin{array}{r} {}^1 1\;{}^1 8\;5,{}^1 3\;6 \\ +5\;6,2\;5 \\ \hline 2\;4\;1,6\;1 \end{array}$$

- Abril.

$$\begin{array}{r} {}^1 1\;7\;8,{}^1 1\;5 \\ +5\;0,4\;8 \\ \hline 2\;2\;8,6\;3 \end{array}$$

Organizamos as parcelas de maneira que fiquem centésimo sobre centésimo, décimo sobre décimo, unidade sobre unidade etc.

Assim, essa família gastou R$ 241,61 em março e R$ 228,63 em abril.

Agora, para saber quantos reais essa família economizou no pagamento das faturas de abril em relação a março, podemos realizar uma subtração.

$$\begin{array}{r} 2\;\overset{3}{\cancel{4}}\;\overset{10}{\cancel{1}},\overset{15}{\cancel{6}}\;\overset{11}{\cancel{1}} \\ -\;2\;2\;8,6\;3 \\ \hline 0\;1\;2,9\;8 \end{array}$$

Portanto, em relação a março essa família economizou R$ 12,98 no pagamento das faturas de abril.

125

ATIVIDADES

1. Considerando as despesas da família de Paula, indicadas na página anterior, resolva as questões.

   a) Quantos reais essa família gastou em março e abril com a fatura de:
      - água?
      - energia elétrica?

   b) Quantos reais essa família economizou em abril, em relação a março, no pagamento da fatura de:
      - água?
      - energia elétrica?

2. Calcule.
   a) 325,43 + 278,39
   b) 469,21 − 297,14
   c) 1,7 + 3,428
   d) 23,002 − 5,99
   e) 89,45 + 33,19 − 7,8

3. Observe no cartaz o preço dos produtos à venda em um quiosque na praia.

   Suco natural R$ 5,20
   Salada de frutas R$ 6,85
   Sanduíche natural R$ 7,70
   Milho R$ 3,80
   Taça de açaí R$ 15,90
   Picolé de fruta R$ 2,40

   Arredonde os preços desses produtos para o valor inteiro mais próximo e calcule quanto uma pessoa gasta aproximadamente nesse quiosque ao comprar:

   a) um suco natural e um milho?
   b) um sanduíche natural e uma taça de açaí?
   c) dois picolés e dois milhos?
   d) uma salada de frutas e dois sanduíches naturais?

   - Agora, com uma calculadora, obtenha o valor exato de cada compra e compare com o resultado aproximado.

4. Observe como Karina pensou para calcular o resultado de 5,3 − 1,9.

   > 5,3 − 2 = 3,3
   > 3,3 + 0,1 = 3,4
   > Então: 5,3 − 1,9 = 3,4.

   a) Em sua opinião, como Karina pensou para realizar esse cálculo?

   b) Use a estratégia que preferir e realize os cálculos mentalmente.
      - 9,3 − 2,9
      - 6,8 + 4,9
      - 12,5 + 6,8
      - 7,6 − 3,1

5. Qual é o perímetro de um triângulo cujos lados medem 2,8 m, 5,25 m e 4,75 m? E o perímetro de um retângulo cujas dimensões têm 6,05 m e 3,56 m?

6. Descubra a constante mágica do quadrado mágico a seguir. Depois, copie e complete com os números que faltam.

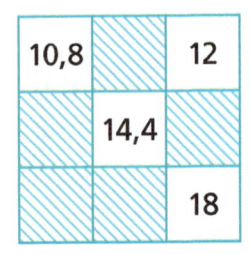

10,8		12
	14,4	
		18

7. Elabore um quadrado mágico e deixe algumas células sem preencher. Em seguida, junte-se a um colega, e troquem os quadrados mágicos para que um complete o do outro. Juntos, verifiquem se as respostas estão corretas.

126

Multiplicação de números decimais

Alcides trabalha coletando e vendendo materiais recicláveis. Certo dia ele coletou dois tipos de arame: **A** e **B**. Observe.

Arame tipo **A**.
- Massa por metro: 1,85 kg.
- Quantidade coletada: 7 m.

Arame tipo **B**.
- Massa por metro: 2,64 kg.
- Quantidade coletada: 8,5 m.

Na cooperativa de recicláveis, Alcides vende esses materiais por quilograma. Para obter a massa de cada tipo de arame coletado, podemos realizar multiplicações envolvendo números decimais. Observe.

- Arame tipo **A**.

Para obter a massa desse arame, em quilogramas, temos de calcular o resultado de **7 · 1,85**.

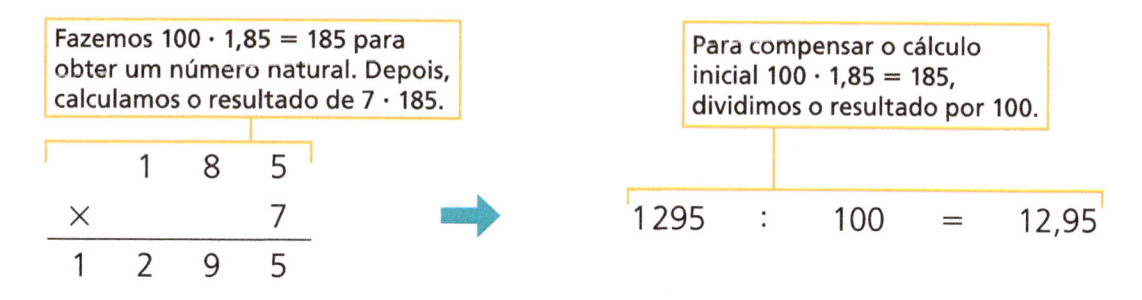

Fazemos 100 · 1,85 = 185 para obter um número natural. Depois, calculamos o resultado de 7 · 185.

```
    1 8 5
  ×     7
  -------
  1 2 9 5
```

Para compensar o cálculo inicial 100 · 1,85 = 185, dividimos o resultado por 100.

1295 : 100 = 12,95

Assim, foram coletados 12,95 kg de arame do tipo **A**.

- Arame tipo **B**.

Para obter a massa desse arame, em quilogramas, temos de calcular **8,5 · 2,64**.

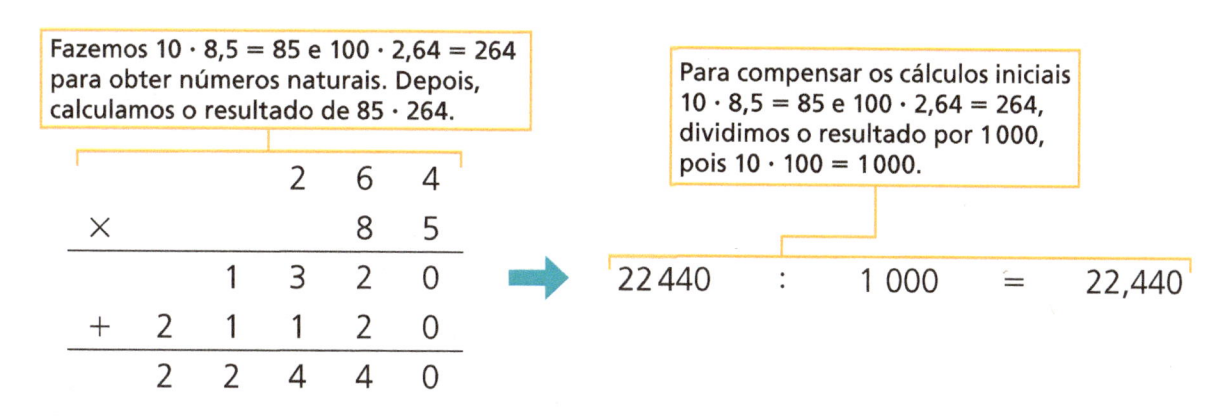

Fazemos 10 · 8,5 = 85 e 100 · 2,64 = 264 para obter números naturais. Depois, calculamos o resultado de 85 · 264.

```
        2 6 4
  ×       8 5
  -----------
        1 3 2 0
  +   2 1 1 2 0
  -----------
      2 2 4 4 0
```

Para compensar os cálculos iniciais 10 · 8,5 = 85 e 100 · 2,64 = 264, dividimos o resultado por 1000, pois 10 · 100 = 1000.

22 440 : 1 000 = 22,440

Assim, foram coletados 22,44 kg de arame do tipo **B**.

ATIVIDADES

1. Considerando as informações sobre os tipos de arame coletados por Alcides, calcule quantos quilogramas têm:
   a) 12,8 m do arame tipo **A**.
   b) 5 m do arame tipo **B**.

2. Calcule.
   a) 391 · 4,6
   b) 72,9 · 50
   c) 6,4 · 18,3
   d) 8,2 · 2,67

3. Joaquim comprou 7 pacotes de milho, como o representado, para alimentar galinhas caipiras. Quantos quilogramas de milho Joaquim comprou?

   (milho 7,6 kg)

4. Use uma calculadora para obter os produtos indicados a seguir. Depois, escreva as regularidades observadas.
   a) 10 · 0,183
   b) 100 · 0,183
   c) 1 000 · 0,183
   d) 10 · 12,4
   e) 100 · 12,4
   f) 1 000 · 12,4

5. Observe a seguir as relações entre unidades de medida de comprimento. Depois, realize cálculos mentais, copiando e completando as igualdades.

   1 km = 1 000 m
   1 m = 100 cm
   1 cm = 10 mm

   a) 23,55 m = ▨ cm
   b) 82,7 km = ▨ m
   c) 105,74 cm = ▨ mm
   d) 4,8 m = ▨ mm

6. Observe como Érica fez para calcular o resultado de 4 · 3,7.

   4 · 3,7 = 4 · (3 + 0,7) =
   = 4 · 3 + 4 · 0,7 = 12 + 2,8 = 14,8

   a) Qual propriedade da multiplicação Érica usou nesse cálculo?
   b) Faça como Érica e calcule o resultado de:
   • 5 · 6,1
   • 2 · 13,4
   • 8 · 9,2
   • 20 · 7,5

7. Uma folha de papel sulfite A4 tem formato retangular, com 29,7 cm de comprimento e 21 cm de largura.
   a) Quantos centímetros tem o contorno de uma folha de papel sulfite A4?
   b) Qual é a área, em centímetros quadrados, de cada face de uma folha dessas?

8. Você já baixou ou viu alguém baixando arquivos para o computador, ou seja, fazendo *download*?
   Yara está fazendo o *download* de um arquivo. Ela percebeu que a cada minuto são transferidos para o seu computador 112,15 KB.
   a) Nessa mesma velocidade de *download*, determine quantos quilobaites de um arquivo são baixados em:
   • 6 minutos.
   • 10 minutos.
   b) Podemos afirmar que, com essa velocidade de *download*, é possível baixar um arquivo de 1 000 KB em 1 hora? Por quê?

9. Elabore e escreva um problema envolvendo o cálculo de multiplicação de números decimais. Em seguida, junte-se a um colega e troquem o problema para que um resolva o do outro. Juntos, verifiquem se as respostas estão corretas.

128

Divisão de números naturais com quociente decimal

Célia está pesquisando o preço de barras de cereal em um supermercado. Na embalagem representada, quanto custa cada barra de cereal?

Para resolver esse problema, temos de calcular o resultado de **13 : 4**. Observe.

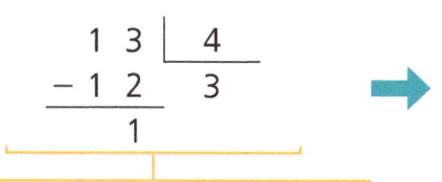

```
 1 3 | 4
-1 2   3
-----
   1
```

Como não é possível dividir 1 dezena por 4 e obter dezenas inteiras como resultado, dividimos 13 unidades por 4. Obtemos 3 unidades e sobra 1 unidade.

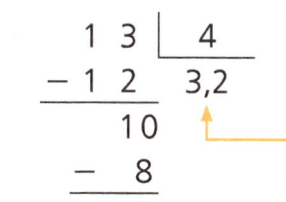

```
 1 3 | 4
-1 2   3,2
-----
  1 0
-   8
-----
    2
```

Indicamos a vírgula no quociente para separar a parte inteira e a parte decimal.

Trocamos 1 unidade por 10 décimos. Em seguida, dividimos 10 décimos por 4; obtemos 2 décimos e sobram 2 décimos.

```
 1 3 | 4
-1 2   3,25
-----
  1 0
-   8
-----
    2 0
-   2 0
-----
    0 0
```

Trocamos 2 décimos por 20 centésimos. Em seguida, dividimos 20 centésimos por 4; obtemos 5 centésimos e não sobra resto.

Portanto, nessa embalagem, cada barra de cereal custa R$ 3,25.

> Em uma divisão na qual o quociente é um número decimal e o resto é zero, dizemos que esse quociente está na forma de um **número decimal exato**.

Agora, observe o cálculo de **8 : 3**.

```
 8 | 3
-6   2
---
 2
```

Dividimos 8 unidades por 3. Obtemos 2 unidades e sobram 2 unidades.

```
 8 | 3
-6   2,6
---
 2 0
-1 8
---
   2
```

Dividimos 20 décimos por 3; obtemos 6 décimos e sobram 2 décimos.

```
 8 | 3
-6   2,66...
---
 2 0
-1 8
---
   2 0
-  1 8
---
    0 2
     ⋮
```

Dividimos 20 centésimos por 3; obtemos 6 centésimos e sobram 2 centésimos. Ao continuar essa divisão, obteremos indefinidamente o algarismo 6 no quociente e nunca teremos resto igual a zero.

129

Em uma divisão na qual, no quociente, um ou mais algarismos da parte decimal se repetem indefinidamente e não é possível obter resto igual a zero, dizemos que esse quociente está na forma de **dízima periódica**. Os algarismos que se repetem indefinidamente são chamados de **período**.

No cálculo **8 : 3**, podemos indicar o quociente como 2,$\overline{6}$, em que o período é 6. Observe outros exemplos.

a) 15 : 11 = 1,$\overline{36}$ **b)** 19 : 6 = 3,1$\overline{6}$ **c)** 85 : 12 = 7,08$\overline{3}$

⇉ Divisão com números decimais

Você conhece a unidade de medida de comprimento **polegada**? Essa unidade costuma ser utilizada para indicar, por exemplo, a medida da diagonal de telas de televisores, *notebooks*, *tablets*, celulares etc. Observe as informações que um fabricante indicou em certo aparelho.

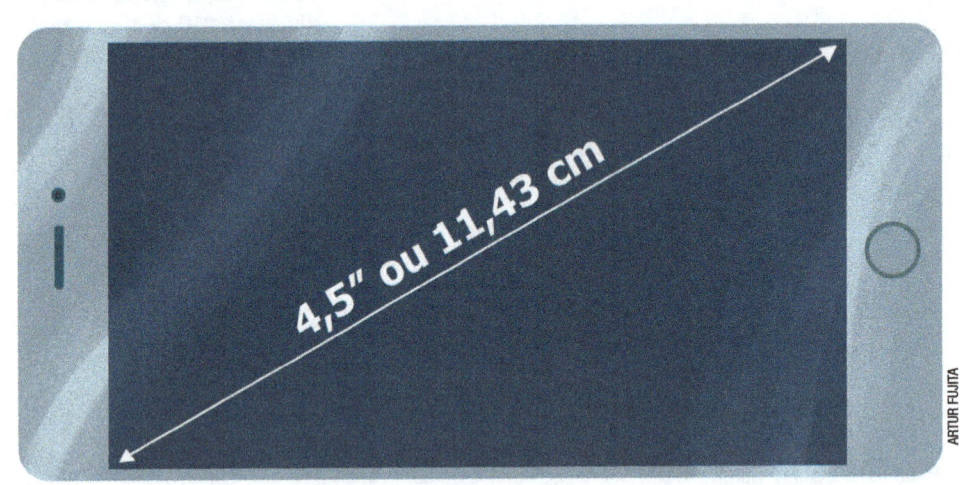

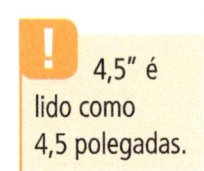

4,5" ou 11,43 cm

! 4,5" é lido como 4,5 polegadas.

ARTUR FUJITA

Para obtermos o valor aproximado, em centímetros, correspondente a 1", podemos calcular o resultado de **11,43 : 4,5**. Para isso, multiplicamos 11,43 e 4,5 por 100 para obtermos, respectivamente, os números naturais 1 143 e 450. Depois, realizamos a divisão de 1 143 por 450.

```
  1 1 4 3    | 450
-   9 0 0    | 2,54
    2 4 3 0
  - 2 2 5 0
      1 8 0 0
    - 1 8 0 0
          0 0 0 0
```

💡 Um televisor de 40" tem a diagonal com mais de 1 m de comprimento? Explique como você pensou para responder.

Assim, temos que 1" corresponde a aproximadamente 2,54 cm.

130

ATIVIDADES

1. Fábio comprou um *tablet* cuja diagonal da tela tem 20,32 cm de comprimento. De quantas polegadas é essa diagonal?

2. Calcule.
   a) 9 : 8
   b) 37,2 : 3
   c) 47,16 : 9
   d) 15 : 2,4
   e) 24,32 : 3,8
   f) 54,603 : 4,5

3. A pedido da professora de Arte, a direção de uma escola comprou 15 potes de tinta guache de mesmo preço, pelos quais pagou R$ 22,50. Qual é o preço de cada um desses potes de tinta?

4. Como uma fração pode representar o quociente de uma divisão, podemos obter o número na forma decimal correspondente a uma fração realizando uma divisão. Assim, por exemplo, $\frac{6}{8} = 6 : 8 = 0,75$.

   Obtenha o número na forma decimal correspondente a cada fração indicada a seguir.
   a) $\frac{9}{5}$
   b) $\frac{81}{25}$
   c) $\frac{52}{5}$
   d) $\frac{23}{200}$

5. Represente as frações a seguir na forma decimal. Quais dessas frações têm uma dízima periódica como representação na forma decimal?
   a) $\frac{5}{3}$
   b) $\frac{9}{40}$
   c) $\frac{28}{25}$
   d) $\frac{6}{11}$

   • Agora, indique o período de cada uma dessas dízimas periódicas.

6. Use uma calculadora para obter os quocientes indicados a seguir. Depois, escreva as regularidades observadas.

   a) 2 746,8 : 10
   b) 2 746,8 : 100
   c) 2 746,8 : 1000
   d) 15,3 : 10
   e) 15,3 : 100
   f) 15,3 : 1 000

7. Observe como Caíque calcula 35,15 : 5.

   Sei que 35,15 = 35 + 0,15.
   Calculei 35 : 5 = 7 e
   0,15 : 5 = 0,03.
   Assim, 35,15 : 5 =
   = 7 + 0,03 = 7,03.

   Agora, realize mentalmente os cálculos a seguir.
   a) 24,8 : 8
   b) 6,48 : 3
   c) 22,121 : 11
   d) 10,28 : 2

8. Para obter o rendimento de sua motocicleta, Bia registrou a distância que percorreu em uma viagem e a quantidade de combustível consumida.

   Distância: 134,55 km.
   Consumo: 3,9 L.

   Faça arredondamentos e indique quais dos itens a seguir correspondem ao rendimento da motocicleta, em quilômetros por litro de combustível.

   A: 45,6   B: 34,5   C: 25,9   D: 50,5

   • Agora, confira o resultado em uma calculadora.

9. Elabore e escreva um problema envolvendo o cálculo de divisão de números decimais. Em seguida, junte-se a um colega e troquem o problema para que um resolva o do outro. Juntos, verifiquem se as respostas estão corretas.

10. Você já ouviu falar do número *pi*? Junte-se a um colega, leiam as informações a seguir e resolvam as questões.

> Esse número, denotado pela letra do alfabeto grego π, indica a razão entre a medida do comprimento de qualquer circunferência e seu diâmetro. Ao longo da história, diferentes civilizações, como os babilônios e os egípcios, já demonstravam ter conhecimento dessa razão e utilizavam valores aproximados dela.
>
> Fonte dos dados: EVES, H. **Introdução à história da matemática**. Tradução: Hygino H. Domingues. Campinas: Ed. da Unicamp, 2004. p. 141-142.

Mariana quis verificar essa razão. Para isso, ela representou uma circunferência e realizou medições. Observe.

1º) Em uma folha de papel, ela contornou um objeto circular, sobrepôs um pedaço de barbante e mediu seu comprimento, obtendo 26,4 cm.

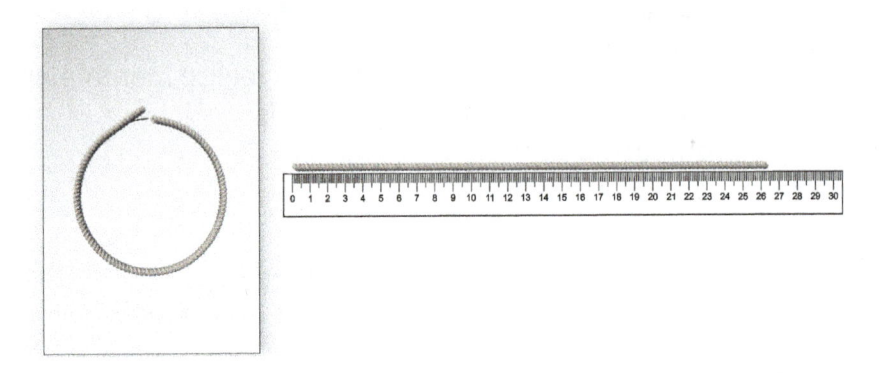

2º) Depois, ela recortou a figura, dobrou-a ao meio e mediu o comprimento do vinco, correspondente ao diâmetro da circunferência equivalente, obtendo 8,4 cm.

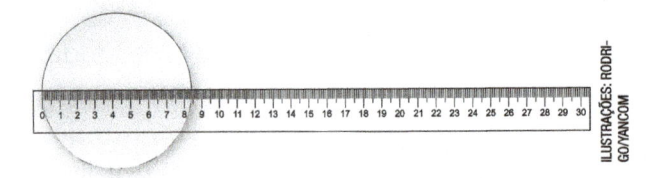

a) Vamos ajudar Mariana: calculem a razão entre a medida do comprimento do barbante e a medida do comprimento do vinco, obtendo uma aproximação para o número π.

b) Façam como Mariana e meçam o comprimento e o diâmetro de quatro figuras de circunferência diferentes. Depois, calculem aproximações do número π usando essas medidas.

c) Agora, comparem os valores aproximados do número π obtidos nos itens anteriores. O que vocês perceberam?

d) O grego Arquimedes (c. 287 a.C.-c. 212 a.C.), em seus estudos, concluiu que o número π está entre $\frac{223}{71}$ e $\frac{22}{7}$. Pesquise, em livros ou na internet, outras aproximações para esse número.

INTEGRANDO COM LÍNGUA PORTUGUESA

Entenda os riscos do uso do *smartphone* ao volante

Leia com atenção o texto a seguir.

Distração mortal

Não sabemos mais o que é viver sem nossos *smartphones*. [...] Em pouco mais de 20 anos, com a inserção e ampliação da presença da internet nesses dispositivos, o antigo celular se transformou em outra coisa. Ou melhor, outras coisas: um computador, um GPS, uma agência bancária, uma televisão, um aparelho de som, uma câmera fotográfica, uma filmadora, uma banca de jornais... e, claro, um telefone. Além de um tipo de correio instantâneo, no qual você troca mensagens com seus contatos na hora em que quiser, por mais distante que você esteja. [...]

Essa interação com a nova tecnologia, quando em locais seguros, além de atraente é uma mão na roda – para agilizar nossas atividades do dia a dia, [...]. O problema é quando essas distrações acontecem diante de um volante de veículo. Nesse caso, o que era para ser lazer ou busca de informação se torna uma atividade extremamente perigosa – e que em muitos casos se torna fatal.

[...] é importante lembrar que o uso de *smartphone* ao volante é proibido pelo Código de Trânsito Brasileiro e é passível de multa de R$ 293,47, além de render 7 pontos na carteira de habilitação. [...]

Mas mais importante do que não ser autuado é se conscientizar dos riscos que o condutor e os outros passageiros correm quando o motorista se distrai ao volante.[...]

RUBIO, A.; SANTOS, A. C. dos. Distração mortal. **Revista Cesvi**, São Paulo, n. 106, p. 12-14, abr./maio/jun. 2017.

▶ Parte da campanha da Semana Nacional de Trânsito de 2017.

1. Em sua opinião, qual é o principal objetivo desse texto?

_____

_____

_____

_____

2. Observe a tabela a seguir e resolva às questões.

Trechos da via percorridos às cegas

Interação com o *smartphone*	Tempo gasto (em segundos)	Distância percorrida a 50 km/h (em metros)
Ler ou responder mensagem	1,48	20,6
Abrir o aplicativo de rede social	3,5	48,6
Destravar o celular	1,5	20,8

Fonte: RUBIO, A.; SANTOS, A. C. dos. Distração mortal. **Revista Cesvi**, São Paulo, n. 106, p. 15, abr./maio/jun. 2017.

a) Cerca de quantos segundos o condutor demora para destravar o *smartphone* ao volante?

_____

_____

Em geral, nosso cérebro não consegue realizar com exatidão duas tarefas simultaneamente. Por exemplo, quando uma pessoa fala ou escreve no *smartphone* enquanto dirige tem sua atenção diminuída.

O *smartphone* é uma das maiores causas de distração ao volante.

134

b) Qual dessas interações com o *smartphone* faz que o condutor percorra o maior trecho da via às cegas? Quantos segundos ele gasta?

_____

_____

c) Elvis recebeu uma mensagem enquanto dirigia. Ele destravou o *smartphone* e leu a mensagem. Cerca de quantos segundos ele demorou para realizar essas interações? Ao todo, quantos metros ele percorreu às cegas?

_____

_____

3. Você ainda não dirige, mas é pedestre e, ocasionalmente, pode ser passageiro em um veículo. Junte-se a três colegas e preparem uma campanha apresentando informações críticas sobre os riscos de usar o *smartphone* ao volante. Vocês podem optar por cartaz, panfleto, *folder*, entre outros recursos. Se necessário, realizem uma pesquisa.

Anualmente, morrem no Brasil dezenas de milhares de pessoas em acidentes de trânsito, muitos deles ocasionados pela falta de atenção por causa do uso de *smartphone*.

Quando o condutor, a 50 km/h, lê ou responde a uma mensagem, ele fica cerca de 1,48 segundo sem olhar a via, percorrendo cerca de 20,6 m, o que equivale a ultrapassar 10 motocicletas enfileiradas.

O QUE ESTUDEI

1 Leia com atenção cada pergunta a seguir e faça uma reflexão. Depois, responda: **sim**, **às vezes** ou **não**.

A) Ouvi as explicações do professor?

B) Pedi ajuda quando tive dúvidas?

C) Ajudei o professor?

D) Fiquei em silêncio quando o professor pediu?

E) Participei na resolução das atividades propostas?

F) Fiz todas as atividades propostas na sala de aula?

G) Fiz as tarefas escolares em casa?

H) Respeitei meus colegas nos trabalhos em grupo?

I) Ajudei meus colegas quando eles tiveram dúvidas?

J) Levei para a sala de aula os materiais necessários?

2 Nas fichas estão indicados os principais conceitos que estudamos nesta Unidade. Reflita sobre cada um deles e verifique se você precisa retomar algum conceito para melhor compreendê-lo.

- Ideias de fração
- Fração de uma quantidade
- Comparação de frações
- Frações na reta numérica
- Adição e subtração de frações
- Divisão de frações
- Multiplicação de frações
- Comparação de números decimais
- Frações equivalentes
- Números decimais na reta numérica
- Multiplicação de números decimais
- Número π
- Dízima periódica
- Divisão de números decimais
- Números decimais
- Adição e subtração de números decimais

3 Resolva cada problema proposto a seguir e escreva quais conceitos estudados nesta Unidade você utilizou na resolução.

SITUAÇÃO INICIAL

A Copa do Mundo FIFA de futebol masculino de 2018 ocorreu na Rússia. Observe algumas informações sobre essa competição.

Fração dos países participantes por continente da Copa do Mundo FIFA de futebol masculino de 2018

Continente	Fração
África	$\frac{5}{32}$
América	$\frac{1}{4}$
Ásia	$\frac{1}{8}$
Europa	$\frac{7}{16}$
Oceania	$\frac{1}{32}$

Fonte: FIFA WORLD CUP. **Rússia 2018**. Disponível em: <www.fifa.com/worldcup/>. Acesso em: 3 ago. 2018.

Bola oficial. Massa: 0,430 kg.

Média de gols marcados por partida: 2,64.

PROBLEMAS

I Considerando os países participantes, de qual continente era a maior parte deles?

II Que fração dos participantes da Copa de 2018 corresponde a países dos continentes americano e europeu juntos?

III Nessa copa participaram 32 países. Quantos desses países eram do continente asiático?

IV Quantos quilogramas têm juntas cinco bolas oficiais como as utilizadas nessa Copa?

V Que fração de 1 kg corresponde à massa da bola oficial utilizada nessa copa?

VI Na Copa de 2014, no Brasil, a média de gols marcados por partida foi de aproximadamente 2,67 gols. Em qual Copa a média de gols por partida foi maior: de 2014 ou de 2018? Quantos gols de diferença em média?

137

UNIDADE 5
EXPRESSÕES ALGÉBRICAS E EQUAÇÕES

Mensagens de texto

No dia a dia são utilizados diversos símbolos para determinadas situações ou contextos: em placas, cartazes, anúncios, jogos, entre outros.

Se você já participou de uma conversa utilizando um aplicativo de mensagem de celular, possivelmente já viu diferentes símbolos, que expressam sentimentos e ações, indicam objetos e características ou simplesmente representam palavras. Esse tipo de simbologia, além de tornar as conversas por mensagem de texto mais dinâmicas, costuma ter uma representatividade universal, isto é, sua compreensão independe do idioma. O símbolo 😃, por exemplo, costuma indicar um sentimento de alegria. Esses símbolos são chamados *emojis* e começaram a ser criados pelo japonês Shigetaka Kurita, na década de 1990.

Converse com os colegas e o professor sobre os itens a seguir.

- Você já escreveu ou leu alguma mensagem de texto em aplicativos de celular usando símbolos? Comente.
- Em sua opinião, quais são as vantagens e as desvantagens da utilização de símbolos na escrita de mensagens de texto?
- Observe com atenção a conversa na tela do celular ilustrado nestas páginas e a explique-a.

Marcela — Online — 16:22

, Taís, o 🧑‍🏫 de Matemática deixou zer o trabalho em 👥.

👏. Vou à sua 🏠 amanhã.

. Traz o seu 📗.

Combinado, amanhã eu te 📞.

Até amanhã. 👋

👋

139

1. EXPRESSÕES ALGÉBRICAS

Na Matemática são muitos os símbolos utilizados, como aqueles que indicam as operações de adição (+) e subtração (−). Contudo, há campos na Matemática em que outros símbolos são utilizados. Na Álgebra, por exemplo, letras podem representar números desconhecidos ou que podem variar.

Observe a seguinte situação.

Em certa pizzaria, a taxa de entrega é calculada da seguinte maneira: um valor fixo de R$ 3,00 mais R$ 1,25 por quilômetro de deslocamento.

Podemos representar a maneira como é calculada essa taxa de entrega por meio de uma **expressão algébrica**:

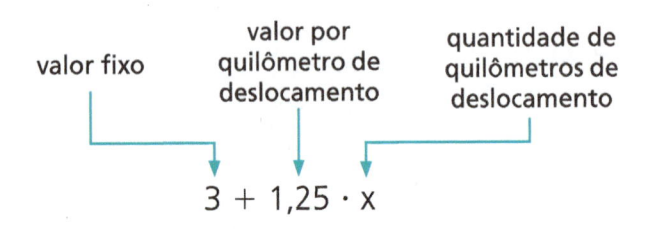

valor fixo | valor por quilômetro de deslocamento | quantidade de quilômetros de deslocamento

$$3 + 1{,}25 \cdot x$$

> **!** Uma multiplicação de dois fatores ou mais em que pelo menos um deles é uma letra pode ser indicada sem o símbolo de multiplicação (·). Por exemplo, **10 · x** pode ser indicado por **10x**.

Com essa expressão algébrica podemos, por exemplo, calcular a taxa de uma entrega cujo deslocamento é de 8 km. Nesse caso, consideramos x = 8. Observe.

$$3 + 1{,}25 \cdot 8 = 3 + 10 = 13$$

Assim, em uma entrega com 8 km de deslocamento, a taxa é de R$ 13,00.

> Chamamos de **expressão algébrica** toda expressão em que há letras representando números. Essas letras são as **variáveis**, que podem assumir diferentes valores nas situações analisadas.
> O **valor numérico** de uma expressão algébrica é o resultado obtido quando substituímos cada variável por um número e realizamos os cálculos. No exemplo anterior, 13 é o valor numérico da expressão algébrica 3 + 1,25x quando substituímos **x** por 8.

Observe outros exemplos de expressões algébricas.

- $3x + 5y - 7$
- $-2a + \dfrac{4}{3}b + c$
- $7m + 5p + 2 - 2m + 3p + 4$

A expressão algébrica indicada no item **c** pode ser **simplificada** usando a propriedade distributiva da multiplicação. Observe.

$$7m + 5p + 2 - 2m + 3p + 4 =$$
$$= 7m - 2m + 5p + 3p + 2 + 4 =$$
$$= m(7 - 2) + p(5 + 3) + 6 =$$
$$= 5m + 8p + 6$$

Assim, dizemos que a expressão $7m + 5p + 2 - 2m + 3p + 4$ e a expressão $5m + 8p + 6$ são expressões algébricas **equivalentes**.

ATIVIDADES

1. Considere a situação apresentada anteriormente e calcule o valor da taxa de entrega em um deslocamento de:
- **a)** 10 km.
- **b)** 6 km.
- **c)** 4 km.

2. Em cada item a seguir, escolha uma letra para indicar a variável e escreva uma expressão algébrica para representar:
- **a)** o triplo de um número.
- **b)** a quarta parte de um número menos 5.
- **c)** a metade de um número.
- **d)** o quadrado de um número.
- **e)** 10 menos o dobro de um número.
- Agora, para cada item, calcule o valor numérico da expressão substituindo a variável por 10.

3. Copie e complete as simplificações da expressão algébrica, substituindo adequadamente cada ▨.

$5p - 3 + 7a - 8 - 4p - a =$
$= 5p - ▨ - 3 - 8 + ▨ - a =$
$= p(5 - ▨) - 11 + a(▨ - 1) =$
$= ▨ - 11 + 6a$

4. Relacione cada polígono representado a seguir com a expressão algébrica correspondente ao seu perímetro. Para isso, associe a letra e o símbolo romano correspondente.

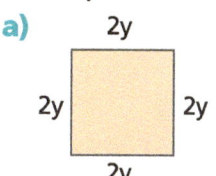

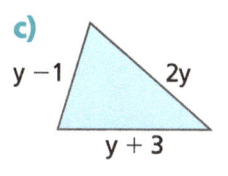

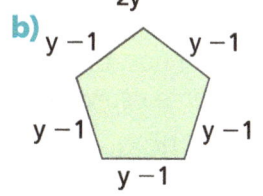

a) quadrado de lado $2y$

b) pentágono com lados $y-1$

c) triângulo com lados $y-1$, $2y$, $y+3$

| I. $4y + 2$ | II. $8y$ | III. $5y - 5$ |

5. Em cada item, escreva expressões algébricas equivalentes à apresentada.
- **a)** $4y - 6y$
- **b)** $x - 5 + 3x + 2$

6. Qual das expressões algébricas a seguir não é equivalente a $6m + 3n - 2 + n + 1$?
- **a)** $6mn - 1$
- **b)** $6m + 4n - 1$
- **c)** $2(3m + 2n + 1) - 3$

141

7. Observe como Clarissa simplificou a expressão $\dfrac{6x - 12y}{3}$.

$$\dfrac{6x - 12y}{3} = \dfrac{6x}{3} - \dfrac{12y}{3} = \dfrac{6}{3}x - \dfrac{12}{3}y = 2x - 4y$$

Agora, simplifique as expressões a seguir.

a) $\dfrac{4x + 10y}{2}$

b) $\dfrac{20 - 5x}{5} - 2$

8. Uma professora usou uma planilha eletrônica para calcular a nota final do bimestre de cada aluno. Para a aluna Daiane, inseriu as notas das avaliações nas células **B2**, **C2** e **D2** e, na célula **E2**, uma expressão indicando cálculos. Observe.

	A	B	C	D	E
1	Aluno	Nota da Avaliação 1	Nota da Avaliação 2	Nota da Avaliação 3	Nota final
2	Daiane	8	9,5	6,5	=(B2+C2+D2)/3

a) Explique o cálculo indicado na expressão da célula **E2**.

b) Qual é o valor que aparecerá na célula **E2** ao realizar os cálculos?

c) Com uma calculadora, obtenha a nota final bimestral de cada aluno indicado a seguir.

Aluno	Nota da Avaliação 1	Nota da Avaliação 2	Nota da Avaliação 3
Jean	6,5	7	4,5
Suzana	9	8,5	8,6

9. Leia a tirinha.

VALADÃO, T. **Otto e Heitor**. Disponível em: <http://ottoeheitor.com/t68.html>. Acesso em: 26 abr. 2019.

a) Nos primeiros quadrinhos, onde você imaginou que Otto e Heitor estavam? Onde os personagens realmente estavam? Qual quadrinho da tirinha revela essa informação?

• Heitor sugere a Otto que esquente a "chuva" um pouquinho. Como é possível fazer isso nessa situação?

b) O registro do chuveiro foi ajustado de maneira que a cada minuto caíssem 15 L de água. Qual das expressões algébricas a seguir indica a quantidade de litros de água desperdiçada pelos personagens em **m** minutos?

I. 60m   II. 15 − m   III. 15m   IV. m + 15

c) Calcule quantos litros de água seriam desperdiçados deixando o chuveiro aberto por:

• 10 minutos.

• 30 minutos.

• 1 hora.

10. Podemos estimar a altura que uma criança terá quando atingir a fase adulta com base na altura de seus pais.

$$A_{meninas} = \frac{P + M - 13}{2} \quad A_{meninos} = \frac{P + M + 13}{2}$$

P: altura do pai em centímetros.
M: altura da mãe em centímetros.
A: altura estimada da criança quando atingir a fase adulta.

! As igualdades que usamos para calcular a altura de uma criança com base na altura de seus pais também são chamadas de fórmulas.

Fonte dos dados: MACHADO, R. **Crescimento**. Disponível em: <www.sbp.com.br/fileadmin/user_upload/2016/09/CrescimentoVe8.pdf>. Acesso em: 26 abr. 2019.

a) Laís e Ricardo são irmãos. O pai deles tem 177 cm de altura e a mãe, 168 cm. Estime a altura que esses irmãos terão quando atingirem a fase adulta.

b) Pesquise com um menino e uma menina de seu convívio a altura do pai e da mãe de cada um deles. Depois, use as fórmulas para estimar a altura deles quando atingirem a fase adulta. Registre essas informações.

11. É possível estimar o número do calçado de uma pessoa conhecendo o comprimento do pé. Observe um exemplo.

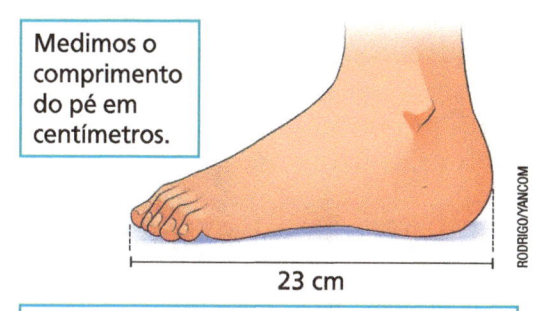

Medimos o comprimento do pé em centímetros.

23 cm

Usamos a fórmula $S = \frac{5p + 28}{4}$, na qual **S** representa o número do calçado e **p**, o comprimento do pé, em centímetros.

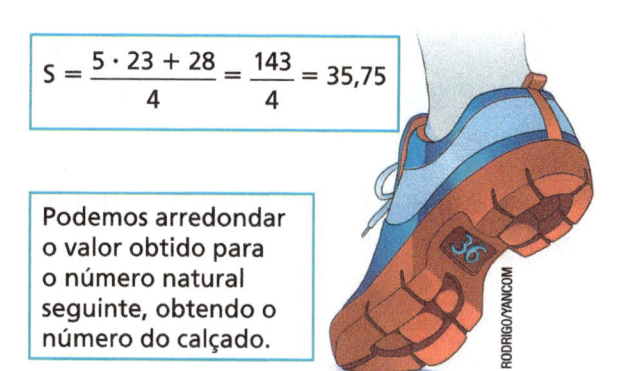

$$S = \frac{5 \cdot 23 + 28}{4} = \frac{143}{4} = 35{,}75$$

Podemos arredondar o valor obtido para o número natural seguinte, obtendo o número do calçado.

a) Com a fórmula apresentada, calcule o número do calçado de uma pessoa cujo pé mede:
- 28 cm.
- 19 cm.
- 21 cm.
- 25 cm.

b) Com uma régua, meça o comprimento do seu pé. Em seguida, use a fórmula para calcular o número do seu calçado e confira com o que está usando.

12. Fábio consultou no celular de sua mãe a temperatura do município onde mora.

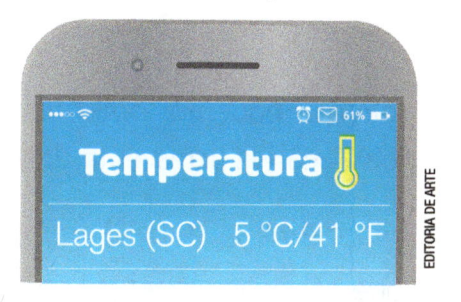

Temperatura
Lages (SC) 5 °C / 41 °F

Note que a temperatura está indicada em duas diferentes unidades: grau Celsius (°C) e grau Fahrenheit (°F).

Podemos converter uma medida de temperatura da escala Fahrenheit para a escala Celsius usando a fórmula $C = \frac{5(F - 32)}{9}$.

C: temperatura em grau Celsius (°C).
F: temperatura em grau Fahrenheit (°F).

Com base nessas informações, calcule em cada item a temperatura em grau Celsius.

a) 59 °F
b) 106 °F
c) 81 °F
d) 68 °F

2. SEQUÊNCIAS

Amanda está usando palitos para formar uma sequência de construções que lembram figuras. Observe.

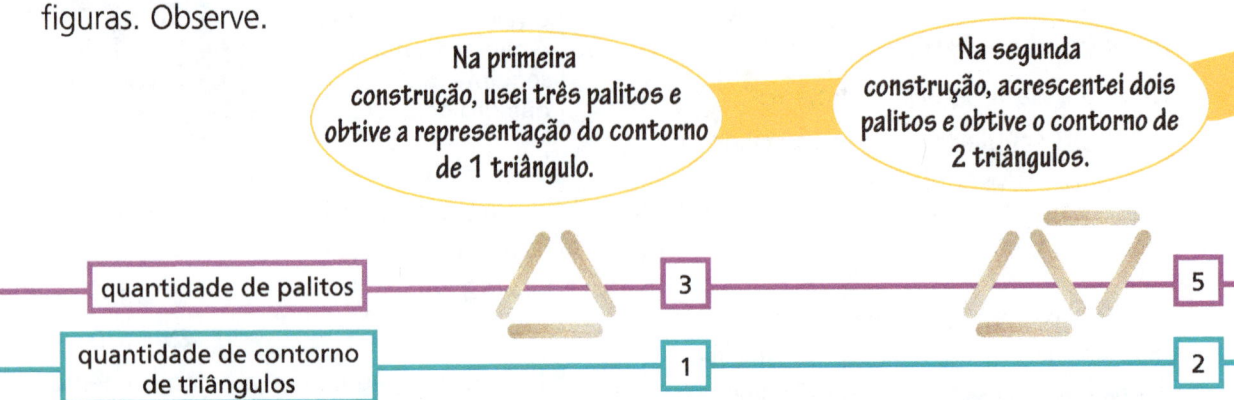

Na primeira construção, usei três palitos e obtive a representação do contorno de 1 triângulo.

Na segunda construção, acrescentei dois palitos e obtive o contorno de 2 triângulos.

| quantidade de palitos | 3 | 5 |
| quantidade de contorno de triângulos | 1 | 2 |

A quantidade de palitos necessária para compor cada construção pode ser expressa por uma **sequência numérica**. Nessa sequência numérica, podemos indicar o primeiro termo por a_1, o segundo por a_2, o terceiro por a_3, e assim por diante.

$$(3, 5, 7, 9, \ldots)$$
$$a_1, a_2, a_3, a_4$$

Note que podemos obter um termo dessa sequência adicionando 2 ao termo anterior, pois Amanda acrescenta dois palitos à construção anterior para obter a próxima.

- $a_1 = 3$
- $a_2 = a_1 + 2$
- $a_3 = a_2 + 2$
- $a_4 = a_3 + 2$

Podemos generalizar essa situação para um termo de posição qualquer. Chamando de **n** essa posição qualquer, na sequência podemos obter o valor do termo a_n adicionando 2 ao termo anterior a_{n-1}. Observe.

$$a_n = a_{n-1} + 2$$

Por exemplo, para obter o termo a_5, ou seja, aquele que aparece na quinta posição dessa sequência, fazemos n = 5 e calculamos o valor de a_5.

$$a_5 = a_{5-1} + 2 = a_4 + 2 = 9 + 2 = 11$$

Vimos que a sequência numérica (3, 5, 7, 9, ...) pode ser definida pela expressão $a_n = a_{n-1} + 2$ com $a_1 = 3$, de maneira que é possível obter um termo qualquer dela a partir do termo anterior. Assim, dizemos que essa sequência está definida de maneira **recursiva**.

> Desenhe a figura correspondente ao termo a_5 da sequência. Quantos triângulos são representados nessa figura? Quantos palitos são utilizados?

144

Na terceira construção, acrescentei mais dois palitos e obtive o contorno de 3 triângulos.

Na quarta construção, acrescentei mais dois palitos e obtive o contorno de 4 triângulos.

Continuei a sequência dessa maneira.

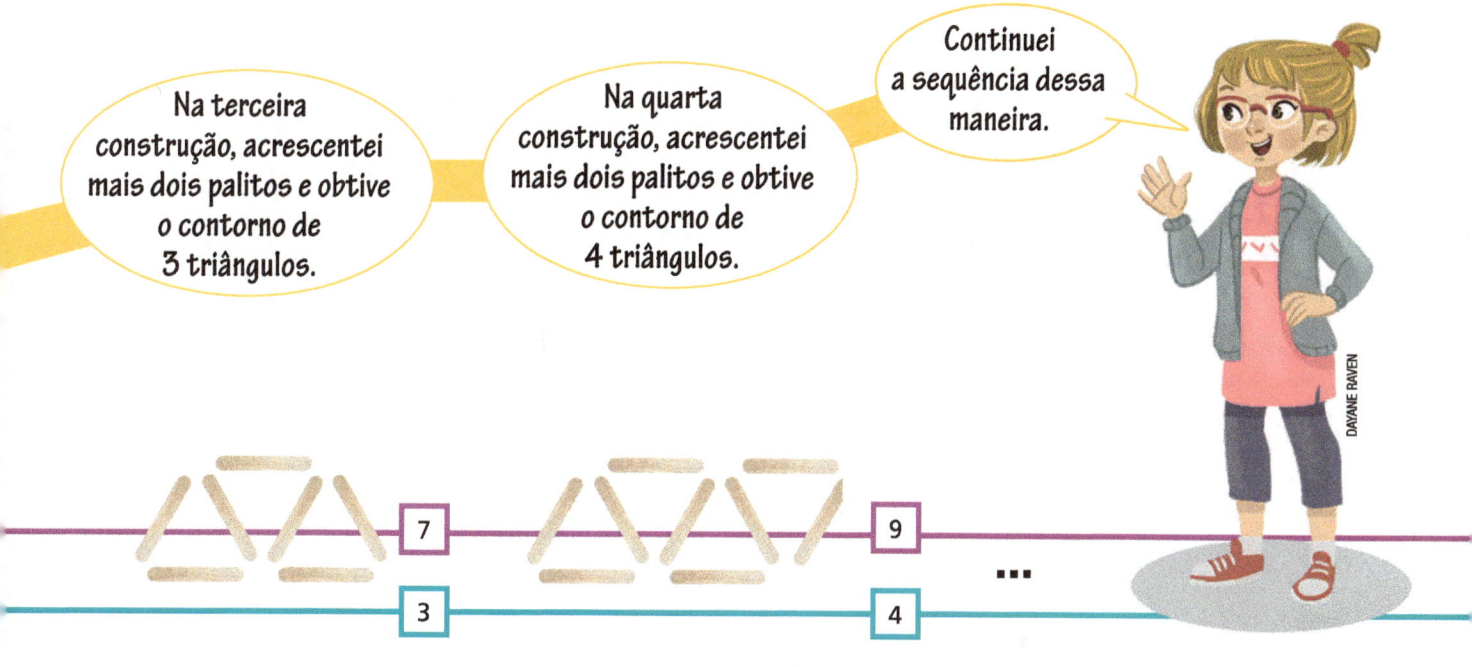

7   9
3   4
...

Agora, observe os cálculos que podemos desenvolver com base nessa sequência.

$a_1 = 3$

$a_2 = a_1 + 2 = 3 + 2 \rightarrow a_2 = 3 + 1 \cdot 2$

$a_3 = a_2 + 2 = 3 + 2 + 2 \rightarrow a_3 = 3 + 2 \cdot 2$

$a_4 = a_3 + 2 = 3 + 2 \cdot 2 + 2 \rightarrow a_4 = 3 + 3 \cdot 2$

⋮

> Em cada igualdade demonstrada, que relação podemos estabelecer entre os números em destaque?

Observando a relação entre os números em destaque em cada igualdade, podemos obter um termo que ocupa uma posição **n** qualquer nessa sequência da seguinte maneira:

$$a_n = 3 + (n - 1) \cdot 2$$

Desenvolvendo essa expressão, temos:

$$a_n = 3 + (n - 1) \cdot 2$$
$$a_n = 3 + 2n - 2$$
$$a_n = 2n + 1$$

Por meio da expressão $a_n = 2n + 1$ podemos obter, por exemplo, o termo a_6 sem conhecer o valor de a_5. Observe.

$$a_6 = 2 \cdot 6 + 1 = 12 + 1 = 13$$

Podemos usar a expressão $a_n = 2n + 1$ para obter um termo qualquer da sequência numérica (3, 5, 7, 9, ...) sem necessariamente conhecermos o termo anterior. Assim, dizemos que essa expressão define a sequência de maneira **não recursiva**.

ATIVIDADES

1. Observe a sequência de figuras.

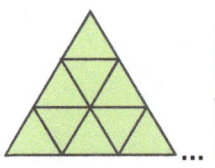

Qual figura a seguir é a próxima dessa sequência? Justifique.

a)   b)

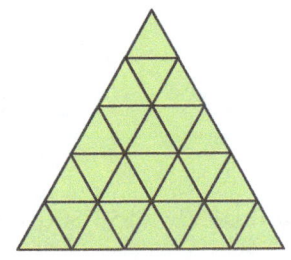

2. Qual das sequências apresentadas a seguir pode ser obtida a partir da expressão $a_n = 3n - 5$?

   a) (2, 3, 4, 5, ...)
   b) (8, 11, 14, ...)
   c) (−2, 1, 4, 7, ...)

3. A professora de Cássio definiu algumas sequências para que os alunos determinassem os quatro primeiros termos de cada uma delas. Observe.

   I. $a_1 = 1$ e $a_n = a_{n-1} + 3$
   II. $a_n = 3n - 2$
   III. $a_1 = -3$ e $a_n = a_{n-1} + 3$
   IV. $a_n = 8 - 2n$

   a) Veja as respostas dadas por Cássio e identifique quais estão corretas.

   > I. (1, 3, 6, 9, ...)   III. (−3, 0, 3, 6, ...)
   > II. (1, 4, 7, 10, ...)   IV. (6, 12, 14, 16, ...)

   - Agora, corrija os termos das sequências que Cássio errou.

   b) Quais itens determinam a mesma sequência numérica?

4. Escreva os cinco primeiros termos da sequência definida em cada item.

   a) $a_1 = 5$ e $a_n = a_{n-1} + 3$
   b) $a_n = 7n + 3$
   c) $a_n = 2n - 2$
   d) $a_1 = 5$ e $a_n = 4 - a_{n-1}$

   - Quais dessas sequências estão definidas de maneira recursiva?

146

5. Na Unidade 3, estudamos o formato dos alvéolos nas colmeias das abelhas. Outro fato interessante nessas colmeias consiste na disposição desses alvéolos. Observe.

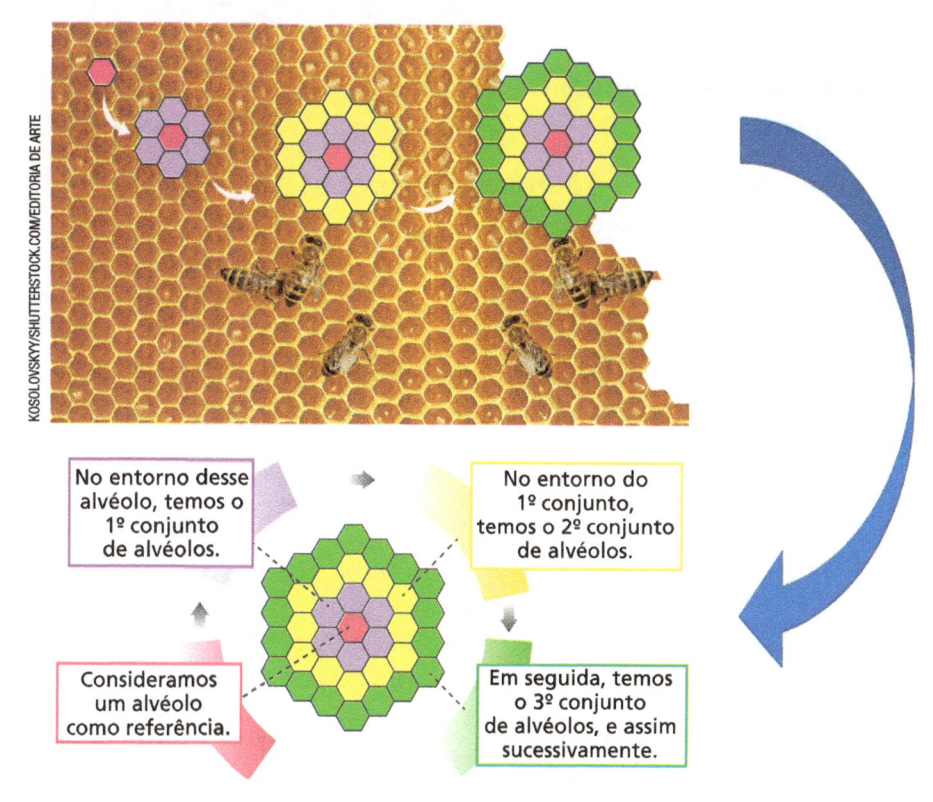

No entorno desse alvéolo, temos o 1º conjunto de alvéolos.

No entorno do 1º conjunto, temos o 2º conjunto de alvéolos.

Consideramos um alvéolo como referência.

Em seguida, temos o 3º conjunto de alvéolos, e assim sucessivamente.

a) Determine a quantidade de alvéolos que formam cada um dos três primeiros conjuntos indicados no esquema.

b) Desenhe a figura que representa o 4º conjunto de alvéolos. Quantos alvéolos tem esse conjunto?

c) Qual das sequências definidas a seguir tem os termos correspondentes à quantidade de alvéolos de cada conjunto apresentado?

I. $a_1 = 6$ e $a_n = a_{n-1} + 6$

II. $a_1 = 6$ e $a_n = 2a_{n-1}$

III. $a_1 = 1$ e $a_n = a_{n-1} + 5$

6. Para representar a primeira figura de uma sequência, Vítor desenhou quatro círculos. A partir daí, para obter a próxima figura, desenhou dois círculos a mais que na figura anterior. Observe as primeiras figuras dessa sequência.

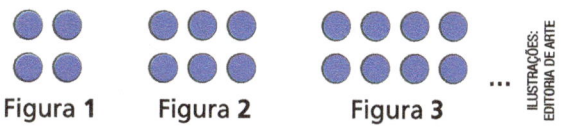

Figura 1   Figura 2   Figura 3   ...

a) Quantos círculos devem ser desenhados na próxima figura dessa sequência?

b) Quais expressões a seguir são equivalentes e definem a sequência formada pela quantidade de círculos desenhados por Vítor em cada figura, a partir da Figura **1**?

I. $a_n = 2(n + 1)$

II. $a_n = n + 2$

III. $a_n = 2n$

IV. $a_n = 2n + 2$

- As expressões que você indicou definem a sequência de maneira recursiva? Justifique.

147

7. Junte-se a um colega e observem a sequência apresentada a seguir.

(0, 5, 10, 15, 20, 25, ...)

Definam essa sequência de maneira:
a) recursiva.
b) não recursiva.

8. Escreva os próximos três termos da sequência (1, 3, ...).
a) Indique uma expressão que possa definir a sequência que você escreveu.
b) Compare a sequência que você escreveu com as de dois colegas. Elas são iguais? E as expressões, são iguais?

9. A professora do 7º ano propôs aos alunos que escrevessem os cinco primeiros termos de uma sequência obtida por $a_n = a_{n-1} - 4$. Observe a resposta de dois alunos.

Ulisses: (14, 10, 6, 2, −2, ...)

Teresa: (5, 1, −3, −7, −11, ...)

a) Qual desses alunos escreveu a sequência corretamente?
b) É possível escrever outra sequência obtida por essa expressão? Explique.

10. Escreva o primeiro termo e a expressão que definem uma sequência de maneira recursiva. Depois, entregue-os a um colega e peça a ele que escreva os cinco primeiros termos dessa sequência. Por fim, confiram as respostas.

11. Alguns artistas e poetas utilizam a ideia de sequência recursiva em suas obras, como Ronaldo Azeredo (1937-2006). Observe um exemplo.

```
VVVVVVVVVV
VVVVVVVVVE
VVVVVVVVEL
VVVVVVVELO
VVVVVVELOC
VVVVVELOCI
VVVVELOCID
VVVELOCIDA
VVELOCIDAD
VELOCIDADE
```

AZEREDO, R. Velocidade. In: LEITE, M. S. **Ronaldo Azeredo**: o mínimo múltiplo (in)comum da poesia concreta. Vitória: EDUFES, 2013. p. 75.

a) Considerando VELOCIDADE como sendo a 1ª palavra da sequência, que segue a ordem de baixo para cima, explique como pode ser obtida a palavra seguinte com base na anterior.
b) Com a ideia de sequência recursiva, componha uma obra inspirada na apresentada.

3. EQUAÇÕES

Leia o problema a seguir.

> Sandra comprou dois cadernos iguais na papelaria próxima à sua casa. Pagou com uma cédula de R$ 50,00 e recebeu R$ 24,00 de troco. Quanto custou cada caderno?

Podemos resolver esse problema de diferentes maneiras. Uma delas é utilizando **equação**. Para isso, representamos o preço de cada caderno, que é um valor desconhecido, por uma letra, e escrevemos uma igualdade. Observe.

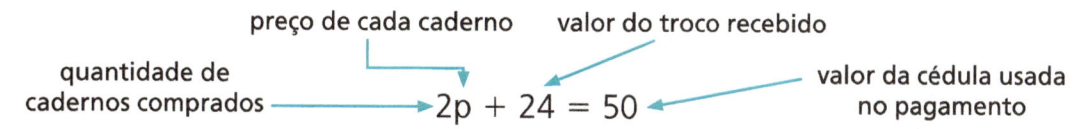

quantidade de cadernos comprados → 2p + 24 = 50 ← valor da cédula usada no pagamento
preço de cada caderno ↗   ↖ valor do troco recebido

Observe como podemos resolver essa equação e obter o preço de cada caderno.

Desenhamos um esquema com base na ideia de operação inversa da adição e subtração e de operação inversa da multiplicação e divisão.

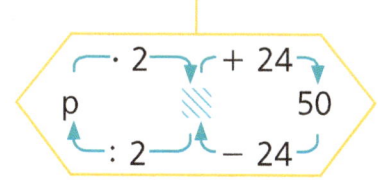

p · 2 +24 50
   : 2 −24

Calculamos **50 − 24 = 26** e **26 : 2 = 13**, completamos o esquema e obtemos o valor de **p**.

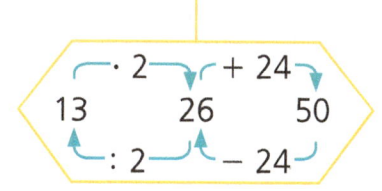

13 · 2 26 +24 50
    : 2   −24

Assim, temos que Sandra pagou R$ 13,00 em cada caderno.

> **Equação** é toda sentença matemática expressa por uma igualdade em que letras representam números desconhecidos. Essas letras são chamadas **incógnitas**.
> Resolver uma equação consiste em obter suas **raízes** ou **soluções**, ou seja, determinar o número correspondente a cada incógnita que torna a sentença verdadeira.

Em relação à equação do exemplo, temos:

Equação
2p + 24 = 50
↑   ↑
1º membro   2º membro
da equação da equação

Raiz
13

Verificação
2 · 13 + 24 = 50
26 + 24 = 50
50 = 50 ← sentença verdadeira

Observe outros exemplos de equação.

a) $3x - 12 = 0$

b) $y^2 = 25$

c) $\dfrac{4}{5}a + 2b = 14$

149

Equação do 1º grau com uma incógnita

Observe a situação a seguir.

Para realizar uma atividade na aula de Arte, o professor vai distribuir barbantes de um rolo de 100 m entre os grupos de alunos. Desse rolo, ele cortou 8 pedaços idênticos e sobraram 20 m de barbante. Quantos metros tem cada pedaço de barbante cortado?

Para resolver esse problema, podemos representar o comprimento de cada pedaço de barbante por **x** e escrever a seguinte equação:

quantidade de pedaços de barbante → $8x + 20 = 100$
- comprimento de cada pedaço de barbante
- comprimento do barbante que sobrou no rolo
- comprimento inicial do rolo de barbante

Note que a equação $8x + 20 = 100$ tem apenas uma incógnita (**x**) e com expoente 1. Esse é um exemplo de **equação do 1º grau com uma incógnita**.

Observe outros exemplos desse tipo de equação.

- $-3x = 24$
- $4a + 2 = 3a - 5$
- $\dfrac{p}{2} - 3 = 7$

Este livro apresenta informações sobre equações do 1º grau com uma incógnita por meio das aventuras vivenciadas pelos personagens.

- NETO, E. T. **O contador de histórias e outras histórias da matemática**: o aprendiz. São Paulo: FTD, 1997.

Observe exemplos de equações que não são do 1º grau com uma incógnita:
- $2a + 3b = 13$ (Possui duas incógnitas: **a** e **b**.)
- $x^2 = 9$ (Possui apenas a incógnita **x**, mas com expoente 2.)

Agora, observe como Bruna resolveu mentalmente a equação 8x + 20 = 100.

Copie o esquema a seguir, que representa a equação 8x + 20 = 100. Complete o esquema para resolver essa equação.

$$x \xrightarrow{\cdot 8} \xrightarrow{+ 20} 100$$
$$x \xleftarrow{: 8} \xleftarrow{- 20} 100$$

Primeiro, pensei qual número adicionado a 20 resulta em 100. Esse número é 80.
Depois, descobri o número cujo produto por 8 é igual a 80. Esse número é 10.

Assim, a raiz da equação é 10, ou seja, cada pedaço de barbante cortado tem 10 m.

ATIVIDADES

1. Associe cada frase a uma equação. Para isso, escreva a letra e o símbolo romano correspondentes.
    a) O dobro de um número, mais 3, é igual a 11. Que número é esse?
    b) O quadrado de um número, menos 5, é igual a 20. Que número é esse?
    c) A terça parte de um número é igual a 20. Que número é esse?
    d) O dobro de um número, adicionado ao triplo de outro número, é igual a 11. Que números são esses?

    I. $2a + 3b = 11$ II. $\dfrac{m}{3} = 20$ III. $x^2 - 5 = 20$ IV. $2n + 3 = 11$

2. Para cada equação, indique quais fichas apresentam a raiz.
    a) $4x + 6 = 14$
        I. 8   II. 2   III. 14
    b) $\dfrac{x}{5} - 3 = 0$
        I. 25   II. 5   III. 15

151

3. Fabrício resolveu corretamente uma equação e obteve 3 como raiz. Quais das equações a seguir podem ter sido resolvidas por Fabrício?

a) $2x - 5 = 3$

b) $\dfrac{x + 5}{2} = 4$

c) $6x - 10 = 8$

d) $x + 3 = 0$

4. Quais das equações a seguir correspondem a equações do 1º grau com uma incógnita?

a) $6x = 2$

b) $3x + 2 = 2y$

c) $\dfrac{x}{2} + 1 = 2x$

d) $x^2 - 1 = 0$

5. Você já ouviu falar do papiro Rhind? Esse papiro egípcio data de cerca de 1650 a.C. e foi copiado de um documento ainda mais antigo pelo escriba Ahmes. Nesse papiro, há problemas matemáticos que abordam diferentes conteúdos, tanto de geometria como de álgebra.

Alguns desses problemas podem ser resolvidos por meio de equação. Leia o texto a seguir, que é uma adaptação de um dos problemas propostos nesse papiro.

> Qual o valor de *aha*, sabendo que um *aha* mais um sétimo de *aha* é igual a 19?

▸ Atualmente o papiro Rhind está exposto no Museu Britânico, em Londres, na Inglaterra. Fotografia de 2013.

Fonte dos dados: BOYER, C. B. **História da Matemática**. Introdução de Elza F. Gomide. São Paulo: Edgard Blücher, 1974. p. 9-12.

Escreva uma equação do 1º grau para representar esse problema, indicando a incógnita *aha* por uma letra.

6. Observe, ao lado, o esquema a seguir construído por Nicolas para obter a raiz da equação $2x + 5 = 17$.

- Qual é a raiz dessa equação?

Agora, obtenha a raiz de cada equação a seguir.

a) $7x = 84$

b) $6x + 17 = 101$

c) $3x - 5 = 40$

d) $\dfrac{x}{2} + 7 = 29$

7. Dois amigos estão brincando com caixas de mesma massa. Um deles colocou alguns pesos e caixas na balança, e o outro deve calcular a massa da caixa. Observe.

a) Qual das equações a seguir representa esse problema, considerando **x** a massa de cada caixa em gramas?

I. $4x + 100 = 500$ II. $3x + 100 = x + 500$ III. $3x = 400$

b) Qual dos números a seguir é solução da equação que você indicou no item **a**?

100   50   200
    300   500
150   250   400

c) Qual é a massa de cada caixa?

8. Em alguns casos, antes de resolver uma equação, podemos simplificar cada membro. Observe um exemplo ao lado.

$$5x - 7 - 3(x - 4) = 2(x + 1) - 4x$$
$$5x - 7 - 3x + 12 = 2x + 2 - 4x$$
$$2x + 5 = 2 - 2x$$

Agora, simplifique as equações a seguir.

a) $10 + 3(x + 1) = 1$

b) $12x - 7 - 3x = 5x + 2(x + 1)$

c) $\dfrac{x - 3}{2} + 2x - 1 = 15$

d) $5\left(x - \dfrac{1}{2}\right) + \dfrac{2}{3}x = \dfrac{x - 1}{2} + x$

9. Podemos resolver uma equação por meio de tentativas, ou seja, atribuir valor à incógnita, substituir na equação e verificar se a igualdade obtida é verdadeira. Caso seja verdadeira, o valor atribuído é uma raiz da equação; caso não seja, ajustamos o valor e repetimos o procedimento.

Determine a raiz de cada equação a seguir realizando tentativas.

a) $2x - 5 = 7$

b) $\dfrac{y}{2} + 5 = 20$

c) $5(n - 1) = 75$

d) $m - 3 = 17 - 3m$

10. Em uma loja, certo celular custa R$ 605,00 na compra a prazo, com pagamento de R$ 125,00 de entrada e o restante em 6 parcelas iguais e sem acréscimos.

a) Escreva uma equação para representar essa situação, em que **p** representa o valor de cada parcela na compra desse celular.

b) Resolva a equação que você escreveu no item **a** e indique o valor de cada parcela.

c) Sabendo que o preço à vista desse celular é de R$ 530,00, quanto se paga a mais ao comprá-lo a prazo?

11. Maíra é engenheira e precisa determinar as medidas dos lados de um terreno retangular. Ela sabe que o comprimento do terreno tem 15 m a mais do que a largura e que o perímetro é de 70 m.

a) Faça um desenho para representar o terreno descrito no enunciado, indicando as informações sobre as medidas dos lados.

b) Qual das equações a seguir pode ser usada para resolver esse problema, sendo **x** a medida da largura do terreno?

I. $x - 15 = 70$ II. $4x + 30 = 70$ III. $x + 15 = 70$

c) Resolva a equação que você indicou no item **b** utilizando a estratégia de sua preferência.

d) Qual é a medida do comprimento e da largura desse terreno?

Resolução de equações do 1º grau com uma incógnita

A balança de dois pratos funciona com base no equilíbrio, ou seja, quando os pratos estão em um mesmo nível, a massa em cada um deles é a mesma.

É possível, com base no funcionamento desse tipo de balança, compreendermos uma ideia fundamental no estudo de equações. Para isso, considere a seguinte situação.

A balança está em equilíbrio, as caixas têm massas iguais e cada peso tem 500 g. Quantos gramas tem cada caixa dessas?

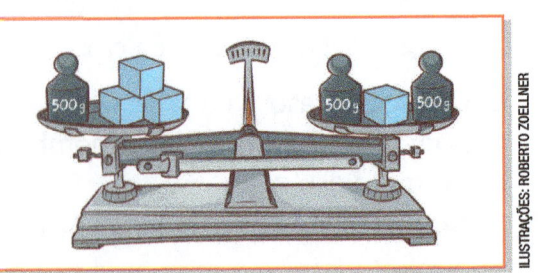

Para resolver esse problema, podemos escrever a equação ao lado, em que **x** representa a massa de cada caixa, em gramas.

$$3x + 500 = x + 1\,000$$

Agora, observe as etapas de resolução dessa equação e o ajuste correspondente na balança.

1ª Retiramos de cada prato um peso de 500 g, mantendo o equilíbrio.

Subtraímos 500 de cada membro da equação, mantendo a igualdade.

$3x + 500 = x + 1\,000$
$3x + 500 - 500 = x + 1\,000 - 500$
$3x = x + 500$

2ª Retiramos uma caixa de cada prato, mantendo o equilíbrio.

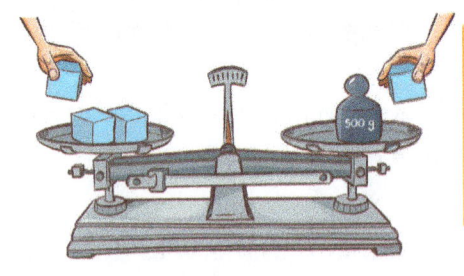

Subtraímos x de cada membro da equação, mantendo a igualdade.

$3x = x + 500$
$3x - x = x - x + 500$
$2x = 500$

3ª Como no prato da esquerda restaram apenas duas caixas de massas iguais, temos que a massa de cada uma delas corresponde à metade da massa do outro prato.

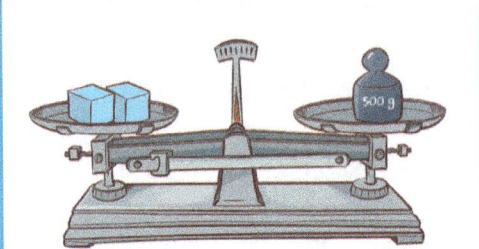

Por fim, dividimos cada membro da equação por 2, mantendo a igualdade.

$2x = 500$
$\dfrac{2x}{2} = \dfrac{500}{2}$
$x = 250$

Assim, 250 é raiz da equação $3x + 500 = x + 1\,000$, ou seja, cada caixa tem 250 g.

A resolução apresentada faz uso das **propriedades da igualdade**.

- **Propriedade aditiva da igualdade**: ao adicionarmos ou subtrairmos um mesmo número em ambos os membros da equação, a igualdade não se altera.
- **Propriedade multiplicativa da igualdade**: ao multiplicarmos ou dividirmos por um mesmo número, diferente de zero, ambos os membros da equação, a igualdade não se altera.

Agora, observe outros exemplos de equações resolvidas com base nessas propriedades.

- $5x - 13 = 2x + 5$

  $5x \underbrace{- 13 + \mathbf{13}}_{0} = 2x \underbrace{+ 5 + \mathbf{13}}_{18}$ — Adicionamos 13 em cada membro da equação.

  $\underbrace{5x - \mathbf{2x}}_{3x} = \underbrace{2x - \mathbf{2x}}_{0} + 18$ — Subtraímos 2x de cada membro da equação.

  $\dfrac{3x}{3} = \dfrac{18}{3}$ — Dividimos cada membro da equação por 3.

  $x = 6$ — Temos que 6 é raiz da equação.

- $\dfrac{x}{2} + 7 = -5$

  $\dfrac{x}{2} + \underbrace{7 - \mathbf{7}}_{0} = \underbrace{-5 - \mathbf{7}}_{-12}$ — Subtraímos 7 de cada membro da equação.

  $\mathbf{2} \cdot \dfrac{x}{2} = \mathbf{2} \cdot (-12)$ — Multiplicamos por 2 cada membro da equação.

  $x = -24$ — Temos que −24 é raiz da equação.

> Nas equações apresentadas anteriormente, substitua a raiz obtida nas equações e verifique se estão corretas.

ATIVIDADES

1. Copie as resoluções das equações substituindo cada ▓ adequadamente.

a) $9x - 2 = 8x - 4$
   $9x - 2 + ▓ = 8x - 4 + ▓$
   $9x - ▓ = 8x - 2 - ▓$
   $x = ▓$

b) $7 - 2x = -5x - 11$
   $7 - 2x + ▓ = ▓ - 5x - 11$
   $▓ + 7 + 3x = ▓ - 11$
   $\dfrac{3x}{▓} = \dfrac{-18}{▓}$
   $x = ▓$

c) $\dfrac{2x}{3} - 6 = \dfrac{x}{3} - 4$
   $\dfrac{2x}{3} - 6 + ▓ = \dfrac{x}{3} - 4 + ▓$
   $▓ + \dfrac{2x}{3} = ▓ + \dfrac{x}{3} + 2$
   $▓ \cdot \dfrac{x}{3} = 2 \cdot ▓$
   $x = ▓$

2. A seguir estão indicadas, fora de ordem, as etapas de resolução de uma equação com apoio de uma balança de dois pratos, caixas de massas iguais e alguns pesos. A massa da caixa corresponde à incógnita.

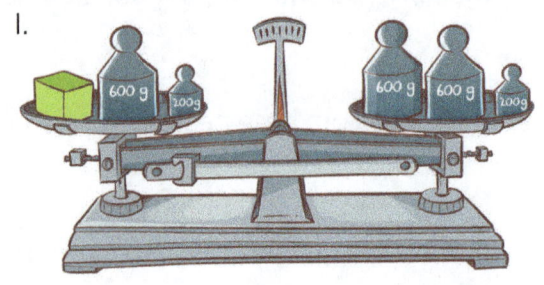

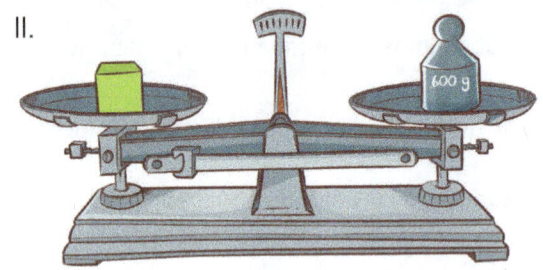

I.

II.

III.

a) Escreva a ordem das figuras para indicar a sequência em que a equação é resolvida.

b) Escreva a equação resolvida com essa sequência de figuras. Use **x** para indicar a incógnita.

c) Qual é a raiz dessa equação? Qual é a massa de cada caixa?

3. Na aula de Matemática, Rafael tentou resolver uma equação, mas cometeu um erro na resolução. Observe.

$$5x - 4 = 3x + 12$$
$$5x - 4 + 4 = 3x + 12 + 4$$
$$5x + 3x = 3x - 3x + 16$$
$$8x = 16$$
$$\frac{8x}{8} = \frac{16}{8}$$
$$x = 2$$

a) Como é possível verificar que o resultado obtido por Rafael não é raiz da equação?

b) Identifique e descreva o erro cometido por Rafael.

c) Resolva essa equação de maneira correta.

4. Resolva as equações.

a) $3 + 7x = -39$

b) $5x - 3 = 9 - x$

c) $4(x - 3) = x - 8$

d) $\dfrac{x}{8} + 2 = 3$

e) $\dfrac{5x}{2} + 3 = \dfrac{3x}{2} + 5$

f) $4x - \dfrac{3}{5} = \dfrac{x}{2} + 5$

5. Observe o que Nair está dizendo.

> Eu adicionei três números naturais consecutivos e obtive 33 como resposta.

a) Escreva uma equação que represente a fala de Nair.

b) Resolva a equação que você escreveu no item anterior e determine quais números Nair adicionou.

6. A temperatura ambiente do forno de uma padaria é de cerca de 20 °C. Ao ser ligado, a temperatura desse forno aumentou 10 °C por minuto até atingir 180 °C. Quantos minutos foram necessários para o forno atingir essa temperatura?

7. Raquel e Tadeu estão brincando de adivinhar números.

Pense em um número. Multiplique por 10. Adicione 5. Qual é o resultado?

O resultado é 25.

Você pensou no número 2.

Como você adivinhou?

Nessa brincadeira, Raquel utilizou ideias de equação para obter o número pensado por Tadeu. Observe.

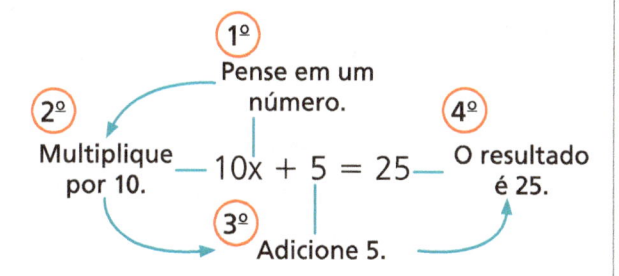

1º Pense em um número.
2º Multiplique por 10.
3º Adicione 5.
4º O resultado é 25.

$10x + 5 = 25$

a) Faça os cálculos e verifique se 2 é raiz da equação $10x + 5 = 25$.

b) Agora, observe as crianças brincando novamente.

Pense em um número. Multiplique por 3. Subtraia 10. Qual é o resultado?

O resultado é 11.

- Escreva uma equação para obter o número pensado por Raquel.
- Que número é esse?

c) Junte-se a um colega e façam uma brincadeira parecida com essa. Primeiro, um de vocês pensa em um número para o outro descobrir, fazendo cálculos mentais. Depois, as funções se invertem.

8. Além das escalas de temperatura Celsius e Fahrenheit, estudadas anteriormente, temos a escala Kelvin (K), muito utilizada no meio científico. Podemos converter uma temperatura em Kelvin para grau Celsius utilizando a fórmula a seguir.

$$C = K - 273$$

C: temperatura em grau Celsius.
K: temperatura em Kelvin.

a) A quantos graus Celsius correspondem 300 K?

b) Em um experimento feito em laboratório, uma cientista aqueceu certo líquido até atingir 120 °C. Indique essa temperatura em Kelvin.

9. As figuras representadas a seguir têm perímetros iguais. Qual é o valor de **x**, em metros?

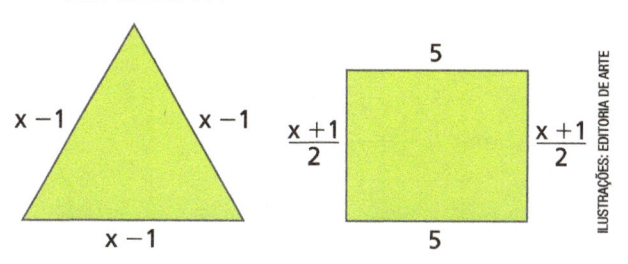

Triângulo: lados $x - 1$, $x - 1$, $x - 1$.
Quadrado: lados 5, $\dfrac{x+1}{2}$, 5, $\dfrac{x+1}{2}$.

10. Elabore e escreva um problema envolvendo a resolução de uma equação do 1º grau com uma incógnita. Em seguida, junte-se a um colega e troquem os problemas para que um resolva o do outro. Juntos, verifiquem se as respostas estão corretas.

157

INTEGRANDO COM HISTÓRIA

COLABORAÇÃO COMUNICAÇÃO

Leonardo de Pisa e sua famosa sequência

Leia com atenção o problema a seguir.

> Quantos pares de coelhos serão produzidos num ano, começando com um só par, se em cada mês cada par gera um novo par que se torna produtivo a partir do segundo mês?
>
> BOYER, C. B. **História da Matemática**. Introdução de Elza F. Gomide. São Paulo: Edgard Blücher, 1974. p. 186.

Esse problema foi proposto há mais de 800 anos pelo matemático italiano Leonardo Fibonacci (cerca de 1180-1250), também conhecido como Leonardo de Pisa. Com base nesse problema e considerando algumas hipóteses, Fibonacci desenvolveu uma sequência numérica que se tornaria, posteriormente, uma das mais conhecidas da história. Observe.

Hipóteses:
- os casais de coelhos tornam-se adultos e começam a reproduzir no segundo mês de vida;
- todos os meses, cada casal de coelho adulto gera outro casal;
- no início há apenas um casal de coelhos e nenhum coelho morre durante o ano.

Representando as quantidades de casais de coelhos em cada mês, a partir do início, por uma sequência numérica, temos:

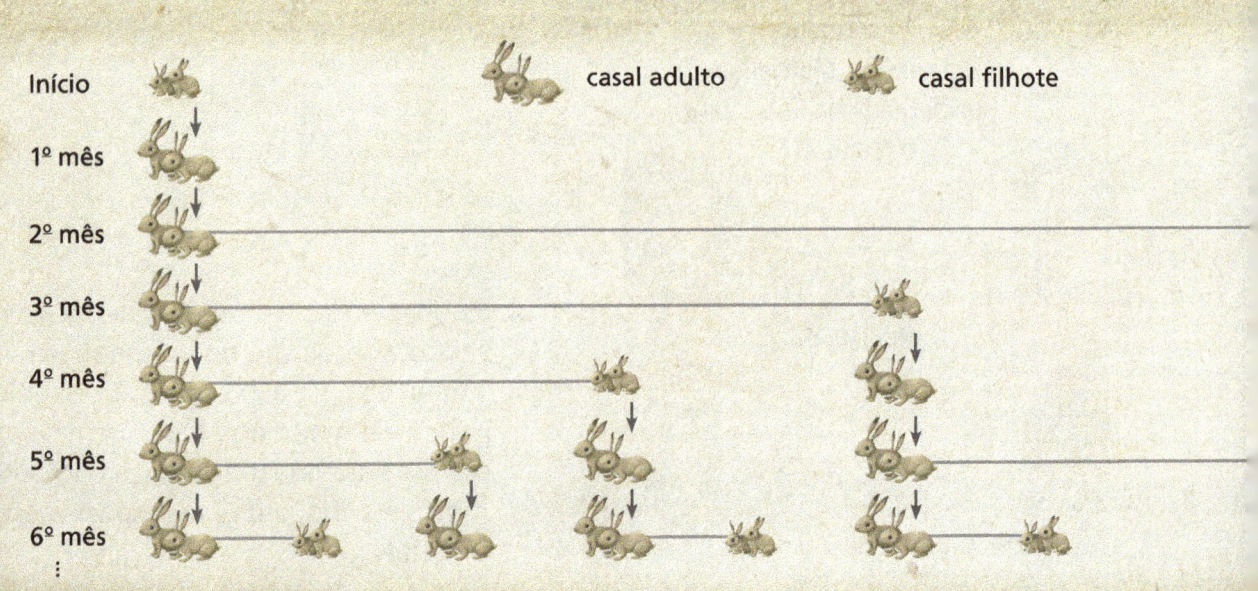

(1, 1, 2, 3, 5, 8, 13, ...)

158

Note que, a partir do 2º mês, a quantidade de casais de coelhos corresponde à soma das quantidades de casais dos dois meses anteriores:

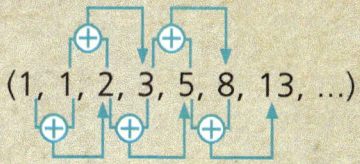

(1, 1, 2, 3, 5, 8, 13, ...)

Ao longo da história, percebeu-se a presença de números dessa sequência em diversas situações, como a quantidade de espirais de sementes que formam o miolo do girassol e a disposição das espirais das sementes de uma pinha.

1. Explique como é possível obter um termo dessa sequência.

   _____

   _____

2. Continue obtendo a quantidade de casais de coelhos até o 12º mês, ou seja, um ano, e responda ao problema proposto por **Fibonacci**.

   _____

3. Considerando que a sequência de Fibonacci continue infinitamente, identifique entre os itens a seguir aquele que define essa **sequência de maneira correta**.

   a) $\begin{cases} a_1 = a_2 = 1 \\ a_n = a_{n-1} + 1 \end{cases}$
   b) $\begin{cases} a_1 = a_2 = 1 \\ a_n = 2a_{n-1} \end{cases}$
   c) $\begin{cases} a_1 = a_2 = 1 \\ a_n = a_{n-2} + a_{n-1} \end{cases}$

   _____

4. Junte-se a um colega para realizar esta questão. Vocês devem fazer uma pesquisa para obter mais informações sobre Leonardo Fibonacci. Com os dados obtidos, elaborem uma apresentação para a turma. Não se esqueçam de indicar as fontes de pesquisa consultadas.

Acesse este *site* para obter mais informações sobre Leonardo de Pisa.

- IMPA. **Leonardo Fibonacci ensinou europeus a contar**. Disponível em: <http://livro.pro/7rn7hm>. Acesso em: 26 abr. 2019.

O QUE ESTUDEI

1 Leia com atenção cada pergunta a seguir e faça uma reflexão. Depois, responda: **sim**, **às vezes** ou **não**.

A) Ouvi as explicações do professor?

B) Pedi ajuda quando tive dúvidas?

C) Ajudei o professor?

D) Fiquei em silêncio quando o professor pediu?

E) Participei na resolução das atividades propostas?

F) Fiz todas as atividades propostas na sala de aula?

G) Fiz as tarefas escolares em casa?

H) Respeitei meus colegas nos trabalhos em grupo?

I) Ajudei meus colegas quando eles tiveram dúvidas?

J) Levei para a sala de aula os materiais necessários?

2 Nas fichas estão indicados os principais conceitos que estudamos nesta Unidade. Reflita sobre cada um deles e verifique se você precisa retomar algum conceito para melhor compreendê-lo.

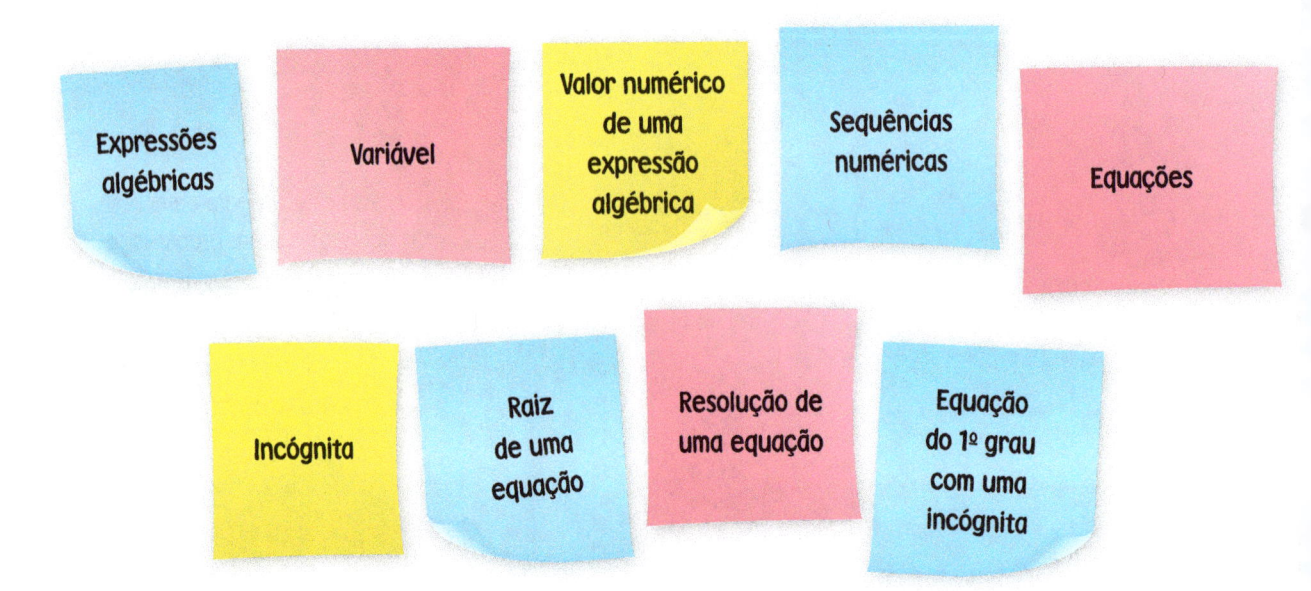

- Expressões algébricas
- Variável
- Valor numérico de uma expressão algébrica
- Sequências numéricas
- Equações
- Incógnita
- Raiz de uma equação
- Resolução de uma equação
- Equação do 1º grau com uma incógnita

3 Resolva cada problema proposto a seguir e escreva quais conceitos estudados nesta Unidade você utilizou na resolução.

SITUAÇÃO INICIAL

As quantidades de ▦ das figuras representadas a seguir correspondem aos primeiros números de uma sequência.

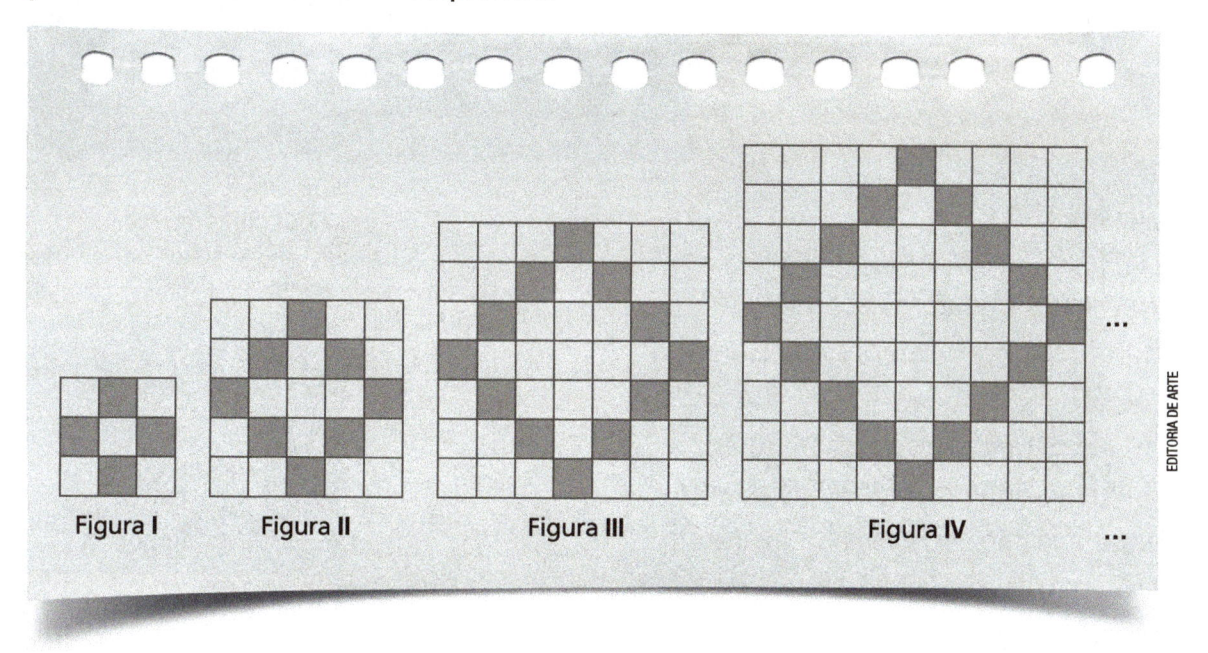

Figura I   Figura II   Figura III   Figura IV   ...

PROBLEMAS

I Escreva os quatro primeiros números dessa sequência.

II Qual alternativa a seguir pode definir essa sequência, sendo que **n** indica a posição de cada número dela?

$$a_n = 3n + 1$$

$$a_n = 4n$$

$$a_n = n + 4$$

III De acordo com a resposta do problema **II**, calcule o 8º número dessa sequência.

IV Qual é a posição do número 120 nessa sequência?

161

UNIDADE 6
PROPORCIONALIDADE E SIMETRIA

Cartografia

Você já parou para pensar em como surgiram os recursos cartográficos, como mapas, plantas e croquis?

Povos primitivos já faziam registros com desenhos em cavernas para representar a região onde viviam. Na história da humanidade, os mapas foram importantes instrumentos para diversas áreas, como a navegação e as ações militares.

Ao longo do tempo, esses recursos cartográficos foram aperfeiçoados à medida que novos conhecimentos se desenvolviam, como o estabelecimento de unidades de medida padronizadas.

Atualmente, são comuns as plantas cartográficas digitais. Nelas, além da consulta da posição em uma região, são possíveis outras interações, como ver diferentes trajetos e estimar o tempo de deslocamento. Seja qual for o recurso consultado, devemos ficar atentos a alguns de seus elementos, como a escala e a legenda, para compreendermos melhor as informações apresentadas nele.

Aqui digitamos os endereços ou locais para pesquisar o trajeto.

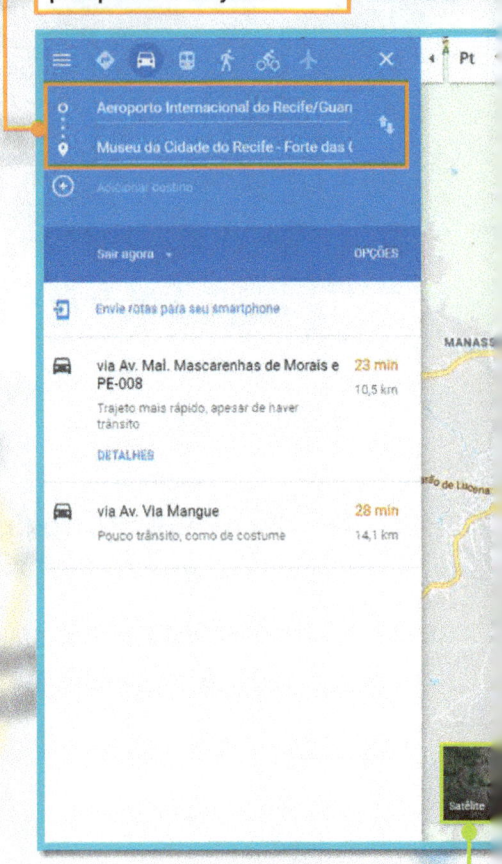

Este recurso possibilita ver imagens de satélite, incluindo municípios e paisagens.

162

Converse com os colegas e o professor sobre os itens a seguir.
- Cite exemplos da utilidade de mapas e de plantas cartográficas para diferentes áreas do conhecimento.
- Você já fez consultas nesses tipos de recursos cartográficos? Com qual finalidade? Converse com o professor e os colegas sobre essas experiências.
- Em um mapa ou planta, o que a escala indica?

Planta cartográfica digital

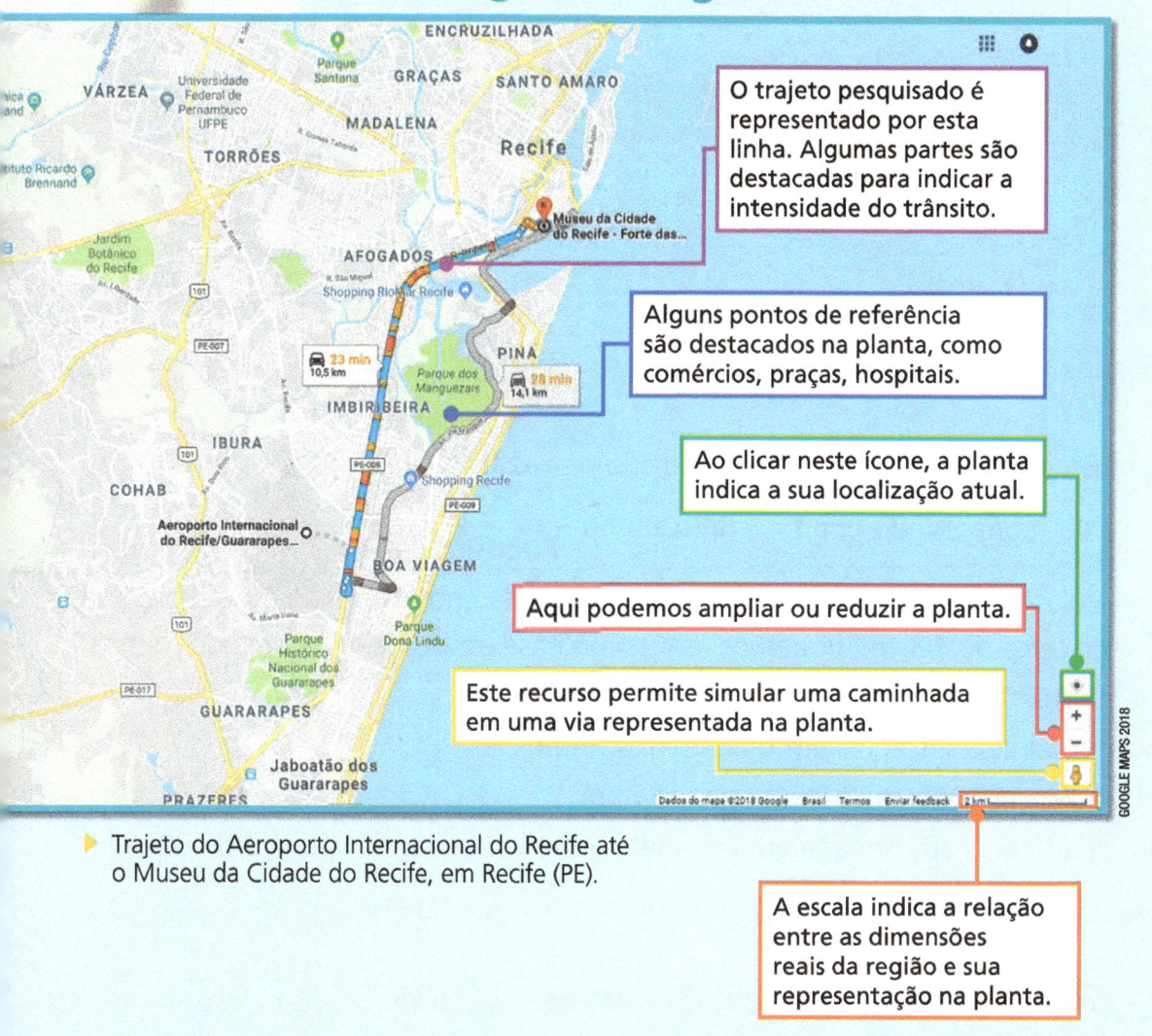

O trajeto pesquisado é representado por esta linha. Algumas partes são destacadas para indicar a intensidade do trânsito.

Alguns pontos de referência são destacados na planta, como comércios, praças, hospitais.

Ao clicar neste ícone, a planta indica a sua localização atual.

Aqui podemos ampliar ou reduzir a planta.

Este recurso permite simular uma caminhada em uma via representada na planta.

A escala indica a relação entre as dimensões reais da região e sua representação na planta.

▶ Trajeto do Aeroporto Internacional do Recife até o Museu da Cidade do Recife, em Recife (PE).

Fonte dos dados: GOOGLE MAPS. Disponível em: <https://goo.gl/maps/p4pyu3TyvHQ2>. Acesso em: 29 abr. 2019.

163

1. PROPORCIONALIDADE

Razão

Observe as informações sobre a **escala** de um mapa.

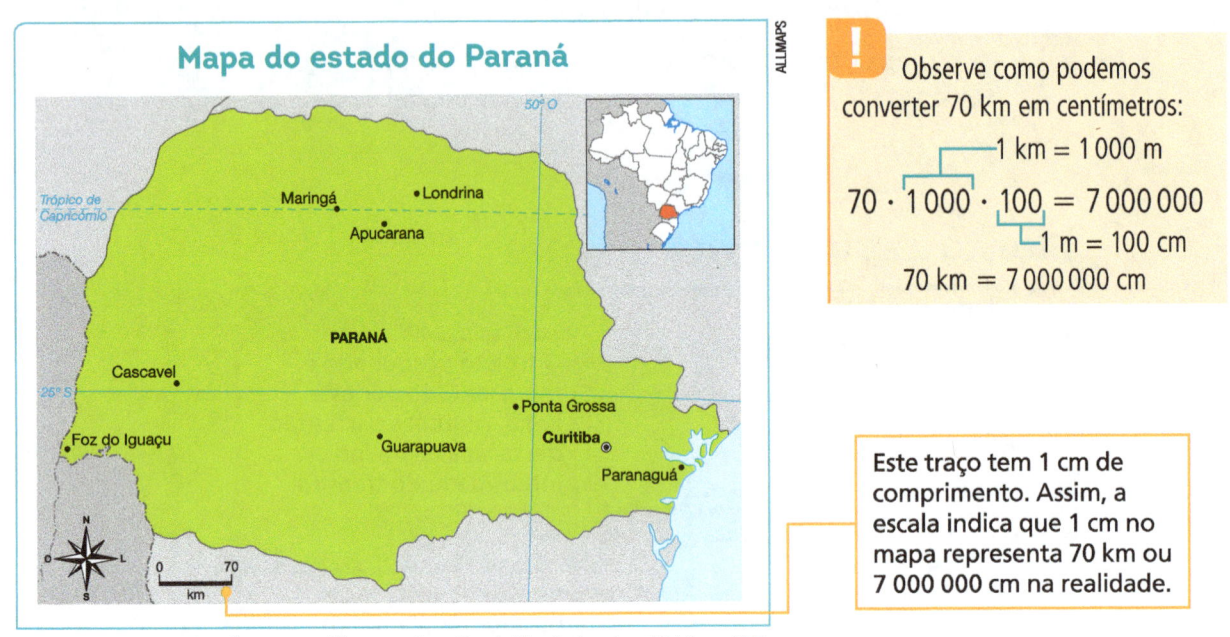

Mapa do estado do Paraná

Fonte: IBGE. **Atlas geográfico escolar**. 7. ed. Rio de Janeiro: 2016. p. 175.

> Observe como podemos converter 70 km em centímetros:
> 1 km = 1 000 m
> 70 · 1 000 · 100 = 7 000 000
> 1 m = 100 cm
> 70 km = 7 000 000 cm

> Este traço tem 1 cm de comprimento. Assim, a escala indica que 1 cm no mapa representa 70 km ou 7 000 000 cm na realidade.

Podemos dizer que esse mapa foi produzido na **razão** de 1 cm para 7 000 000 cm, o que pode ser representado por **1 : 7 000 000** ou $\dfrac{1}{7\,000\,000}$.

Para calcular a distância real aproximada em linha reta entre Londrina e Curitiba, que no mapa é de cerca de 4,3 cm, podemos usar como base essa escala. Nesse caso, temos:

4,3 · 7 000 000 = 30 100 000, ou seja, 30 100 000 cm.

Convertendo essa distância em quilômetros, temos:

30 100 000 : 100 000 = 301, ou seja, 301 km.

Assim, a distância aproximada em linha reta entre Londrina e Curitiba é de 301 km.

Agora, leia a notícia a seguir.

> De acordo com estimativas do IBGE, em 2015, no Brasil, a cada 2 idosos da população havia 3 crianças.
>
> Fonte dos dados: IBGE. **Síntese de indicadores sociais**: uma análise das condições de vida da população brasileira, 2016. Disponível em: <https://biblioteca.ibge.gov.br/visualizacao/livros/liv98965.pdf>.
> Acesso em: 7 maio 2019.

Com base nessa notícia, podemos escrever a razão entre o número de idosos na população brasileira e o número de crianças, nessa ordem, ou seja:

$$2 : 3 = \frac{2}{3}$$

É possível expressar essa razão de diferentes maneiras. Observe.

No Brasil, para cada 2 idosos há 3 crianças.

A razão entre o número de idosos e o de crianças no Brasil é de 2 para 3.

O número de idosos no Brasil corresponde a $\frac{2}{3}$ do número de crianças.

No Brasil, a razão entre o número de idosos e o de crianças é $\frac{2}{3}$.

Considere dois números **x** e **y**, com y ≠ 0. A **razão** entre esses dois números, nessa ordem, corresponde ao quociente **x : y**, que também pode ser indicado por $\frac{x}{y}$.

▸ Porcentagem e razão

O conceito de porcentagem também pode ser compreendido com base na ideia de razão.

Exemplos

a) Leia a informação.

Em uma escola com 320 alunos, 60% são meninas.

Nesse caso, temos que 60 em cada 100 alunos dessa escola são meninas. Essa razão pode ser indicada de diferentes maneiras:

$$60\% = 60 : 100 = \frac{60}{100} = \frac{3}{5}$$

Observe duas maneiras de calcular a quantidade de meninas dessa escola:

- $\frac{60}{100} \cdot 320 = \frac{60 \cdot 320}{100} = \frac{19\,200}{100} = 192$

- $0{,}6 \cdot 320 = 192$

Assim, dos 320 alunos dessa escola, 192 são meninas.

b) Observe o cartaz da loja.

Nesse caso, o desconto no preço do tênis foi de R$ 17,00 em relação a R$ 85,00, pois 85 − 68 = 17. Podemos calcular o porcentual de desconto nessa promoção por meio da seguinte razão:

$$\frac{17}{85} = 17 : 85 = 0,2 = \frac{20}{100} = 20\%$$

Assim, o desconto no preço do tênis foi de 20%.

ATIVIDADES

1. Para cada item, escreva a razão indicada.

a) Para obter certa tonalidade de tinta alaranjada, Paulo misturou 4 partes de tinta vermelha para cada 3 partes de tinta amarela. Qual é a razão entre a parte de tinta vermelha e a de tinta amarela utilizadas?

b) Em uma partida de handebol, Eva foi a artilheira e fez 14 dos 32 gols marcados pela sua equipe. Qual é a razão entre o número de gols feitos por Eva e o número total de gols marcados pela equipe?

c) Lúcio acertou 7 das 10 questões da avaliação de Matemática. Qual é a razão entre o número de acertos de Lúcio e o total de questões dessa avaliação?

2. Cláudio confecciona tapetes reaproveitando retalhos de tecido. Ele fez um tapete com retalhos quadrados, de mesmo tamanho, nas cores branca e preta. Observe.

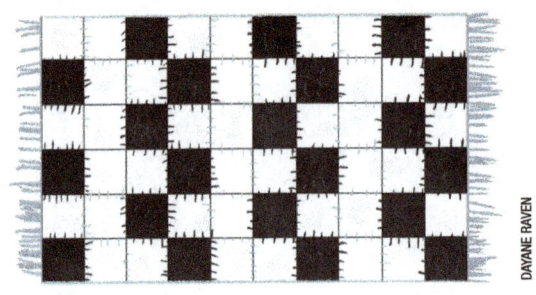

a) Quantos retalhos de cada cor Cláudio usou? Quantos retalhos são ao todo?

b) Qual é a razão entre a quantidade de retalhos:
- brancos e a de retalhos pretos?
- pretos e a de retalhos brancos?
- brancos e a quantidade total de retalhos?

3. Observe a escala de cada miniatura a seguir e, com base na medida indicada, calcule a medida real do objeto correspondente.

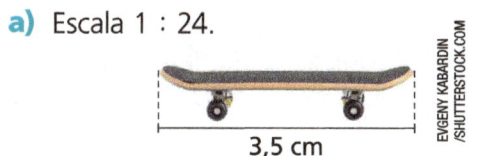

a) Escala 1 : 24.

3,5 cm

b) Escala 1 : 36.

5 cm

4. Com uma régua, meça o comprimento de cada segmento de reta representado.

Calcule a razão entre as medidas dos segmentos de reta:

a) azul e verde.
b) vermelho e azul.
c) verde e vermelho.

5. Em qual dos itens a seguir a razão entre a quantidade de lápis e a quantidade de borracha é de $\frac{5}{2}$?

a)
b)
c)

6. Além de evitar dívidas, comprar à vista permite negociar descontos. Observe a conversa entre Natália e o vendedor de uma loja.

O preço na etiqueta é R$ 140,00. Se eu pagar à vista, tem desconto?

Sim. Podemos vender por R$ 119,00 à vista.

a) Você já acompanhou uma negociação por desconto como a apresentada? Comente como foi.

b) Quantos reais de desconto Natália vai obter se comprar à vista?

c) Calcule o porcentual de desconto obtido por Natália nessa negociação.

7. A mensalidade do curso de inglês que Rodrigo faz é R$ 285,00, e o vencimento do boleto bancário é dia 15. Caso ele pague a mensalidade até o dia 12, há um desconto de 10%. Mas, se pagar após o dia 15, há acréscimo.

a) Em sua opinião, quais são os melhores dias para que Rodrigo faça o pagamento da mensalidade? Por quê?

b) Qual é o valor da mensalidade caso Rodrigo faça o pagamento no:
- dia 8 desse mês?
- dia 10 desse mês?
- dia 14 desse mês?

c) Em certo mês, Rodrigo atrasou o pagamento da mensalidade e teve acréscimo de 5%. Quanto ele pagou?

167

8. Em certa ótica, ao entregar um par de óculos usado em bom estado, recebe-se um desconto de 25% na compra de um novo par. A armação dos óculos entregue é doada pela loja a instituições de caridade.

Márcia foi a essa ótica e entregou um par de óculos em bom estado e quer comprar este indicado a seguir.

R$ 120,00

Observe como ela pensou para calcular o desconto mentalmente.

Como 10% é a décima parte do todo e 5% é metade de 10%, calculo:
12 + 12 + 6 = 30
10% de 120 | 10% de 120 | 5% de 120

Assim, o desconto será de R$ 30,00.

Agora, calcule mentalmente o valor do desconto que o comprador recebe em cada par de óculos a seguir caso seja entregue um usado em bom estado.

a) R$ 180,00

b) R$ 130,00

9. Giovana viajou de carro, sem fazer parada, entre os municípios de Petrópolis (RJ) e Ubatuba (SP). Nessa viagem, ela percorreu 346 km em 4 horas.

Podemos calcular a razão entre uma distância percorrida e o tempo gasto para realizar esse percurso para obter a **velocidade média**. Na situação apresentada, temos:

$$\frac{346}{4} = 86,5$$

Assim, a velocidade média do carro de Giovana nessa viagem foi de 86,5 quilômetros por hora, ou seja, 86,5 km/h.

Agora, observe anotações de outras viagens de carro e indique a velocidade média em cada caso.

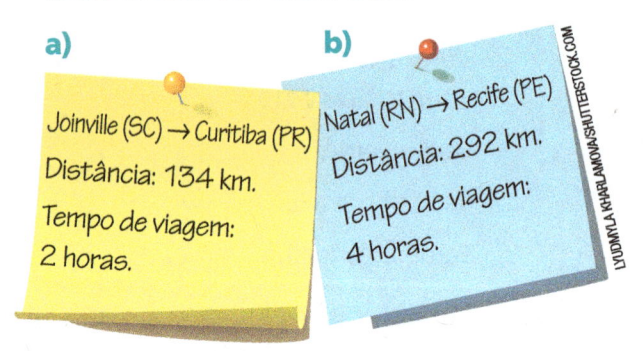

a) Joinville (SC) → Curitiba (PR)
Distância: 134 km.
Tempo de viagem: 2 horas.

b) Natal (RN) → Recife (PE)
Distância: 292 km.
Tempo de viagem: 4 horas.

10. Elabore e escreva um problema relacionado à Educação Financeira. Explore alguma situação que envolva acréscimo ou desconto, e use porcentagem no enunciado do problema. Em seguida, junte-se a um colega e troquem o problema para que um resolva o do outro. Para a resolução, podem ser utilizados cálculos por escrito, mentais ou com a calculadora. Juntos, verifiquem se as respostas estão corretas.

Proporção

Os leitores de livros digitais são aparelhos que permitem armazenar centenas de livros e poder levá-los a todos os lugares.

Para a tela de cada modelo de aparelho ao lado, vamos escrever uma razão entre o comprimento (maior medida) e a largura (menor medida), em centímetros.

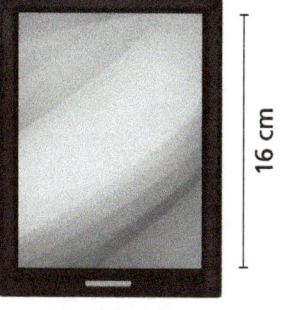

- Modelo **A**.
- Modelo **B**.

$$\frac{16}{12} \qquad \frac{12}{9}$$

Modelo **A**. (12 cm × 16 cm)

Note que essas duas razões são iguais, pois:

$$\frac{16}{12} = \frac{4}{3} \qquad \frac{12}{9} = \frac{4}{3}$$

Nesse caso, dizemos que as razões $\frac{16}{12}$ e $\frac{12}{9}$ formam uma **proporção**.

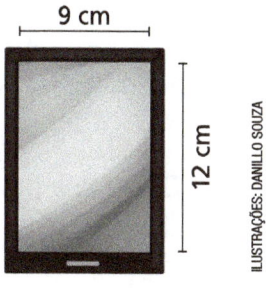

Modelo **B**. (9 cm × 12 cm)

ILUSTRAÇÕES: DANILLO SOUZA

> Quando a razão entre os números **a** e **b**, nessa ordem, e a razão entre os números **c** e **d**, nessa ordem, são iguais, elas formam uma proporção. Nesse caso, $\frac{a}{b} = \frac{c}{d}$ é uma **proporção** que pode ser lida da seguinte maneira: a está para b assim como c está para d.
>
> Dizemos que os números **a**, **b**, **c** e **d** são os termos da proporção. Além disso, os números **a** e **d** (primeiro e último termos) são os **extremos** da proporção. Já os números **b** e **c** (segundo e terceiro termos) são os **meios** da proporção.

Exemplo

As razões $\frac{2}{5}$ e $\frac{6}{15}$ formam uma proporção, pois:

- $\frac{2}{5} = 0,4$
- $\frac{6}{15} = 0,4$

Nessa proporção, temos:

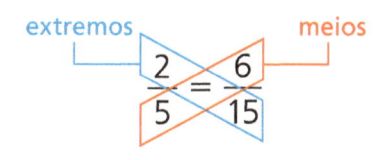

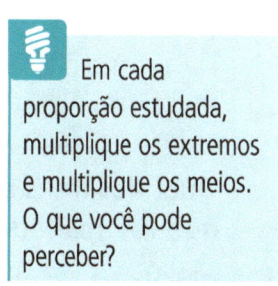

extremos — meios

$$\frac{2}{5} = \frac{6}{15}$$

> Em cada proporção estudada, multiplique os extremos e multiplique os meios. O que você pode perceber?

169

Propriedade fundamental das proporções

Em todas as proporções, podemos estabelecer a seguinte propriedade:

> Em uma proporção, o produto dos extremos é igual ao produto dos meios.

Observe nas proporções a seguir a verificação dessa propriedade.

- $\dfrac{6}{8} = \dfrac{9}{12} \rightarrow 8 \cdot 9 = 72$; $6 \cdot 12 = 72$

- $\dfrac{4}{20} = \dfrac{14}{70} \rightarrow 20 \cdot 14 = 280$; $4 \cdot 70 = 280$

ATIVIDADES

1. Observe a proporção indicada a seguir.

$$\dfrac{5}{9} = \dfrac{20}{36}$$

Nessa proporção, quais são os:

a) termos?
b) extremos?
c) meios?

2. Em quais fichas a seguir as razões formam uma proporção?

a) $\dfrac{7}{16}$ e $\dfrac{3}{8}$

b) $\dfrac{10}{4}$ e $\dfrac{15}{6}$

c) $\dfrac{18}{20}$ e $\dfrac{27}{30}$

d) $\dfrac{13}{5}$ e $\dfrac{26}{11}$

3. O professor de Matemática escreveu uma proporção na lousa, porém um dos termos foi apagado.

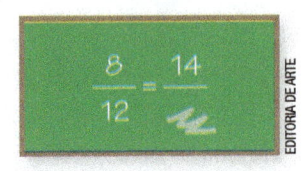

$$\dfrac{8}{12} = \dfrac{14}{\ }$$

Qual dos itens a seguir indica o termo que foi apagado?

a) 20   b) 18   c) 10   d) 21

4. Moisés está realizando uma pesquisa de preços em um supermercado. Observe o preço de dois galões de água mineral que ele pesquisou.

6L — R$ 6,90
10L — R$ 11,50

a) Para cada produto, escreva a razão entre o preço, em reais, e a quantidade de água mineral, em litros.

b) As razões que você escreveu no item **a** formam uma proporção? Por quê?

c) Qual desses produtos é mais vantajoso comprar considerando a relação preço por litro? Justifique.

5. Escreva uma razão entre dois números. Em seguida, entregue-a a um colega para que ele obtenha outra razão que forme uma proporção com aquela que você escreveu. Ao final, verifiquem a resposta.

Relação entre grandezas

Você já estudou diferentes grandezas, como comprimento, massa, capacidade, tempo, área, volume, entre outras. Muitas situações do dia a dia envolvem uma ou mais grandezas, que podem ou não estar relacionadas. Observe exemplos.

Ao comprar tomate em uma feira, existe a relação entre as grandezas massa e o preço a pagar por esses tomates.

O tempo necessário para encher o balde depende da **vazão de água da torneira**. As grandezas tempo e vazão estão relacionadas nesse caso.

A altura de uma criança varia com o tempo. Nesse caso, existe uma relação entre as grandezas altura e tempo.

Estudaremos agora situações em que grandezas estão relacionadas.

▸ Grandezas diretamente proporcionais

Vamos retomar uma situação apresentada anteriormente. Observe no quadro a relação entre a massa do tomate comprada e o preço a pagar em uma banca na feira.

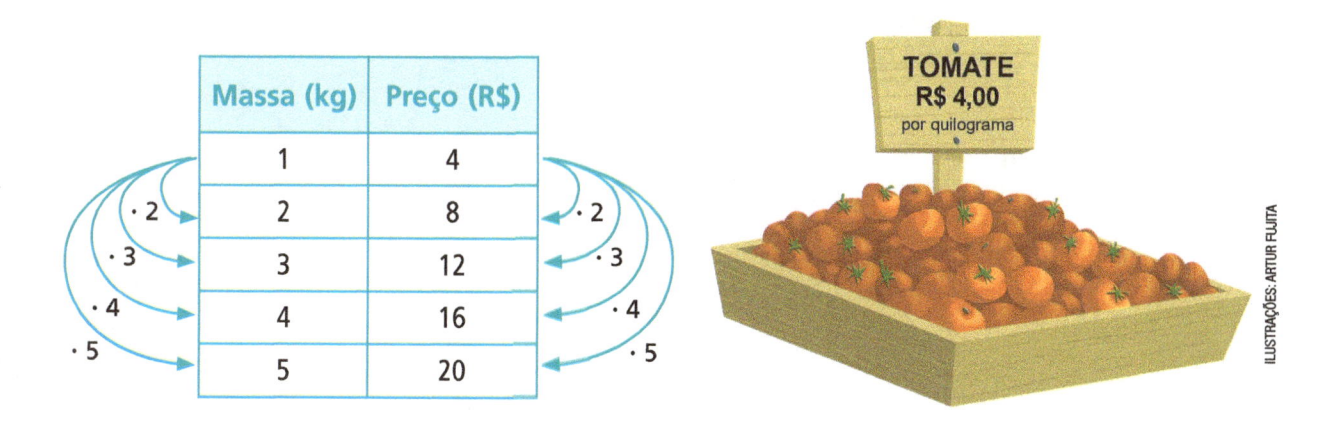

Massa (kg)	Preço (R$)
1	4
2	8
3	12
4	16
5	20

TOMATE
R$ 4,00
por quilograma

Note que, ao dobrarmos a massa, o preço também dobra; ao triplicarmos a massa, o preço também triplica; e assim por diante. Além disso, se reduzirmos a massa pela metade, o preço também fica reduzido à metade, e assim por diante. Nesse caso, dizemos que a massa de tomate e o preço são **grandezas diretamente proporcionais**.

Situações-problema envolvendo grandezas diretamente proporcionais

Quando vamos consumir um produto industrializado, é importante ficarmos atentos às informações nutricionais apresentadas nos rótulos das embalagens. A quantidade de gorduras saturadas presente nos alimentos é indicada nas informações nutricionais. Esse tipo de gordura, quando consumido em excesso, pode aumentar o risco de doenças cardíacas.

> Acesse o *site* a seguir para obter mais informações sobre alimentação adequada e saudável.
> - BRASIL. Ministério da Saúde. **Guia alimentar para a população brasileira**. Disponível em: <http://livro.pro/mymodg>. Acesso em: 29 abr. 2019.

Carlos leu na embalagem do biscoito a seguir que, em cada porção de 40 g do produto, havia 3 g de gordura saturada.

Note que as grandezas massa do biscoito e massa de gordura saturada são diretamente proporcionais, pois, se dobrarmos uma delas, a outra também dobra; se reduzirmos uma delas à metade, a outra também será reduzida à metade; e assim por diante.

Podemos calcular a massa total de gordura saturada (**x**) nos biscoitos de um pacote de 160 g usando a propriedade fundamental das proporções.

Massa do biscoito (g)	Massa de gordura saturada (g)
40	3
160	x

$$\frac{40}{160} = \frac{3}{x}$$

$$40 \cdot x = 160 \cdot 3$$

$$\frac{40x}{40} = \frac{480}{40}$$

$$x = 12$$

! Nessa situação, também poderia ser escrita a seguinte proporção:
$$\frac{40}{3} = \frac{160}{x}$$

Assim, em um pacote de biscoitos desses há 12 g de gordura saturada.

172

Observe outras situações-problema resolvidas de maneira análoga.

a) Observe a informação em destaque na lata de tinta.
Quantos litros dessa tinta são necessários para cobrir 75 m²?
Resolução:
Consideremos **x** a quantidade de litros de tinta para cobrir 75 m².

Quantidade de tinta (L)	Área (m²)
3,6	15
x	75

$$\frac{3,6}{x} = \frac{15}{75}$$

$$x \cdot 15 = 3,6 \cdot 75$$

$$\frac{15x}{15} = \frac{270}{15}$$

$$x = 18$$

! Nessa situação, também poderia ser escrita a seguinte proporção:

$$\frac{3,6}{15} = \frac{x}{75}$$

Assim, para cobrir 75 m² com essa tinta, são necessários 18 L.

b) Vicente é costureiro e comprou 16 m de certo tecido por R$ 220,80. Quanto Vicente pagaria por esse mesmo tecido caso tivesse comprado 7 m apenas?
Resolução:
Consideremos **x** o preço, em reais, de 7 m de tecido.

Quantidade de tecido (m)	Preço (R$)
16	220,80
7	x

$$\frac{16}{7} = \frac{220,80}{x}$$

$$16 \cdot x = 7 \cdot 220,80$$

$$\frac{16x}{16} = \frac{1545,60}{16}$$

$$x = 96,60$$

! Nessa situação, também poderia ser escrita a seguinte proporção:

$$\frac{16}{220,80} = \frac{7}{x}$$

Assim, Vicente pagaria R$ 96,60 caso tivesse comprado 7 m desse tecido.

ATIVIDADES

1. Leia as situações-problema a seguir e identifique aquelas que envolvem grandezas diretamente proporcionais.

   a) Uma porção de 100 g de pitanga tem cerca de 18 mg de cálcio. Quantos miligramas de cálcio tem uma porção de 2 kg dessa fruta?

   b) Para personalizar certa quantidade de canecas, uma artesã precisa de 6 dias trabalhando 4 horas diariamente. Para confeccionar a mesma quantidade de canecas, trabalhando 8 horas por dia, quantos dias serão necessários?

   c) Em uma partida de basquete, certa equipe fez 30 pontos no 1º tempo. Quantos pontos essa equipe terá marcado ao final do 2º tempo?

   d) Marcelo leu 45 páginas de um livro em 2 horas. Mantendo esse mesmo ritmo de leitura, quantas páginas ele vai ler em 8 horas?

2. Bernardo é *pizzaiolo*. No preparo da massa, ele utiliza uma receita em que são necessárias 6 xícaras de farinha de trigo, que rende 4 discos. Para preparar 10 discos como esses, utilizando proporcionalmente os ingredientes dessa receita, quantas xícaras de farinha de trigo são necessárias?

3. Na casa de Elza, uma torneira está com vazamento de água. Para evitar desperdício, ela colocou embaixo da torneira uma jarra vazia de 4 L de capacidade. Observe, ao lado, a quantidade de água que havia na jarra após 3 horas.

   a) Qual é a quantidade de água acumulada na jarra nessas primeiras 3 horas?

   b) Em quanto tempo, desde que foi colocada embaixo da torneira, essa jarra vai ficar totalmente cheia?

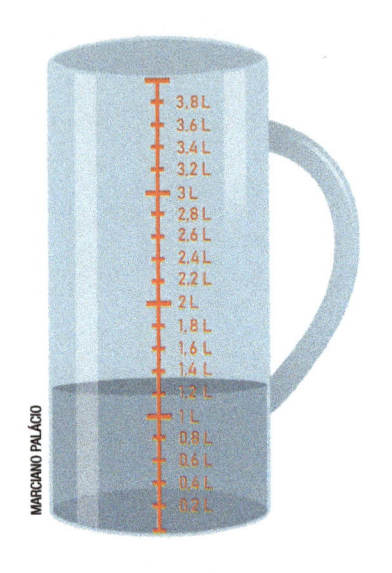

4. Você tem ideia da quantidade de sal que consome por dia? Quando consumimos alimentos salgados, a sede aumenta e costumamos beber mais água. De acordo com o Ministério da Saúde, recomenda-se beber 200 mL de água para diluir cada 1,8 g de sal ingerido. Quantos mililitros de água são necessários beber para diluir 4,5 g de sal no organismo?

5. Jonas coletou para reciclagem 50 latas de alumínio idênticas e, depois de amassá-las, pesou em uma balança.

Para que Jonas obtenha 3,5 kg, quantas latas iguais a essas ele precisa coletar?

6. O tanque de combustível do carro de Arnaldo tem capacidade para 50 L. Em uma viagem de 377 km, esse carro consumiu 29 L de combustível. Mantendo essa média de consumo, quantos quilômetros no máximo esse carro pode percorrer com o tanque de combustível cheio?

7. Leia a notícia.

> Uma maneira de preservar os recursos naturais é a reciclagem. Quando cerca de 4,5 t de papel ou papelão são reciclados, cem árvores são poupadas, além de diminuir o consumo de energia e água.
>
> Fonte dos dados: UFRPE. **Eu Sustentável**: consumo consciente na UAEADTec. Disponível em: <www.ead.ufrpe.br/sites/www.ead.ufrpe.br/files/Noticias/CARTAZES_EuSustentável_VOCÊ%20SABIA_site.pdf>. Acesso em: 30 abr. 2019.

a) De acordo com a notícia, qual é a importância da reciclagem de papel e papelão?

b) Quantas árvores são poupadas com a reciclagem de cerca de 4,5 t de papel e papelão?

c) No Brasil, em 2016, cerca de 7 000 t de papel e papelão foram reciclados diariamente. Com isso, quantas árvores aproximadamente foram poupadas por dia?

8. Veja o que Rute está dizendo.

> Em casa, uma lâmpada acesa em média 8 h diárias consome 1 120 watts em uma semana.

a) Mantendo esse consumo diário, quantos watts essa lâmpada gasta em um mês de 30 dias?

b) Caso Rute diminua em 2 h diárias o tempo que essa lâmpada fica acesa, quantos watts serão gastos em uma semana?

c) Agora, com base nas informações apresentadas, elabore e escreva um problema envolvendo a relação entre as grandezas tempo e consumo de energia elétrica. Em seguida, junte-se a um colega e troquem o problema para que um resolva o do outro. Juntos, verifiquem se as respostas estão corretas.

9. Para comprar uma caixa de pingentes para pulseiras, três amigas juntaram as quantias que possuíam. Observe o preço dessa caixa e com quanto cada amiga contribuiu.

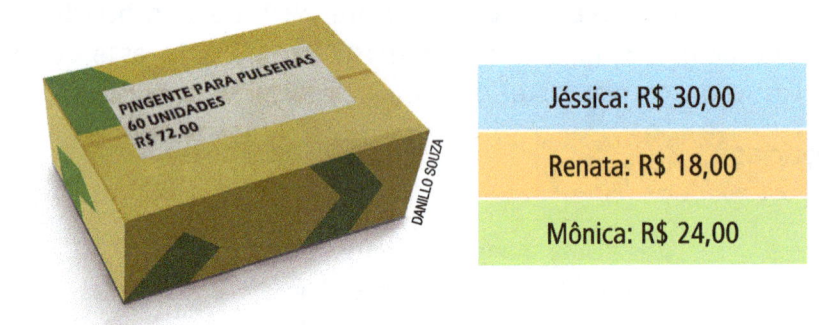

PINGENTE PARA PULSEIRAS
60 UNIDADES
R$ 72,00

Jéssica: R$ 30,00

Renata: R$ 18,00

Mônica: R$ 24,00

As amigas combinaram que vão distribuir os pingentes de maneira diretamente proporcional às quantias que cada uma contribuiu.

Para calcular a quantidade de pingentes que Jéssica vai receber, podemos construir o seguinte esquema:

Quantidade de pingente (unidade)	Preço (R$)
60	72
x	30

a) Quantos pingentes Jéssica vai receber?

b) Agora, calcule quantos pingentes cada uma das outras amigas vai receber.

176

10. Elabore e escreva um problema envolvendo grandezas diretamente proporcionais. Em seguida, junte-se a um colega e troquem o problema para que um resolva o do outro. Juntos, verifiquem se as respostas estão corretas.

11. No celular do pai de Luiza, sempre que um aplicativo está sendo baixado, é possível acompanhar informações sobre esse *download*. Observe.

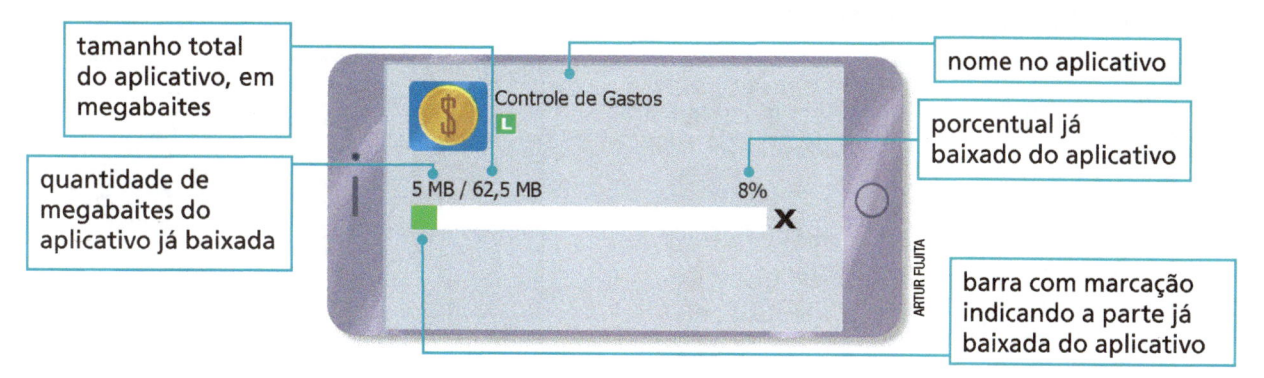

- tamanho total do aplicativo, em megabaites
- nome no aplicativo
- porcentual já baixado do aplicativo
- quantidade de megabaites do aplicativo já baixada
- barra com marcação indicando a parte já baixada do aplicativo

5 MB / 62,5 MB   8%

Controle de Gastos

a) Qual é o tamanho total, em megabaites, desse aplicativo?
b) O que representa a informação 8% nesse *download*?
c) Quando o porcentual baixado do aplicativo estiver em 56%, quantos megabaites já terão sido baixados?
d) Que porcentual do tamanho do aplicativo corresponde a 48 MB?

12. Observe a relação entre os movimentos dos ponteiros de um relógio.

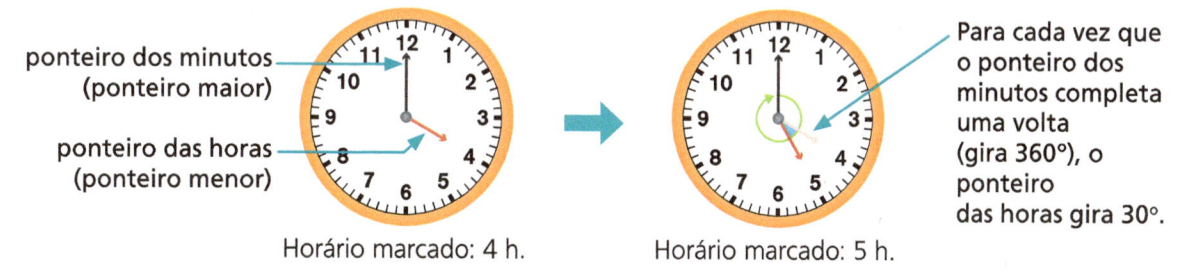

ponteiro dos minutos (ponteiro maior)
ponteiro das horas (ponteiro menor)

Horário marcado: 4 h.   Horário marcado: 5 h.

Para cada vez que o ponteiro dos minutos completa uma volta (gira 360°), o ponteiro das horas gira 30°.

a) No período de 1 h, quantos graus gira o ponteiro dos minutos? E o ponteiro das horas?
b) Podemos dizer que a medida do ângulo associado ao giro dos ponteiros do relógio é diretamente proporcional ao intervalo de tempo decorrido? Por quê?
c) Em meia hora, quantos graus gira o ponteiro dos minutos? E o ponteiro das horas?
d) Calcule a medida do ângulo que o ponteiro das horas vai girar quando o ponteiro dos minutos girar 60°.
e) No período da manhã, Igor observou o relógio em dois momentos. Calcule quantos graus cada ponteiro girou entre esses dois momentos.

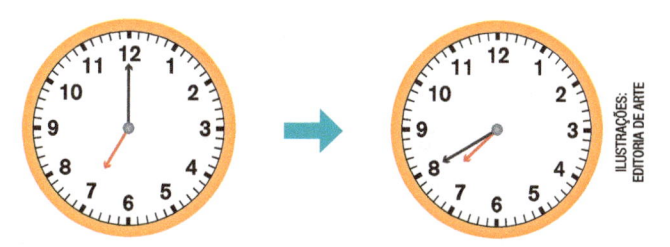

177

▶ Grandezas inversamente proporcionais

Estudamos anteriormente situações em que as grandezas estão relacionadas de maneira diretamente proporcional. Porém, existem casos em que as grandezas estão relacionadas de outra maneira, como estudaremos a seguir.

Leia a tirinha com atenção.

BECK, A. **Armandinho seis**. Florianópolis: A. C. Beck, 2015. p. 32.

Na tirinha, para evitar que a água no balde transbordasse, Armandinho poderia ter ajustado a vazão da água fechando ou abrindo um pouco a torneira.

Observe exemplos da relação entre a vazão e o tempo necessário para encher certo balde.

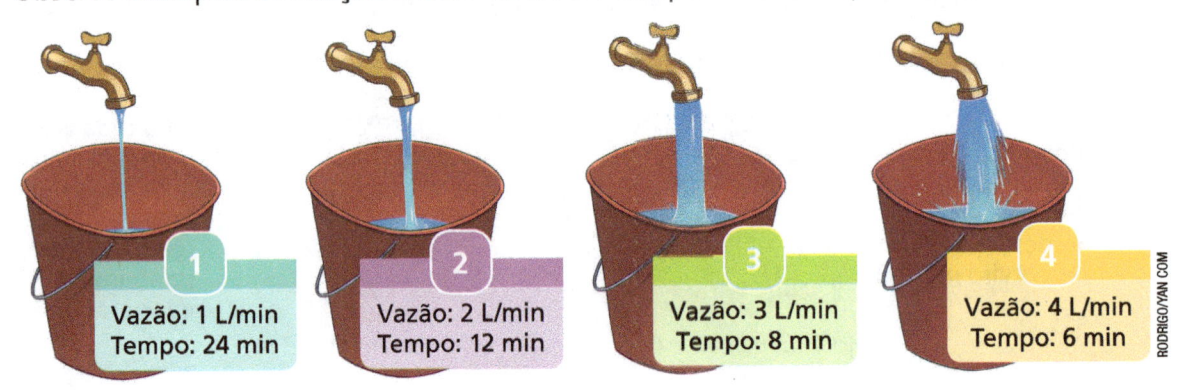

Vazão (L/min)	Tempo (min)
1	24
2	12
3	8
4	6

Note que, ao dobrarmos a vazão, o tempo para encher o balde é reduzido à metade; ao triplicarmos a vazão, o tempo é reduzido à terça parte; e assim por diante. Além disso, se reduzirmos a vazão à metade, o tempo necessário para encher o balde dobra, e assim por diante. Nesse caso, dizemos que a vazão e o tempo para encher o balde são **grandezas inversamente proporcionais**.

Situações-problema envolvendo grandezas inversamente proporcionais

A piscicultura é uma atividade relacionada à criação de peixes, principalmente de água doce. Muitas famílias fazem dessa atividade uma forma de geração de alimento e renda.

Agora, leia o problema a seguir.

▶ Tanque para a criação de tilápia em Buritama (SP). Fotografia de 2012.

> A família de Milena possui um sítio com um tanque em que cria 750 tilápias. Para alimentá-las por 18 dias, eles utilizam certa quantidade de ração. Pensando em ampliar a renda, a família vai aumentar o tanque e criar 1 350 tilápias, mantendo o consumo de ração por tilápia. Por quantos dias essa mesma quantidade de ração será suficiente para tratar as tilápias após esse aumento?

Inicialmente, vamos representar essa situação em um quadro, em que **x** indica a quantidade de dias em que a ração será suficiente para alimentar as 1 350 tilápias.

Quantidade de tilápias	Quantidade de dias
750	18
1 350	x

Note que, ao aumentar a quantidade de tilápias, a quantidade de dias para os quais a ração será suficiente reduz proporcionalmente.

Assim, para resolvermos esse problema, podemos usar a propriedade fundamental das proporções. Porém, nesse caso, escrevemos a proporção indicando uma razão e **invertendo** a outra. Observe.

$$\frac{750}{1\,350} = \frac{x}{18}$$
$$1\,350 \cdot x = 750 \cdot 18$$
$$\frac{13\,500x}{1\,350} = \frac{13\,500}{1\,350}$$
$$x = 10$$

! Nessa situação, também poderia ser escrita a seguinte proporção:
$$\frac{1\,350}{750} = \frac{18}{x}$$

Assim, a ração será suficiente para tratar as 1 350 tilápias por 10 dias.

ATIVIDADES

1. Considere **A** e **B** grandezas inversamente proporcionais e determine o valor de **x** em cada item.

   a)
A	B
28	6
x	21

   b)
A	B
17	x
25,5	43

2. Os alunos da turma do 7º ano estão se organizando para comprar um presente para a professora de Matemática. O valor do presente será dividido igualmente entre os alunos participantes. Até o momento, 8 alunos já decidiram participar, de maneira que cada um deve pagar R$ 15,00.

   a) Caso a quantidade de alunos participantes dobre, o que vai ocorrer com o valor que cada um vai pagar?

   b) A quantidade de alunos e o valor que cada um vai pagar são grandezas diretamente ou inversamente proporcionais?

   c) Caso 20 alunos participem, quanto cada um vai pagar?

   d) Para que cada aluno participante pague R$ 4,80, quantos alunos devem participar?

3. Em uma fábrica de revestimentos, 7 máquinas idênticas produzem certa quantidade de azulejos em 12 h de funcionamento. Buscando aumentar a produção, foram adquiridas mais 3 máquinas como essas. Em quantas horas todas essas máquinas podem produzir a mesma quantidade de azulejos?

4. Elabore e escreva um problema envolvendo grandezas inversamente proporcionais. Em seguida, junte-se a um colega e troquem o problema para que um resolva o do outro. Juntos, verifiquem se as respostas estão corretas.

5. Observe informações sobre a viagem que Diego fez de carro.

   > Tempo: 120 minutos.
   > Velocidade média: 70 km/h

   a) Para que Diego realize essa mesma viagem em 105 min, qual deve ser a velocidade média do carro?

   b) Caso a velocidade média do carro fosse 60 km/h, qual seria o tempo dessa viagem?

6. Certa escola promoverá uma gincana com os alunos do 6º ao 9º ano. Para o evento, foi calculado que, se os alunos fossem organizados em grupos com 15 integrantes, seriam formados 16 grupos. Caso esses mesmos alunos sejam organizados em grupos com 10 integrantes cada, quantos grupos serão formados?

7. No Brasil, a loteria é uma modalidade de jogo que distribui prêmios por meio de sorteios. Em um dos maiores prêmios de loterias, que ocorreu no final do ano de 2017, o valor pago a cada um dos 17 acertadores foi de aproximadamente 18 milhões de reais.

   Fonte dos dados: MEGA da Virada: 17 apostas dividem prêmio de R$ 306,7 milhões. **G1**. Disponível em: <https://g1.globo.com/loterias/noticia/mega-da-virada-confira-o-resultado.ghtml>. Acesso em: 29 abr. 2019.

   - Qual seria aproximadamente o valor do prêmio de cada acertador caso fossem apenas três?

8. Para encher um reservatório de água é necessário ajustar a vazão de entrada de água para 800 L/s durante 7 h. Para que esse mesmo reservatório possa ser enchido em apenas 4 h, qual deve ser a vazão de entrada de água?

9. Márcia é digitadora de uma empresa. Ela verificou que sua média de digitação é de 221 caracteres por minuto e que, para digitar certo texto, demora 8 minutos. Quanto tempo outro profissional vai demorar para digitar esse mesmo texto considerando uma média de 272 caracteres por minuto?

▶ Digitadora em sua mesa de trabalho.

10. Sílvia comprou e fez *download* de algumas músicas em uma loja oficial *on-line*. Ela verificou que as músicas foram baixadas em 18 s, utilizando a internet com velocidade de *download* de 20 megabaites por segundo. Caso essa velocidade fosse de 30 megabaites por segundo, qual teria sido o tempo gasto para baixar essas mesmas músicas?

11. Para organizar a festa de seu filho, Marta fez uma média da quantidade de bolo e de suco para os 48 convidados que confirmaram presença. Observe.

Quantidade média por convidado	
Bolo	125 g
Suco	350 mL

Sabendo que foram à festa 12 convidados a mais do que o esperado, resolva as questões.

a) Com isso, qual foi a quantidade média de bolo e de suco para cada convidado?

b) Para essa festa, quantos quilogramas de bolo Marta comprou? E quantos litros de suco?

12. Vinícius, Renan e Laís são irmãos e têm, respectivamente, 9, 12 e 15 anos. O avô deles decidiu repartir entre os três netos as moedas antigas de sua coleção, de maneira que cada neto recebesse uma quantidade inversamente proporcional à idade que tinha.

Vinícius vai receber 40 moedas.

a) Calcule quantas moedas cada um dos outros netos vai receber.

b) Quantas moedas antigas ao todo o avô tinha antes de repartir com os netos?

2. SIMETRIA

Simetria de reflexão

Na aula de Arte, a turma do 7º ano está realizando atividades sobre o artista brasileiro Rubem Valentim (1922-1991). As obras desse artista contam com influência da cultura afro-brasileira, apresentando contrastes entre as cores e vários elementos geométricos. Observe uma das obras dele.

Acesse este *site* para obter mais informações sobre Rubem Valentim.

- ENCICLOPÉDIA ITAÚ CULTURAL. **Rubem Valentim**. Disponível em: <http://livro.pro/fz472y>. Acesso em: 29 abr. 2019.

▶ VALENTIM, R. **Emblema**: logotipo poético. 1975. Acrílica sobre tela, 35 cm × 50 cm. Coleção Gilberto Chateaubriand.

Observe como um aluno fez uma releitura dessa obra.

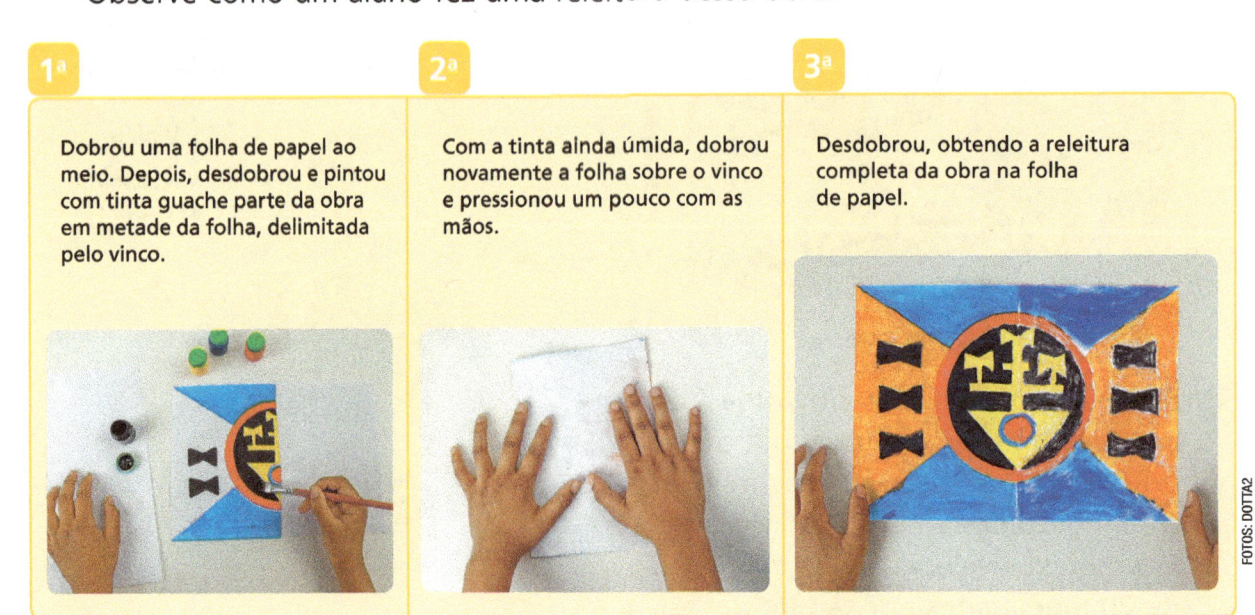

1ª Dobrou uma folha de papel ao meio. Depois, desdobrou e pintou com tinta guache parte da obra em metade da folha, delimitada pelo vinco.

2ª Com a tinta ainda úmida, dobrou novamente a folha sobre o vinco e pressionou um pouco com as mãos.

3ª Desdobrou, obtendo a releitura completa da obra na folha de papel.

Ao dobrarmos essa folha de acordo com o vinco, observamos que as partes da imagem se sobrepõem. Nesse caso, dizemos que essa imagem apresenta **simetria de reflexão** em relação a um eixo. O vinco formado corresponde ao **eixo de simetria**.

Cada figura a seguir apresenta simetria de reflexão em relação à(s) linha(s) vermelha(s). Essas linhas são eixos de simetria.

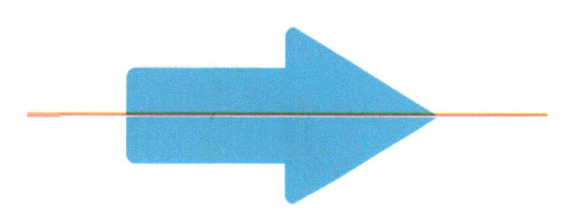

Figura com um eixo de simetria.

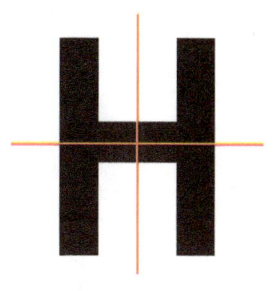

Figura com dois eixos de simetria.

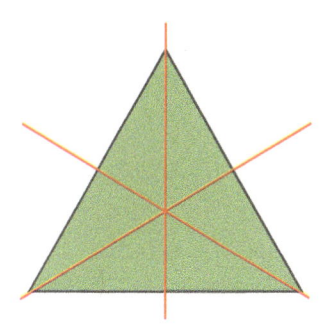

Figura com três eixos de simetria.

Figura com um eixo de simetria.

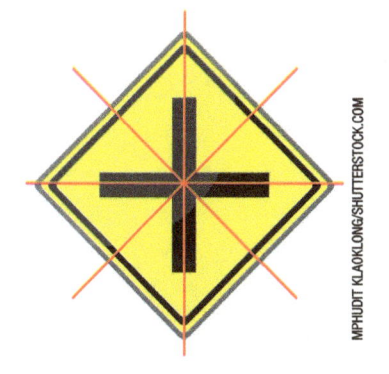

Figura com quatro eixos de simetria.

Figura com cinco eixos de simetria.

183

Também podemos obter uma figura simétrica à outra em relação a um eixo. Observe o quadrilátero ABCD e o eixo **e** indicados em uma malha quadriculada.

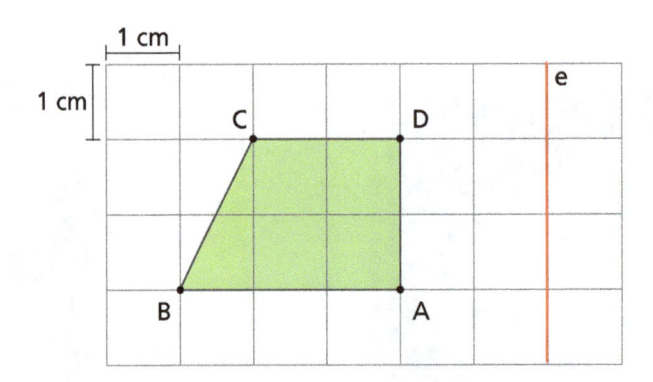

Para construir uma figura simétrica ao quadrilátero ABCD em relação ao eixo **e**, podemos seguir as etapas indicadas.

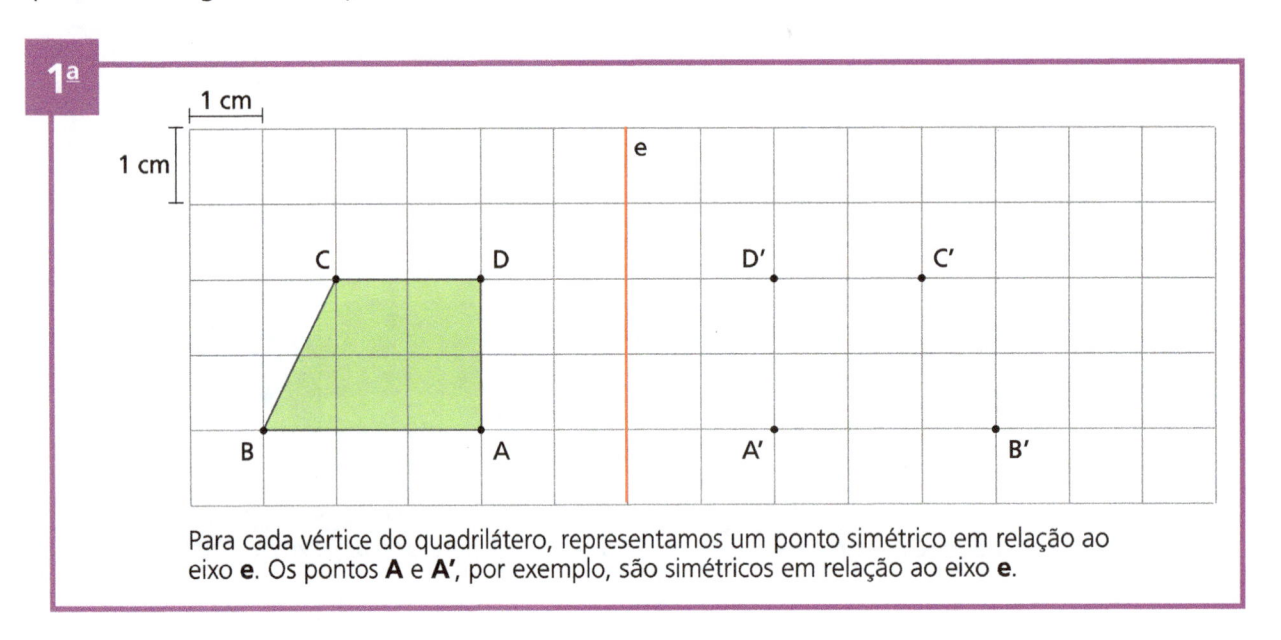

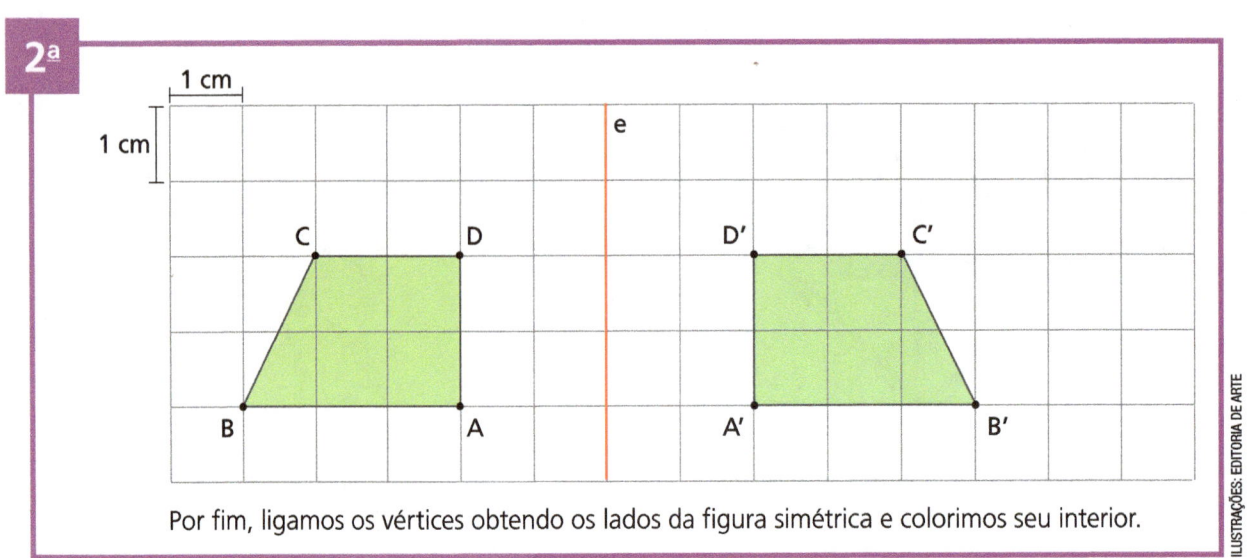

1ª

Para cada vértice do quadrilátero, representamos um ponto simétrico em relação ao eixo **e**. Os pontos **A** e **A'**, por exemplo, são simétricos em relação ao eixo **e**.

2ª

Por fim, ligamos os vértices obtendo os lados da figura simétrica e colorimos seu interior.

184

ATIVIDADES

1. Qual figura a seguir **não** apresenta simetria de reflexão em relação à linha vermelha?

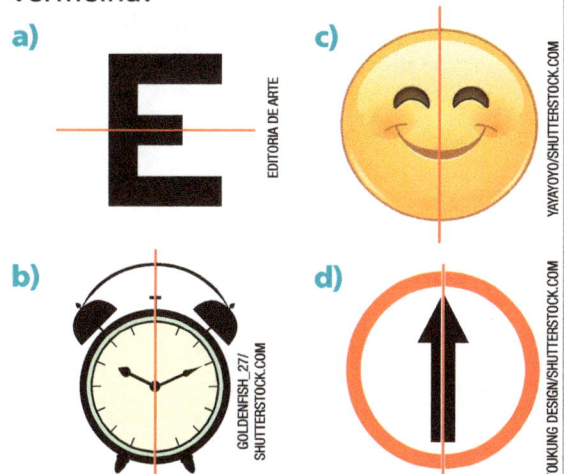

a)

b)

c)

d)

2. Copie as figuras a seguir em uma folha de papel. Depois, recorte-as e, fazendo dobraduras, marque e trace todos os eixos de simetria de cada uma delas.

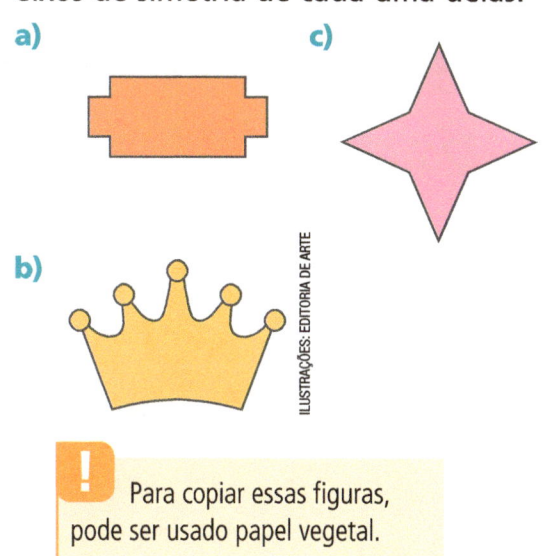

a)

b)

c)

! Para copiar essas figuras, pode ser usado papel vegetal.

3. Quais das figuras a seguir são simétricas em relação ao eixo **e**?

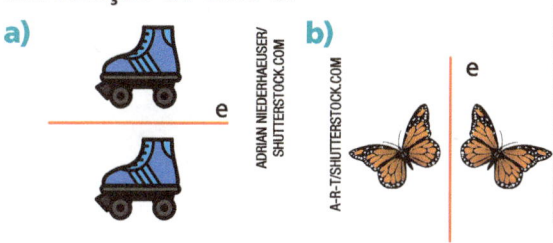

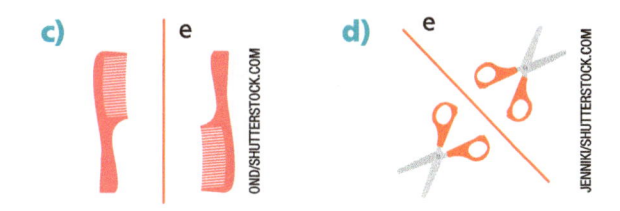

a)

b)

c)

d)

4. Observe como Bruno fez para obter uma figura que apresente simetria em relação a um eixo, usando dobradura e recorte.

Dobrou uma folha de papel ao meio marcando o vinco da dobra, que representa o eixo de simetria.

Depois desenhou metade da figura próximo à dobra.

Por fim, com a tesoura, recortou a parte da figura desenhada.

a) Ao desdobrar a parte da folha recortada, qual figura Bruno vai obter? Desenhe essa figura.

b) Agora é sua vez! Realize o mesmo procedimento de Bruno e verifique se você resolveu o item anterior corretamente.

185

5. Em um programa de computador, Marcos construiu a figura de um triângulo no plano cartesiano.

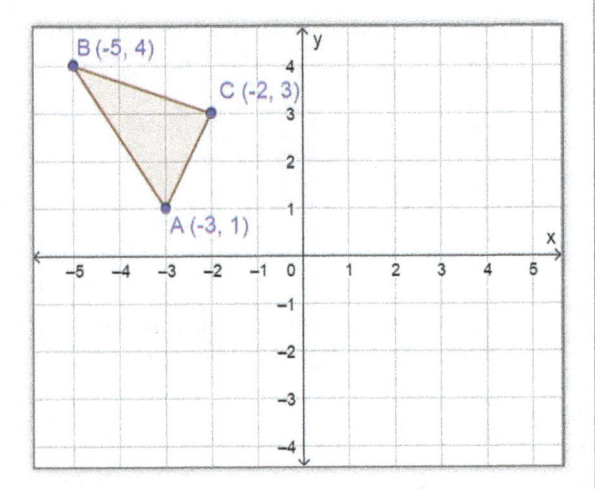

Depois, com uma ferramenta desse programa, obteve a figura simétrica ao triângulo em relação ao eixo **y** (vertical).

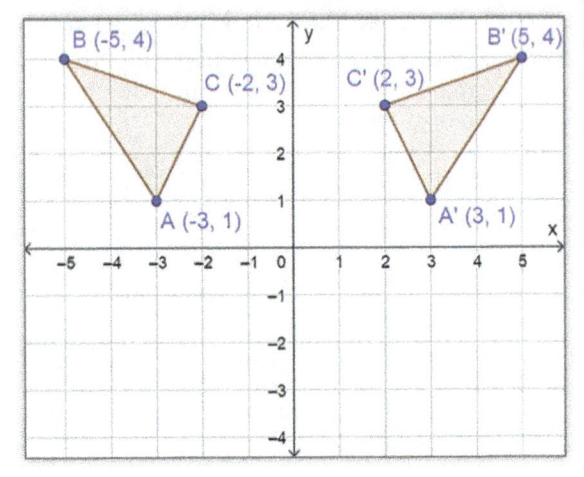

a) Compare as figuras dos dois triângulos e responda:
- Quais são os pares de vértices correspondentes simétricos em relação ao eixo **y**?
- Quais são as coordenadas de cada um desses vértices?

b) Que relação você pode perceber entre as coordenadas dos vértices correspondentes dessas figuras?

6. Junte-se a um colega e, em uma malha quadriculada, construam um plano cartesiano e representem um quadrado de vértices A(1, –1), B(1, –4), C(4, –4) e D(4, –1). Depois, nesse mesmo plano cartesiano, construam a figura simétrica a esse quadrado:

a) em relação ao eixo **y**.
b) em relação ao eixo **x**.

7. Em qual item as figuras são simétricas em relação ao eixo **x**?

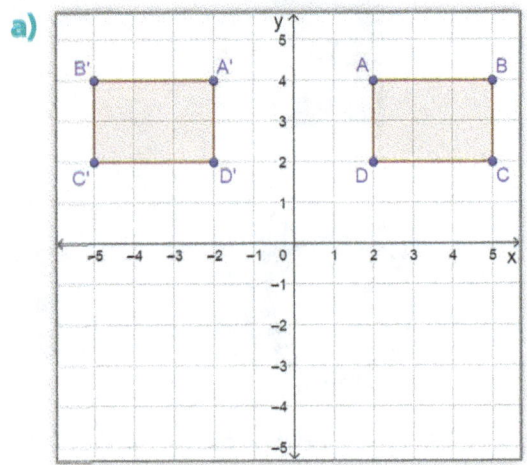

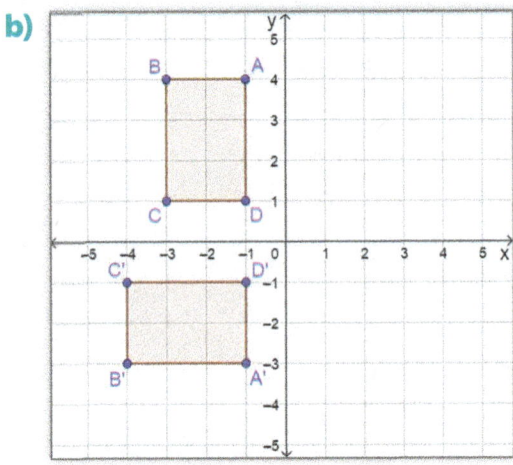

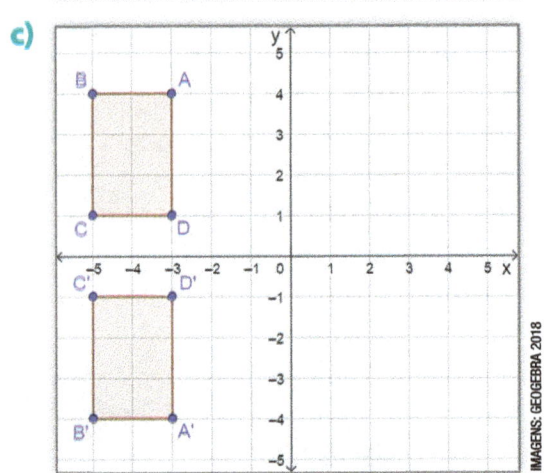

a)

b)

c)

186

Simetria de translação

Projetos de arquitetura como os de casas, prédios e edificações podem ser percebidos por toda parte. Algumas vezes, esses elementos integram-se ao ambiente e à cultura regional de maneira tão intensa que se tornam símbolos daquele local.

Em São Paulo (SP), por exemplo, as imagens identificadas em grande parte das calçadas tornaram-se um símbolo do município. Nessas calçadas é possível identificar um padrão geométrico interessante. Observe.

▶ Este padrão de calçada foi escolhido pela prefeitura de São Paulo (SP) por meio de um concurso na década de 1960. Fotografia de 2017.

Fonte dos dados: SOUZA, F. Criadora do 'piso paulista' diz que nunca recebeu 1 centavo pelo desenho. **Folha de S.Paulo**. Disponível em: <https://www1.folha.uol.com.br/cotidiano/2015/06/1648845-criadora-do-piso-paulista-diz-que-nunca-recebeu-1-centavo-pelo-desenho.shtml>. Acesso em: 25 maio 2019.

Esse padrão pode ser simulado a partir da reprodução e do deslocamento de figuras, conforme segue.

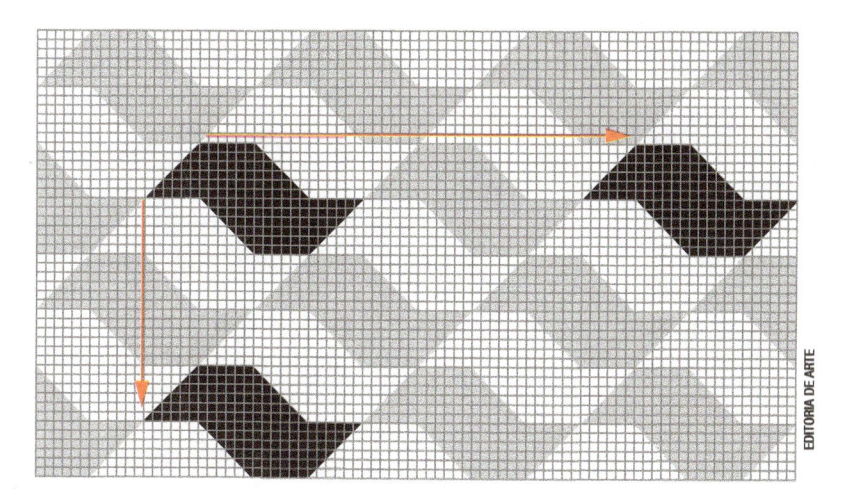

Essa reprodução e esse deslocamento apresentam a ideia de **simetria de translação**. Nesse tipo de transformação, o tamanho e o formato da figura são mantidos e seu deslocamento ocorre de acordo com uma distância, direção e sentido.

187

Ao realizarmos a translação de uma figura, podemos indicar a distância, a direção e o sentido do deslocamento por meio de uma seta. Observe os exemplos.

a) A figura **II** foi obtida ao deslocar a figura **I**, conforme a distância (10 unidades), a direção (horizontal) e o sentido (da esquerda para a direita) indicados pela seta.

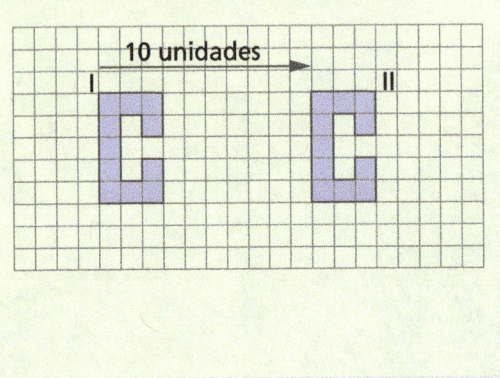

b) A figura **II** foi obtida ao deslocar a figura **I**, conforme a distância (7 unidades), a direção (vertical) e o sentido (de cima para baixo) indicados pela seta.

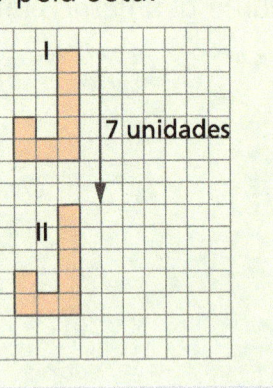

Note que, na simetria de translação, cada ponto da figura original é deslocado da mesma maneira.

ATIVIDADES

1. Em um programa de computador, Lucas desenhou quatro figuras e obteve, para cada uma delas, outra figura por simetria de translação. Escreva os pares de figuras simétricas por translação feitas por Lucas.

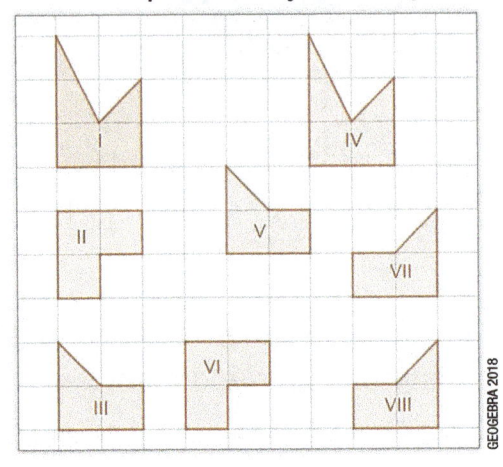

2. As figuras **II**, **III** e **IV** a seguir foram obtidas por simetria de translação da figura **I**. Identifique a seta que indica cada translação.

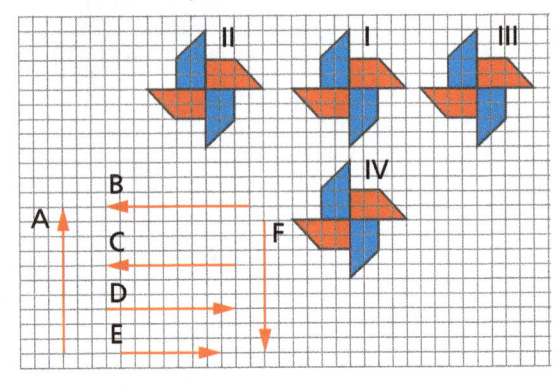

188

3. Observe como podemos construir figuras simétricas por translação em uma malha quadriculada. Para isso, considere o pentágono representado e a seta que indica a translação.

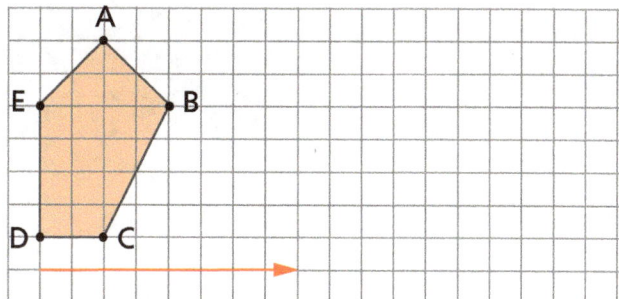

1º Para construirmos a figura simétrica por translação, indicamos para cada vértice do pentágono um ponto transladado de acordo com a distância, direção e sentido representados pela seta. Para indicar o ponto **A'**, por exemplo, contamos 8 unidades a partir do ponto **A**, na direção horizontal e sentido da esquerda para a direita. Os demais vértices são obtidos de maneira análoga.

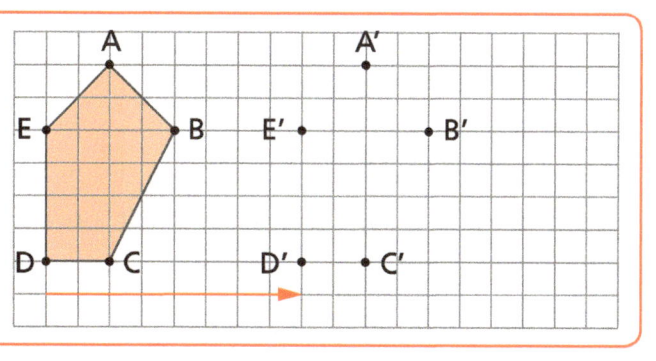

2º Por fim, ligamos os pontos indicados obtendo os lados, pintamos seu interior e obtemos a figura simétrica por translação.

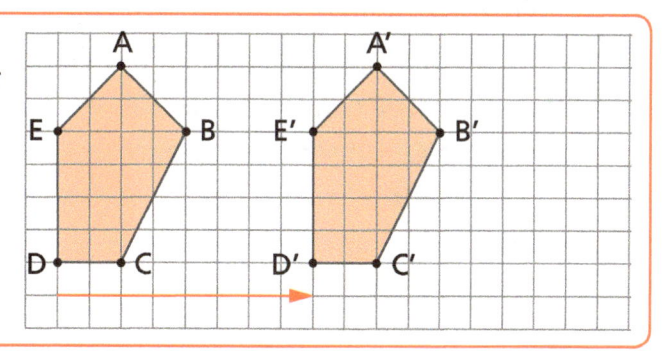

Agora, em uma malha quadriculada, reproduza a figura a seguir e represente uma figura simétrica a ela por translação de acordo com a seta.

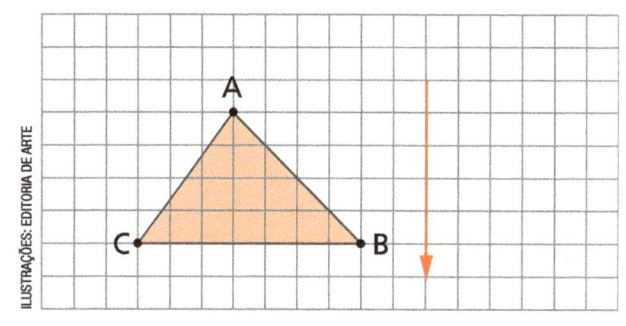

4. Em uma malha quadriculada, construa a figura de um polígono. Indique uma direção, um sentido e uma distância por meio de uma seta. Depois, troque essa malha com um colega para que ele construa a figura simétrica por translação de acordo com a seta, enquanto você faz o mesmo na malha que ele lhe entregou. Por fim, verifiquem juntos as resoluções.

Simetria de rotação

Maurits Cornelis Escher (1898-1972) foi um artista holandês que empregava em suas obras padrões e efeitos visuais com base em diferentes ideias matemáticas. Observe, ao lado, uma de suas obras.

Nessa obra, podemos identificar que, a partir de uma de suas partes, é possível obter as demais realizando rotações em torno de um ponto. Isso corresponde à ideia de **simetria de rotação**.

Na simetria de rotação, cada ponto da figura é rotacionado de acordo com determinado ângulo e sentido em torno de um ponto **O**, chamado **centro de rotação**.

ESCHER, M. C. **Senda da vida II**. 1958. Xilogravura, 37 cm × 37 cm. Coleção particular.

Observe o exemplo ao lado, em que a figura **B** foi obtida a partir da figura **A**, por meio de simetria de rotação de 90°, em torno do ponto **O**, no sentido horário.

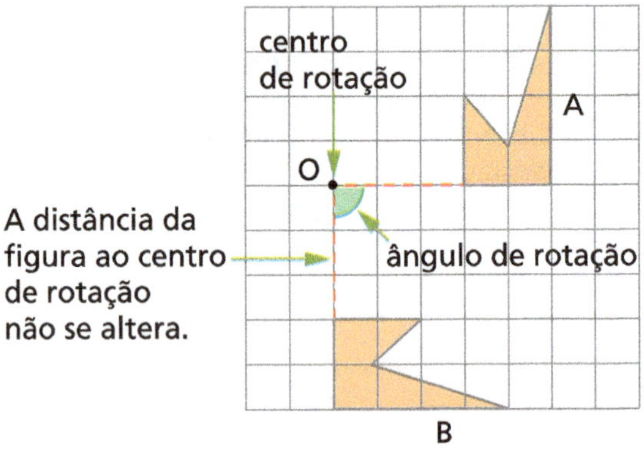

Agora, observe outros exemplos.

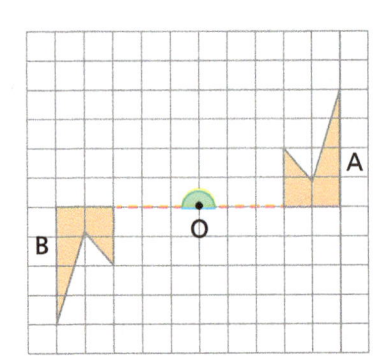

A figura **B** foi obtida por simetria de rotação da figura **A**, em torno do ponto **O**, em 180° no sentido anti-horário ou, de maneira equivalente, no sentido horário.

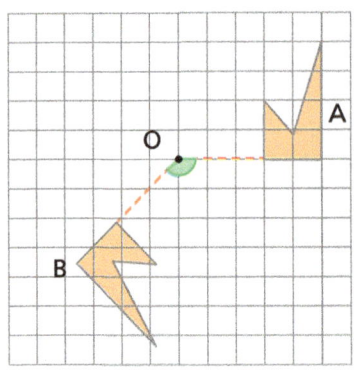

A figura **B** foi obtida por simetria de rotação da figura **A**, em torno do ponto **O**, em 135° no sentido horário.

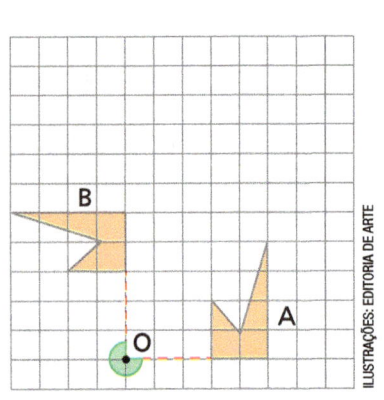

A figura **B** foi obtida por simetria de rotação da figura **A**, em torno do ponto **O**, em 270° no sentido horário.

190

ATIVIDADES

1. Camila está editando no celular da mãe uma fotografia. Após clicar algumas vezes na opção em destaque, a posição da fotografia foi alterada. Observe.

- Quantas vezes você acredita que Camila clicou nessa opção de edição?

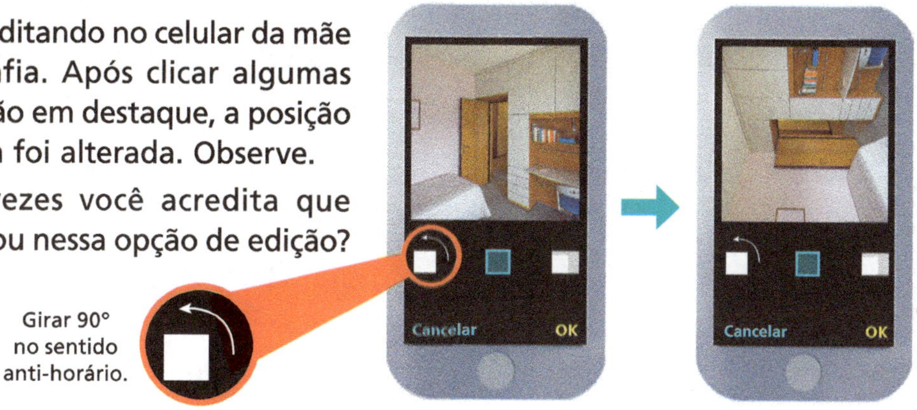

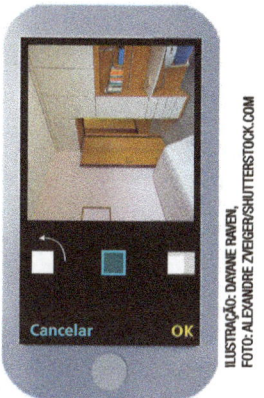

Girar 90° no sentido anti-horário.

2. Em cada item a seguir, a figura **2** foi obtida por meio de rotação da figura **1**, tendo o ponto **O** como centro de rotação. Observe.

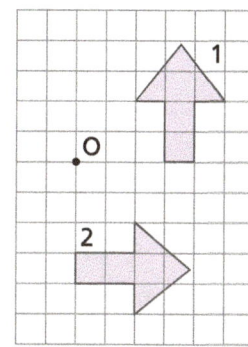

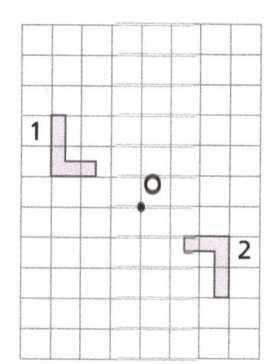

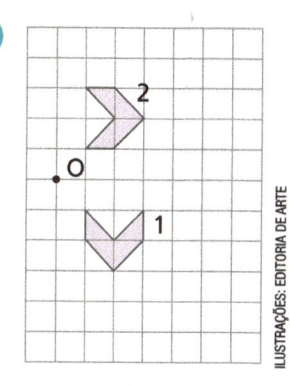

a) b) c)

- Identifique, entre as fichas a seguir, aquela que indica o ângulo de rotação e o sentido correspondente a cada item anterior.

  I. 270° no sentido anti-horário.

  II. 90° no sentido anti-horário.

  III. 180° no sentido horário.

  IV. 270° no sentido horário.

  V. 360° no sentido horário.

3. (Enem-2013) Um programa de edição de imagens possibilita transformar figuras em outras mais complexas. Deseja-se construir uma nova figura a partir da original. A nova figura deve apresentar simetria em relação ao ponto **O**.

A imagem que representa a nova figura é:

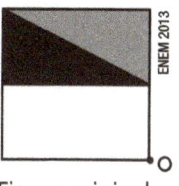

Figura original.

a)   b)   c)   d)   e)

191

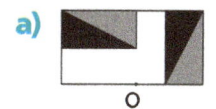

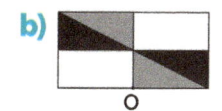

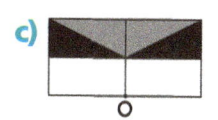

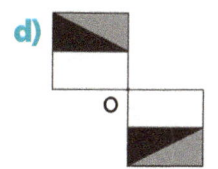

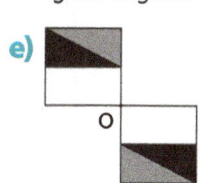

4. Os pentágonos representados a seguir são simétricos. Considerando uma das figuras, a outra pode ser obtida por meio de rotação da primeira em relação ao ponto **O**. Escreva os pares de vértices correspondentes dessas figuras.

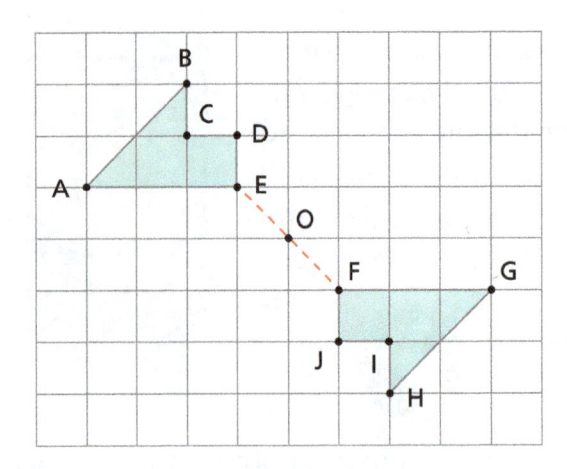

5. Em qual dos itens a seguir a figura **II** foi obtida por meio de rotação da figura **I** em relação ao ponto **O**.

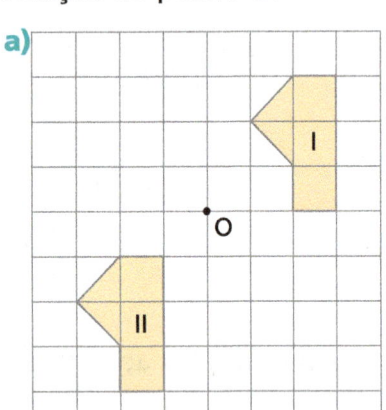

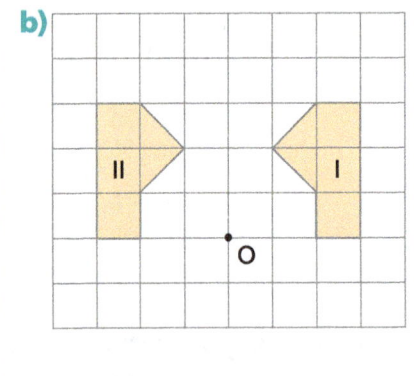

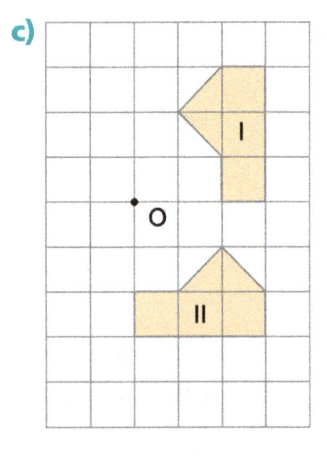

a)   b)   c)

6. Em cada item, a figura **II** foi obtida por meio de rotação da figura **I** em relação ao ponto **O**. Use um transferidor para fazer medições e indique o ângulo de rotação em cada caso a seguir de duas maneiras: considerando o sentido horário e o anti-horário.

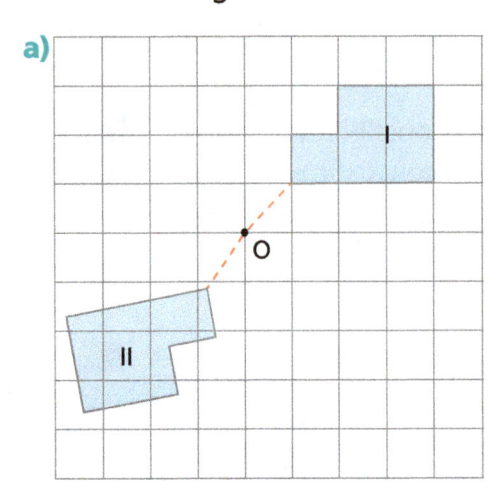

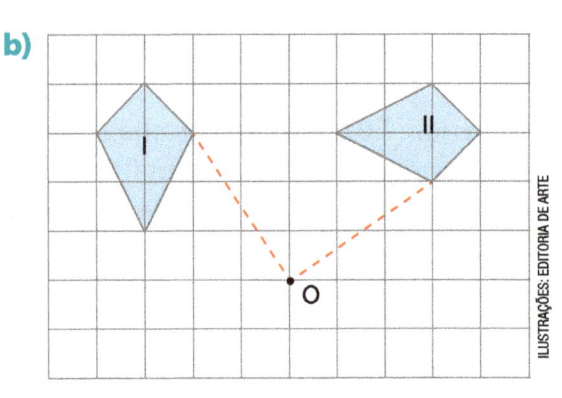

a)   b)

192

INTEGRANDO COM ARTE E LÍNGUA PORTUGUESA

Perfeita simetria

Ideias de simetria costumam ser empregadas não apenas na Matemática, mas também em diversas outras áreas do conhecimento, como nas artes plásticas, na arquitetura e na literatura.

O uso da simetria nesses casos pode ter diferentes finalidades, como a busca por uma beleza estética e harmônica ou ainda para expressar um padrão rítmico. Observe os exemplos a seguir.

> ❗ Neste poema do curitibano Paulo Leminski (1944-1989), é possível perceber algumas letras refletidas.

LEMINSKI, P. Lua na água. In: LEMINSKI, P. **Caprichos & Relaxos**. 3. ed. São Paulo: Brasiliense, 1983.

CAMPOS, A. de. **Luxo**. 1966. *Offset* sobre papel. Coleção Museu de Arte Contemporânea da Universidade de São Paulo.

> ❗ O paulistano Augusto de Campos (1931-), neste poema-gravura, compõe a escrita de uma palavra por meio da reprodução e deslocamento de uma outra palavra.

193

Na arquitetura, diferentes ideias de simetria costumam ser usadas em construções de prédios, fachadas, calçamentos, entre outros.

Observe uma construção projetada pelo arquiteto brasileiro Oscar Niemeyer (1907-2012).

▶ Congresso Nacional, Brasília (DF). Fotografia de 2018.

Modelo.

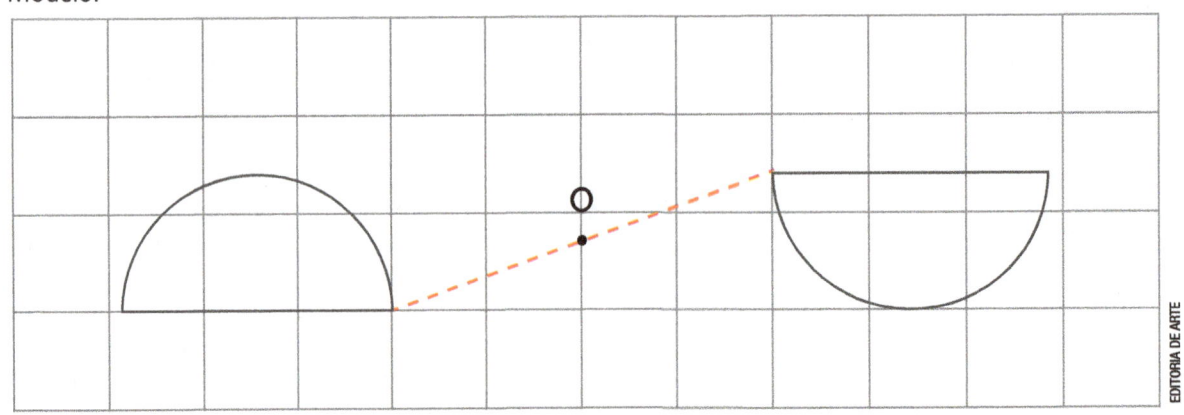

▶ Nas cúpulas representadas por figuras planas em uma malha quadriculada, pode ser percebida a ideia de simetria de rotação em relação a um ponto.

194

1. Responda às questões de acordo com o poema de Paulo Leminski.
   a) Algumas palavras desse poema apresentam letras em que é possível identificar ideias de qual tipo de simetria está sendo estudado nesta Unidade? Explique.

   _____
   _____
   _____

   b) Em sua opinião, qual a relação do título "Lua na água" com o tipo de simetria que você identificou no item anterior?

   _____
   _____
   _____

2. Responda às questões de acordo com o poema-gravura de Augusto de Campos.
   a) Que palavra aparece reproduzida diversas vezes nesse poema-gravura? A organização das reproduções dessa palavra forma que outra palavra?

   _____

   b) Ideias de que tipo de simetria estudado nesta Unidade é possível identificar em relação à palavra que aparece reproduzida diversas vezes nesse poema-gravura? Explique.

   _____
   _____
   _____

3. Observe novamente o modelo apresentado das cúpulas do Congresso Nacional. Depois, identifique qual o ângulo de rotação das figuras em relação ao ponto O.

   _____

4. Para resolver as questões a seguir, use sua criatividade e, se necessário, realize uma pesquisa.
   a) Elabore e escreva um texto que apresente ideia de simetria.

   _____
   _____

   b) Identifique no município onde você mora uma construção em que seja possível perceber alguma das ideias de simetria estudadas nesta Unidade. Depois, indique o tipo de simetria usada e represente essa construção por meio de um desenho.

195

O QUE ESTUDEI

1 Leia com atenção cada pergunta a seguir e faça uma reflexão. Depois, responda: **sim**, **às vezes** ou **não**.

A) Ouvi as explicações do professor?
B) Pedi ajuda quando tive dúvidas?
C) Ajudei o professor?
D) Fiquei em silêncio quando o professor pediu?
E) Participei na resolução das atividades propostas?
F) Fiz todas as atividades propostas na sala de aula?
G) Fiz as tarefas escolares em casa?
H) Respeitei meus colegas nos trabalhos em grupo?
I) Ajudei meus colegas quando eles tiveram dúvidas?
J) Levei para a sala de aula os materiais necessários?

2 Nas fichas estão indicados os principais conceitos que estudamos nesta Unidade. Reflita sobre cada um deles e verifique se você precisa retomar algum conceito para melhor compreendê-lo.

- Razão
- Escala
- Porcentagem
- Proporção
- Propriedade fundamental das proporções
- Grandezas diretamente proporcionais
- Grandezas inversamente proporcionais
- Simetria de reflexão
- Simetria de translação
- Simetria de rotação

3 Resolva cada problema proposto a seguir e escreva quais conceitos estudados nesta Unidade você utilizou na resolução.

SITUAÇÃO INICIAL

A figura ao lado é uma redução da obra **C9351** do artista brasileiro Luiz Sacilotto (1924–2003). A obra original tem 90 cm de comprimento na horizontal e 110 cm de comprimento na vertical.

11 cm

▶ SACILOTTO, L. **C9351**. 1993. Têmpera acrílica sobre tela, 90 cm x 110 cm. Coleção particular.

9 cm

PROBLEMAS

I. No contorno da imagem acima, cada 4,5 cm de comprimento na horizontal correspondem a quantos centímetros na vertical?

II. Cada 1 cm de comprimento da imagem acima corresponde a quantos centímetros de comprimento na obra original?

III. O quociente da medida de comprimento na horizontal pela medida da vertical da obra original é igual ou diferente do quociente correspondente da imagem anterior?

IV. Se fizermos outra redução da obra original, de maneira que a figura obtida tenha 18 cm de comprimento na horizontal, qual deve ser a medida do comprimento na vertical dessa figura?

V. Considere duas linhas retas traçadas nessa figura: uma linha horizontal dividindo a figura ao meio e uma linha vertical também dividindo a figura ao meio. Ao dobrarmos a figura nessa linha horizontal, as duas partes obtidas vão se sobrepor? E se dobrarmos a figura na linha vertical?

197

UNIDADE 7
MEDIDAS DE SUPERFÍCIE E VOLUME

Quanto de espaço precisamos para morar?

Alguns municípios no mundo enfrentam o desafio de precisar acomodar muitos habitantes em determinada região.

Tóquio, no Japão, tem 2 191 km² de extensão territorial e cerca de 13 725 000 habitantes, segundo estimativas de 2017, ou seja, tem uma das mais elevadas densidades demográficas do mundo, com aproximadamente 6 264 hab./km².

Além do aumento da população, o preço por metro quadrado dos imóveis tem aumentado. Em contrapartida, as construtoras lançam apartamentos cada vez menores. No Brasil, em São Paulo (SP), por exemplo, 26,6% das unidades em prédio lançadas em 2016 possuíam até um dormitório. Para atender a um público específico, existem apartamentos ainda menores, com cerca de 20 m² ou até menos.

Fontes dos dados: TOKYO METROPOLITAN GOVERNMENT. **Tokyo**. Disponível em: <www.metro.tokyo.jp/ENGLISH/ABOUT/TOKYO/FILES/AUTUMN-WINTER_2017/Tokyo_brochure_all.pdf>.

PAULISTANOS fazem adaptações para se acostumar à vida em microapartamentos. **Folha de S.Paulo**. Disponível em: <https://www1.folha.uol.com.br/saopaulo/2017/01/1847724-paulistanos-fazem-adaptacoes-para-se-acostumar-a-vida-em-microapartamentos.shtml>. Acessos em: 30 abr. 2019.

Com menos de 40 m², os chamados microapartamentos são uma tendência em grandes centros urbanos.

Converse com os colegas e o professor sobre os itens a seguir.
- De acordo com o texto, o que motiva uma pessoa a comprar um microapartamento?
- Na sua opinião, quais são as vantagens e as desvantagens que podem existir em relação a morar em um microapartamento?
- Com suas palavras, explique o que significa 1 km² e 1 m².

Esse tipo de imóvel geralmente é procurado por casais ou pessoas que moram sozinhas, que trabalham fora a maior parte do tempo, que têm um estilo de vida mais minimalista, que buscam um imóvel mais prático, de menor custo ou perto do trabalho.

Sofá-cama, mesa dobrável, televisor embutido na porta de correr do armário, entre outros móveis multifuncionais, ajudam a otimizar o espaço reduzido. É necessário que os móveis sejam muito bem planejados. Além disso, o prédio possui áreas de serviço compartilhadas entre os moradores, como lavanderia.

1. MEDIDAS DE SUPERFÍCIE

Na abertura desta Unidade foram apresentadas informações relacionadas a **medidas de superfície**, como a extensão territorial de um município e a área de alguns apartamentos.

Para expressar a medida de uma superfície ou a área, podemos utilizar unidades de medidas padronizadas. Observe no esquema algumas dessas unidades de medida.

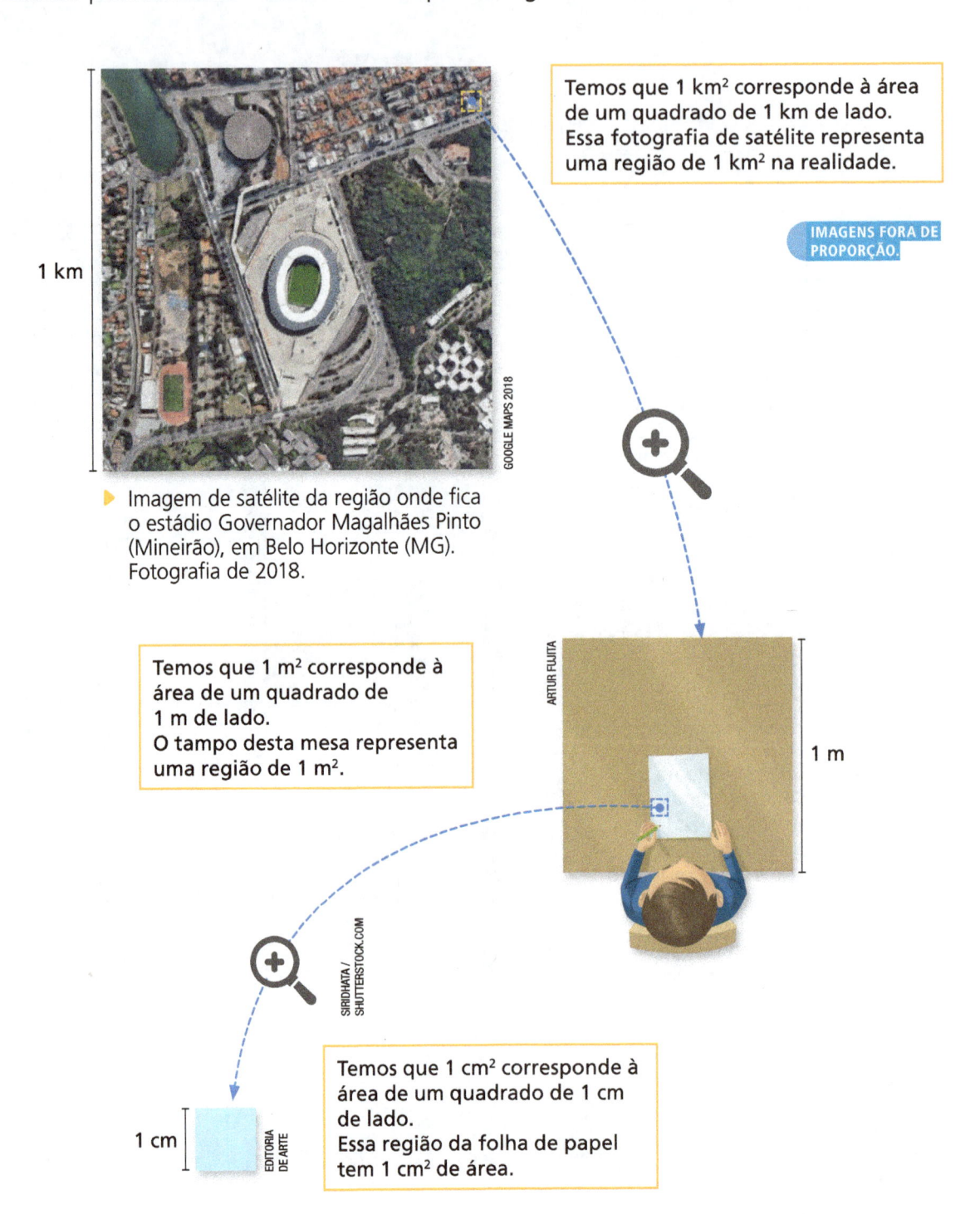

Temos que 1 km² corresponde à área de um quadrado de 1 km de lado. Essa fotografia de satélite representa uma região de 1 km² na realidade.

IMAGENS FORA DE PROPORÇÃO.

▸ Imagem de satélite da região onde fica o estádio Governador Magalhães Pinto (Mineirão), em Belo Horizonte (MG). Fotografia de 2018.

Temos que 1 m² corresponde à área de um quadrado de 1 m de lado.
O tampo desta mesa representa uma região de 1 m².

Temos que 1 cm² corresponde à área de um quadrado de 1 cm de lado.
Essa região da folha de papel tem 1 cm² de área.

200

ATIVIDADES

1. Na abertura desta Unidade há uma planta baixa em que é possível verificar a área de um apartamento e de seus cômodos. Pesquise peças publicitárias em diferentes mídias que apresentem imóveis (apartamentos ou casas) que estejam sendo construídos ou comercializados no município onde você mora. Identifique e registre informações como: área do imóvel, nome do empreendimento, localização, previsão de entrega, preço.

2. Altamira (PA) é considerado o município de maior extensão territorial do Brasil, com 159 530 km².
A extensão territorial desse município ultrapassa a de vários países como, por exemplo, Portugal, que tem cerca de 92 090 km².

   Fontes: IBGE. **Países**. Disponível em: <https://paises.ibge.gov.br/#/pt/pais/portugal/info/sintese>.
   IBGE. **Cidades**. Disponível em: <https://cidades.ibge.gov.br/brasil/pa/altamira/panorama>. Acessos em: 2 maio 2019.

   a) A extensão territorial de Portugal corresponde a cerca de quantos por cento da extensão territorial de Altamira?

   b) Considere que a figura I representa a extensão territorial de Altamira. Qual das outras figuras melhor representa a extensão territorial de Portugal?

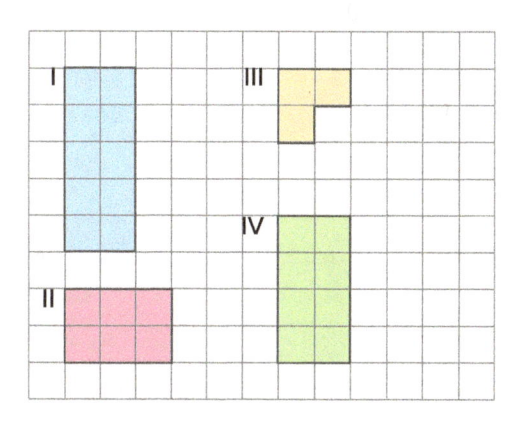

3. Determine a área, em centímetros quadrados, de cada figura na malha quadriculada.

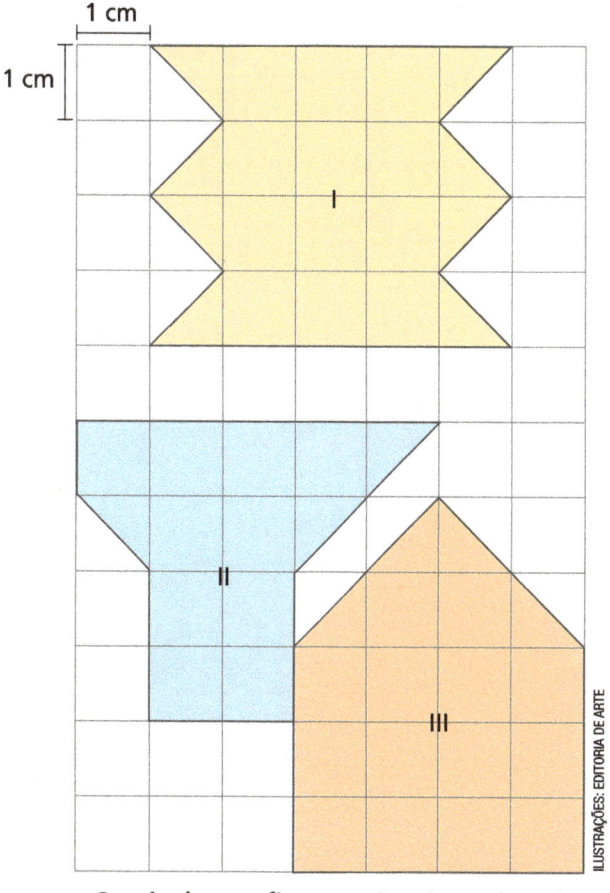

   • Quais dessas figuras têm áreas iguais?

4. Observe a notícia.

   De acordo com estimativas, apesar da queda em relação a 2016, o desmatamento na Amazônia atingiu cerca de 662 mil hectares em 2017.

   Fonte dos dados: INPE. Coordenação-geral de observação da terra. **Inpe estima 6 624 km² de desmatamento por corte raso na Amazônia em 2007**. Disponível em: <www.obt.inpe.br/OBT/noticias/INPE-estima-desmatamento-por-corte-raso-na-Amazonia-em-2017>. Acesso em: 2 maio 2019.

   Sabendo que 1 hectare (ha) equivale a 10 000 m², qual foi a área desmatada na Amazônia em 2017, em metros quadrados?

201

Área de quadriláteros

▶ Área do retângulo e do quadrado

Observe um modelo de anúncio nos classificados de certo jornal.

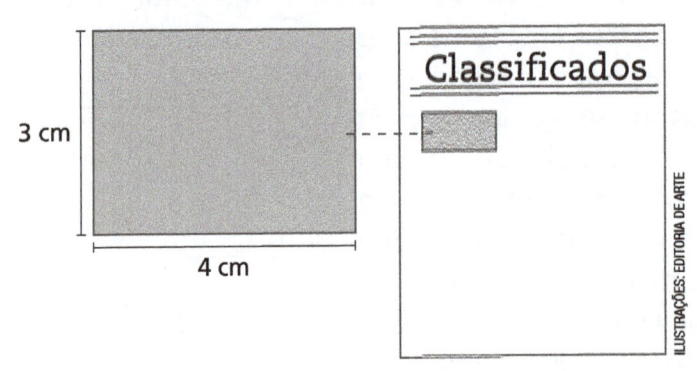

Para calcular a área ocupada por esse anúncio, podemos representá-lo em uma malha quadriculada.

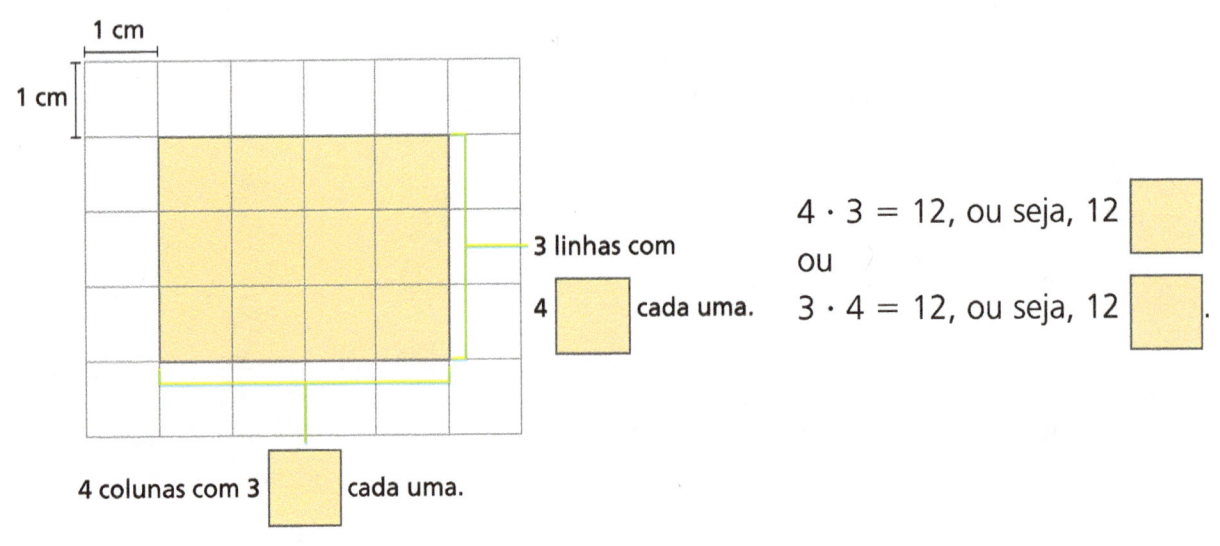

3 linhas com 4 ▢ cada uma.

4 · 3 = 12, ou seja, 12 ▢
ou
3 · 4 = 12, ou seja, 12 ▢.

4 colunas com 3 ▢ cada uma.

Assim, como cada ▢ tem 1 cm², a área ocupada por esse anúncio é 12 cm².

Para calcular a área de um retângulo podemos multiplicar a medida do comprimento pela medida da largura. Como o quadrado é um caso particular de retângulo, cujos lados têm medidas iguais, podemos multiplicar a medida de um lado por ela mesma para calcular a área.

- Área do retângulo.

$A = a \cdot b$
ou
$A = b \cdot a$

- Área do quadrado.

$A = a \cdot a$
ou
$A = a^2$

Área do paralelogramo

Considere a representação do paralelogramo a seguir, em que **b** é a medida da base e **h** é a da altura.

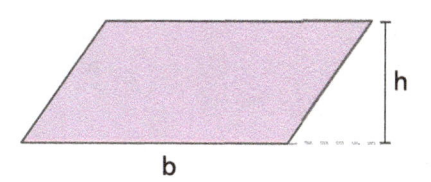

> **!** Lembre-se de que o paralelogramo é um quadrilátero que possui dois pares de lados opostos paralelos. Os lados paralelos têm medidas iguais entre si.

Observe como podemos usar a decomposição e a composição de figuras a fim de obter uma fórmula para calcular a área de um paralelogramo.

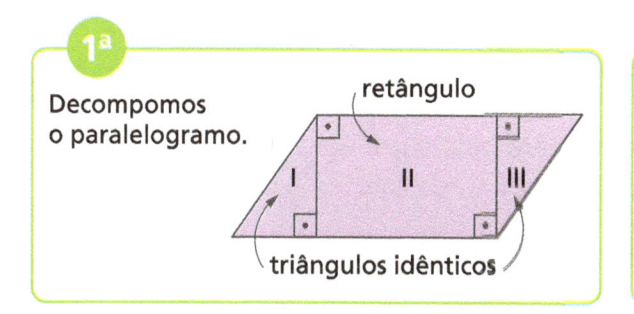

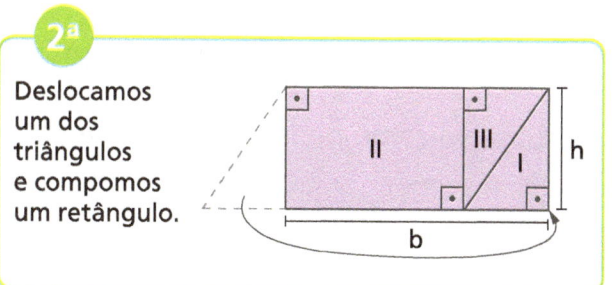

1ª Decompomos o paralelogramo. (retângulo, triângulos idênticos)

2ª Deslocamos um dos triângulos e compomos um retângulo.

3ª Como o retângulo maior obtido e o paralelogramo são formados pelas mesmas figuras (I, II e III), eles têm a mesma área. Assim, podemos expressar a área do paralelogramo por:

$$A = b \cdot h$$

A: área do paralelogramo
b: medida da base
h: medida da altura

Área do losango

Você lembra que o losango é um paralelogramo que possui os quatro lados com medidas iguais? Observe como podemos obter uma fórmula para calcular a área do losango.

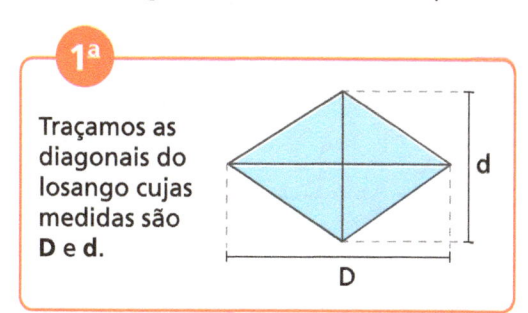

1ª Traçamos as diagonais do losango cujas medidas são D e d.

2ª Construímos um retângulo traçando cada lado de maneira que passe por um vértice do losango e seja paralelo a uma de suas diagonais.

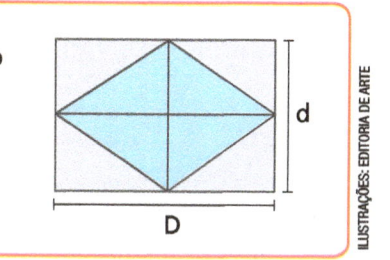

3ª Como o retângulo obtido é composto de oito triângulos idênticos e o losango, formado por quatro desses triângulos, a área do losango é igual à metade da área desse retângulo. Assim, podemos expressar a área do losango por:

$$A = \frac{D \cdot d}{2}$$

A: área do losango
D: medida da diagonal maior
d: medida da diagonal menor

▶ Área do trapézio

Considere a representação do trapézio a seguir, em que **b** é a medida da base menor, **B** é a medida da base maior e **h** é a medida da altura.

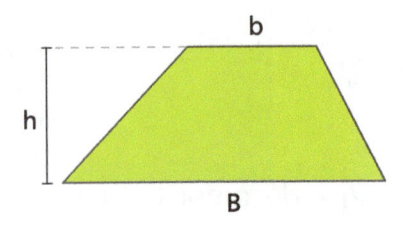

> ❗ Lembre-se de que o trapézio é um quadrilátero que possui apenas um par de lados opostos paralelos. Os lados paralelos são as **bases** do trapézio.

Observe como podemos obter uma fórmula para calcular a área desse trapézio.

1ª Construímos um novo trapézio idêntico ao inicial, porém em outra posição.

2ª Compomos um paralelogramo com esses dois trapézios.

3ª Como os dois trapézios que compõem o paralelogramo são idênticos, a área de cada um deles é igual à metade da área do paralelogramo. Assim, podemos expressar a área do trapézio inicial por:

$$A = \frac{(B + b) \cdot h}{2}$$

A: área do trapézio
B: medida da base maior
b: medida da base menor
h: medida da altura

Observe agora alguns exemplos de cálculo da área dos quadriláteros usando as fórmulas obtidas.

Quadrado

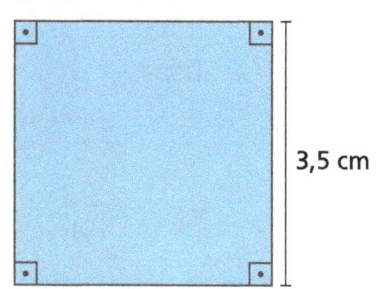

$A = a^2$
$A = (3,5)^2 = 3,5 \cdot 3,5 = 12,25$,
ou seja, 12,25 cm².

Retângulo

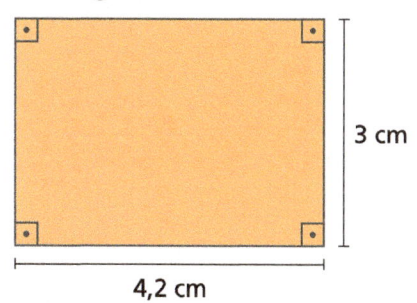

$A = a \cdot b$
$A = 4,2 \cdot 3 = 12,6$,
ou seja, 12,6 cm².

Paralelogramo

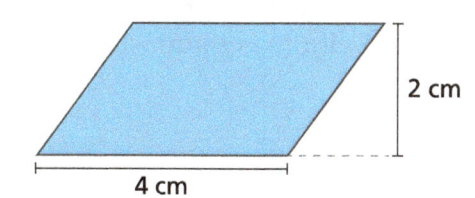

$A = b \cdot h$
$A = 4 \cdot 2 = 8$, ou seja, 8 cm².

Losango

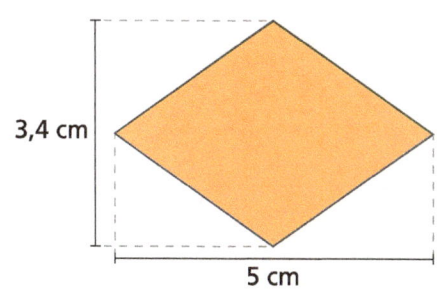

$A = \dfrac{D \cdot d}{2}$

$A = \dfrac{5 \cdot 3,4}{2} = \dfrac{17}{2} = 8,5$, ou seja, 8,5 cm².

Trapézio

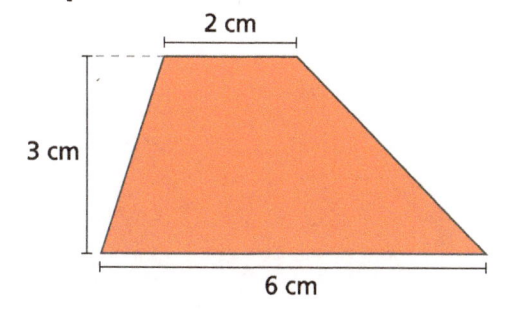

$A = \dfrac{(B + b) \cdot h}{2}$

$A = \dfrac{(6 + 2) \cdot 3}{2} = \dfrac{8 \cdot 3}{2} = \dfrac{24}{2} = 12$,
ou seja, 12 cm².

ATIVIDADES

1. Calcule a área de cada quadrilátero.

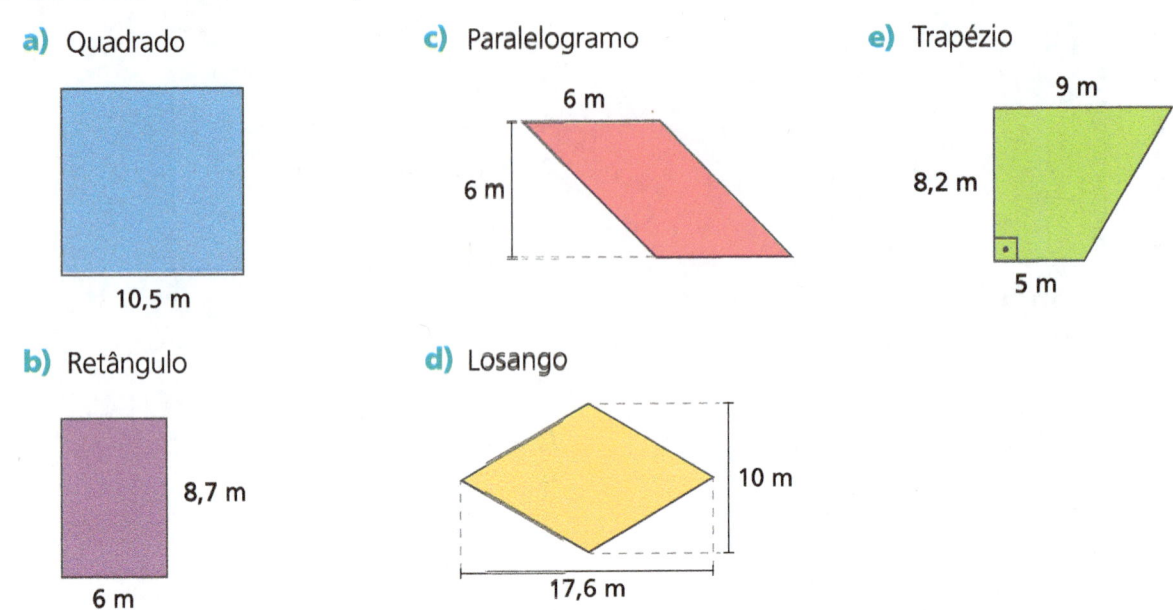

   a) Quadrado — 10,5 m

   b) Retângulo — 8,7 m; 6 m

   c) Paralelogramo — 6 m; 6 m

   d) Losango — 17,6 m; 10 m

   e) Trapézio — 9 m; 8,2 m; 5 m

2. Em geral, é bastante comum revelar ou imprimir uma fotografia em papel com formato retangular e com algumas medidas padronizadas. Certa loja oferece alguns preços promocionais para impressão de fotografias em algumas dimensões.

   PROMOÇÃO
   IMPRESSÃO DE FOTOGRAFIAS:
   13 × 18
   10 × 15
   15 × 21
   Venha conferir!

   a) Sabendo que as dimensões são dadas em centímetros, calcule a área de impressão das opções de fotografia apresentadas no anúncio.

   b) Qual opção de fotografia tem maior área de impressão? E qual tem a menor área de impressão?

3. Observe, ao lado, as medidas de uma vaga de estacionamento do condomínio onde Fernanda mora. Sabendo que essa vaga possui formato de paralelogramo, calcule a área ocupada por ela.

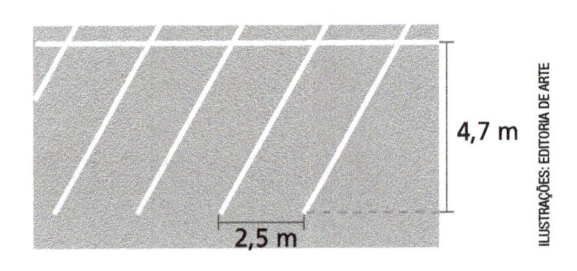

   4,7 m; 2,5 m

4. Considere o retângulo representado a seguir cuja área é 228 cm².

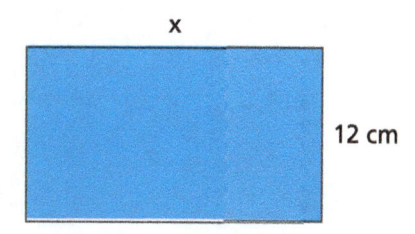

x
12 cm

a) Escreva uma equação envolvendo as medidas dos lados desse retângulo e a área correspondente.

b) Determine a medida **x**.

c) Se a largura desse retângulo for aumentada em 5 cm e o comprimento for mantido, sua área aumentará em quantos centímetros quadrados?

5. A bandeira do Brasil pode ser confeccionada em diferentes medidas. Porém, algumas características como cores, figuras geométricas e proporções das dimensões devem ser mantidas conforme especificados na legislação.

Observe as proporções oficiais em um modelo da bandeira do Brasil.

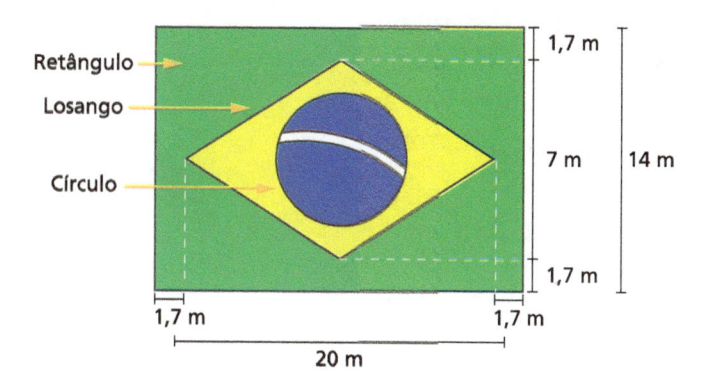

Retângulo
Losango
Círculo
1,7 m
7 m
14 m
1,7 m
1,7 m
1,7 m
20 m

Fonte dos dados: INMETRO. **Bandeira do Brasil II**. Disponível em: <www.inmetro.gov.br/consumidor/produtos/bandeira_nacional.asp>. Acesso em: 2 maio 2019.

Para montar uma representação da bandeira do Brasil, Sarah realizou alguns recortes em papéis coloridos, considerando as proporções das medidas oficiais. Para a parte verde, ela recortou a figura de um retângulo com as seguintes dimensões.

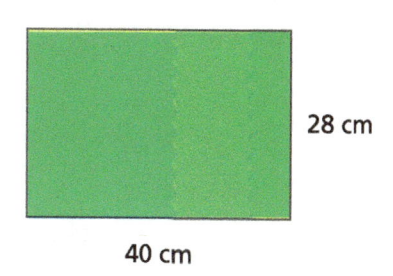

28 cm
40 cm

a) Quais foram as medidas das diagonais da figura de losango amarelo obtida por Sarah, após os recortes?

b) Em relação à bandeira que Sarah está montando, calcule a área:

- da figura de retângulo recortado.
- da figura de losango recortado.
- da parte verde da bandeira, após as colagens.

207

6. (Enem-2015) O Esquema I mostra a configuração de uma quadra de basquete. Os trapézios em cinza, chamados de garrafões, correspondem a áreas restritivas.

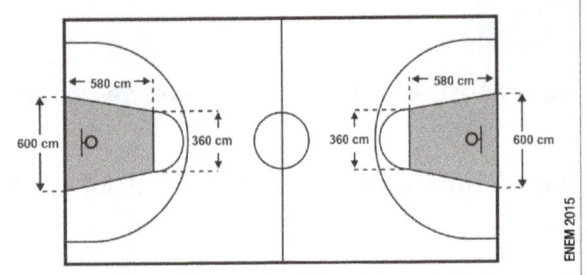

Esquema I: área restritiva antes de 2010.

Visando atender às orientações do Comitê Central da Federação Internacional de Basquete (Fiba) em 2010, que unificou as marcações das diversas ligas, foi prevista uma modificação nos garrafões das quadras, que passariam a ser retângulos, como mostra o Esquema II.

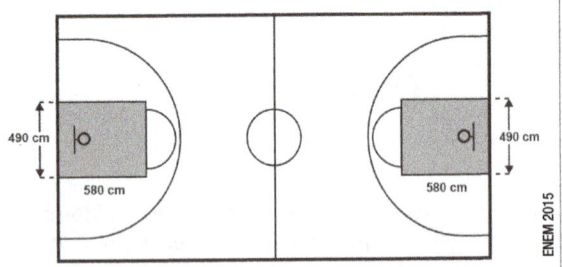

Esquema II: área restritiva a partir de 2010.

Após executadas as modificações previstas, houve uma alteração na área ocupada por cada garrafão, que corresponde a um(a)

a) aumento de 5 800 cm².
b) aumento de 75 400 cm².
c) aumento de 214 600 cm².
d) diminuição de 63 800 cm².
e) diminuição de 272 600 cm².

7. Altair tem um pequeno sítio e vai reservar uma região para fazer uma horta. Para isso, comprou 60 m de tela de arame para cercar toda essa região.

a) Quais das figuras a seguir podem representar a região que Altair vai cercar utilizando toda a tela de arame disponível, sem sobreposições e sem sobra?

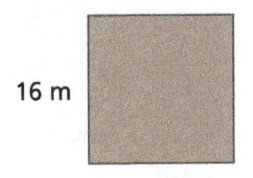

Figura I: quadrado. (16 m)

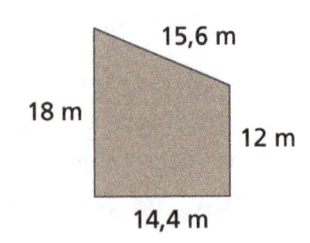

Figura II: trapézio. (15,6 m; 18 m; 12 m; 14,4 m)

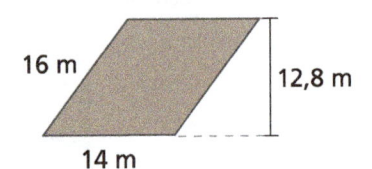

Figura III: paralelogramo. (16 m; 12,8 m; 14 m)

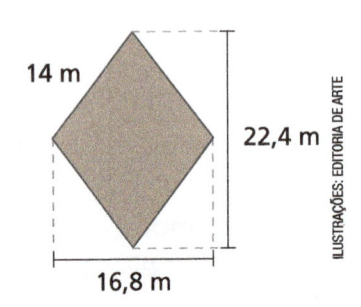

Figura IV: losango. (14 m; 22,4 m; 16,8 m)

b) Entre as figuras que você identificou no item **a**, qual representa uma região de maior área? De quantos metros quadrados é essa área?

8. Desenhe a figura de um retângulo com 24 cm² de área.

a) Quais são as medidas dos lados do retângulo que você representou?

b) Compare o retângulo que você representou com o de um colega. Os lados desses retângulos têm as mesmas medidas?

9. Com régua e compasso, Meire e Gael desenharam figuras de quadrado. A figura que Gael desenhou tem os lados com o dobro da medida daquele desenhado por Meire.

Meire

Gael

a) Atribua uma medida para o lado do quadrado desenhado por Meire. Em seguida, calcule a área e o perímetro desses dois quadrados.

b) Agora, compare a área e o perímetro dos dois quadrados desenhados e responda:
- O perímetro do quadrado de Gael é o dobro do perímetro do quadrado de Meire?
- A área do quadrado de Gael é o dobro da área do quadrado de Meire?

10. Para realizar um trabalho de Matemática, Franciele ficou responsável, no grupo em que participava, por calcular a área da parte superior retangular do tampo de uma mesa de sua casa. Como estava sem régua, ela improvisou e mediu a largura e o comprimento do tampo com palmos de sua mão. Observe as anotações que ela fez.

8 palmos

16 palmos

Depois, na escola, Franciele verificou com uma régua que seu palmo media cerca de 13,5 cm e, com essa informação, calculou a área do tampo da mesa.

a) Qual foi a área obtida por Franciele em centímetros quadrados?

b) Suponha que outro integrante do grupo de Franciele fizesse os mesmos procedimentos: medisse o tampo da mesma mesa com palmos de sua mão e, depois, medisse seu palmo com a régua. Podemos afirmar que a medida da área obtida por Franciele e por esse outro integrante do grupo é a mesma? Por quê?

11. Um campo de futebol oficial deve ser retangular e ter as dimensões de acordo com as medidas mínimas e as medidas máximas definidas pela Confederação Brasileira de Futebol. Além disso, o comprimento deve ser sempre maior que a largura. Observe.

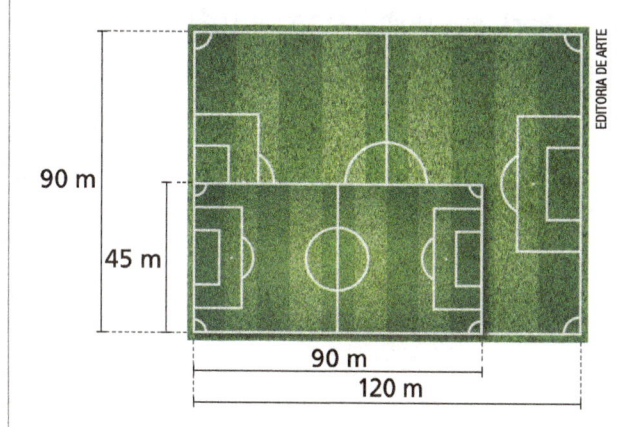

90 m
45 m
90 m
120 m

Fonte dos dados: CBF. **Regras de futebol 2016/17**. Disponível em: <https://cdn.cbf.com.br/content/201612/20161220181822_0.pdf>. Acesso em: 2 maio 2019.

Com base nas informações apresentadas, elabore e escreva um problema envolvendo a área de quadriláteros. Em seguida, junte-se a um colega e troquem o problema para que um resolva o do outro. Juntos, verifiquem se as respostas estão corretas.

Área do triângulo

As Pirâmides de Gizé, no Egito, consistem em um conjunto formado por três principais pirâmides: Miquerinos, Quéfren e Quéops. Essas construções podem ser representadas por pirâmides de base quadrada e superfície lateral formada por quatro triângulos idênticos.

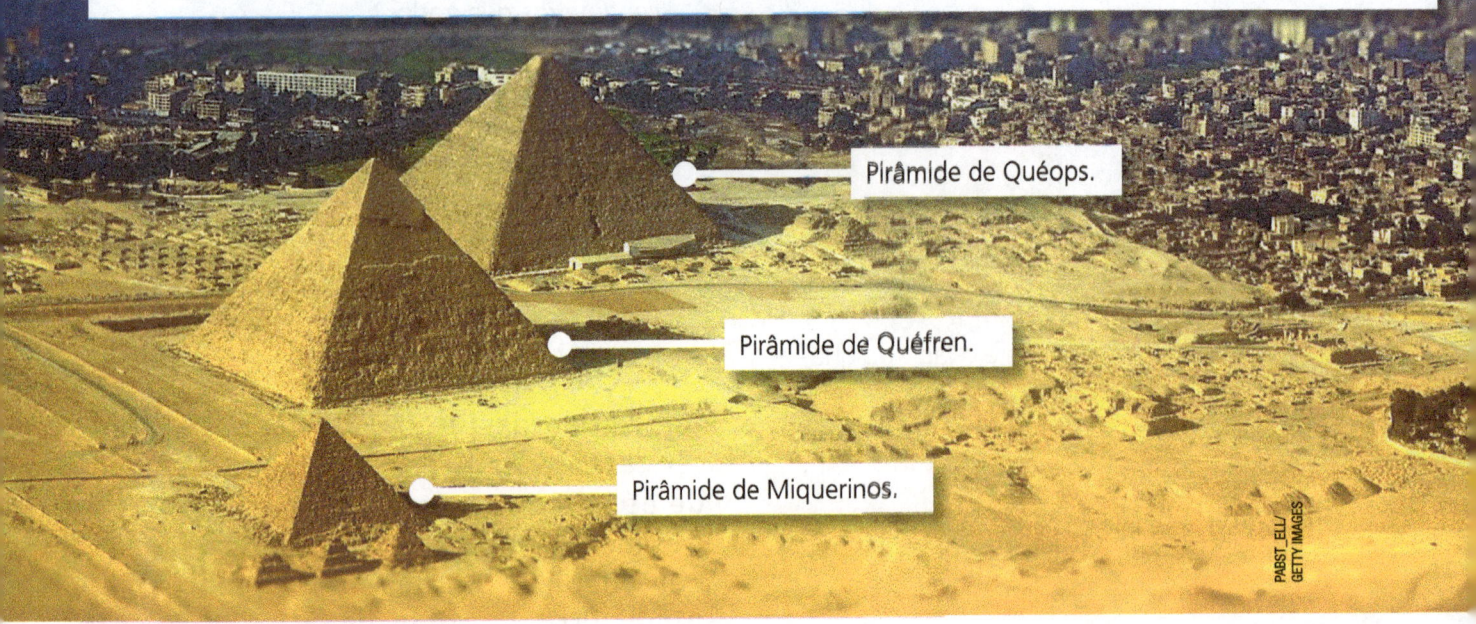

Pirâmide de Quéops.

Pirâmide de Quéfren.

Pirâmide de Miquerinos.

Fonte dos dados: EVES, H. **Introdução à história da matemática**. Tradução: Hygino H. Domingues. Campinas: Ed. da Unicamp, 2004. p. 67-68.

Para calcular a área de triângulos, como os que compõem a superfície lateral dessas pirâmides, podemos obter uma fórmula. Observe.

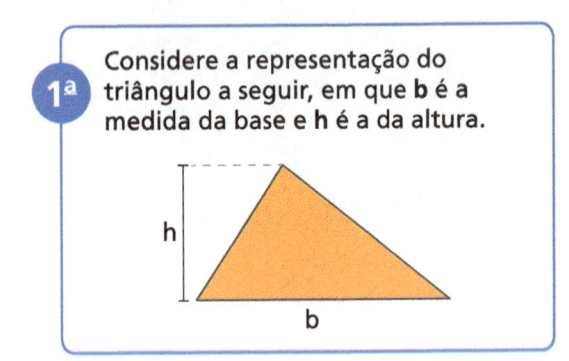

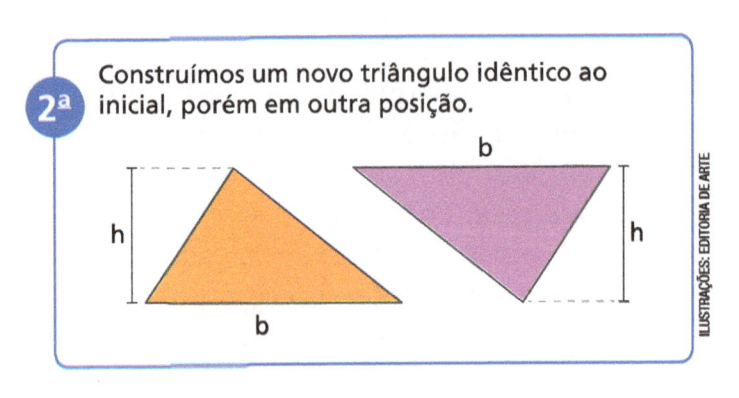

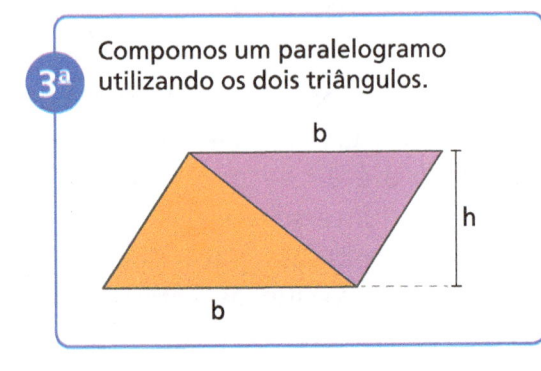

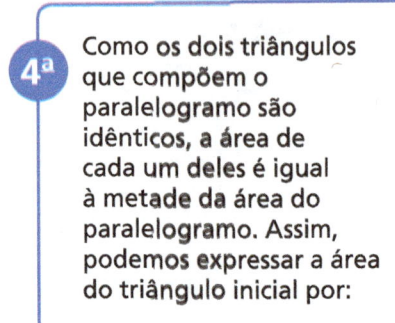

1ª Considere a representação do triângulo a seguir, em que **b** é a medida da base e **h** é a da altura.

2ª Construímos um novo triângulo idêntico ao inicial, porém em outra posição.

3ª Compomos um paralelogramo utilizando os dois triângulos.

4ª Como os dois triângulos que compõem o paralelogramo são idênticos, a área de cada um deles é igual à metade da área do paralelogramo. Assim, podemos expressar a área do triângulo inicial por:

$$A = \frac{b \cdot h}{2}$$

A: área do triângulo
b: medida da base
h: medida da altura

210

Observe o cálculo da área dos triângulos a seguir utilizando a fórmula obtida.

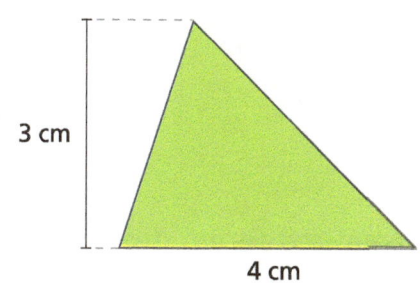

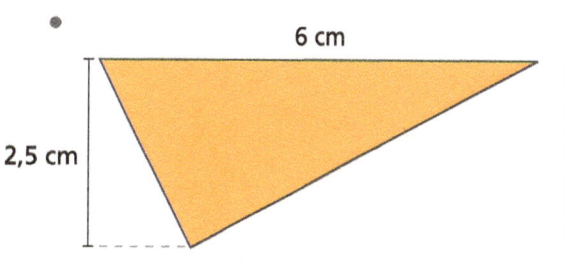

3 cm
4 cm

6 cm
2,5 cm

$A = \dfrac{b \cdot h}{2}$

$A = \dfrac{4 \cdot 3}{2} = \dfrac{12}{2} = 6$, ou seja, 6 cm².

$A = \dfrac{b \cdot h}{2}$

$A = \dfrac{6 \cdot 2,5}{2} = \dfrac{15}{2} = 7,5$, ou seja, 7,5 cm².

ATIVIDADES

1. Vimos que a superfície lateral de cada uma das representações das Pirâmides de Gizé é formada por triângulos idênticos. Observe a representação de uma face lateral da Pirâmide de Quéops.

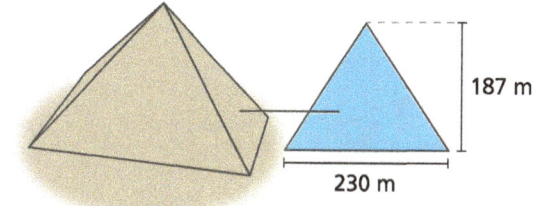

    a) Qual é a área desse triângulo?
    b) Qual é a área da superfície lateral da Pirâmide de Quéops?

    187 m
    230 m

2. Observe como Maicon faz para calcular a área de um triângulo retângulo.

    Para calcular a área de um triângulo retângulo, podemos dividir por 2 o produto das medidas dos lados perpendiculares.

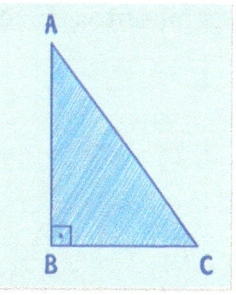

    $\overline{AB}$ corresponde à altura em relação a $\overline{BC}$.
    $\overline{BC}$ corresponde à altura em relação a $\overline{AB}$.

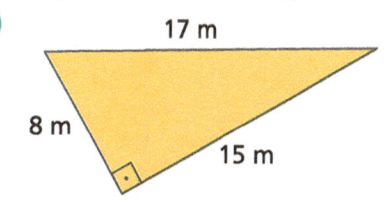

    Agora, calcule a área dos triângulos retângulos representados a seguir.

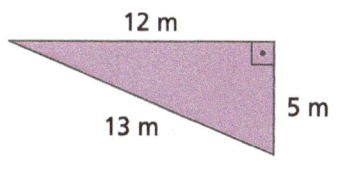

    a) 12 m, 5 m, 13 m

    b) 17 m, 8 m, 15 m

211

3. Calcule a área dos triângulos representados a seguir.

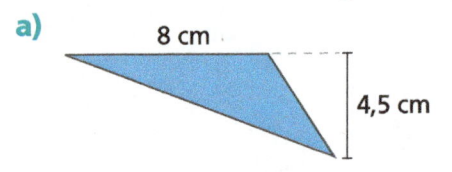

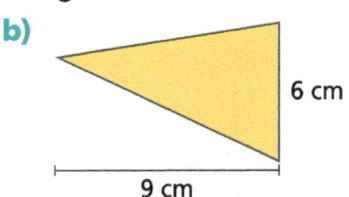

a) 8 cm, 4,5 cm

b) 6 cm, 9 cm

4. No decorrer da história, muitos conceitos matemáticos foram desenvolvidos em decorrência da necessidade de resolver problemas práticos. Herão de Alexandria (por volta de 100 d.C.) realizou diversos estudos voltados a problemas dessa natureza. Em um de seus trabalhos, Herão apresentou uma fórmula para calcular a área de um triângulo utilizando as medidas de seus lados. Observe.

$$A = \sqrt{s \cdot (s-a) \cdot (s-b) \cdot (s-c)}$$

a, b e c: medidas dos lados.

s: semiperímetro.

Semiperímetro: corresponde à metade do perímetro de uma figura geométrica plana.

Fonte dos dados: BOYER, C. B. **História da Matemática**. Tradução: Elza F. Gomide. São Paulo: Edgard Blücher, 1974. p. 124.

• Utilize a fórmula apresentada anteriormente e, com uma calculadora, obtenha a área dos triângulos representados a seguir.

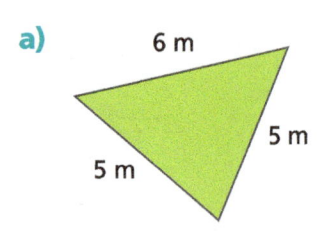

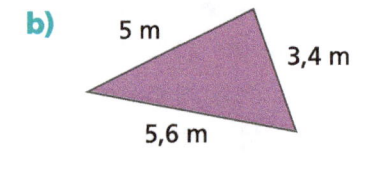

a) 6 m, 5 m, 5 m

b) 5 m, 3,4 m, 5,6 m

5. Para calcular a área de uma figura desenhada em uma malha, Ivone inicialmente traçou segmentos de reta, em vermelho, decompondo essa figura. Observe.

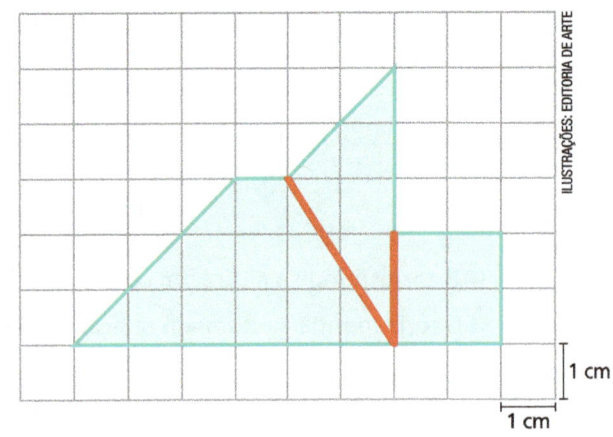

a) Qual é a área dessa figura?

b) Em uma malha quadriculada como a apresentada, construa uma figura que possa ser decomposta em triângulos, paralelogramos e trapézios. Depois, junte-se a um colega e troquem a figura para que um obtenha a área da figura do outro. Juntos, verifiquem se as respostas estão corretas.

6. Elabore e escreva um problema envolvendo o cálculo da área de uma figura que possa ser decomposta em triângulos ou retângulos. Em seguida, junte-se a um colega e troquem o problema para que um resolva o do outro. Juntos, verifiquem se as respostas estão corretas.

2. MEDIDAS DE VOLUME

Leia a tirinha com atenção.

SOUSA, M. de. **Turma da Mônica**. Disponível em: <http://turmadamonica.uol.com.br/tirinhasdomarcelinho/index.php?a=26>. Acesso em: 3 maio 2019.

As dicas de Marcelinho ao pai contribuíram para que o consumo de água na casa deles diminuísse. Na fatura de água desse mês, foi indicado o consumo de 12 m³. Mas o que essa medida representa?

O **metro cúbico** (**m³**) é uma unidade de medida padronizada de volume. Observe.

IMAGENS FORA DE PROPORÇÃO.

Um cubo com 1 m de aresta tem o volume de 1 m³.

Outras unidades de medida padronizadas de volume são o **centímetro cúbico** (**cm³**) e o **decímetro cúbico** (**dm³**). Observe.

- Um cubo com 1 dm de aresta tem o volume de 1 dm³.
- Um cubo com 1 cm de aresta tem o volume de 1 cm³.

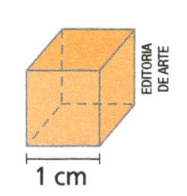

Acesse este *site* para obter mais informações sobre como evitar o desperdício de água.
- SABESP. **Dicas de economia**. Disponível em: <http://livro.pro/bm6rft>. Acesso em: 3 maio 2019.

213

ATIVIDADES

1. Letícia está empilhando cubinhos do material dourado com 1 cm de aresta cada. Calcule o volume de cada empilhamento com formato de bloco retangular que ela fez.

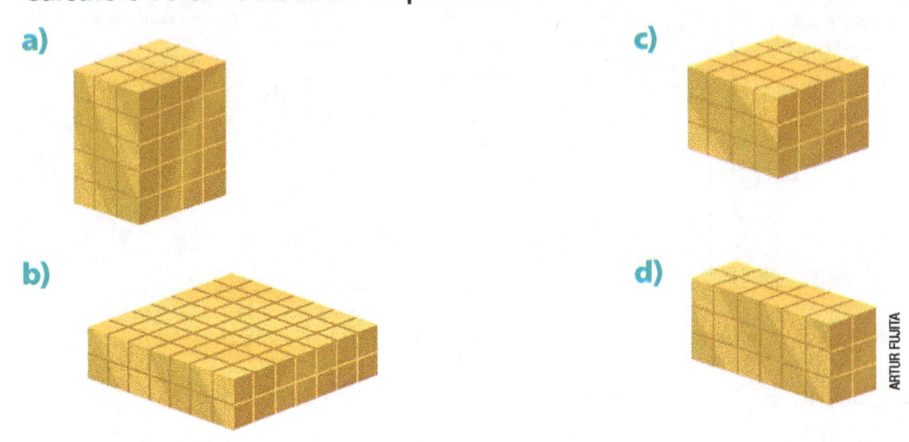

   a)

   b)

   c)

   d)

2. Você se lembra das relações entre as unidades de medida de volume e de capacidade? Observe.

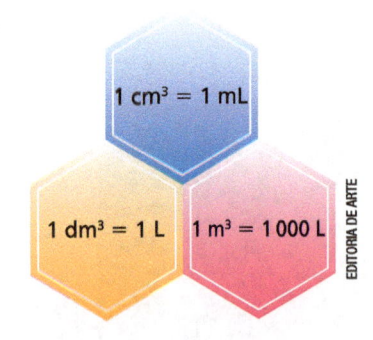

   1 cm³ = 1 mL
   1 dm³ = 1 L
   1 m³ = 1 000 L

   - Agora, copie as afirmativas a seguir substituindo cada ▧ pelo número adequado.
     a) A capacidade de certa jarra é 2 L ou ▧ dm³.
     b) Nílton comprou uma caixa-d'água cuja capacidade é 1 500 L ou ▧ m³.
     c) A capacidade de certa seringa é 20 mL ou ▧ cm³.
     d) O volume de água da piscina de um clube é 560 m³ ou ▧ L.
     e) Rose serviu o chá em uma xícara cuja capacidade é 240 mL ou ▧ cm³.

3. Certa fábrica de bebidas envasa água mineral em diferentes modelos de garrafa. Com 1 m³ de água, quantas garrafas como a representada podem ser envasadas, no máximo?

4. (Enem-2017) Em alguns países anglo-saxões, a unidade de volume utilizada para indicar o conteúdo de alguns recipientes é a onça fluida britânica. O volume de uma onça fluida britânica corresponde a 28,4130625 mL. A título de simplificação, considere uma onça fluida britânica correspondendo a 28 mL. Nessas condições, o volume de um recipiente com capacidade de 400 onças fluidas britânicas, em cm³, é igual a

a) 11 200.
b) 1 120.
c) 112.
d) 11,2.
e) 1,12.

5. A densidade é a razão entre a massa de um material e o seu volume. O bronze, por exemplo, tem densidade de 8,5 g/cm³, ou seja, cada 1 cm³ de bronze tem 8,5 g. Observe a densidade de outros materiais.

Material	Densidade (g/cm³)
Ferro fundido	7,4
Prata	10,5
Porcelana	2,4

Podemos calcular o volume aproximado de material necessário para fabricar um objeto com base na sua densidade e massa. Observe como Alan calculou o volume de uma moeda de bronze.

$$\frac{34}{8,5} = 4, \text{ ou seja, } 4 \text{ cm}^3.$$

Massa: 34 g.

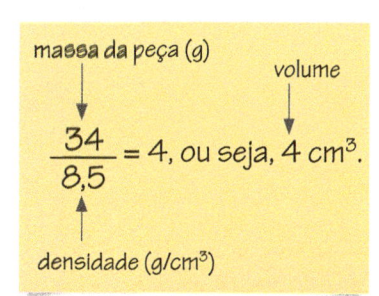

- Agora, calcule o volume de material necessário para fabricar cada objeto a seguir.

a) Panela de ferro fundido. 
Massa: 5 200 g.

b) Lamparina de prata. 
Massa: 210 g.

c) Vaso de porcelana.
Massa: 330 g.

IMAGENS FORA DE PROPORÇÃO.

6. Uma das informações que costuma ser apresentada na fatura de água é sobre como é realizado o cálculo do valor a pagar pela água consumida no mês. No exemplo a seguir, é apresentado esse cálculo para o consumo de 23 m³ de água em uma residência de certo município.

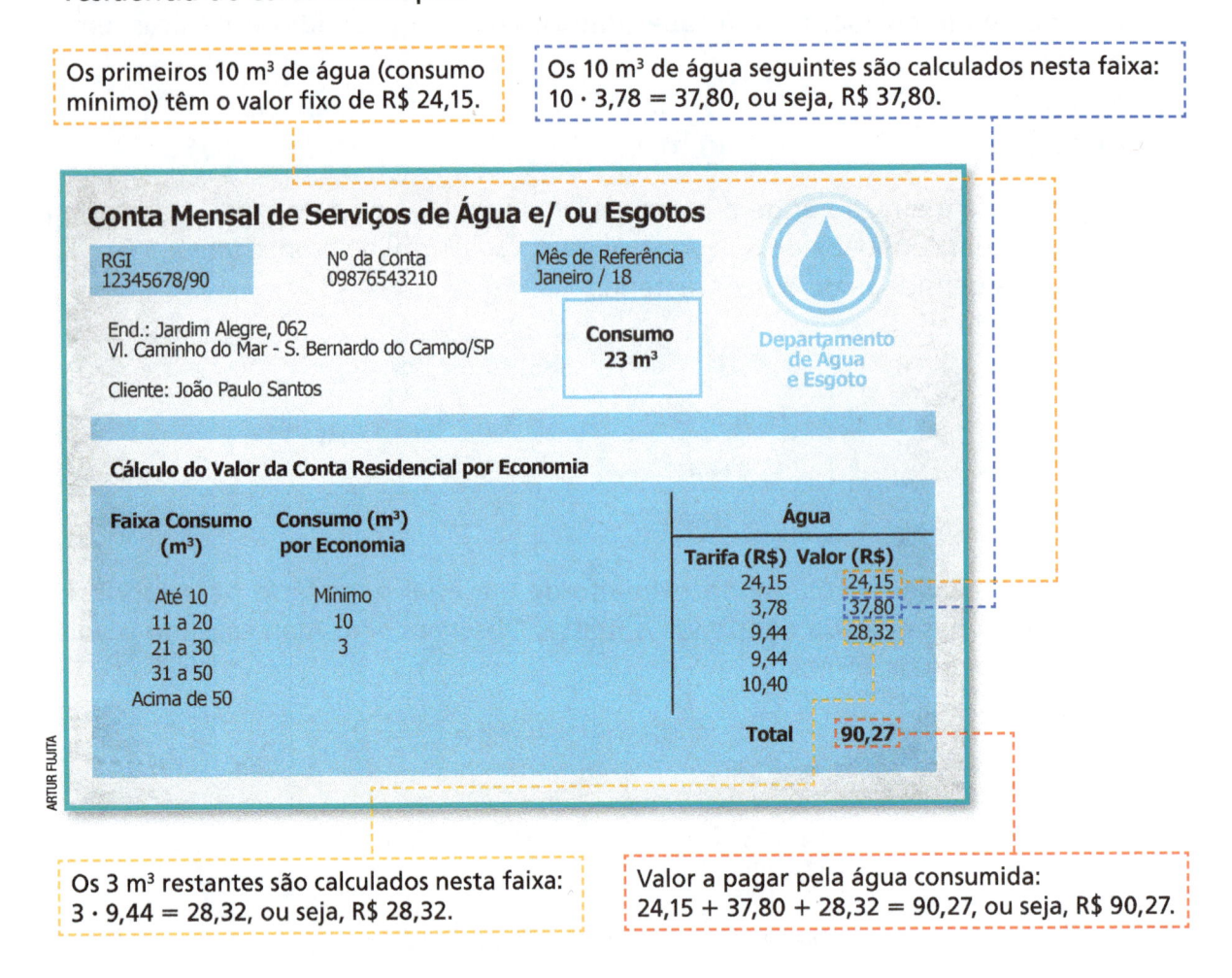

Os primeiros 10 m³ de água (consumo mínimo) têm o valor fixo de R$ 24,15.

Os 10 m³ de água seguintes são calculados nesta faixa: 10 · 3,78 = 37,80, ou seja, R$ 37,80.

Conta Mensal de Serviços de Água e/ ou Esgotos

RGI: 12345678/90
Nº da Conta: 09876543210
Mês de Referência: Janeiro / 18

End.: Jardim Alegre, 062
Vl. Caminho do Mar - S. Bernardo do Campo/SP
Cliente: João Paulo Santos

Consumo: 23 m³

Departamento de Água e Esgoto

Cálculo do Valor da Conta Residencial por Economia

Faixa Consumo (m³)	Consumo (m³) por Economia	Tarifa (R$)	Valor (R$)
Até 10	Mínimo	24,15	24,15
11 a 20	10	3,78	37,80
21 a 30	3	9,44	28,32
31 a 50		9,44	
Acima de 50		10,40	
		Total	**90,27**

Os 3 m³ restantes são calculados nesta faixa: 3 · 9,44 = 28,32, ou seja, R$ 28,32.

Valor a pagar pela água consumida: 24,15 + 37,80 + 28,32 = 90,27, ou seja, R$ 90,27.

a) Quais são as faixas de consumo de água nessa fatura?

b) Qual é o limite de consumo para o valor fixo de R$ 24,15?

c) Com base nessa fatura, quantos litros de água foram consumidos durante o mês?

d) Em uma residência desse município, quanto se paga pelo consumo de 15 m³ de água? E de 55 m³ de água?

e) Agora, vamos investigar! Encontre uma fatura de água recente de sua residência e responda às questões a seguir.
- De qual mês e ano é essa fatura?
- De acordo com essa fatura, quantos litros de água foram consumidos?
- Nessa fatura, a cobrança é feita por faixas de consumo? Quais são essas faixas?
- Qual é a tarifa mínima de água?
- Calcule o gasto com água, em reais, dessa fatura e compare com o valor total indicado na própria fatura.
- Caso na próxima fatura o consumo seja reduzido em 5 m³, qual será o valor gasto com água, em reais?

Volume do bloco retangular

Atualmente, um dos desafios da humanidade está relacionado com os resíduos produzidos diariamente. O que fazer com eles? No Brasil, pesquisadores estão desenvolvendo tijolos que utilizam PET na composição para serem utilizados na construção civil. Considere o tijolo representado feito com PET e cujo formato é um bloco retangular.

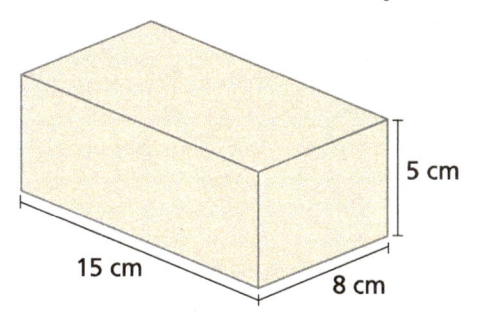

! Em geral, na produção desses tijolos, o PET é misturado com cimento e pedra.

Para calcularmos o volume desse tijolo podemos considerá-lo um empilhamento de representações de cubos de 1 cm de aresta. Observe.

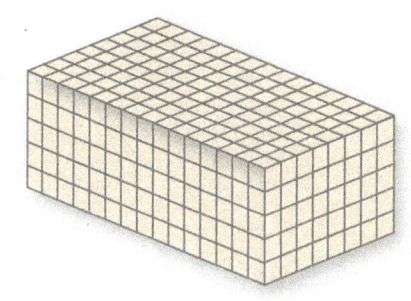

Note que esse empilhamento pode ser decomposto em 5 camadas, sendo cada camada formada de 15 fileiras com 8 cubos.

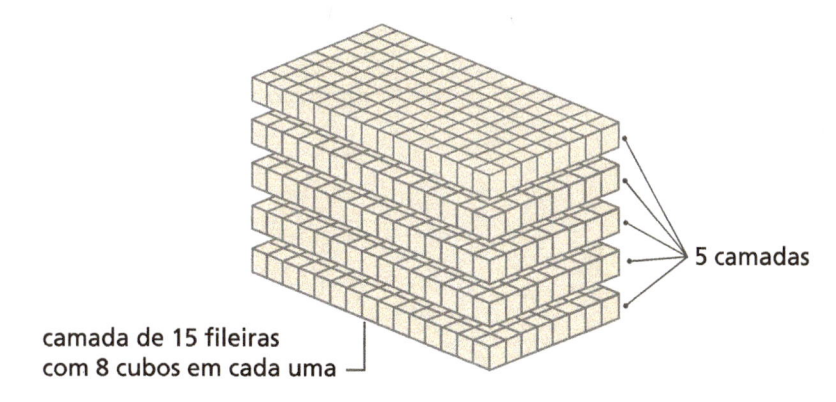

5 camadas

camada de 15 fileiras com 8 cubos em cada uma

Assim, podemos calcular da seguinte maneira a quantidade de cubos que formam essa representação.

quantidade de camadas

15 · 8 · 5 = 600, ou seja, 600 cubos.

quantidade de cubos por camada

Como cada figura de cubo tem 1 cm³, temos que o volume do tijolo é de 600 cm³.

217

Para calcular o volume de um bloco retangular podemos multiplicar as medidas de suas três dimensões: comprimento, largura e altura. Como o cubo é um caso particular de bloco retangular, em que as arestas têm medidas iguais, podemos calcular seu volume da mesma maneira.

- **Volume do bloco retangular.**

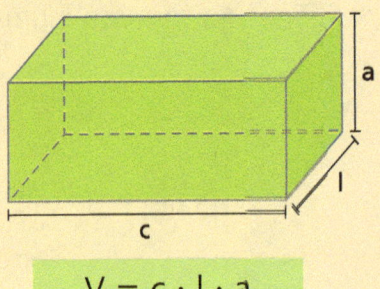

$$V = c \cdot l \cdot a$$

- **Volume do cubo.**

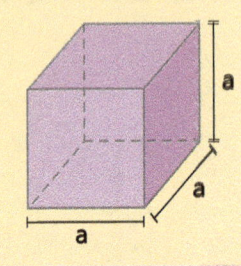

$$V = a \cdot a \cdot a \text{ ou } V = a^3$$

Observe o cálculo do volume das figuras geométricas espaciais representadas a seguir.

- Cubo.

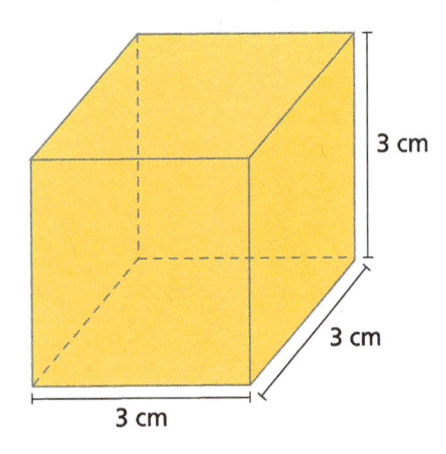

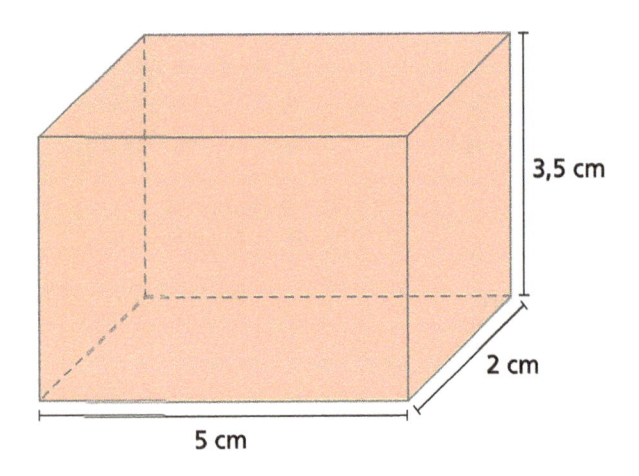

- Bloco retangular.

$V = a^3$
$V = (3)^3 = 3 \cdot 3 \cdot 3 = 27$, ou seja, 27 cm³.

$V = c \cdot l \cdot a$
$V = 5 \cdot 2 \cdot 3,5 = 35$, ou seja, 35 cm³.

218

ATIVIDADES

1. Calcule o volume de cada bloco retangular representado a seguir.

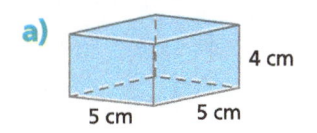

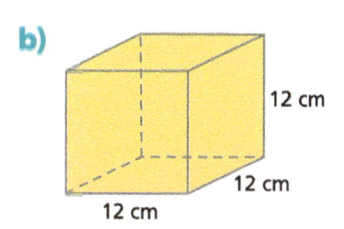

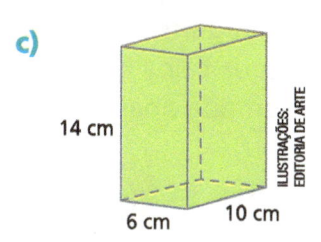

a) 5 cm × 5 cm × 4 cm

b) 12 cm × 12 cm × 12 cm

c) 6 cm × 10 cm × 14 cm

2. Sandra vai enviar uma mercadoria para uma amiga e está analisando qual o melhor modelo de caixa para acomodar o produto. Observe as informações sobre algumas opções de caixa, sendo todos os modelos com formato de bloco retangular.

Modelo	Dimensões (cm)	Preço (R$)
A	18 × 13,5 × 9	4,10
B	16 × 11 × 6	1,70
C	27 × 18 × 9	5,40
D	36 × 28 × 4	4,80

▸ Caixa usada para envio de objetos.

a) Qual modelo de caixa tem o menor preço? E qual tem o maior preço?

b) Calcule quantos centímetros cúbicos, no máximo, podem ser armazenados em cada modelo de caixa.

c) A mercadoria que Sandra vai enviar é acondicionada em uma embalagem moldável, de 3 L, ou seja, pode ter o formato ajustado. Qual modelo de caixa ela pode escolher gastando a menor quantia possível?

3. Você sabe o que são contêineres? Eles são grandes recipientes, que geralmente lembram um bloco retangular e servem para acondicionar e transportar diversas mercadorias em navios, trens, caminhões e aviões. Veja as dimensões de dois modelos de contêineres e, com uma calculadora, obtenha a capacidade aproximada de cada um, em litros.

a) Comprimento: 6,1 m
Largura: 2,4 m
Altura: 2,6 m

b) Comprimento: 12,2 m
Largura: 2,4 m
Altura: 2,6 m

4. Quais são as possíveis dimensões internas, em decímetros, para construir um aquário com formato de bloco retangular e capacidade de 200 L?

5. Elabore e escreva um problema envolvendo o cálculo do volume de um bloco retangular ou de um cubo. Em seguida, junte-se a um colega e troquem os problemas para que um resolva o do outro. Juntos, verifiquem se as respostas estão corretas.

219

6. Nas viagens de avião, os passageiros podem levar consigo uma bagagem de mão, mas, existem algumas restrições. Certa companhia aérea, por exemplo, permite que cada passageiro leve uma bagagem de mão com no máximo 10 kg e que caiba inteiramente na caixa representada abaixo.

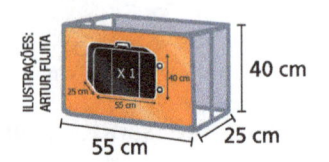

(caixa: 55 cm × 25 cm × 40 cm)

a) Que volume máximo, em litros, pode ter uma bagagem de mão permitida por essa companhia?

b) Qual das malas a seguir é classificada como bagagem de mão por essa companhia?

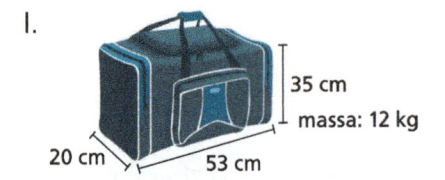

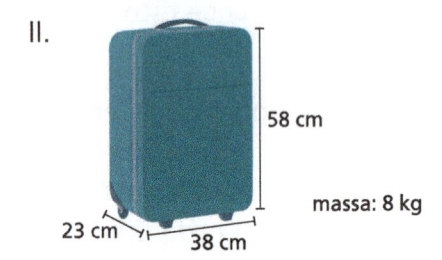

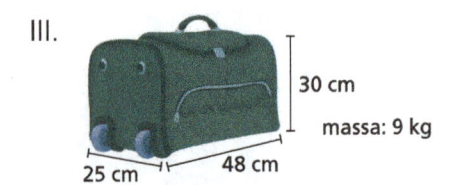

IMAGENS FORA DE PROPORÇÃO.

I. 20 cm × 53 cm × 35 cm, massa: 12 kg

II. 23 cm × 38 cm × 58 cm, massa: 8 kg

III. 25 cm × 48 cm × 30 cm, massa: 9 kg

7. Maitê está fazendo uma pesquisa para calcular a capacidade de uma caixa de leite com formato de bloco retangular. Para isso, ela mediu com uma régua as dimensões da caixa e anotou em uma folha. Observe a seguir.

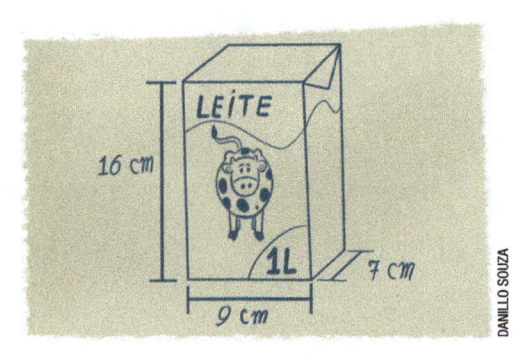

(caixa de leite: 9 cm × 7 cm × 16 cm, 1 L)

a) Com base nessas medidas, calcule a capacidade dessa caixa em mililitros.

b) Compare a capacidade calculada da caixa com a quantidade de leite indicada na embalagem. Essas medidas comparadas são iguais? Em sua opinião, por que isso ocorreu?

c) Com uma embalagem com formato de bloco retangular, meça com uma régua suas dimensões e calcule sua capacidade. Em seguida, compare a medida calculada com a quantidade indicada na embalagem e anote suas conclusões.

8. (Enem-2017) Para a Olimpíada de 2012, a piscina principal do Centro Aquático de Londres, medindo 50 metros de comprimento, foi remodelada para ajudar os atletas a melhorar suas marcas. Observe duas das melhorias.

Largura das raias
Cada uma das dez raias mede 2,5 metros, conforme o padrão oficial. Nas provas finais, a primeira e a décima ficarão vazias para evitar que as ondas desfavoreçam os atletas.

Profundidade 3 metros
Com essa profundidade, a água que se movimenta em direção ao fundo da piscina demora mais para retornar à superfície e não atrapalha a progressão dos nadadores.

Veja, n. 2 278, jul. 2012 (adaptado).

A capacidade da piscina em destaque, em metro cúbico, é igual a

a) 3 750.   c) 1 250.   e) 150.
b) 1 500.   d) 375.

INTEGRANDO COM CIÊNCIAS

CRITICIDADE COLABORAÇÃO

Gerando energia elétrica em casa

Você sabe como é gerada a energia elétrica utilizada em sua residência?

No Brasil, as usinas hidrelétricas são as principais geradoras de energia elétrica. Apesar de essas usinas produzirem menos poluentes que as termelétricas e as usinas nucleares e utilizarem as águas dos rios, que são uma fonte renovável de energia, sua construção causa impactos ambientais, como o alagamento de grandes áreas. Por esse e outros fatores, há a preocupação em desenvolver fontes alternativas de energia. Uma dessas fontes é a luz solar, que tem sido matéria-prima para gerar energia no Brasil e em muitos outros países.

Em residências comuns, é possível implantar um sistema autônomo de produção de energia fotovoltaica, que gera eletricidade a partir da luz do sol. Apesar de sua instalação ainda ter um custo relativamente alto, esse sistema não polui o meio ambiente e resulta em uma economia na fatura de energia elétrica, o que, em alguns anos, acaba compensando o investimento.

▸ Painéis solares instalados em telhado de residência no município de Lençóis (BA). Fotografia de 2016.

JOÃO PRUDENTE/PULSAR IMAGENS

Observe algumas informações.

Eficiência energética
Para determinar a eficiência energética de um painel solar, dividimos sua potência (em watts) pela área (em metros quadrados) e, por fim, dividimos o resultado por 10. O valor obtido é dado em porcentagem e, quanto maior ele for, mais eficiente será o painel na geração de energia.

Formato do painel
Cada painel solar tem formato retangular e pode ser fabricado em diferentes tamanhos. Eles são compostos de células fotovoltaicas, um dispositivo responsável por captar a luz do sol, que depois é convertida em energia elétrica utilizada na residência.

Energia gerada
Sistemas desse tipo podem armazenar a energia gerada que não é consumida ou disponibilizar essa energia para a rede de distribuição local à qual está conectada, o que pode converter em créditos ou desconto na fatura de energia elétrica.

Instalação
A instalação é feita por uma empresa especializada que analisa as condições do local, como incidência de luz solar e a área do telhado disponível para a instalação dos painéis.

Fontes dos dados: GERAÇÃO solar fotovoltaica: dá pra ter em casa? **G1**. Disponível em: <http://g1.globo.com/pernambuco/especial-publicitario/celpe/desligue-o-desperdicio/noticia/2016/05/geracao-solar-fotovoltaica-da-pra-ter-em-casa.html>.
INMETRO. **Tabela de Eficiência Energética**: sistema de energia fotovoltaica. Disponível em: <www.inmetro.gov.br/consumidor/pbe/tabela_fotovoltaico_modulo.pdf>. Acessos em: 2 maio 2019.

1. Em certa casa, foram instalados no telhado cinco painéis solares retangulares com 1,2 m de comprimento e 0,54 m de largura cada um. Qual é a área total ocupada por esses painéis?

___

2. Observe as informações sobre dois modelos de painéis solares retangulares. Depois, com uma calculadora, resolva as questões.

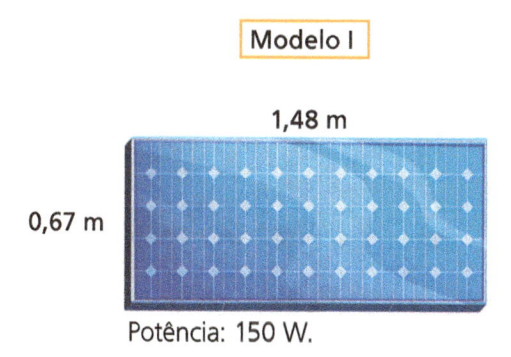

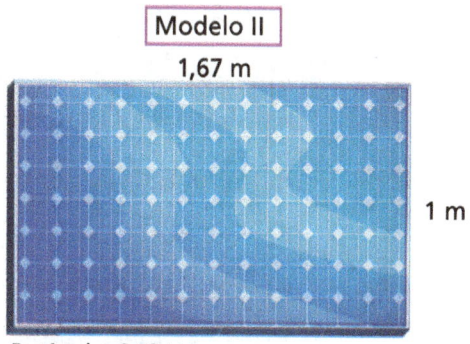

Modelo I
1,48 m
0,67 m
Potência: 150 W.

Modelo II
1,67 m
1 m
Potência: 240 W.

a) Calcule a eficiência energética aproximada de cada modelo de painel.

___

b) Qual desses modelos é o mais eficiente?

___

3. Para resolver esta questão, junte-se a dois colegas e trabalhem colaborativamente. Inicialmente, escolham uma fonte energética como, por exemplo, energia hidráulica, térmica, nuclear, eólica ou solar. Depois, realizem uma pesquisa sobre a fonte energética escolhida, identificando suas principais características. Por fim, elaborem um texto crítico, destacando vantagens e desvantagens econômicas e ambientais dessa fonte energética. Vocês podem ilustrar esse texto com desenhos ou fotografias. Abaixo, indiquem a fonte energética escolhida e escrevam um resumo do texto elaborado.

___
___
___
___
___
___

O QUE ESTUDEI

1 Leia com atenção cada pergunta a seguir e faça uma reflexão. Depois, responda: **sim**, **às vezes** ou **não**.

A) Ouvi as explicações do professor?
B) Pedi ajuda quando tive dúvidas?
C) Ajudei o professor?
D) Fiquei em silêncio quando o professor pediu?
E) Participei na resolução das atividades propostas?
F) Fiz todas as atividades propostas na sala de aula?
G) Fiz as tarefas escolares em casa?
H) Respeitei meus colegas nos trabalhos em grupo?
I) Ajudei meus colegas quando eles tiveram dúvidas?
J) Levei para a sala de aula os materiais necessários?

2 Nas fichas estão indicados os principais conceitos que estudamos nesta Unidade. Reflita sobre cada um deles e verifique se você precisa retomar algum conceito para melhor compreendê-lo.

- Medidas de superfície
- Unidades padronizadas de área
- Área de quadriláteros
- Área de triângulos
- Medidas de volume
- Unidades padronizadas de volume
- Medidas de capacidade
- Unidades padronizadas de capacidade
- Volume do bloco retangular
- Volume do cubo

3 Resolva cada problema proposto a seguir e escreva quais conceitos estudados nesta Unidade você utilizou na resolução.

SITUAÇÃO INICIAL

A lata representada a seguir tem formato de bloco retangular e está com as medidas das dimensões internas indicadas. Essa lata está cheia de tinta, que será utilizada para pintar partes de uma casa.

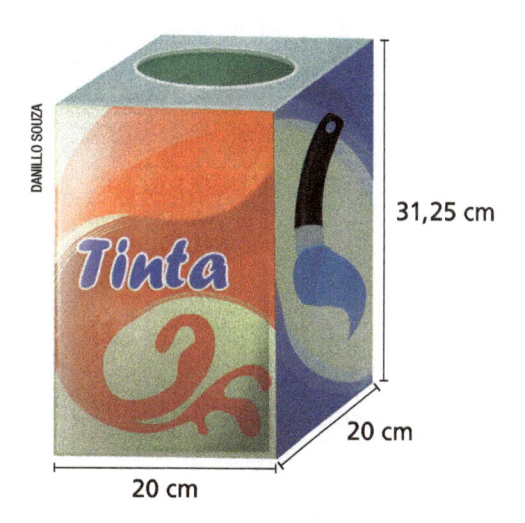

31,25 cm
20 cm
20 cm

PROBLEMAS

I A base dessa lata tem quantos centímetros quadrados de área?

II Quantos litros de tinta há nessa lata?

III Usando essa tinta, é possível cobrir 40 m² de parede por litro. Quantos metros quadrados podemos cobrir com toda a tinta dessa lata?

IV A figura a seguir representa uma parede da casa que será pintada. Qual é a área dessa parede?

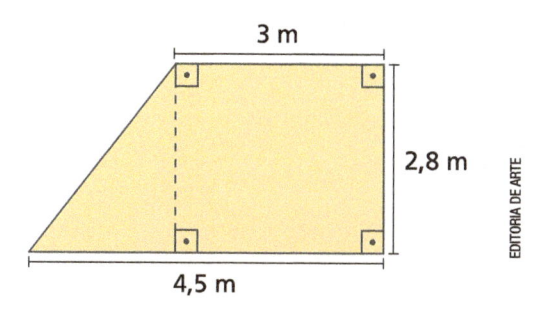

3 m
2,8 m
4,5 m

225

UNIDADE 8
ESTATÍSTICA E PROBABILIDADE

Turismo

Você já fez uma viagem de que gostou muito?

Milhares de pessoas viajam por ano, seja a negócio, a estudo, a lazer, para visitar familiares etc. Independentemente do motivo pelo qual as pessoas viajam, o município que recebe esses turistas compartilha sua cultura e seus valores e, com isso, promove uma movimentação em suas atividades locais, cria empregos e gera renda para os moradores.

Os municípios com grande potencial para receber esses turistas devem investir em infraestrutura, mão de obra especializada, transporte de qualidade, entre outros setores.

Para que a viagem seja uma experiência positiva, além de os municípios estarem preparados para receber as pessoas, o turista também deve se comportar de maneira adequada, respeitando os costumes e as tradições, preservando os patrimônios naturais, artísticos e históricos.

Observe nestas páginas algumas informações sobre o turismo no Brasil, país que recebe anualmente milhões de turistas de todas as partes do mundo.

América do Norte: 735 062 turistas.

América Central: 51 412 turistas.

Brasil

América do Sul: 3 732 722 turistas.

Ranking dos municípios brasileiros mais visitados por turistas internacionais a lazer, em 2016:
1º Rio de Janeiro (RJ)
2º Florianópolis (SC)
3º Foz do Iguaçu (PR)
4º São Paulo (SP)

Converse com os colegas e o professor sobre os itens a seguir.

- Que local do mundo você gostaria de visitar? Por quê?
- Se você fosse um guia turístico, que locais do município onde mora você mostraria a um turista?
- Em 2016, de qual continente vieram mais turistas para o Brasil? De que outra maneira você organizaria as informações sobre a quantidade de turistas internacionais que vieram para o Brasil?

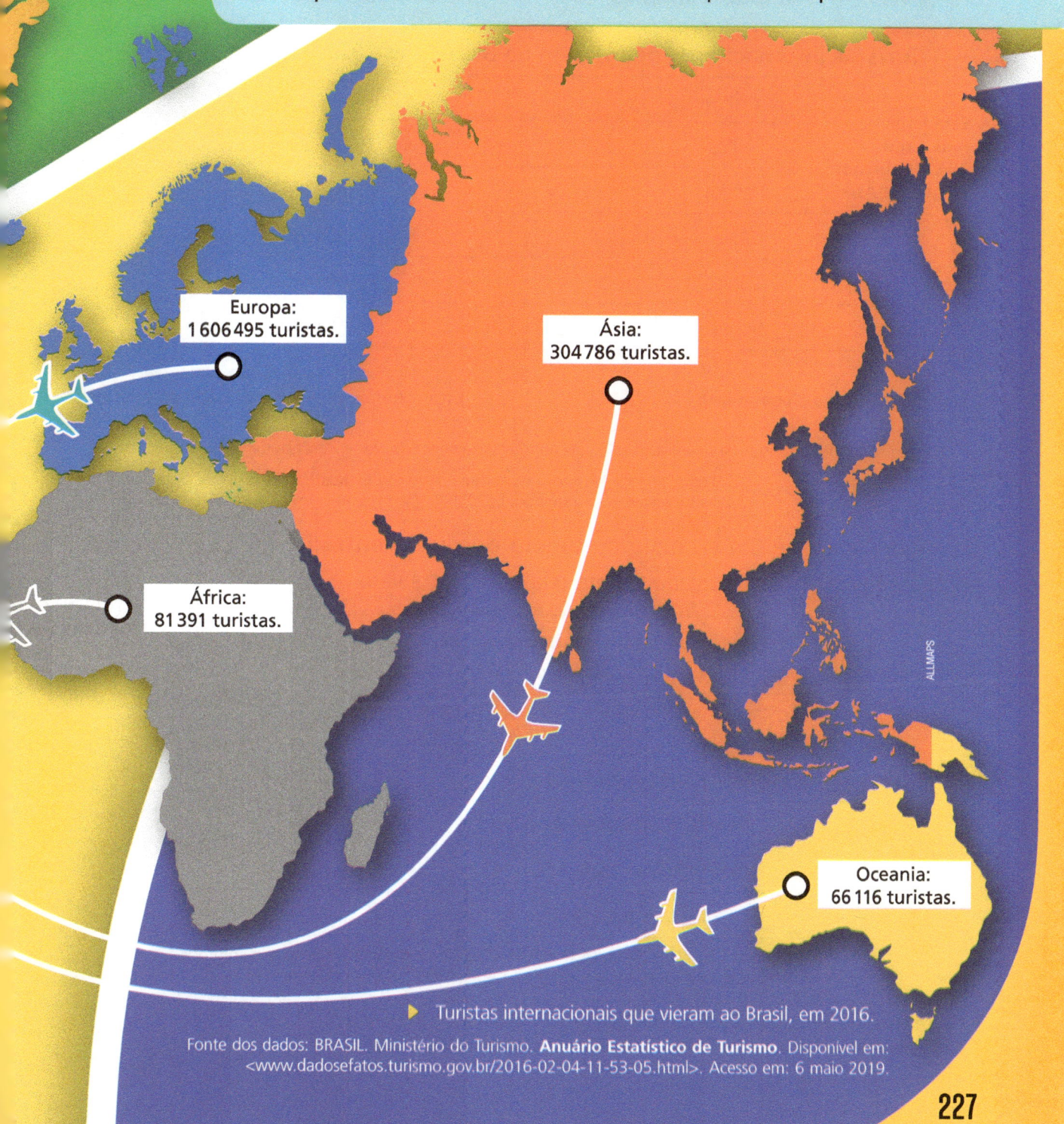

Europa: 1 606 495 turistas.

Ásia: 304 786 turistas.

África: 81 391 turistas.

Oceania: 66 116 turistas.

▶ Turistas internacionais que vieram ao Brasil, em 2016.

Fonte dos dados: BRASIL. Ministério do Turismo. **Anuário Estatístico de Turismo**. Disponível em: <www.dadosefatos.turismo.gov.br/2016-02-04-11-53-05.html>. Acesso em: 6 maio 2019.

227

1. ESTATÍSTICA

Tabelas

Na abertura desta Unidade foram apresentadas informações sobre turismo. Uma dessas informações diz respeito à quantidade de turistas que vieram ao Brasil em 2016 e pode ser organizada em uma **tabela simples**, conforme apresentado a seguir.

Turistas internacionais que vieram ao Brasil, em 2016, por continente

Continente	Quantidade de turistas
África	81 391
América*	4 519 196
Ásia	304 786
Europa	1 606 495
Oceania	66 116

Esta linha indica que 304 786 turistas vieram da Ásia.

Esta coluna indica o **continente**.

Esta coluna indica a **quantidade de turistas**.

*A quantidade de turistas da América corresponde ao total da América do Norte, América Central e América do Sul.

Fonte: BRASIL. Ministério do Turismo. **Anuário Estatístico de Turismo**. Disponível em: <www.dadosefatos.turismo.gov.br/2016-02-04-11-53-05.html>. Acesso em: 6 maio 2019.

Agora, observe um exemplo de **tabela de dupla entrada**, em que podem ser comparadas duas ou mais variáveis em relação a outra variável.

Atletas brasileiros que mais conquistaram medalhas em Jogos Paralímpicos, até 2016

Atleta (esporte) \ Quantidade de medalhas	Ouro	Prata	Bronze
Ádria Santos (atletismo)	4	8	1
André Brasil (natação)	7	5	2
Clodoaldo Silva (natação)	6	6	2
Daniel Dias (natação)	14	7	3

Fonte: COMITÊ PARALÍMPICO INTERNACIONAL. **Arquivo histórico de resultados**. Disponível em: <https://www.paralympic.org/sdms4/hira/web>. Acesso em: 18 jun. 2019.

Nesta linha podemos comparar a quantidade de medalhas de ouro, prata e bronze que o atleta André Brasil conquistou em Jogos Paralímpicos.

ATIVIDADES

1. Em relação à tabela simples apresentada na página anterior, responda.
   a) De onde os dados foram retirados? Que elemento da tabela indica essa informação?
   b) De qual continente veio a maior quantidade de turistas para o Brasil em 2016: Ásia ou Oceania? A diferença foi de quantos turistas?
   c) Ao todo, quantos turistas vieram para o Brasil em 2016?

2. Em relação à tabela de dupla entrada apresentada anteriormente, responda.
   a) Você já ouviu falar de Jogos Paralímpicos? Comente.
   b) Quantas medalhas de prata o atleta Clodoaldo Silva conquistou nesses jogos?
   c) Qual desses atletas conquistou mais medalhas de ouro?
   d) Ao todo, quantas medalhas a atleta Ádria Santos conquistou nesses jogos?

3. Atualmente, no Brasil, são comercializados carros movidos a diferentes tipos de combustível. Observe a tabela.

   Licenciamento de automóveis novos no Brasil por combustível

Combustível \ Ano	2012	2016
Gasolina	258 950	79 199
Etanol	46	12
Flex fuel	2 834 334	1 571 969
Elétrico	117	1 085
Diesel	21 776	24 457

   Fonte: ANFAVEA. **Anuário da Indústria Automobilística Brasileira 2017**. Disponível em: <www.virapagina.com.br/anfavea2017/files/assets/common/downloads/publication.pdf>. Acesso em: 6 maio 2019.

   a) Qual informação é apresentada na tabela?
   b) Considerando os automóveis movidos a esses tipos de combustível, qual teve a menor quantidade de licenciamentos em 2016? Quantos licenciamentos?
   c) Ao todo, foram licenciados quantos carros *flex fuel* nesses dois anos?
   d) Em qual desses dois anos o Brasil teve a maior quantidade de licenciamentos de automóveis novos? Quantos licenciamentos?

   Flex fuel: corresponde aos automóveis que podem ser abastecidos com etanol, gasolina ou com a mistura desses combustíveis.

4. Na aula de Ciências, o professor organizou a turma em quatro grupos e propôs que cada um deles identificasse quantos alunos, entre meninos e meninas, têm os olhos azuis, verdes, castanhos ou pretos. Observe os dados obtidos.

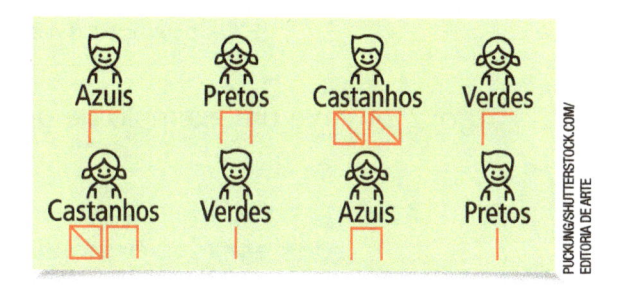

   a) Organize esses dados em uma tabela de dupla entrada. Depois, escreva um breve texto em que você apresenta uma análise da tabela, com informações como: quantidade total de alunos da turma; cor predominante de olhos desses alunos etc.
   b) Elabore duas questões de interpretação da tabela e do texto elaborado no item anterior. Depois, troque essas questões com um colega para que ele as responda enquanto você responde as elaboradas por ele. Por fim, confiram as respostas juntos.

229

Gráfico de colunas e gráfico de barras

Além das tabelas, podemos organizar informações por meio de gráficos. A escolha do tipo de gráfico depende da natureza das informações a serem organizadas.

O **gráfico de colunas** e o **gráfico de barras** costumam ser utilizados com a finalidade de comparar, entre si, os dados pesquisados, uma vez que a altura das colunas ou o comprimento das barras possibilita essa comparação visual.

Observe um exemplo de gráfico de colunas simples.

Estimativa de brasileiros morando no exterior, em 2015

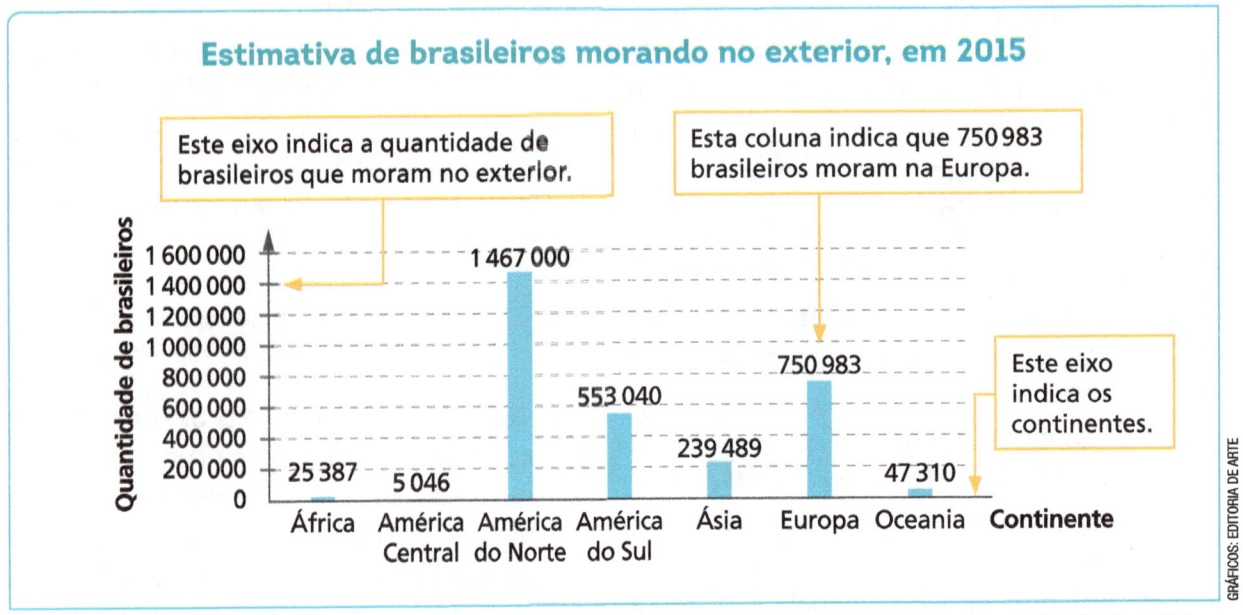

Este eixo indica a quantidade de brasileiros que moram no exterior.

Esta coluna indica que 750 983 brasileiros moram na Europa.

Este eixo indica os continentes.

- África: 25 387
- América Central: 5 046
- América do Norte: 1 467 000
- América do Sul: 553 040
- Ásia: 239 489
- Europa: 750 983
- Oceania: 47 310

Fonte: BRASIL. Ministério das Relações Exteriores. **Estimativas populacionais das comunidades brasileiras no mundo – 2015**. Disponível em: <www.brasileirosnomundo.itamaraty.gov.br/a-comunidade/estimativas-populacionais-das-comunidades/Estimativas%20RCN%202015%20-%20Atualizado.pdf>. Acesso em: 6 maio 2019.

Agora, observe um exemplo de gráfico de barras duplas.

Adultos com obesidade, em algumas capitais dos estados brasileiros, em 2016

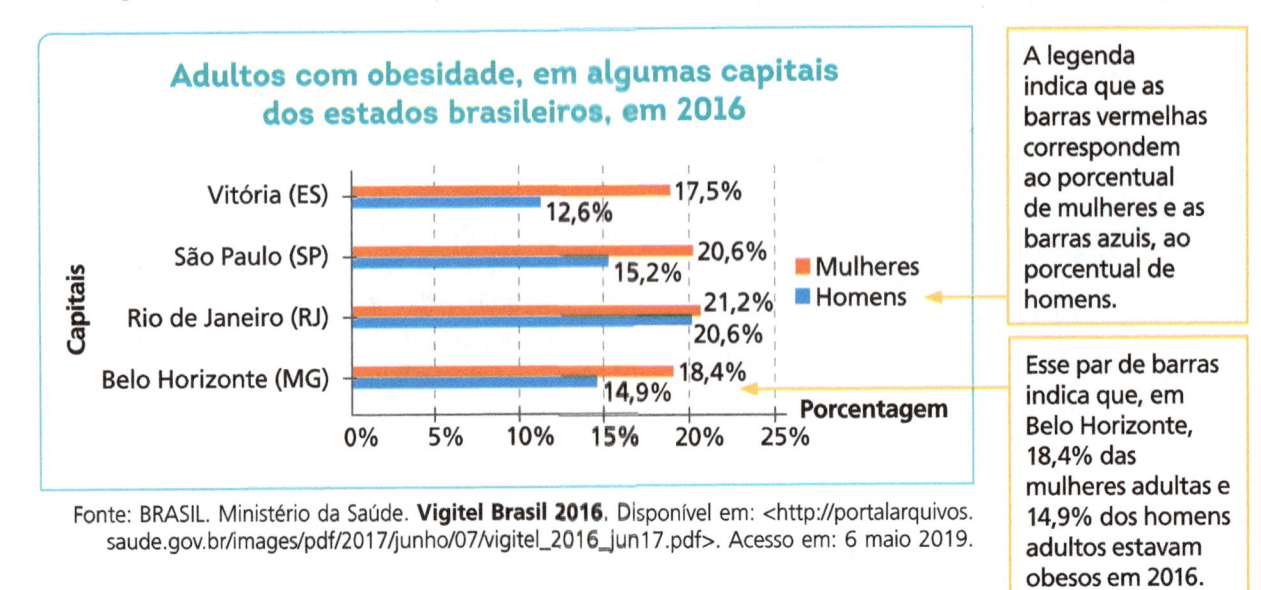

- Vitória (ES): Mulheres 17,5% / Homens 12,6%
- São Paulo (SP): Mulheres 20,6% / Homens 15,2%
- Rio de Janeiro (RJ): Mulheres 21,2% / Homens 20,6%
- Belo Horizonte (MG): Mulheres 18,4% / Homens 14,9%

A legenda indica que as barras vermelhas correspondem ao porcentual de mulheres e as barras azuis, ao porcentual de homens.

Esse par de barras indica que, em Belo Horizonte, 18,4% das mulheres adultas e 14,9% dos homens adultos estavam obesos em 2016.

Fonte: BRASIL. Ministério da Saúde. **Vigitel Brasil 2016**. Disponível em: <http://portalarquivos.saude.gov.br/images/pdf/2017/junho/07/vigitel_2016_jun17.pdf>. Acesso em: 6 maio 2019.

Gráfico de segmentos

O **gráfico de segmentos** pode ser utilizado para analisar o comportamento de certa variável no decorrer do tempo, como períodos de crescimento, decrescimento ou constância. Observe o exemplo.

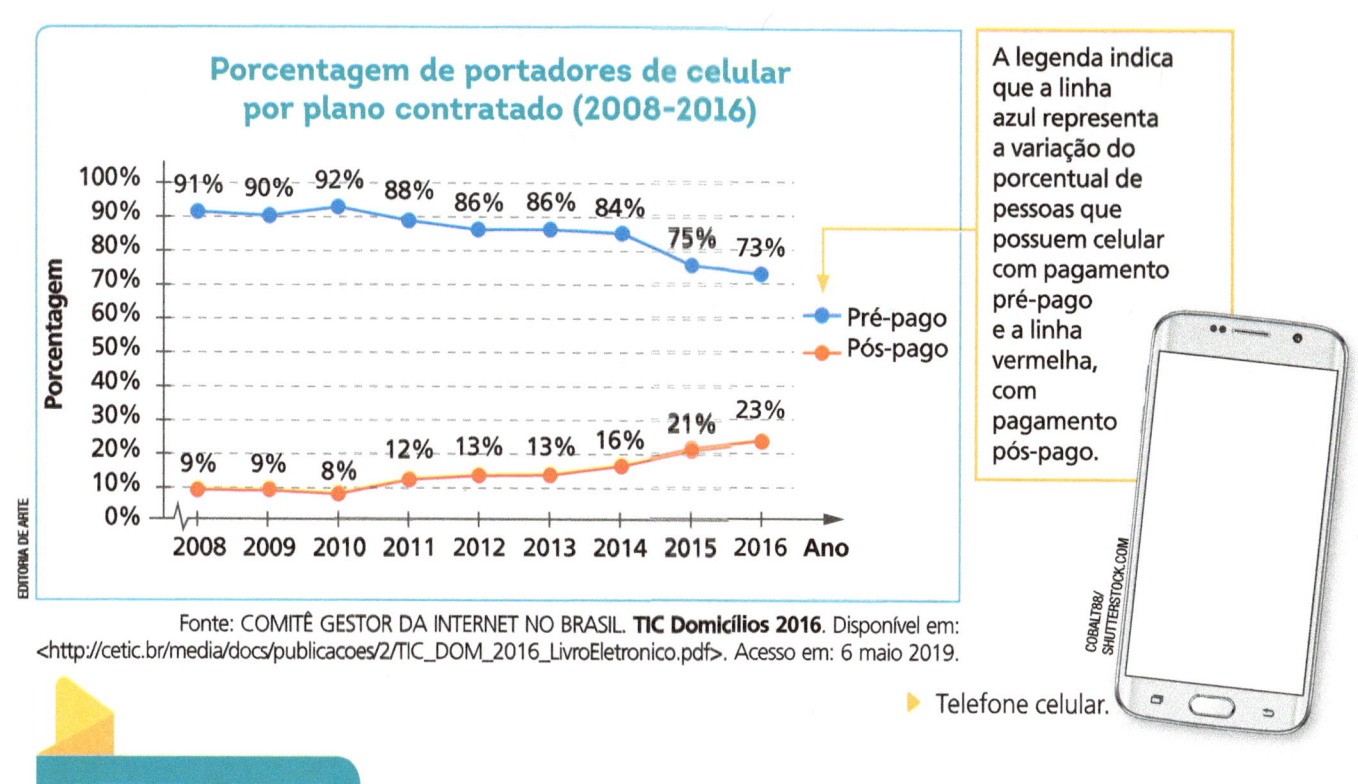

Porcentagem de portadores de celular por plano contratado (2008-2016)

Ano	Pré-pago	Pós-pago
2008	91%	9%
2009	90%	9%
2010	92%	8%
2011	88%	12%
2012	86%	13%
2013	86%	13%
2014	84%	16%
2015	75%	21%
2016	73%	23%

Fonte: COMITÊ GESTOR DA INTERNET NO BRASIL. **TIC Domicílios 2016**. Disponível em: <http://cetic.br/media/docs/publicacoes/2/TIC_DOM_2016_LivroEletronico.pdf>. Acesso em: 6 maio 2019.

A legenda indica que a linha azul representa a variação do porcentual de pessoas que possuem celular com pagamento pré-pago e a linha vermelha, com pagamento pós-pago.

▶ Telefone celular.

ATIVIDADES

1. De acordo com o gráfico de colunas da página anterior, responda.

   a) Você conhece algum brasileiro que mora em outro país? Comente.

   b) Qual é a fonte dos dados apresentados nesse gráfico?

   c) Quantos brasileiros moravam na África em 2015?

   d) Em 2015, em qual dessas localidades havia mais brasileiros morando: na Europa ou na América do Sul? Quantos a mais?

2. Com base no gráfico de barras duplas da página anterior, classifique cada afirmação a seguir em verdadeira (V) ou falsa (F).

   a) Em Belo Horizonte, 14,9% das mulheres adultas estavam com obesidade em 2016.

   b) Na capital do Espírito Santo, a porcentagem de mulheres adultas com obesidade em 2016 era maior do que a de homens adultos com obesidade.

   c) Entre essas capitais, Rio de Janeiro tinha a maior porcentagem de homens adultos com obesidade.

   d) Em São Paulo, 84,8% das mulheres adultas não estavam obesas em 2016.

Agora, reescreva as afirmações falsas corrigindo-as.

3. De acordo com o gráfico de segmentos da página anterior, responda às questões.

   a) Quais são as informações apresentadas nesse gráfico?

   b) O porcentual de indivíduos com celulares pós-pago era maior em 2014 ou em 2015?

   c) Em relação ao pagamento pré-pago, podemos afirmar que o porcentual de indivíduos com celulares aumentou em todo período apresentado? Justifique.

   d) Suponha que esse gráfico vai compor a reportagem de uma revista da qual você será o redator. Assim, elabore e escreva um breve texto para compor tal reportagem, na qual deve constar uma análise sucinta das informações apresentadas, como: o assunto abordado, a relação entre os dados representados nos segmentos de cada cor, a tendência apontada por esses dados etc.

4. Atualmente, é possível acessar a internet utilizando diferentes equipamentos. Observe o gráfico a seguir e resolva as questões.

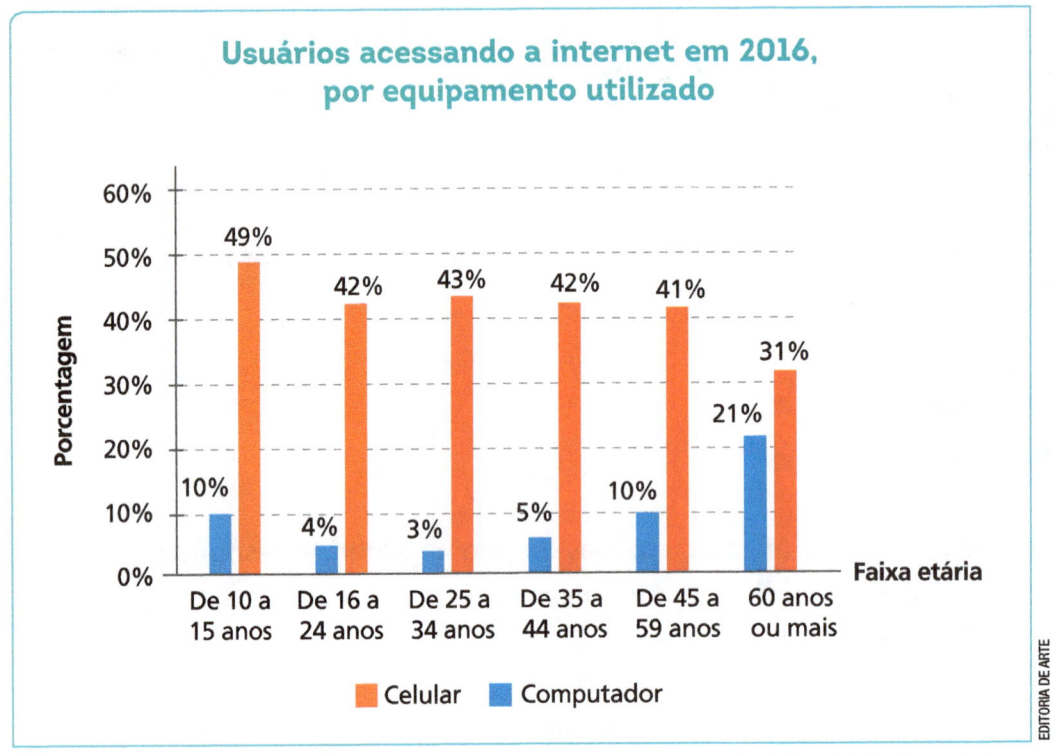

Usuários acessando a internet em 2016, por equipamento utilizado

Faixa etária	Celular	Computador
De 10 a 15 anos	49%	10%
De 16 a 24 anos	42%	4%
De 25 a 34 anos	43%	3%
De 35 a 44 anos	42%	5%
De 45 a 59 anos	41%	10%
60 anos ou mais	31%	21%

Fonte: COMITÊ GESTOR DA INTERNET NO BRASIL. **TIC Domicílios 2016**. Disponível em: <http://cetic.br/media/docs/publicacoes/2/TIC_DOM_2016_LivroEletronico.pdf>. Acesso em: 6 maio 2019.

   a) Nesse gráfico, o que é indicado pelas colunas azuis? E pelas colunas vermelhas?

   b) É possível afirmar, apenas observando as colunas do gráfico, que os usuários em qualquer dessas faixas etárias utilizaram mais o celular do que o computador para acessar a internet em 2016? Justifique.

   c) Em 2016, qual era o porcentual de usuários na faixa etária de 25 a 34 anos que utilizavam o computador para acessar a internet?

5. O consumo de refrigerante em excesso pode ocasionar aumento de massa, cáries, problemas cardíacos, entre outros malefícios à saúde. Observe o gráfico.

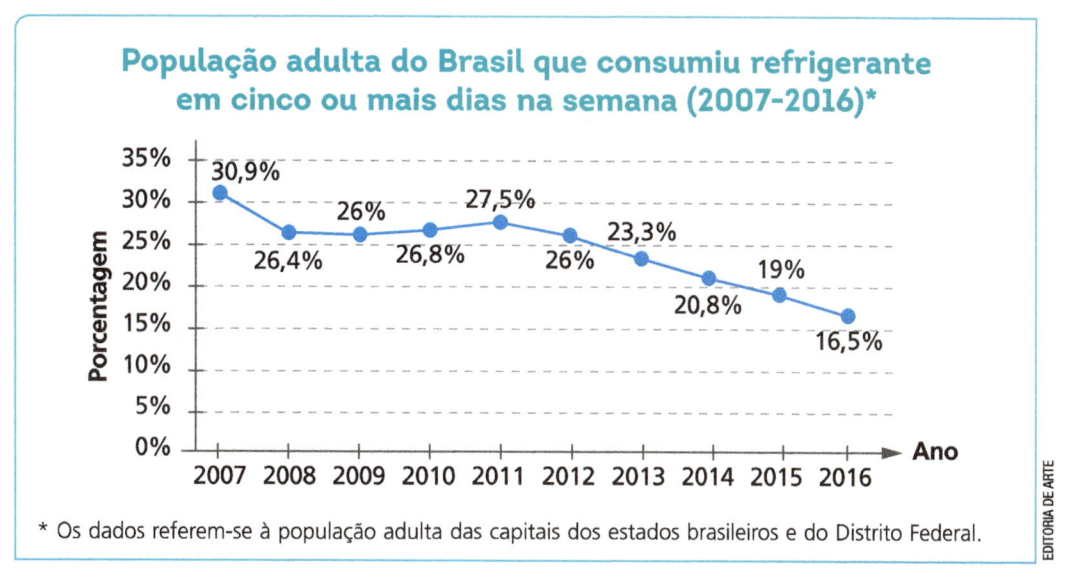

População adulta do Brasil que consumiu refrigerante em cinco ou mais dias na semana (2007-2016)*

- 2007: 30,9%
- 2008: 26,4%
- 2009: 26%
- 2010: 26,8%
- 2011: 27,5%
- 2012: 26%
- 2013: 23,3%
- 2014: 20,8%
- 2015: 19%
- 2016: 16,5%

* Os dados referem-se à população adulta das capitais dos estados brasileiros e do Distrito Federal.

Fonte: BRASIL. Ministério da Saúde. **Vigitel Brasil 2016**: vigilância de fatores de risco e proteção para doenças crônicas por inquérito telefônico. Disponível em: <http://portalarquivos.saude.gov.br/images/pdf/2017/junho/07/vigitel_2016_jun17.pdf>. Acesso em: 6 maio 2019.

a) Qual é o período de tempo correspondente aos dados apresentados no gráfico?

b) Em 2014, qual foi a porcentagem da população adulta que consumiu refrigerante em cinco ou mais dias na semana?

c) O que o ponto mais alto em destaque no gráfico representa?

d) Podemos afirmar que a partir de 2011 o porcentual da população adulta que consumiu refrigerante em cinco ou mais dias na semana diminuiu a cada ano? Justifique.

6. (Enem-2017) O gráfico mostra a expansão da base de assinantes de telefonia celular no Brasil, em milhões de unidades, no período de 2006 a 2011.

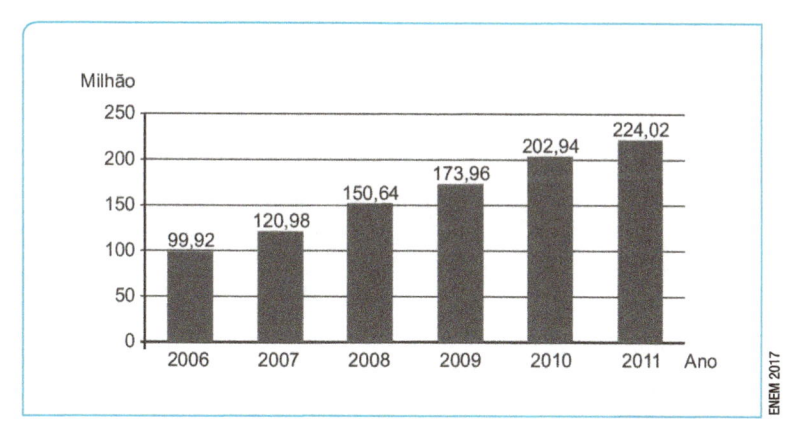

- 2006: 99,92
- 2007: 120,98
- 2008: 150,64
- 2009: 173,96
- 2010: 202,94
- 2011: 224,02

Disponível em: <www.guiadocelular.com>. Acesso em: 1º ago. 2012.

De acordo com o gráfico, a taxa de crescimento do número de aparelhos celulares no Brasil, de 2007 para 2011, foi de:

a) 8,53%
b) 85,17%
c) 103,04%
d) 185,17%
e) 345,00%

233

Gráfico de setores

O **gráfico de setores** costuma ser utilizado para apresentar os dados de uma pesquisa, possibilitando comparar as partes em relação ao todo. Por isso, em geral, os dados são expressos em porcentagem. Observe o exemplo.

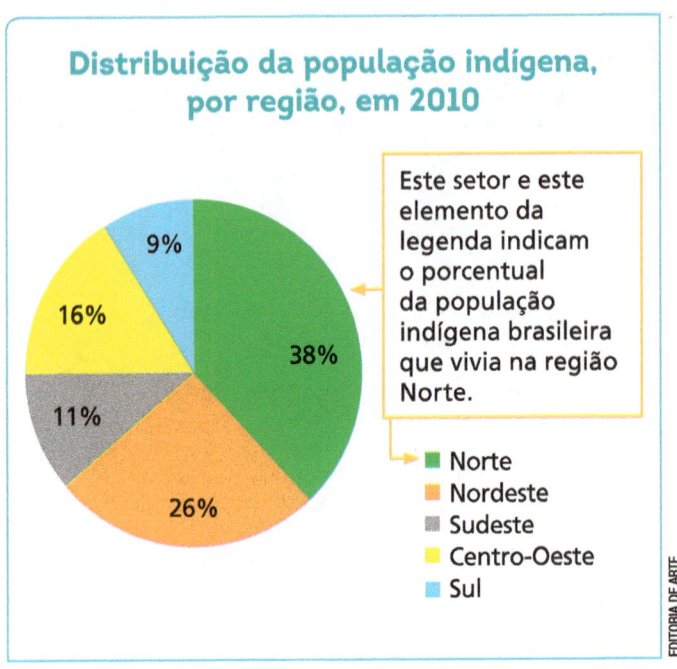

Distribuição da população indígena, por região, em 2010

- Norte: 38%
- Nordeste: 26%
- Sudeste: 11%
- Centro-Oeste: 16%
- Sul: 9%

Este setor e este elemento da legenda indicam o porcentual da população indígena brasileira que vivia na região Norte.

Fonte: FUNAI. **Distribuição espacial da população indígena**. Disponível em: <www.funai.gov.br/arquivos/conteudo/ascom/2013/img/12-Dez/encarte_censo_indigena_02%20B.pdf>. Acesso em: 6 maio 2019.

Indígenas da etnia Kalapalo na aldeia Aiha, localizada no Parque Indígena do Xingu, Querência (MT). Fotografia de 2018.

Nesse tipo de gráfico, cada setor é proporcional à parte do todo que a região representa. Temos que a população indígena total (100%) é representada pelo círculo todo, que corresponde a 360°. Assim, para o setor que representa a região Norte, por exemplo, calculamos a seguinte proporção:

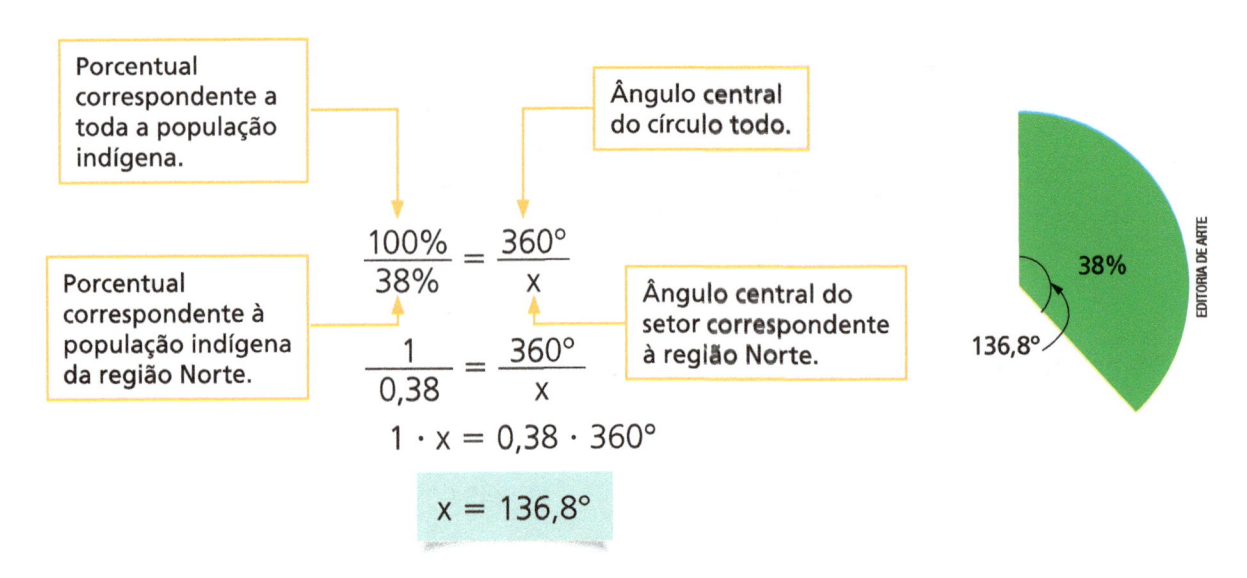

Porcentual correspondente a toda a população indígena.

Ângulo central do círculo todo.

$$\frac{100\%}{38\%} = \frac{360°}{x}$$

Porcentual correspondente à população indígena da região Norte.

$$\frac{1}{0{,}38} = \frac{360°}{x}$$

Ângulo central do setor correspondente à região Norte.

$$1 \cdot x = 0{,}38 \cdot 360°$$

$$x = 136{,}8°$$

38%
136,8°

ATIVIDADES

1. De acordo com o gráfico de setores da página anterior, responda.
   a) Qual região do Brasil tinha a maior população indígena em 2010?
   b) Que porcentual da população indígena brasileira vivia na região Nordeste em 2010?
   c) Qual a cor do menor setor desse gráfico? O que ele indica?
   d) Sabendo que a população indígena brasileira em 2010 era de 896 917 habitantes, use a calculadora e determine cerca de quantos indígenas habitavam a região brasileira onde você mora.

2. Em informações veiculadas pela mídia, como jornais, revistas e *sites*, costumam ser utilizados **pictogramas**, que são gráficos estilizados com imagens relacionadas ao tema da pesquisa. O pictograma a seguir foi elaborado com base em um gráfico de setores e divulgado em um *site* especializado em pesquisas sobre música.

Preferências musicais dos ouvintes nas rádios do Brasil – 1º semestre de 2017

- Pagode 9%
- Sertanejo 32%
- Gospel 8%
- Pop 25%
- Pop/Rock 7%
- Outros 19%

Fonte: KANTAR IBOPE MEDIA. **Consumo de música**. Disponível em: <www.kantaribopemedia.com/consumo-de-musica/>. Acesso em: 6 maio 2019.

Com base nesse pictograma, resolva as questões.
   a) Você identifica alguma relação entre a figura que compõe esse pictograma e o tema da pesquisa?
   b) Qual era o estilo musical preferido pelos ouvintes no primeiro semestre de 2017? Qual foi o porcentual obtido por esse estilo?
   c) Podemos afirmar que o sertanejo e o *pop*, juntos, correspondiam a mais da metade da preferência dos ouvintes, em 2017, de acordo com o gráfico? Justifique.
   d) Em sua opinião, o que representa o setor "Outros" no pictograma?
   e) Qual é seu estilo musical preferido? Que porcentual dos ouvintes tinha no primeiro semestre de 2017 a mesma preferência que você?
   f) Agora, com base no pictograma e nas questões que você resolveu, junte-se a um colega e escrevam um breve texto em que vocês apresentam uma análise dos dados dessa pesquisa. Por fim, elaborem duas questões de interpretação do pictograma e desse texto e troquem-nas com outra dupla. Por fim, reúnam as duplas e confiram as respostas juntos.

3. A professora de Língua Portuguesa propôs aos alunos que escrevessem uma redação tendo como tema uma das três opções a seguir: *bullying*, desmatamento ou redes sociais. Observe quantas redações foram escritas sobre cada tema.

Tema	Quantidade de redações
Bullying	9
Desmatamento	3
Redes sociais	18

a) Quantas redações foram escritas?
b) Calcule o porcentual de redações sobre cada tema?
c) Qual das figuras a seguir representa adequadamente a distribuição das redações por tema?

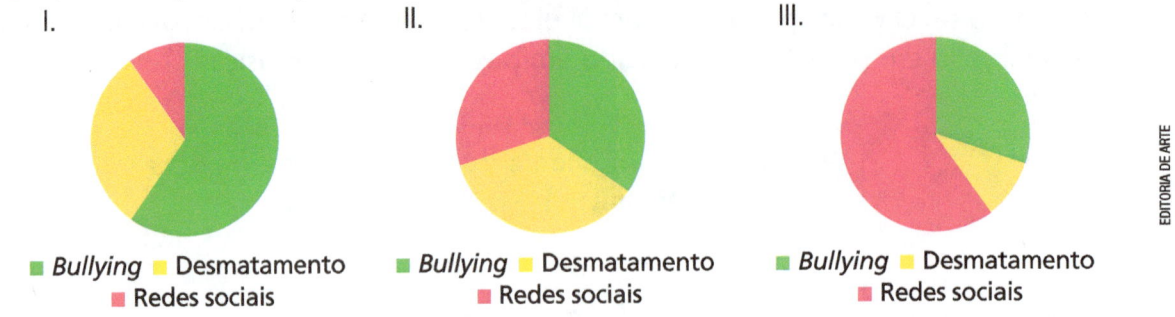

I.   II.   III.

■ *Bullying*   ■ Desmatamento   ■ Redes sociais

d) Escreva um título que identifique as informações apresentadas na figura que você indicou no item anterior.

4. (Enem-2015) O polímero de PET (Politereftalato de Etileno) é um dos plásticos mais reciclados em todo o mundo devido à sua extensa gama de aplicações, entre elas, fibras têxteis, tapetes, embalagens, filmes e cordas. Os gráficos mostram o destino do PET reciclado no Brasil, sendo que, no ano de 2010, o total de PET reciclado foi de 282 kton (quilotoneladas).

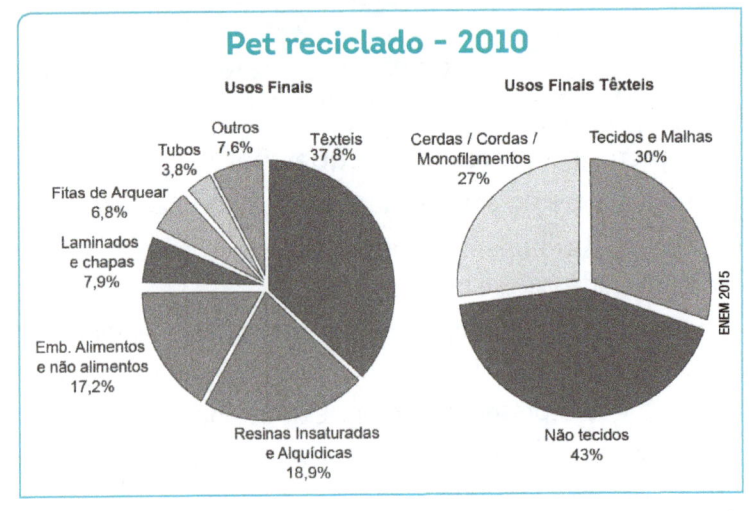

Pet reciclado - 2010

Usos Finais:
- Outros 7,6%
- Tubos 3,8%
- Têxteis 37,8%
- Fitas de Arquear 6,8%
- Laminados e chapas 7,9%
- Emb. Alimentos e não alimentos 17,2%
- Resinas Insaturadas e Alquídicas 18,9%

Usos Finais Têxteis:
- Cerdas / Cordas / Monofilamentos 27%
- Tecidos e Malhas 30%
- Não tecidos 43%

Disponível em: <www.abipet.org.br>. Acesso em: 12 jul. 2012 (adaptado).

De acordo com os gráficos, a quantidade de embalagens PET recicladas destinadas à produção de tecidos e malhas, em kton, é mais aproximada de

a) 16,0.   **b)** 22,9.   **c)** 32,0.   **d)** 84,6.   **e)** 106,6.

Média aritmética

Leia a notícia a seguir.

> O Museu Oscar Niemeyer (MON) registrou recorde de público em 2017: foram 361 638 visitantes, em uma média de mais de 30 mil visitantes por mês. Foi o maior número de público desde que o museu foi inaugurado em 2002.
>
> [...]
>
> MUSEU OSCAR NIEMEYER. **Museu Oscar Niemeyer registra recorde de público em 2017**. Disponível em: <http://www.museuoscarniemeyer.org.br/noticias/2018/01/25/mon_recorde_publico>. Acesso em: 6 maio 2019.

Museu Oscar Niemeyer, Curitiba (PR). Fotografia de 2015.

Nessa notícia, consta o total de visitantes que foram ao museu naquele ano: 361 638. Para termos a noção da visitação mensal, o texto indica "uma média de mais de 30 mil visitantes por mês". Mas o que "média", nesse caso, significa?

> A **média** ou **média aritmética** é uma medida de tendência central que pode ser usada para apresentar de maneira resumida um conjunto de dados.

Para calcular a média de dois ou mais números, adicionamos esses números e dividimos o resultado obtido por essa quantidade de números.

A média dos números 12, 7 e 8, por exemplo, é igual a 9, pois:

$$\frac{12 + 7 + 8}{3} = \frac{27}{3} = 9$$

Em relação à notícia, veja como podemos calcular a média mensal de visitantes:

$$\frac{361\,638}{12} = 30\,136{,}5$$

(Quantidade de visitantes do museu em um ano. / Quantidade de meses do ano.)

Assim, em 2017, a média mensal de visitantes ao museu foi de 30 136,5 visitantes.

ATIVIDADES

1. A professora de Educação Física formou um time de vôlei com algumas alunas do 7º ano. Ela mediu a altura e pesou as atletas. Observe ao lado.

a) Qual é a média de altura dessas atletas?

b) Quais atletas têm a altura maior que a média?

c) Qual é a média de massa dessas atletas?

d) Quais atletas têm a massa menor que a média?

Atletas do time de vôlei do 7º ano

Atleta / Medida	Altura (cm)	Massa (kg)
Adriane	154	48
Ana	160	50
Daiane	152	46
Karina	138	32
Sheila	145	34
Thais	157	48

Fonte: Anotações da professora.

2. Em certo jogo de *videogame*, duas duplas se enfrentam na disputa. Ao final, calcula-se a média dos pontos obtidos pelos integrantes de cada dupla. A dupla vencedora é aquela com a maior média. Observe o resultado de uma partida.

DUPLA A — IVAN 30, DIANA 70
DUPLA B — IAGO 55, LIA 45

a) Para cada dupla, calcule a média dos pontos. Essas médias são iguais ou são diferentes?

b) Nesse jogo, dizemos que a dupla com desempenho mais equilibrado é aquela em que a diferença de pontos entre os integrantes é menor. Qual dessas duplas tem o desempenho mais equilibrado?

3. Observe a idade de cada pessoa que mora na casa de Tainá.

Tainá. 13 anos.
Cauê (irmão). 7 anos.
Michel (pai). 48 anos.
Roseli (mãe). 44 anos.
Rosa (avó). 68 anos.

a) Nessa casa, qual é a pessoa mais:
- jovem? Que idade ela tem?
- idosa? Que idade ela tem?

b) Quantos anos de diferença há entre as idades das pessoas mais jovens e da mais idosa?

c) Calcule a média das idades das pessoas que moram nessa casa.

d) Quem tem a idade:
- mais próxima da média?
- menos próxima da média?

4. Observe as notas que Rui obteve nas avaliações de Matemática em certo bimestre.

	A	B	C	D	E	F
1	Aluno	Avaliação 1	Avaliação 2	Avaliação 3	Avaliação 4	Nota final
32	Rui Silva	7,3	8,5	6,1	7,7	

Para calcular a nota final do bimestre, a professora estuda duas opções, conforme segue:
- **Opção I**: calcular a média dessas quatro notas.
- **Opção II**: descartar a menor dessas notas e calcular a média das demais.

a) Sem realizar cálculos, estime com qual das opções Rui vai obter a maior nota final. Registre como você pensou.

b) Calcule a nota final de Rui para cada uma das opções apresentadas, arredondando o resultado para o décimo mais próximo. Depois, compare com sua resposta do item **a**.

5. Escreva três números diferentes cuja média entre eles seja 10. Depois, compare esses números com aqueles indicados por colegas da turma. O que você percebeu?

6. Núbia é atleta e está treinando corrida em uma pista onde deve realizar três voltas completas. Observe o tempo que ela obteve nas duas primeiras voltas.

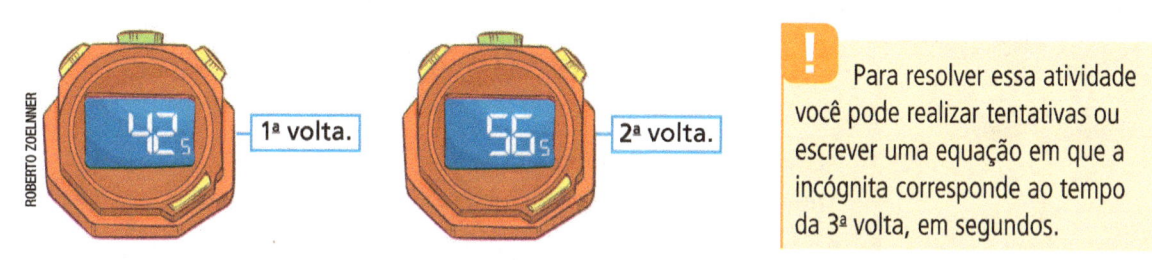

42 s — 1ª volta.
56 s — 2ª volta.

> Para resolver essa atividade você pode realizar tentativas ou escrever uma equação em que a incógnita corresponde ao tempo da 3ª volta, em segundos.

- Em quantos segundos Núbia deve percorrer a 3ª volta para que a média de tempo por volta nesse treino seja de 51 s?

7. Leia o trecho de uma notícia com dados de 2013 e resolva as questões.

> [...] Por dia, cada brasileiro usa em média 166,29 litros de água distribuída pelas companhias de água e esgoto locais. Mas a relação de consumo com o recurso varia em cada estado. No Rio de Janeiro, por exemplo, [...] os fluminenses usaram 253 litros de água por dia em média. Já no Alagoas, o consumo não chega a 100 litros de água por dia. [...]
>
> ABRANTES, T. Onde mais se consome água no Brasil. **Exame**. Disponível em: <https://exame.abril.com.br/brasil/onde-mais-se-consome-agua-no-brasil/>. Acesso em: 6 maio 2019.

a) Qual foi o consumo médio diário de água dos brasileiros em 2013? Em sua opinião, como essa média foi obtida?

b) Em 2013 o consumo médio de água por habitante foi o mesmo em cada estado brasileiro? Copie o trecho da notícia que justifica sua afirmativa.

c) Na casa de Giovana moram 5 pessoas. Ela pesquisou na fatura de água que, no mês de fevereiro desse ano, foram consumidos em sua casa 12 m³ de água. Quantos litros de água em média foram consumidos por pessoa dessa casa no mês de fevereiro?

d) Pesquise o consumo de água na residência onde você mora em certo mês e calcule o consumo médio mensal por morador.

239

Pesquisa estatística

O Instituto Brasileiro de Geografia e Estatística (IBGE) realiza a cada dez anos o Censo Demográfico, quando visita cada domicílio brasileiro para aplicar um questionário a fim de obter informações sobre a nossa população.

Como realizar um Censo Demográfico todos os anos é inviável, pois demanda grande trabalho, tempo e recursos financeiros, o IBGE faz pesquisas por amostra, ou seja, com parte da população. Uma delas é a Pesquisa Nacional por Amostra de Domicílios (PNAD), que investiga diversas informações da população, como educação e trabalho.

Nas aulas de Matemática, a professora da turma em que Larissa estuda propôs a realização de pesquisas na escola. Observe como o grupo de Larissa fez a pesquisa.

1ª etapa

Elaboração do questionário.

Escolheram o tema e organizaram a entrevista com uma questão.

Tema: Avaliação da merenda escolar.
Questão: Como você avalia a merenda da nossa escola?

Excelente	Muito boa	Normal	Ruim

2ª etapa

Definição do público entrevistado.

Como a escola possui muitos alunos, o grupo de Larissa optou por fazer uma pesquisa por amostra, ou seja, não censitária. Escolheram entrevistar oito alunos de cada turma, sabendo que a escola possui 12 turmas. A seleção de quais alunos seriam entrevistados foi feita por sorteio.

3ª etapa

Coleta de dados.

O grupo de Larissa era composto de três integrantes. Assim, cada um ficou responsável pela pesquisa em quatro turmas.

240

4ª etapa

Organização dos dados.

Os dados coletados nas entrevistas de todos os integrantes do grupo foram reunidos.

Excelente	⊠⊠⊠⊠⊠⊠⊠❘❘
Muito boa	⊠⊠⊠⊠⊠⊠
Normal	⊠⊠⊠❘❘❘
Ruim	⊠❘

5ª etapa

Apresentação dos resultados.

Com os dados organizados, o grupo construiu em uma planilha eletrônica uma tabela e um gráfico de colunas para apresentar o resultado da pesquisa.

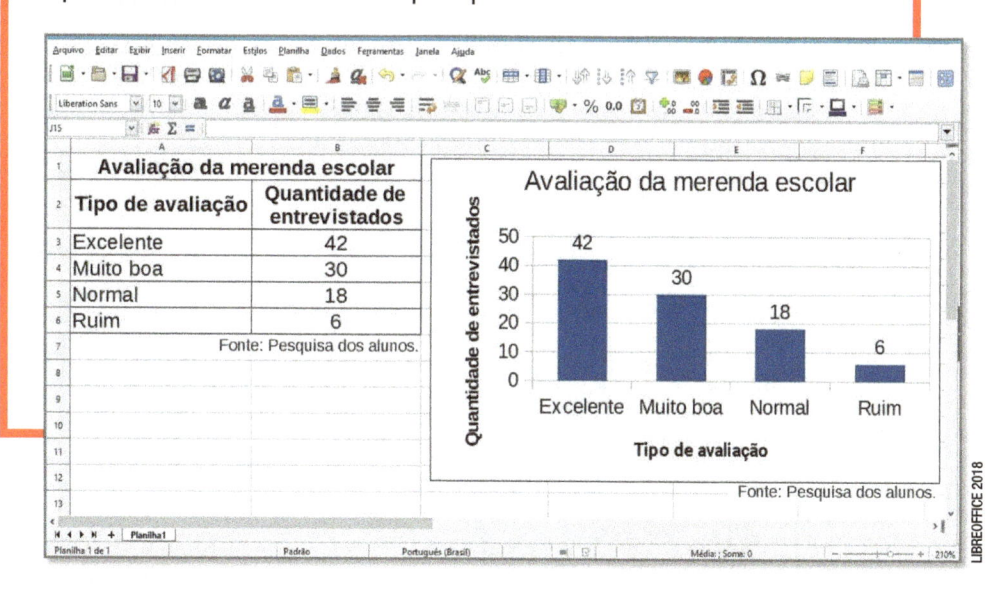

Avaliação da merenda escolar

Tipo de avaliação	Quantidade de entrevistados
Excelente	42
Muito boa	30
Normal	18
Ruim	6

Fonte: Pesquisa dos alunos.

LIBREOFFICE 2018

Acesse este *site* para obter mais informações sobre o Censo Demográfico.
- IBGE. **Memória**. Disponível em: <http://livro.pro/ro24qz>. Acesso em: 6 maio 2019.

Acesse este *site* para obter mais informações sobre o PNAD.
- IBGE. **Pesquisa Nacional por Amostra de Domicílios – PNAD**. Disponível em: <http://livro.pro/6b9p6b>. Acesso em: 6 maio 2019.

ATIVIDADES

1. Em relação à pesquisa apresentada nas páginas **240** e **241**, resolva as questões.

   a) Explique, com suas palavras, a diferença entre uma pesquisa censitária e uma pesquisa por amostra.

   b) A pesquisa realizada pelo grupo de Larissa foi censitária ou por amostra? Por que o grupo fez essa opção?

   c) Ao todo, quantos alunos foram entrevistados pelo grupo de Larissa?

   d) Quais recursos estatísticos o grupo de Larissa utilizou para apresentar o resultado da pesquisa? Que ferramenta eles usaram na confecção desses recursos?

   e) O gráfico de setores a seguir representa o resultado dessa pesquisa. Nele, as letras indicam porcentual ou tipo de avaliação. Indique o que cada letra representa.

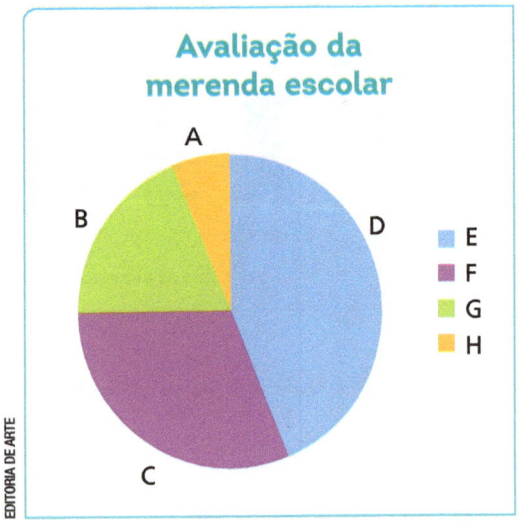

   Avaliação da merenda escolar

   (Gráfico de setores com letras A, B, C, D e legenda E, F, G, H)

   Fonte: Pesquisa dos alunos.

2. De acordo com o resultado da pesquisa apresentada nas páginas **240** e **241**, escreva um relatório. Para auxiliar na elaboração desse texto, reflita sobre as questões a seguir.

Merenda escolar

- Por que esse tema pode ter sido o escolhido pelos alunos do grupo?

- Quais eram as opções de resposta para a pergunta do questionário?

- Por que o público-alvo na pesquisa foram os alunos da escola?

- Como foi definida a amostra dos entrevistados para a pesquisa?

- De que maneira foi dividida entre os integrantes do grupo a tarefa de entrevistar?

- Qual seria a sua resposta, caso você fosse um dos entrevistados nessa pesquisa?

- Quais são as vantagens de usar a planilha eletrônica para construir tabelas e gráficos?

- O que é possível afirmar sobre a merenda da escola com base no resultado da pesquisa?

3. Vamos pesquisar!

1ª etapa

Elaboração do questionário.

Após uma breve discussão em grupo, definam um tema para a pesquisa e a questão da entrevista. Pensem em um tema social que esteja relacionado com o cotidiano escolar de vocês. Vejam uma sugestão.

Tema: Melhoria na biblioteca.
Questão: O que deve ser prioridade na melhoria da biblioteca da escola?

Acervo de livros	Iluminação	Quantidade de mesas	Silêncio

2ª etapa

Definição do público entrevistado.

Avaliem se a pesquisa será censitária, ou seja, todos os alunos da escola vão ser entrevistados, ou se será por amostra, de maneira que apenas uma parte dos alunos responda ao questionário. Caso a opção seja por amostra, é importante que a seleção dos alunos entrevistados seja por sorteio.

3ª etapa

Coleta de dados.

Definam quantas pessoas cada integrante do grupo vai entrevistar. É importante ter cuidado para que uma mesma pessoa não seja entrevistada por mais de um integrante. Nas entrevistas, as respostas podem ser indicadas da maneira que julgarem mais adequada, utilizando marcações, números etc.

4ª etapa

Organização dos dados.

Quando todos os integrantes tiverem terminado as entrevistas, as respostas obtidas devem ser reunidas e organizadas em uma mesma lista ou quadro.

5ª etapa

Apresentação dos resultados.

Com os dados organizados, pensem no melhor recurso para apresentar o resultado da pesquisa, como tabela ou gráfico. No caso do gráfico, a escolha do tipo a ser utilizado depende da natureza dos dados coletados. Nessa etapa, pode ser usada a planilha eletrônica. Além disso, em conjunto, pode ser elaborado um texto contendo informações sobre o resultado dessa pesquisa.

243

2. PROBABILIDADE

André e Rita estão brincando com um dado de seis faces. Esse dado é honesto, ou seja, a probabilidade de se obter cada face em um lançamento é a mesma. Nas rodadas dessa brincadeira, cada um lança o dado uma vez e vence aquele que obtiver mais pontos na face do dado que ficar voltada para cima. Pode haver empates.

Observe o resultado que André obteve em certa rodada.

Note que são seis as possibilidades de resultados no lançamento que Rita vai fazer. Podemos estudar o que pode ocorrer nessa rodada de acordo com esses possíveis resultados. Observe.

- Resultados favoráveis a André.
- Resultado favorável ao empate.
- Resultados favoráveis a Rita.

Veja como podemos calcular a probabilidade de André ser o ganhador dessa rodada:

$\dfrac{3}{6} = \dfrac{1}{2}$

Quantidade de resultados favoráveis a André no lançamento de Rita.

Quantidade total de resultados possíveis no lançamento de Rita.

Além da forma de fração, podemos expressar essa probabilidade por meio de um número na forma decimal ou porcentagem. Observe.

$\dfrac{1}{2} = 1 : 2 = \boxed{0,5}$ ou $\dfrac{1}{2} = \dfrac{50}{100} = \boxed{50\%}$

Assim, podemos dizer que a probabilidade de André ser o ganhador dessa rodada, de acordo com o lançamento que Rita vai realizar, é de **3 em 6**, $\dfrac{1}{2}$, **0,5** ou **50%**.

ATIVIDADES

1. Considere a situação apresentada na página anterior.

   a) Qual a probabilidade de naquela rodada:
      - Rita ser a vencedora?
      - ocorrer empate?

   b) Agora, considere outra rodada em que o primeiro participante a lançar o dado tenha sido Rita. Observe ao lado o resultado que ela obteve.
      - Faça desenhos para indicar os resultados favoráveis a André, ao empate e a Rita nessa rodada, em relação ao lançamento que André vai realizar.
      - Qual é a probabilidade de Rita vencer essa rodada? E a de André vencer?
      - A vitória de qual jogador é mais provável nessa rodada?

2. Na turma em que Kawane estuda, os alunos são numerados na lista de chamada de 1 a 32. Um aluno dessa turma será sorteado para assistir a uma peça de teatro. Para fazer esse sorteio, a professora escreveu o número de cada aluno em pedaços idênticos de papel, colocou-os em uma caixa e vai retirar, sem olhar, um desses pedaços de papel. Qual é a probabilidade de:

   a) Kawane ser a sorteada?
   b) um aluno de número ímpar ser sorteado?
   c) um aluno de número maior que 20 ser sorteado?

3. Em certa fase de um jogo de *videogame*, o personagem deve escolher, ao acaso, abrir uma caixa entre dez caixas idênticas disponíveis, sendo que em apenas três delas há um prêmio.

   a) Qual é a probabilidade de o personagem abrir uma caixa com prêmio na 1ª tentativa?
   b) Sabendo que na 1ª tentativa o personagem abriu uma caixa sem prêmio, qual é a probabilidade de na 2ª tentativa a caixa escolhida ter prêmio?

4. Para uma brincadeira, Taís separou **seis** bolas idênticas, mas cada uma com um algarismo diferente.

Depois, ela organizou essas bolas em dois grupos e as colocou em caixas correspondentes às ordens das dezenas e das unidades, conforme segue.

Por fim, Taís vai sortear uma bola de cada caixa para formar um número. Observe como podemos representar todos os números possíveis de serem formados usando uma **árvore de possibilidades**.

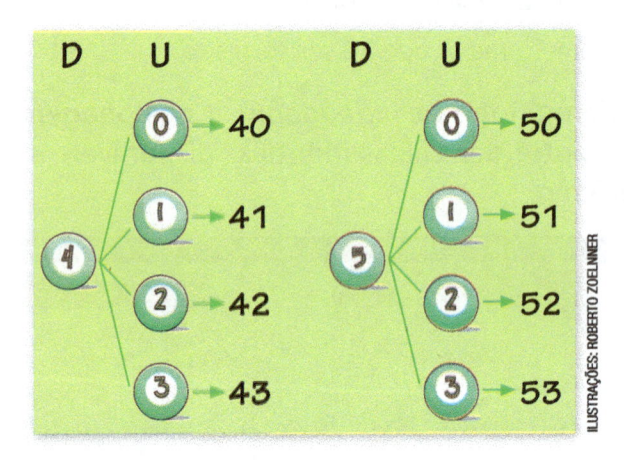

a) Escreva três números que podem ser formados nesse sorteio.

b) É possível formar no sorteio o número 35? Por quê?

c) Qual é a probabilidade de o número formado por Taís ser:
- par?
- ímpar?
- um número maior que 41?
- igual a 50?

d) O que é mais provável obter no sorteio: um número maior que 50 ou um menor que 50?

e) Taís sorteou apenas uma bola e afirmou que o número formado será par. De qual caixa ela sorteou essa bola? Qual pode ser essa bola?

246

5. Na promoção de certa loja, quando um cliente realiza uma compra, ele gira duas roletas e ganha de brinde o vestuário indicado pelas roletas. Bruno, por exemplo, girou as roletas e ganhou uma camiseta azul. Observe.

> ! Cada roleta foi dividida em partes iguais. Ao girar cada roleta, a probabilidade de sortear qualquer uma das partes é a mesma.

a) Qual é a probabilidade de o vestuário sorteado:

• ser um boné?

• ter a cor verde?

b) Quantas são as composições de vestuário possíveis nesse sorteio? Se necessário, faça uma árvore de possibilidades.

c) Qual é a probabilidade de o brinde ser uma calça azul?

6. Na aula de Matemática, a professora propôs aos alunos a realização de um experimento. Observe as etapas e resolva as questões na próxima página.

1ª Em um saco de pano não transparente foram colocadas diversas bolinhas (não se sabe quantas) que se diferenciavam apenas pela cor: azul, amarela e verde.

2ª Após misturar bem, sem olhar, uma bolinha é sorteada.

3ª A cor da bolinha sorteada é registrada na lousa.

4ª A bolinha sorteada é colocada novamente no saco e outro sorteio é realizado.

Após a realização de 50 sorteios, observe os registros na lousa.

Sorteios
Azul: ☐☐☐☐☐|
Amarela: ☐☐☐
Verde: ☐☐

247

a) Em sua opinião, nesse saco há mais bolinhas de qual cor? E há menos bolinhas de qual cor?

b) Construa um quadro para indicar a frequência de sorteio de cada cor de bolinha.

c) Como não sabemos quantas bolinhas de cada cor há no saco, podemos estimar a probabilidade de sortear cada cor por meio da frequência dos resultados nos sorteios realizados. Por exemplo, a estimativa da probabilidade de sortear uma bolinha azul é dada por:

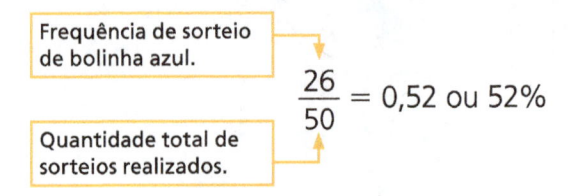

$$\frac{26}{50} = 0,52 \text{ ou } 52\%$$

Frequência de sorteio de bolinha azul.
Quantidade total de sorteios realizados.

Agora, estime a probabilidade de sortear uma:

- bolinha amarela.
- bolinha verde.

7. Para realizar um experimento, junte-se a um colega.

Recortem uma folha de papel sulfite em 8 pedaços idênticos, que podem ser obtidos com dobraduras.

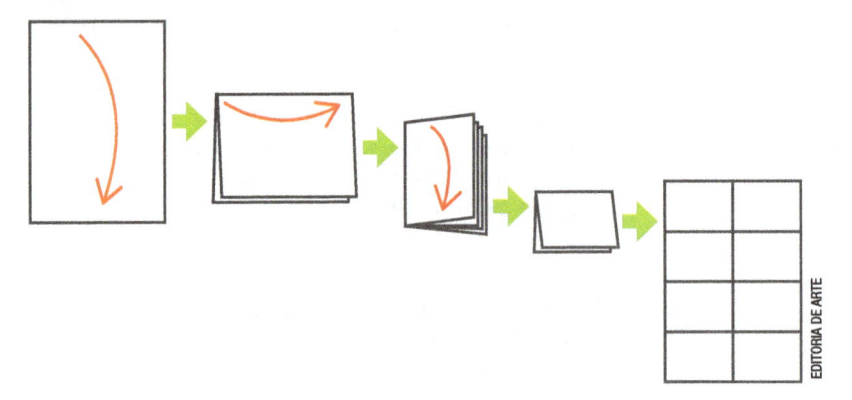

Pintem todos esses pedaços de papel utilizando três cores: cinza, vermelha e roxa. Cada pedaço deve ter uma única cor. Vocês definem quantos pedaços de cada cor.

Depois, coloquem esses pedaços de papel em uma caixa ou pacote não transparente e resolvam as questões a seguir.

a) Calculem a probabilidade de, em um sorteio, o papel retirado ser:
- cinza.
- vermelho.
- roxo.

b) Agora, realizem 50 sorteios consecutivos, sempre devolvendo à caixa o papel sorteado. Registrem os resultados obtidos em um quadro.

c) Utilizem o quadro construído no item **b** e calculem a estimativa da probabilidade de sorteio de cada cor com base na frequência dos resultados dos sorteios.

d) Comparem a probabilidade calculada no item **a** e a estimativa da probabilidade realizada no item **c**.

INTEGRANDO COM GEOGRAFIA

Valorização da mulher

Leia com atenção a notícia a seguir.

CARÁTER · CIDADANIA

> **IBGE: mulheres ganham menos que homens mesmo sendo maioria com ensino superior**
>
> Mesmo em número maior entre as pessoas com ensino superior completo, as mulheres ainda enfrentam desigualdade no mercado de trabalho em relação aos homens. Essa disparidade se manifesta em outras áreas, além do item educação. [...]
>
> Em relação ao rendimento habitual médio mensal de todos os trabalhos e razão de rendimentos, por sexo, entre 2012 e 2016, as mulheres ganham, em média, 75% do que os homens ganham. Isso significa que as mulheres têm rendimento habitual médio mensal de todos os trabalhos no valor de R$ 1.764 enquanto os homens, R$ 2.306.
>
> [...]
>
> Em termos de rendimentos, vida pública e tomada de decisão, a mulher brasileira ainda se encontra em patamar inferior ao do homem, bem como no tempo dedicado a cuidados de pessoas ou afazeres domésticos. [...]
>
> De acordo com o estudo, o tempo dedicado aos cuidados de pessoas ou a afazeres domésticos é maior entre as mulheres (18,1 horas por semana), do que entre os homens (10,5 horas por semana). [...]
>
> No que se refere à questão da representatividade, o estudo divulgado pelo IBGE evidencia que as mulheres são sub-representadas em várias áreas, não só na vida política, como no Congresso Nacional e cargos ministeriais, mas também nos cargos gerenciais, nos cargos públicos e privados e na instituição policial. [...]
>
> GANDRA, A. **IBGE**: mulheres ganham menos que homens mesmo sendo maioria com ensino superior. Disponível em: <http://agenciabrasil.ebc.com.br/geral/noticia/2018-03/ibge-mulheres-ganham-menos-que-homens-mesmo-sendo-maioria-com-ensino-superior>. Acesso em: 9 maio 2019.

A notícia apresentada na página anterior teve como base uma pesquisa divulgada pelo IBGE. Observe outras informações dessa pesquisa.

Parlamentares mulheres no Brasil, em 2017 (em porcentagem)

16% dos senadores

10,5% dos deputados federais

Fonte: IBGE. **Estatísticas de gênero**: indicadores sociais das mulheres no Brasil. Disponível em: <https://biblioteca.ibge.gov.br/visualizacao/livros/liv101551_informativo.pdf>. Acesso em: 6 maio 2019.

Média de horas semanais dedicadas aos cuidados de pessoas e/ou afazeres domésticos por pessoas ocupadas, por sexo, no Brasil, em 2016

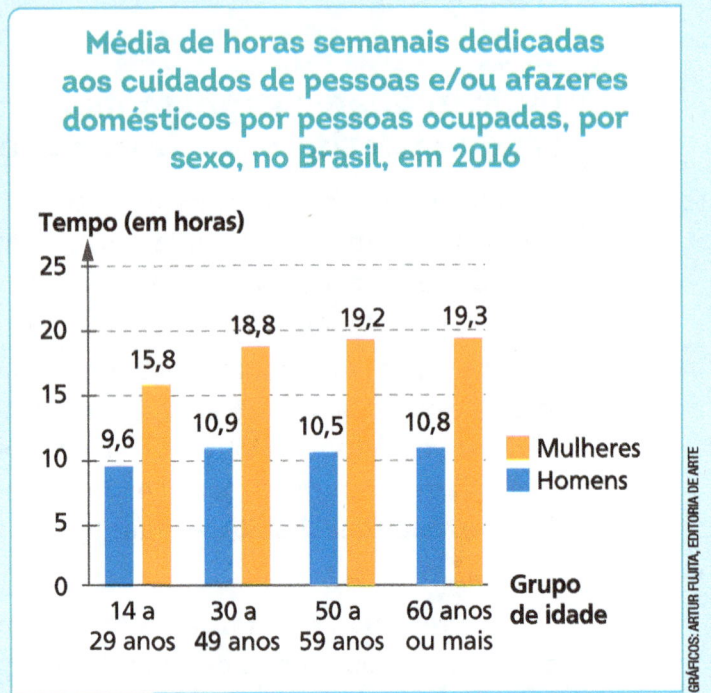

Tempo (em horas)

Grupo de idade	Homens	Mulheres
14 a 29 anos	9,6	15,8
30 a 49 anos	10,9	18,8
50 a 59 anos	10,5	19,2
60 anos ou mais	10,8	19,3

Fonte: IBGE. **Estatísticas de gênero**: indicadores sociais das mulheres no Brasil. Disponível em: <https://biblioteca.ibge.gov.br/visualizacao/livros/liv101551_informativo.pdf>. Acesso em: 6 maio 2019.

População brasileira de 25 anos ou mais de idade com ensino superior completo, por sexo, segundo os grupos de idade (em porcentagem)

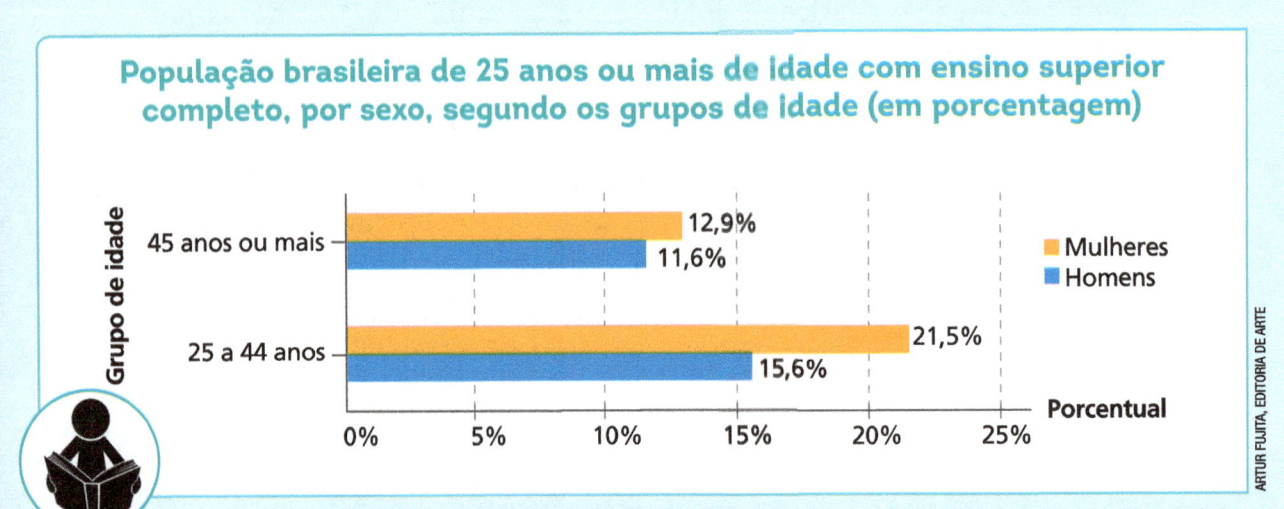

Grupo de idade	Homens	Mulheres
45 anos ou mais	11,6%	12,9%
25 a 44 anos	15,6%	21,5%

Fonte: IBGE. **Estatísticas de gênero**: indicadores sociais das mulheres no Brasil. Disponível em: <https://biblioteca.ibge.gov.br/visualizacao/livros/liv101551_informativo.pdf>. Acesso em: 6 maio 2019.

1. Que porcentual das mulheres com 45 anos ou mais de idade tem ensino superior completo? Qual é esse porcentual referente aos homens nessa mesma faixa etária?

_____

2. No Brasil, em relação ao rendimento habitual médio mensal de todos os trabalhos, entre 2012 e 2016, quanto recebia cada mulher? E cada homem?

_____

3. Em 2016, no Brasil, quantas horas semanais em média as mulheres na faixa etária de 30 a 49 anos dedicavam aos cuidados de pessoas e/ou afazeres domésticos? E os homens nessa mesma faixa etária?

_____

4. No Brasil, em 2017, que porcentual dos senadores da república eram homens? E que porcentual correspondia a mulheres?

_____

5. Leia a tirinha com atenção. Depois, com base no que você entendeu sobre a tirinha e demais informações apresentadas nesta seção, elabore um texto sobre a importância de garantir às mulheres os mesmos direitos e acessos que os homens têm em diferentes setores da sociedade. Se necessário, realize uma pesquisa complementar.

BECK, A. **Armandinho Sete**. Florianópolis: A. C. Beck, 2015. p. 16.

_____

_____

_____

_____

_____

_____

251

O QUE ESTUDEI

1 Leia com atenção cada pergunta a seguir e faça uma reflexão. Depois, responda: **sim**, **às vezes** ou **não**.

A) Ouvi as explicações do professor?
B) Pedi ajuda quando tive dúvidas?
C) Ajudei o professor?
D) Fiquei em silêncio quando o professor pediu?
E) Participei na resolução das atividades propostas?
F) Fiz todas as atividades propostas na sala de aula?
G) Fiz as tarefas escolares em casa?
H) Respeitei meus colegas nos trabalhos em grupo?
I) Ajudei meus colegas quando eles tiveram dúvidas?
J) Levei para a sala de aula os materiais necessários?

2 Nas fichas estão indicados os principais conceitos que estudamos nesta Unidade. Reflita sobre cada um deles e verifique se você precisa retomar algum conceito para melhor compreendê-lo.

- Tabela simples
- Tabela de dupla entrada
- Gráfico de colunas
- Gráfico de barras
- Gráfico de segmentos
- Gráfico de setores
- Média aritmética
- Pesquisa estatística
- Amostra
- Probabilidade

3 Resolva cada problema proposto a seguir e escreva quais conceitos estudados nesta Unidade você utilizou na resolução.

SITUAÇÃO INICIAL

Em 2019, uma empresa realizou uma pesquisa estatística sobre os funcionários. Observe algumas informações obtidas nessa pesquisa.

Salário médio mensal dos funcionários entre 2016 e 2019

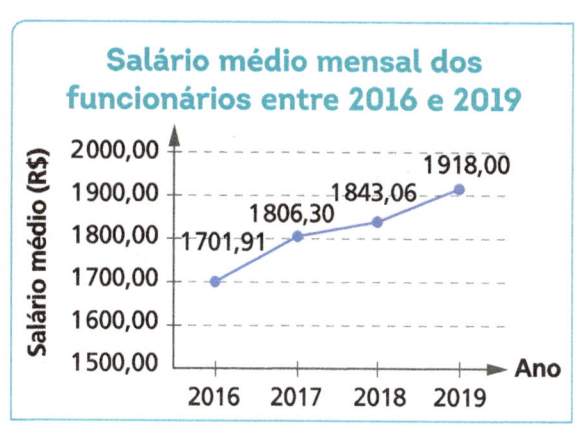

(gráfico de linhas: 2016: 1 701,91; 2017: 1 806,30; 2018: 1 843,06; 2019: 1 918,00)

Fonte: Pesquisa da empresa.

Funcionários por departamento, em 2019

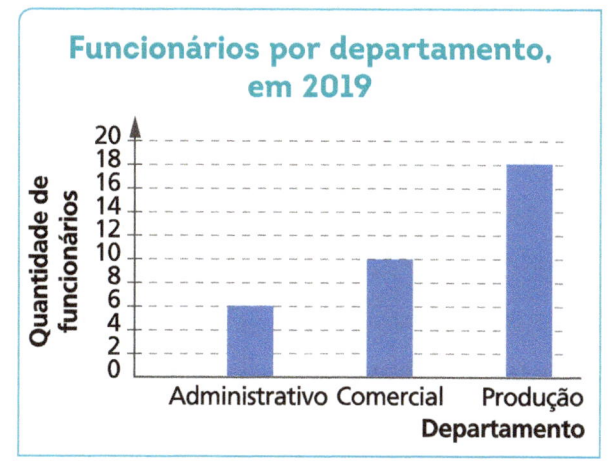

(gráfico de barras: Administrativo: 6; Comercial: 10; Produção: 18)

Fonte: Pesquisa da empresa.

Distribuição dos funcionários por sexo, em 2019

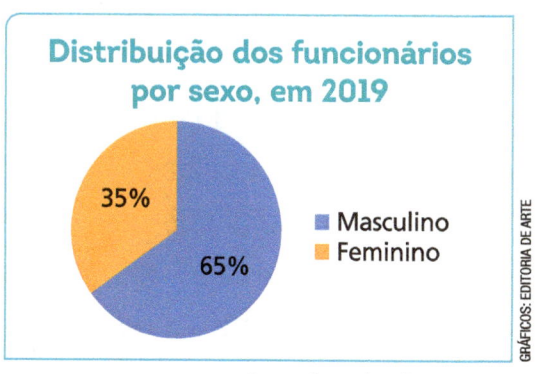

(gráfico de setores: Masculino 65%; Feminino 35%)

Fonte: Pesquisa da empresa.

PROBLEMAS

I O salário médio mensal dos funcionários aumentou ou diminuiu no período entre 2016 e 2019?

II Como os dados apresentados nesses gráficos foram obtidos?

III Em 2019, qual departamento tinha mais funcionários?

IV Em 2019, havia mais homens ou mulheres trabalhando nessa empresa?

V Como você acredita que foi calculado o salário médio mensal dos funcionários em 2019?

VI A empresa vai realizar um sorteio de maneira que cada um dos funcionários tenha a mesma probabilidade de ser sorteado. É mais provável que o funcionário sorteado seja:
- homem ou mulher?
- do departamento administrativo, comercial ou de produção?

253

VOCÊ CONECTADO

Instruções gerais

Nessa seção exploramos atividades que envolvem o uso de dois *softwares*: a planilha eletrônica **Calc** e o **GeoGebra**.

As planilhas eletrônicas são próprias para organizar informações, realizar cálculos, construir tabelas e gráficos, além de diversas outras funções. Os recursos que essas planilhas possuem contribuem para a realização do trabalho de diversos profissionais e costumam ser utilizados até mesmo para controlar as despesas domésticas. No estudo de Matemática, podemos utilizar planilhas eletrônicas para compreender melhor muito daquilo que estudamos, como a organização de dados em tabelas e a construção de gráficos de colunas, de barras, de segmentos e de setores.

Já o **GeoGebra** é um *software* próprio para representar e estudar figuras geométricas. Com ele, podemos construir diversas figuras e analisar algumas de suas características, além de fazer uma abordagem mais dinâmica por meio de modificações nas construções.

Tanto a planilha eletrônica **Calc** quanto o **GeoGebra** não têm custo, ou seja, têm a distribuição gratuita. Eles podem ser baixados acessando os *sites* a seguir.

- Planilha eletrônica **Calc**: <http://livro.pro/bixzay>. Acesso em: 6 maio 2019.

- **GeoGebra**: <http://livro.pro/tgwm9a>. Acesso em: 6 maio 2019.

Veja ao lado as indicações de algumas opções da planilha eletrônica **Calc**.

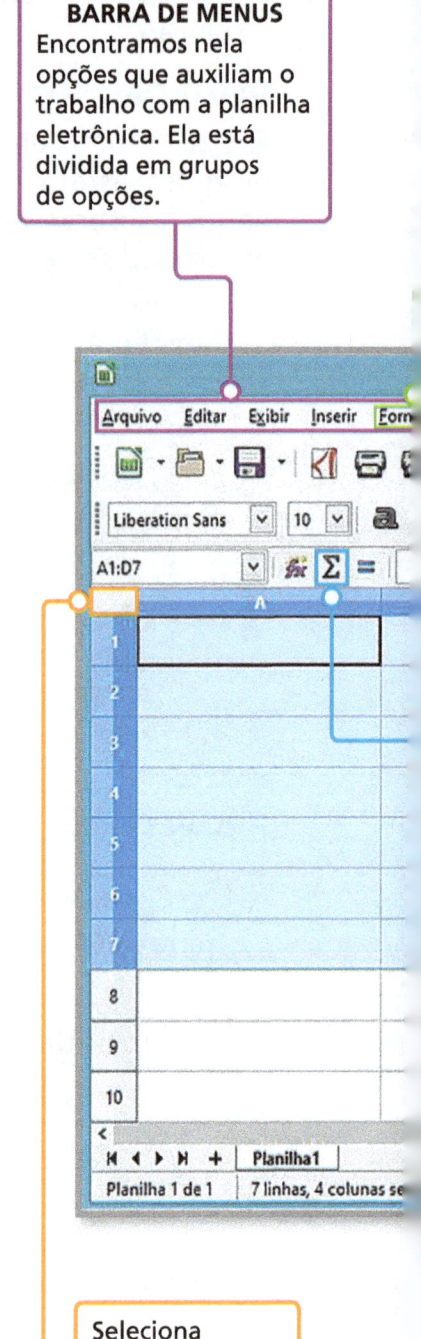

BARRA DE MENUS
Encontramos nela opções que auxiliam o trabalho com a planilha eletrônica. Ela está dividida em grupos de opções.

Seleciona todas as células da planilha eletrônica.

SOMA
Calcula a soma dos valores das células selecionadas da planilha eletrônica.

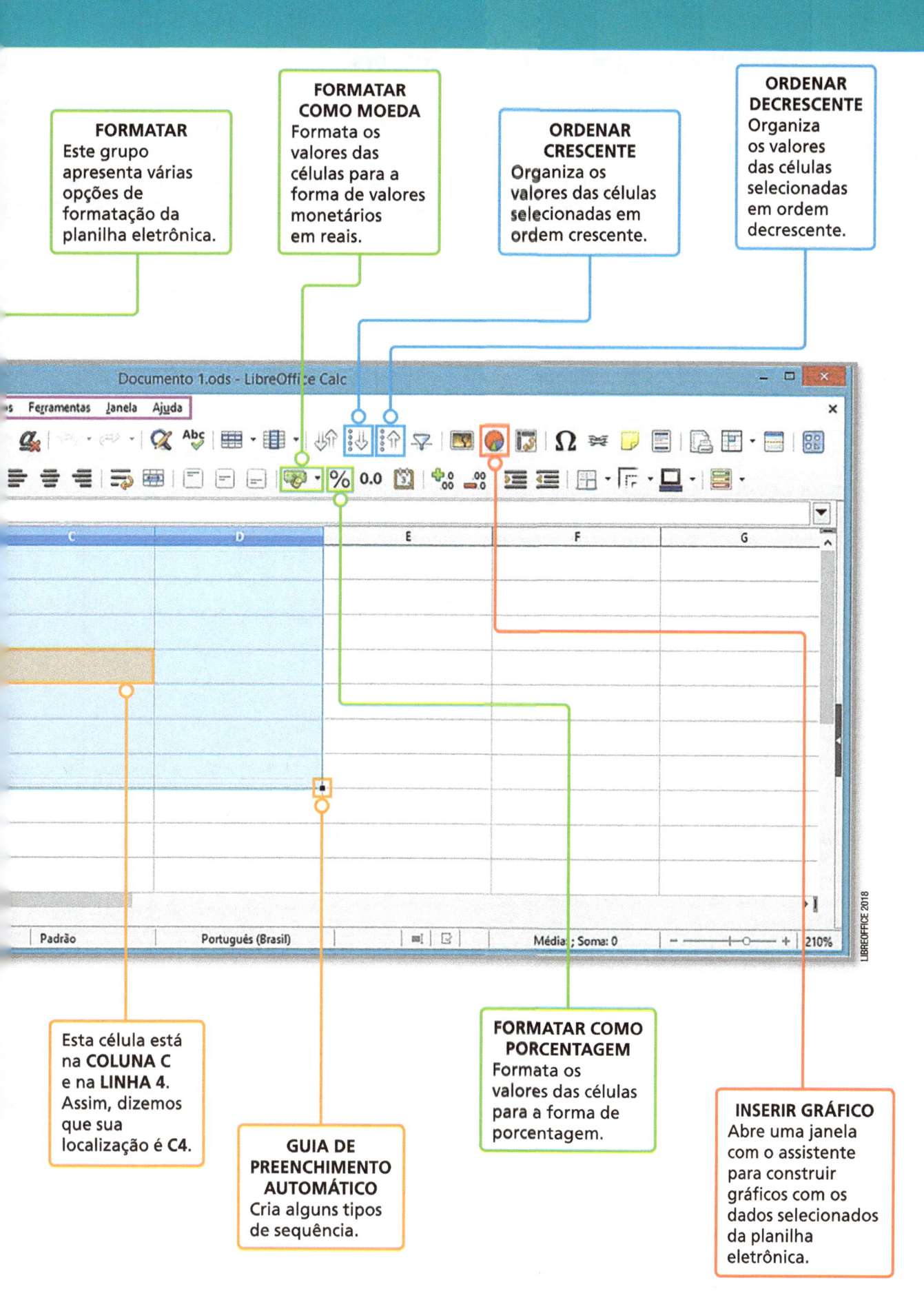

FORMATAR
Este grupo apresenta várias opções de formatação da planilha eletrônica.

FORMATAR COMO MOEDA
Formata os valores das células para a forma de valores monetários em reais.

ORDENAR CRESCENTE
Organiza os valores das células selecionadas em ordem crescente.

ORDENAR DECRESCENTE
Organiza os valores das células selecionadas em ordem decrescente.

Esta célula está na **COLUNA C** e na **LINHA 4**. Assim, dizemos que sua localização é **C4**.

GUIA DE PREENCHIMENTO AUTOMÁTICO
Cria alguns tipos de sequência.

FORMATAR COMO PORCENTAGEM
Formata os valores das células para a forma de porcentagem.

INSERIR GRÁFICO
Abre uma janela com o assistente para construir gráficos com os dados selecionados da planilha eletrônica.

255

Veja as indicações de algumas opções do **GeoGebra**.

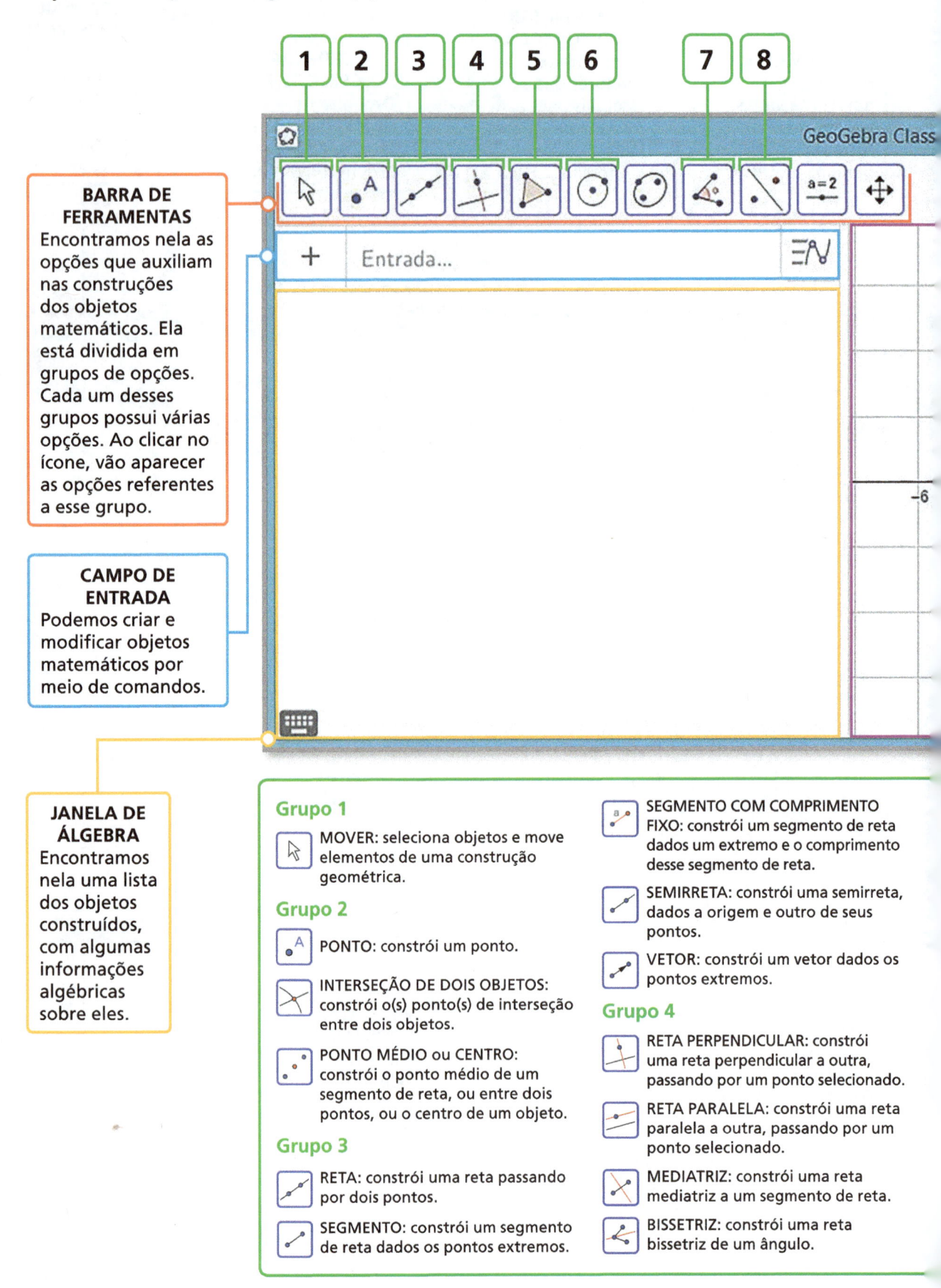

BARRA DE FERRAMENTAS
Encontramos nela as opções que auxiliam nas construções dos objetos matemáticos. Ela está dividida em grupos de opções. Cada um desses grupos possui várias opções. Ao clicar no ícone, vão aparecer as opções referentes a esse grupo.

CAMPO DE ENTRADA
Podemos criar e modificar objetos matemáticos por meio de comandos.

JANELA DE ÁLGEBRA
Encontramos nela uma lista dos objetos construídos, com algumas informações algébricas sobre eles.

Grupo 1

MOVER: seleciona objetos e move elementos de uma construção geométrica.

Grupo 2

PONTO: constrói um ponto.

INTERSEÇÃO DE DOIS OBJETOS: constrói o(s) ponto(s) de interseção entre dois objetos.

PONTO MÉDIO ou CENTRO: constrói o ponto médio de um segmento de reta, ou entre dois pontos, ou o centro de um objeto.

Grupo 3

RETA: constrói uma reta passando por dois pontos.

SEGMENTO: constrói um segmento de reta dados os pontos extremos.

SEGMENTO COM COMPRIMENTO FIXO: constrói um segmento de reta dados um extremo e o comprimento desse segmento de reta.

SEMIRRETA: constrói uma semirreta, dados a origem e outro de seus pontos.

VETOR: constrói um vetor dados os pontos extremos.

Grupo 4

RETA PERPENDICULAR: constrói uma reta perpendicular a outra, passando por um ponto selecionado.

RETA PARALELA: constrói uma reta paralela a outra, passando por um ponto selecionado.

MEDIATRIZ: constrói uma reta mediatriz a um segmento de reta.

BISSETRIZ: constrói uma reta bissetriz de um ângulo.

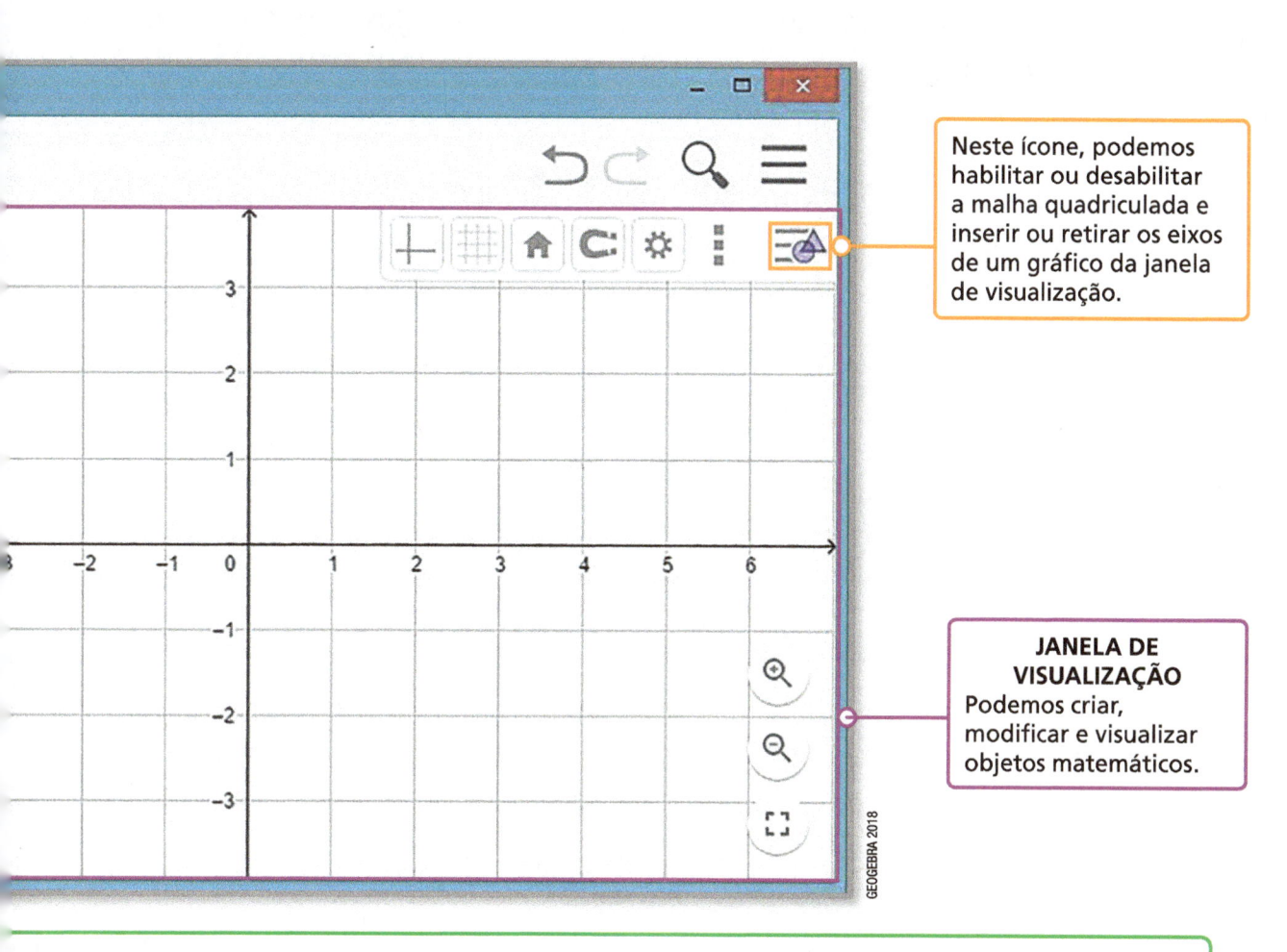

Neste ícone, podemos habilitar ou desabilitar a malha quadriculada e inserir ou retirar os eixos de um gráfico da janela de visualização.

JANELA DE VISUALIZAÇÃO
Podemos criar, modificar e visualizar objetos matemáticos.

GEOGEBRA 2018

Grupo 5

POLÍGONO: constrói um polígono dados seus vértices.

POLÍGONO REGULAR: constrói um polígono regular dados dois de seus vértices e a quantidade de lados.

Grupo 6

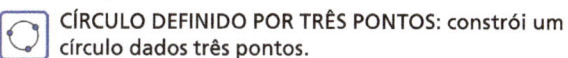

CÍRCULO DADOS O CENTRO E UM DE SEUS PONTOS: constrói um círculo dados o centro e um de seus pontos.

CÍRCULO DEFINIDO POR TRÊS PONTOS: constrói um círculo dados três pontos.

ARCO CIRCULAR: constrói um arco de circunferência dados o centro do círculo e os extremos desse arco de circunferência.

Grupo 7

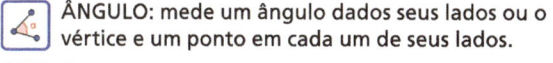

ÂNGULO: mede um ângulo dados seus lados ou o vértice e um ponto em cada um de seus lados.

ÂNGULO COM AMPLITUDE FIXA: constrói um ângulo dados o vértice, um ponto de um dos lados ou um dos lados e a amplitude.

DISTÂNCIA, COMPRIMENTO ou PERÍMETRO: mede a distância entre dois pontos, o comprimento de um segmento de reta ou o perímetro de uma figura geométrica plana.

ÁREA: mede a área de uma figura geométrica plana.

Grupo 8

REFLEXÃO EM RELAÇÃO A UMA RETA: constrói a figura simétrica de uma figura dada, por reflexão em relação a uma reta.

ROTAÇÃO EM TORNO DE UM PONTO: constrói a figura simétrica de uma figura dada, por rotação em relação a um ponto.

TRANSLAÇÃO POR UM VETOR: constrói a figura simétrica de uma figura dada, por translação em relação a um vetor.

HOMOTETIA: constrói ampliações ou reduções de uma figura, dados o ponto central e a razão de homotetia.

»» Calculando múltiplos

Podemos utilizar as planilhas eletrônicas para estudarmos os múltiplos de um número natural. Observe, nos exemplos, duas maneiras de obter múltiplos de números naturais na planilha eletrônica **Calc**.

Exemplo 1

Vamos obter os dez primeiros múltiplos de 18 realizando adições sucessivas na planilha eletrônica **Calc**.

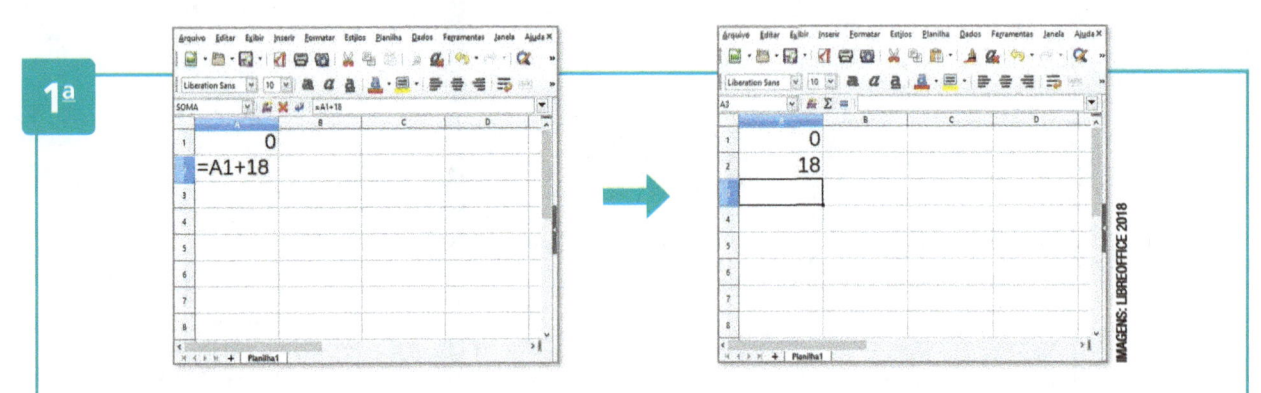

1ª

Na célula **A1** registramos 0, que é o primeiro múltiplo de 18. Para calcular o segundo múltiplo de 18, na célula **A2**, escrevemos **=A1+18**, que corresponde ao valor numérico representado na célula **A1** adicionado de 18 unidades. Depois, pressionamos a tecla **Enter**.

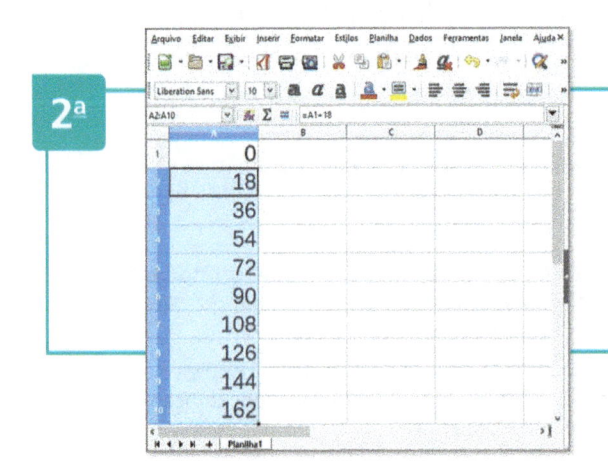

2ª

Para calcular os próximos múltiplos de 18, clicamos na célula **A2**, depois na opção ▭ e, com o botão do *mouse* pressionado, arrastamos até a célula **A10**. Assim, obtemos os dez primeiros múltiplos de 18.

! Na opção ▭, a indicação vermelha foi inserida apenas para destacar que devemos clicar no quadrinho preto, no canto inferior direito da célula.

Exemplo 2

Agora, vamos obter os dez primeiros múltiplos de 18 realizando multiplicações pelos números da sequência dos números naturais na planilha eletrônica **Calc**.

1ª Na célula **A1** escrevemos "Sequência dos números naturais" e, na célula **B1**, "Sequência dos múltiplos de 18".

Na coluna **A**, vamos construir a sequência dos números naturais. Para isso, registramos o número 0 na célula **A2**. Em seguida, clicamos nessa célula e depois na opção ▢ e, com o botão do *mouse* pressionado, arrastamos até a célula **A11**.

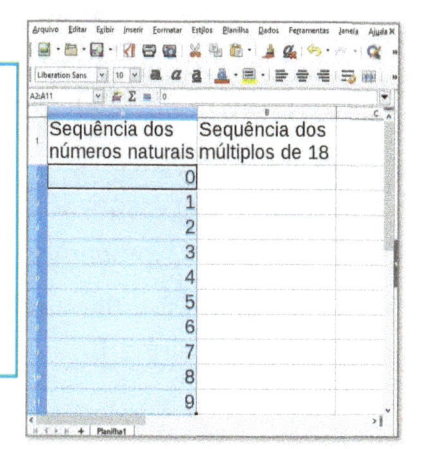

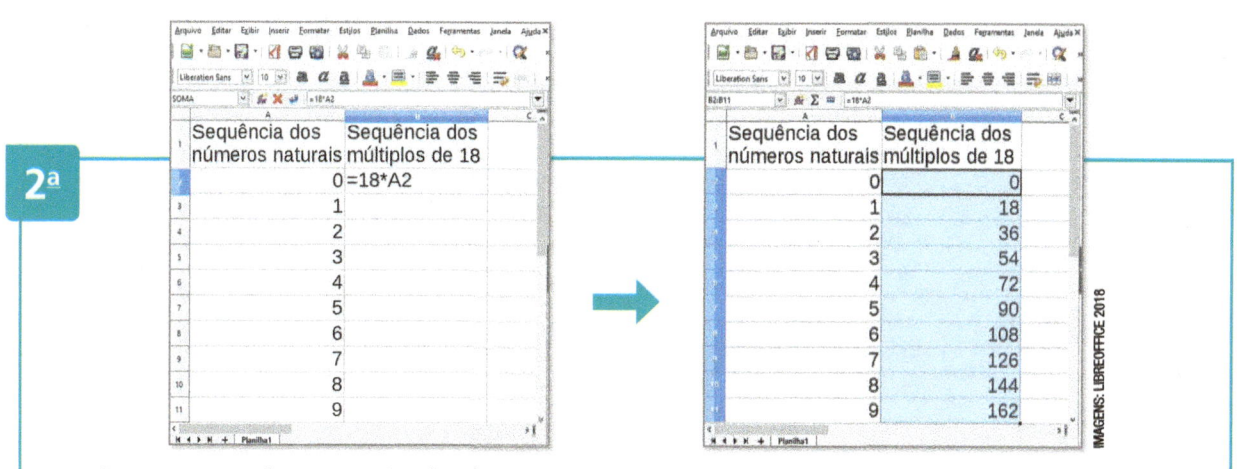

2ª Para construir a sequência dos múltiplos de 18, na célula **B2** escrevemos **=18*A2**, que corresponde a 18 multiplicado pelo valor numérico representado na célula **A2**, e pressionamos a tecla **Enter**. Em seguida, clicamos na célula **B2**, depois na opção ▢ e, com o botão do *mouse* pressionado, arrastamos até a célula **B11**.

MÃOS À OBRA

1. Escolha uma das maneiras apresentadas e obtenha os vinte primeiros múltiplos de 27, de 36, de 45 e de 54.

    • De acordo com os números obtidos, determine:
    a) mmc (36, 45)
    b) mmc (45, 27)
    c) mmc (27, 36, 54)
    d) mmc (27, 36, 45, 54)

2. Quais são os múltiplos de 42 entre 1 000 e 1 200?

259

Controle financeiro

O que acha de organizarmos um controle financeiro pessoal?

Para isso, vamos utilizar a planilha eletrônica **Calc** e considerar a atividade **7** da página **50**, em que é apresentado o controle financeiro de Paulo.

1ª É necessário organizar os dados do controle financeiro na planilha eletrônica. Para isso, indicamos o título "Controle financeiro do Paulo – Abril" na célula **A1** e utilizamos uma coluna para registrar a Despesa/Receita (coluna **A**) e outra para o Valor (coluna **B**).

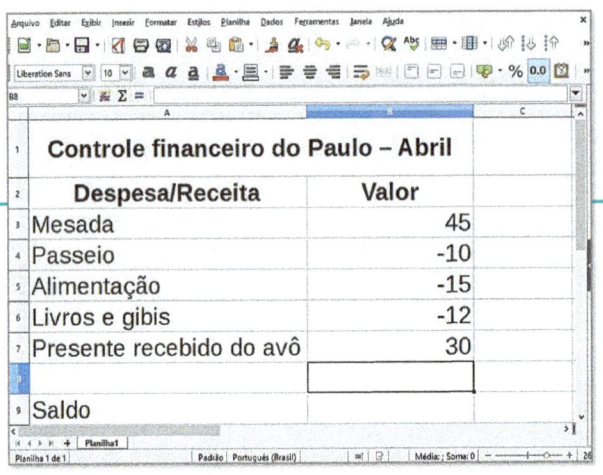

2ª Para que os valores indicados representem quantias em reais, selecionamos as células correspondentes (**B3**, **B4**, **B5**, **B6** e **B7**) e clicamos na opção **Formatar como moeda**.

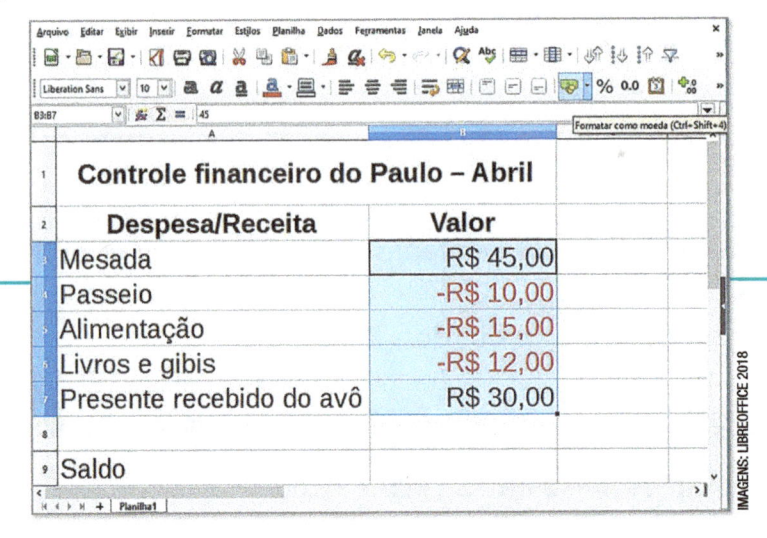

260

3ª Para calcular o saldo, selecionamos a célula **B9** e digitamos **=B3+B4+B5+B6+B7**, indicando a adição dos valores dessas células. Por fim, pressionamos a tecla **Enter**.

MÃOS À OBRA

1. Em relação ao exemplo apresentado, responda.

   a) Quais dados apresentados na coluna **A** são despesas? E quais são receitas?

   b) No mês de abril, o saldo de Paulo foi positivo ou negativo? De quantos reais?

2. Lúcia, a irmã mais velha de Paulo, fez anotações com as despesas e receitas que teve durante o mês de março. Observe.

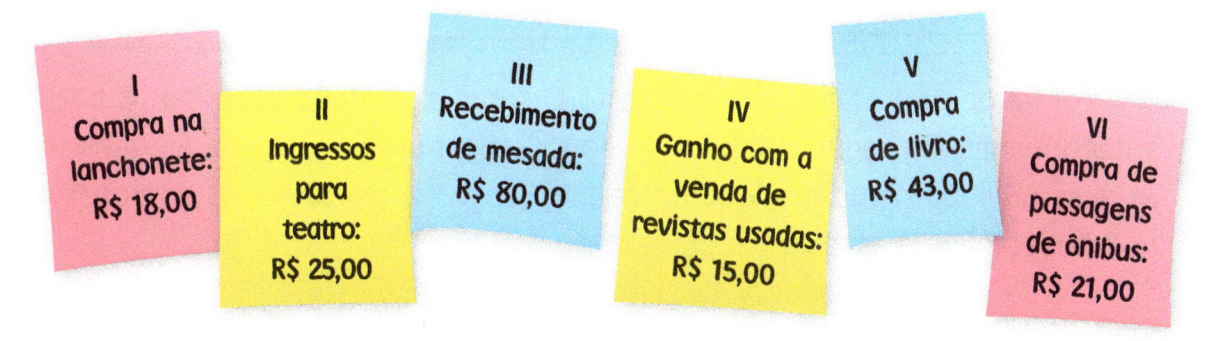

   I — Compra na lanchonete: R$ 18,00
   II — Ingressos para teatro: R$ 25,00
   III — Recebimento de mesada: R$ 80,00
   IV — Ganho com a venda de revistas usadas: R$ 15,00
   V — Compra de livro: R$ 43,00
   VI — Compra de passagens de ônibus: R$ 21,00

   a) Quais dessas anotações são despesas? E quais são receitas?

   b) Vamos ajudar a Lúcia! Para isso, construa na planilha eletrônica **Calc** um controle financeiro com as despesas e receitas dela, em março.

   c) Ao final desse mês, qual era o saldo de Lúcia?

3. Agora é com você! Construa na planilha eletrônica **Calc** um controle financeiro para que no próximo mês você possa registrar suas receitas e suas despesas.

⟫⟫ Ângulos entre retas

Podemos usar o **GeoGebra** para verificar as relações entre os ângulos formados por um par de retas paralelas e uma transversal.

1ª Desmarcamos as opções da malha e dos eixos na **janela de visualização**.

2ª Com a opção [ ] construímos uma reta AB marcando os pontos **A** e **B**. Para construir uma reta paralela à $\overleftrightarrow{AB}$, com a opção [ ] selecionada, clicamos sobre a reta AB e, em seguida, marcamos um ponto **C** fora de $\overleftrightarrow{AB}$. A reta obtida é paralela à $\overleftrightarrow{AB}$ e passa por **C**.

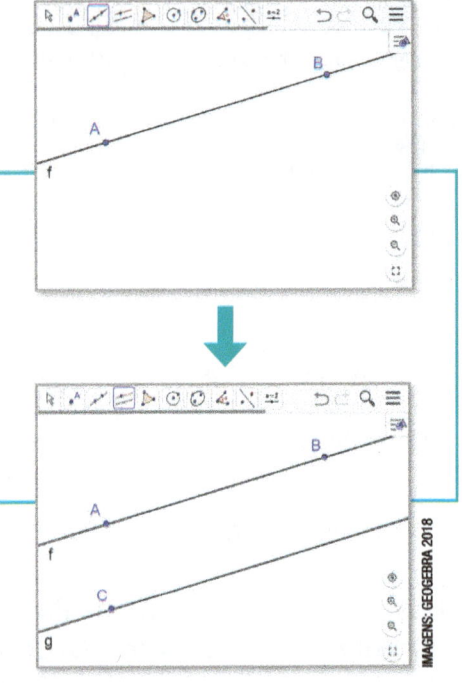

IMAGENS: GEOGEBRA 2018

3ª Com a opção [ ] marcamos o ponto **D** sobre a reta que passa por **C** traçada anteriormente. Em seguida, com a opção [ ] construímos uma reta EF transversal às retas AB e CD. Depois, selecionamos a opção [ ] e marcamos os pontos **G** e **H** de interseção entre as retas.

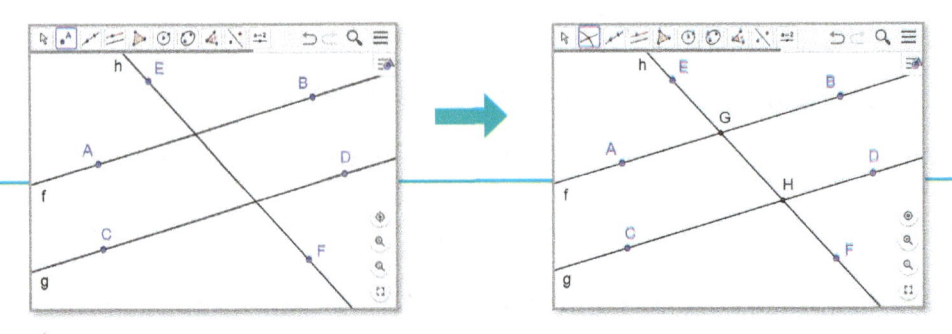

262

4ª Com a opção [🔺] clicamos nos pontos **E, G** e **A**, nessa ordem, para medir o ângulo AGE. Da mesma maneira, obtemos as medidas dos demais ângulos formados.

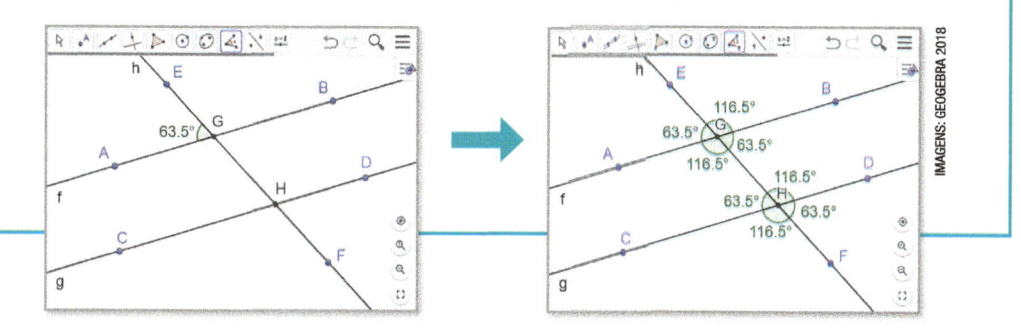

> **!** Observe a ordem segundo a qual devemos clicar nos pontos para medir os ângulos com a opção [🔺].
>
> - AĜE → E, G e A
> - EĜB → B, G e E
> - HĜB → H, G e B
> - AĜH → A, G e H
> - CĤG → G, H e C
> - GĤD → D, H e G
> - FĤD → F, H e D
> - CĤF → C, H e F

MÃOS À OBRA

1. De acordo com os ângulos formados pelas retas no exemplo apresentado, resolva as questões a seguir.

    a) Indique dois pares de ângulos opostos pelo vértice, de ângulos correspondentes, de ângulos alternos, de ângulos adjacentes e de ângulos colaterais.

    b) Agora, verifique a validade das relações estudadas nesta Unidade analisando os pares de ângulos indicados no item **a**.

2. Construa, no **GeoGebra**, um par de retas paralelas e uma reta transversal a elas. Em seguida, meça todos os ângulos formados e verifique as relações entre eles. Com a opção [▢] clique sobre um dos pontos da reta transversal e movimente-o, de maneira a alterar a posição dessa reta.

    a) O que acontece com os ângulos formados?

    b) As relações entre esses ângulos se mantêm?

Construindo e medindo o comprimento de uma circunferência

Veja as etapas para construir uma circunferência e medir o comprimento e o raio correspondentes usando o **GeoGebra**.

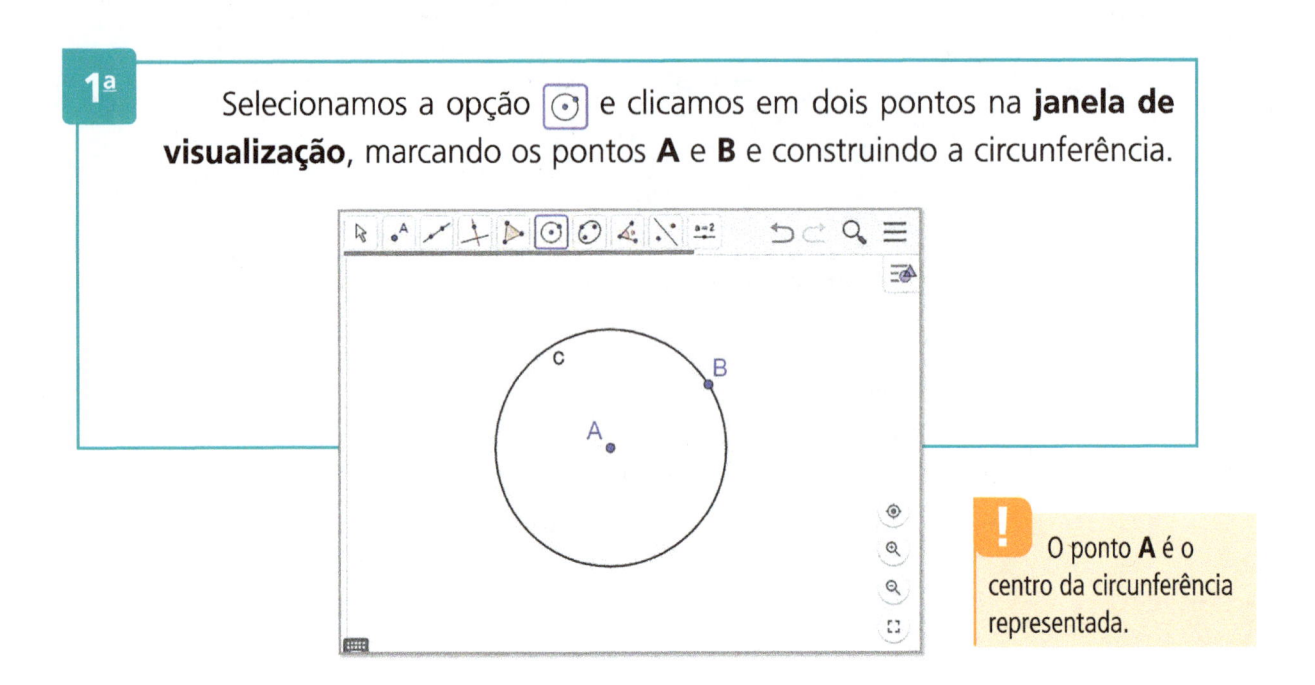

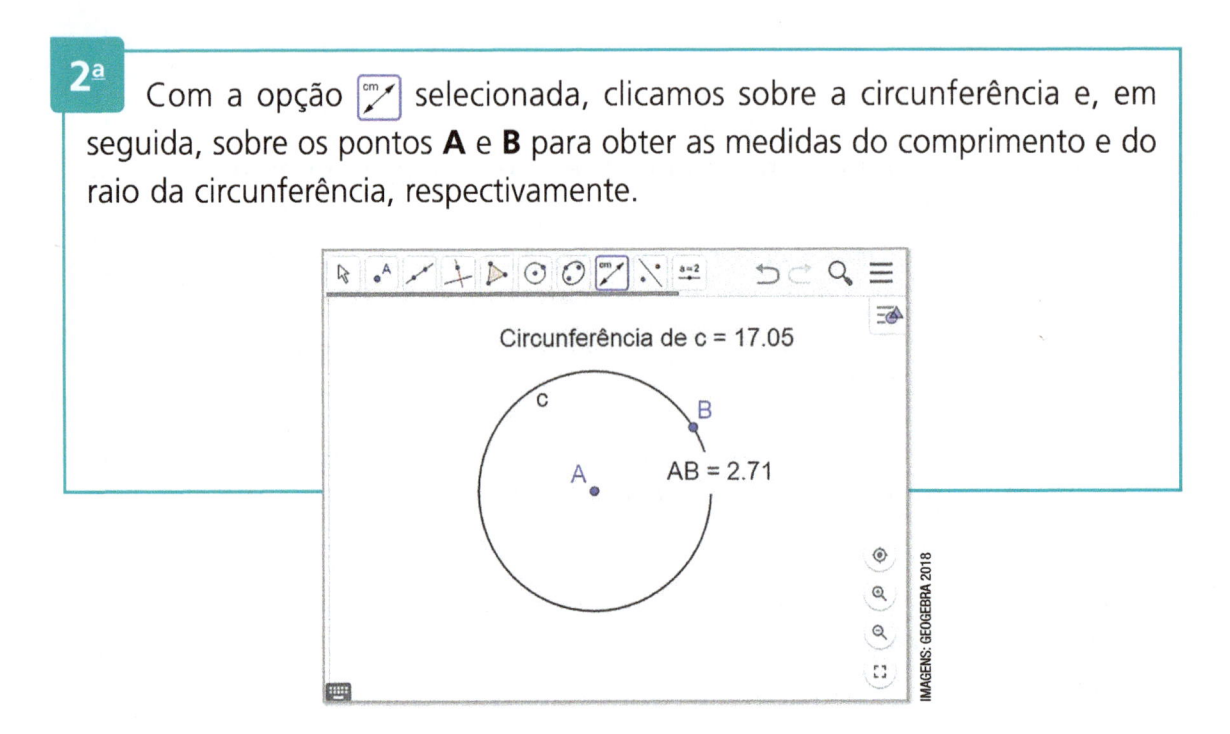

1ª Selecionamos a opção ⊙ e clicamos em dois pontos na **janela de visualização**, marcando os pontos **A** e **B** e construindo a circunferência.

> ! O ponto **A** é o centro da circunferência representada.

2ª Com a opção 📏 selecionada, clicamos sobre a circunferência e, em seguida, sobre os pontos **A** e **B** para obter as medidas do comprimento e do raio da circunferência, respectivamente.

Circunferência de c = 17.05

AB = 2.71

3ª Podemos selecionar a opção 🔲 para deslocarmos o ponto **B** na **janela de visualização** e obter representações de diferentes circunferências. Veja que as medidas obtidas na etapa anterior mudam conforme alteramos a posição de **B**.

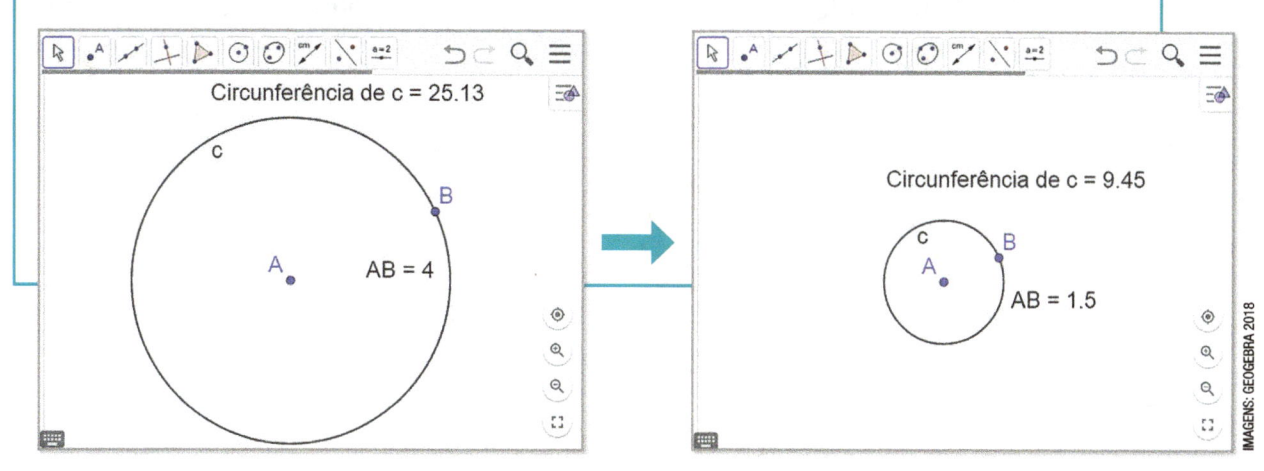

Circunferência de c = 25.13
AB = 4

Circunferência de c = 9.45
AB = 1.5

IMAGENS: GEOGEBRA 2018

MÃOS À OBRA

1. Calcule a medida aproximada do diâmetro de cada circunferência apresentada nos exemplos.

2. Na página **132**, estudamos que o número π corresponde à razão entre o comprimento e o diâmetro de uma circunferência. De acordo com as medidas obtidas nos exemplos, calcule aproximações para o número π.

3. Calcule outras aproximações para o número π realizando construções de circunferências e medições no **GeoGebra** e usando a planilha eletrônica **Calc**. Para isso, insira as medidas do comprimento do raio na coluna **A**, do comprimento da circunferência na coluna **B** e calcule as aproximações de π na coluna **C**. Observe exemplos.

	A Comprimento do raio	B Comprimento da circunferência	C Aproximação de π
2	1,36	8,53	3,13602941176
3	2,04	12,8	3,13725490196
4	4,67	29,33	3,14025695931
5	3,8	23,91	3,14605263158
6	3,1	19,51	3,14677419355

! Na planilha eletrônica, escrevemos na célula **C2** a fórmula **=B2/(2*A2)**. Em seguida, com **C2** selecionada, clicamos na opção 🔲 e, com o botão do *mouse* pressionado, arrastamos até a célula **C6**.

265

Fórmulas na planilha eletrônica

Vamos utilizar a planilha eletrônica **Calc** para estudar fórmulas.

Neste exemplo, vamos recorrer à fórmula para estimar a altura de uma criança quando ela atingir a fase adulta com base na altura de seus pais, trabalhada na atividade **10** da página **143**. Observe.

$$A_{meninas} = \frac{P + M - 13}{2} \qquad A_{meninos} = \frac{P + M + 13}{2}$$

P: altura do pai em centímetros.
M: altura da mãe em centímetros.
A: altura estimada da criança quando atingir a fase adulta.

1ª É necessário indicar, na planilha eletrônica, em quais células serão digitados valores para as variáveis.

Utilizamos uma coluna para registrar a altura do pai (coluna **A**), outra para a altura da mãe (coluna **B**) e outra para a estimativa da altura de meninas (coluna **C**).

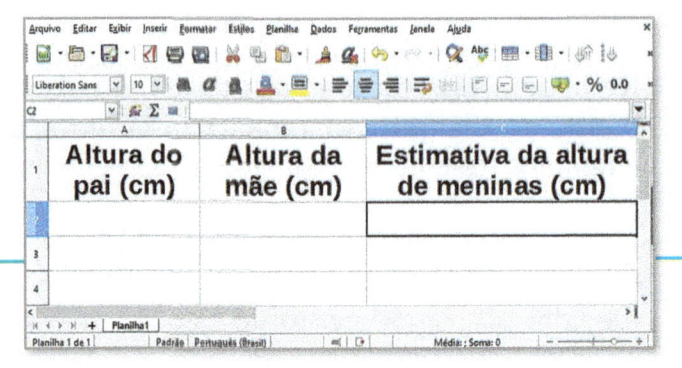

2ª Para fazer a estimativa da altura de meninas, na célula **C2** escrevemos **= (A2 + B2 − 13)/2**, que corresponde à fórmula

$$A_{meninas} = \frac{P + M - 13}{2}$$

3ª Para calcular a estimativa da altura de uma menina cujo pai mede 180 cm e a mãe 175 cm, digitamos esses valores nas células **A2** e **B2**, respectivamente.

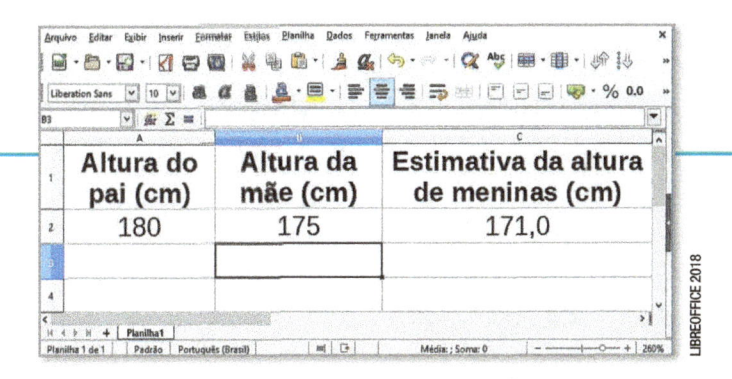

Altura do pai (cm)	Altura da mãe (cm)	Estimativa da altura de meninas (cm)
180	175	171,0

! Observe que as medidas das alturas são indicadas, na planilha eletrônica, em centímetros.

MÃOS À OBRA

1. O pai de Fernanda tem 170 cm e a mãe, 159 cm. Utilizando a planilha eletrônica **Calc**, estime a altura de Fernanda quando atingir a fase adulta.

2. De maneira análoga à apresentada, organize uma planilha eletrônica para estimar a altura de um menino. Em seguida, com essa planilha, calcule a estimativa da altura de um menino, quando atingir a fase adulta, cujas alturas dos pais estão indicadas a seguir.

185 cm   168 cm

3. Calcule duas opções de medidas da altura de um homem e uma mulher para que a filha tenha altura estimada em 175 cm quando atingir a fase adulta.

⫸ Figuras simétricas – reflexão em relação a um eixo

Com as ferramentas do **GeoGebra**, podemos construir a representação de um par de polígonos simétricos por reflexão em relação a um dos eixos de um plano cartesiano.

1ª Vamos construir a representação de um pentágono ABCDE no **GeoGebra**, cujas coordenadas dos vértices são A(−5, 1), B(−6, 3), C(−4, 5), D(−1, 4) e E(−2, 2).

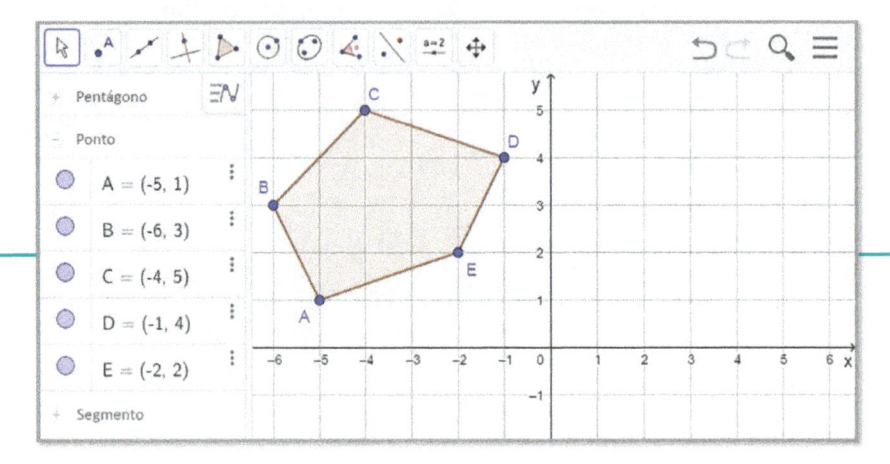

> ❗ Observe que na **janela de álgebra** aparecem os nomes dos pontos que são vértices do polígono, com suas respectivas coordenadas cartesianas.

2ª Para construir um polígono simétrico a ABCDE em relação ao eixo **y** (eixo vertical), selecionamos a opção 🔣, clicamos sobre o pentágono ABCDE e, em seguida, sobre o eixo **y** no plano cartesiano. O pentágono A'B'C'D'E' simétrico a ABCDE é obtido por reflexão em relação ao eixo **y**.

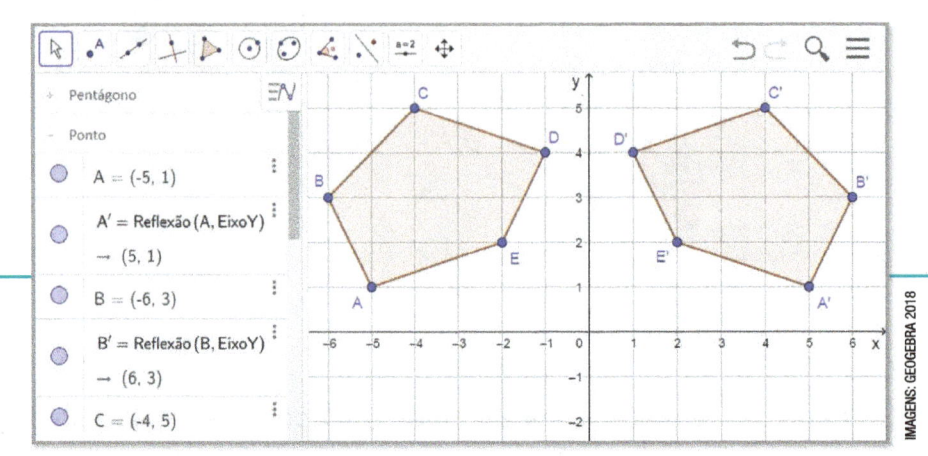

3ª Outra possibilidade é construir um polígono simétrico a ABCDE em relação ao eixo **x** (eixo horizontal). Para isso, selecionamos a opção [⋅\], clicamos sobre o pentágono ABCDE e, em seguida, sobre o eixo **x** no plano cartesiano. O pentágono A₁'B₁'C₁'D₁'E₁' simétrico a ABCDE é obtido por reflexão em relação ao eixo **x**.

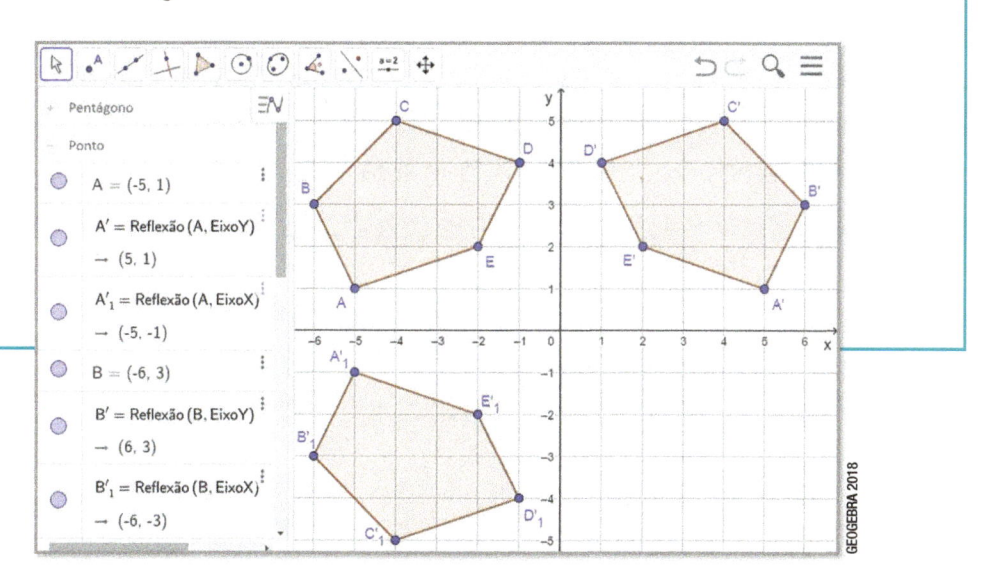

MÃOS À OBRA

1. De acordo com o exemplo apresentado, indique a relação entre as coordenadas dos vértices correspondentes do polígono:
   a) ABCDE e seu simétrico em relação ao eixo **y**, A'B'C'D'E'.
   b) ABCDE e seu simétrico em relação ao eixo **x**, A₁'B₁'C₁'D₁'E₁'.

2. No **GeoGebra**, reproduza o polígono ABCDE e, com a opção [⋅\], construa os simétricos A'B'C'D'E' e A₁'B₁'C₁'D₁'E₁', conforme apresentado no exemplo.
   a) Com a opção [▷], movimente um vértice do polígono ABCDE. O que acontece com o vértice correspondente em cada polígono simétrico?
   b) Com a opção [▷], tente movimentar um vértice do polígono A'B'C'D'E'. O que aconteceu?

3. No **GeoGebra**, construa um quadrilátero ABCD com A(1, 1), B(2, 4), C(4, 3), D(4, 2). Depois, com a opção [⋅\], construa dois polígonos simétricos a ABCD, em relação aos eixos **y** e **x**.
   • Quais são as coordenadas dos vértices dos polígonos simétricos obtidos?

269

Figuras simétricas – rotação em relação a um ponto

Com as ferramentas do **GeoGebra**, também podemos construir a representação de um par de polígonos simétricos obtidos por meio de rotação em relação a um ponto, no plano cartesiano.

1ª Inicialmente, construímos a representação de um quadrilátero ABCD no **GeoGebra**, cujas coordenadas dos vértices são A(2, 3), B(3, 2), C(7, 3) e D(4, 5). Depois, marcamos o ponto E(0, 0), que será o centro de rotação.

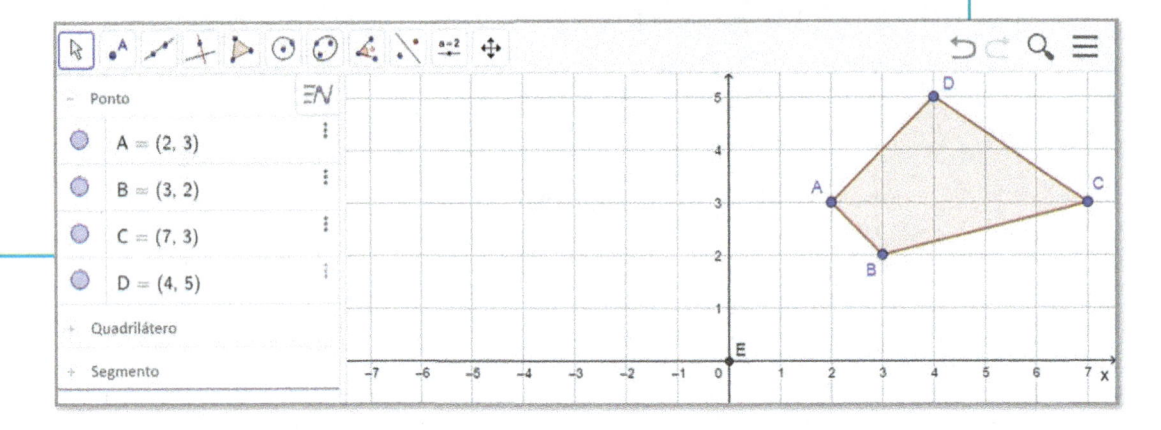

2ª Para construir um polígono simétrico a ABCD por meio de rotação em relação ao ponto **E**, selecionamos a opção [ícone], clicamos na região interior do quadrilátero ABCD e, em seguida, sobre o ponto **E**. Na caixa de texto que abrir, marcamos a opção **sentido anti-horário** e digitamos 120°.

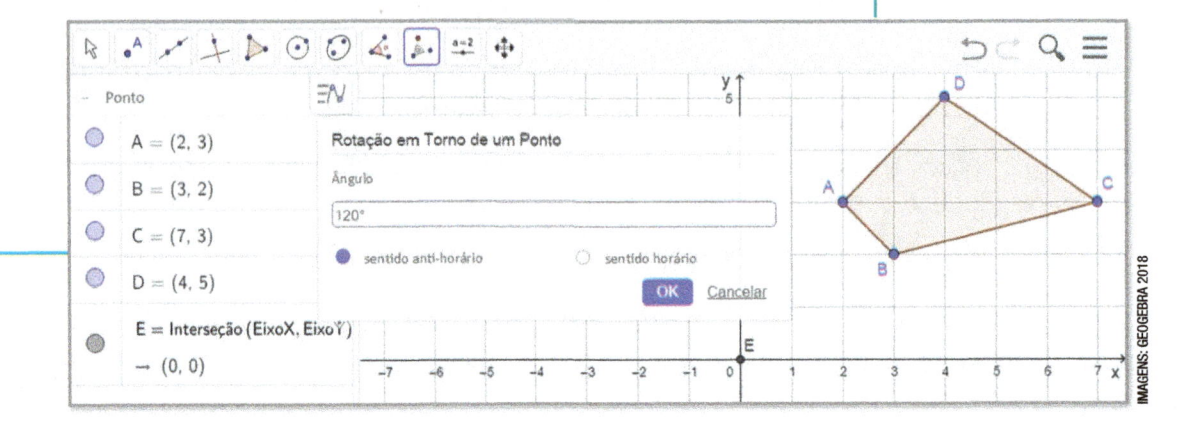

3ª Por fim, clicamos em **OK** e obtemos o polígono A'B'C'D', simétrico a ABCD por meio de rotação de 120° no sentido anti-horário em relação ao ponto E(0, 0).

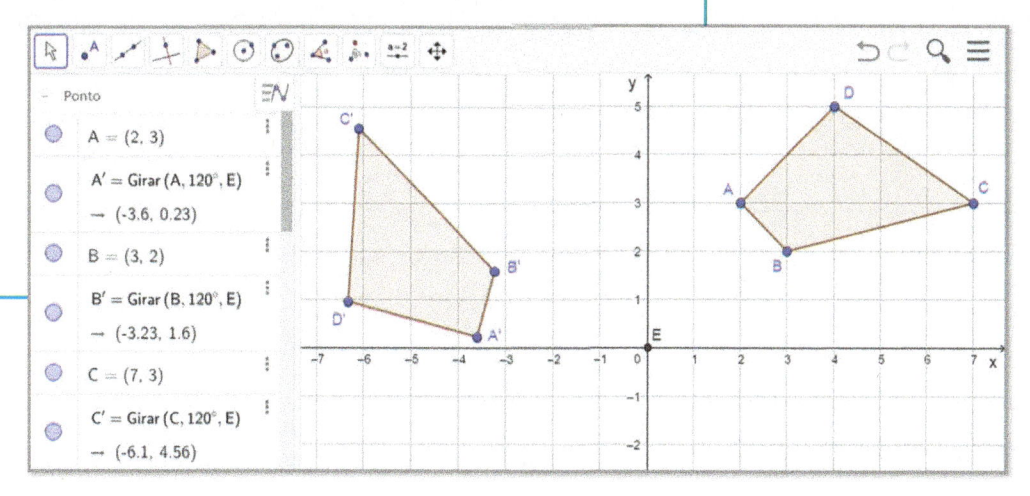

MÃOS À OBRA

1. No **GeoGebra**, reproduza o polígono ABCD e, com a opção, construa o simétrico A'B'C'D' conforme apresentado.

   a) Com a opção, movimente um vértice do polígono ABCD. O que acontece com o vértice correspondente no polígono A'B'C'D'?

   b) Se na caixa de texto escolhêssemos o sentido horário para a rotação, qual deveria ser o ângulo escolhido para que a figura simétrica fosse a mesma obtida no exemplo? No **GeoGebra**, faça o teste e verifique se sua resposta está correta.

2. No **GeoGebra**, reproduza a figura apresentada a seguir e, com a opção, construa duas figuras simétricas a ela, por meio de rotação de 90° no sentido horário e de 90° no sentido anti-horário em relação ao ponto E(0, 0).

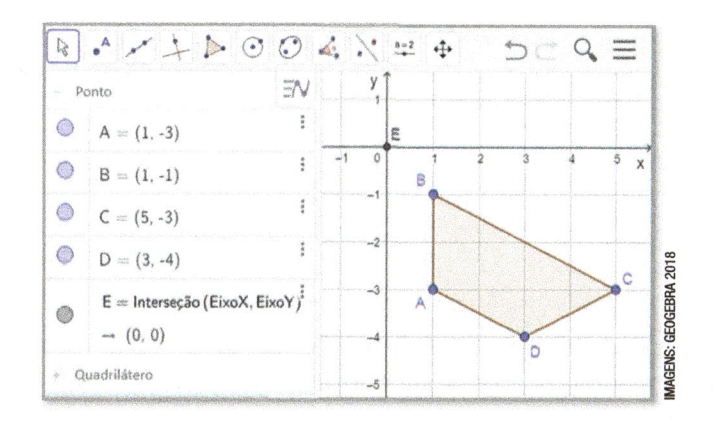

Construindo gráficos

Uma das etapas da realização de pesquisas estatísticas é a apresentação dos dados obtidos utilizando tabela e gráfico.

Vamos construir um gráfico de colunas e um de setores na planilha eletrônica **Calc** para representar o resultado obtido na pesquisa sobre a avaliação da merenda em certa escola, apresentada nas páginas **240** e **241**.

1ª É necessário organizar os dados obtidos da pesquisa na planilha eletrônica. Para isso, reproduzimos a tabela *Avaliação da merenda escolar* na planilha. Em seguida, selecionamos as células com os dados e clicamos na opção **Inserir gráfico** do menu.

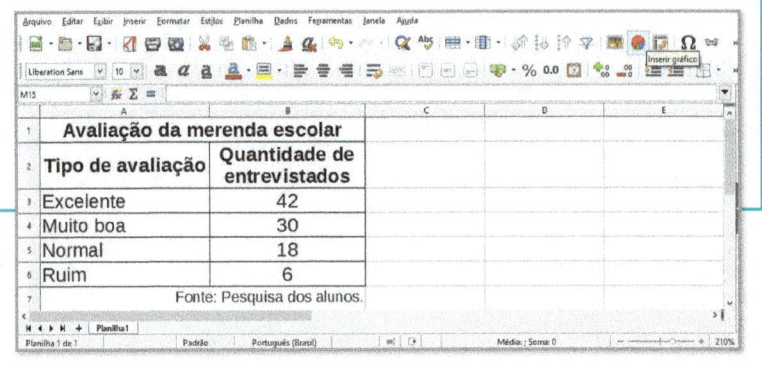

2ª Para construir um **gráfico de colunas**, ao abrir a caixa de diálogo **Assistente de gráficos**, na opção **1. Tipo de gráfico**, selecionamos as opções **Coluna** e **Normal**. Por fim, clicamos em **Concluir** e obtemos o gráfico de colunas.

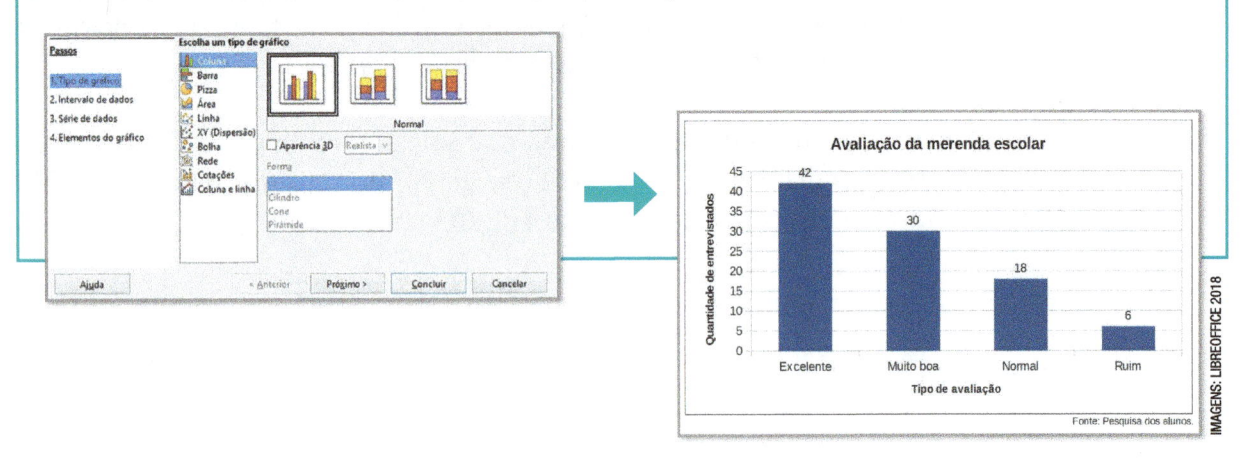

! Para inserir alguns elementos do gráfico, como título, título dos eixos e rótulos, podemos, com o gráfico selecionado, clicar em **Inserir**, no menu, e ajustar esses elementos nas opções **Títulos...** e **Rótulos de dados...**

3ª Para construir um **gráfico de setores**, repetimos a 1ª etapa e, ao abrir a caixa de diálogo **Assistente de gráficos**, na opção **1. Tipo de gráfico**, selecionamos as opções *Pizza* e **Normal**. Na opção **4. Elementos do gráfico**, inserimos o título do gráfico.

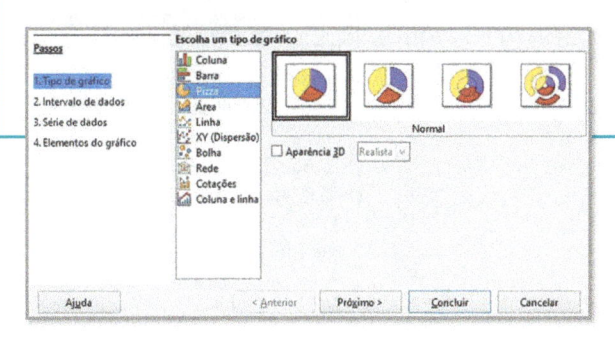

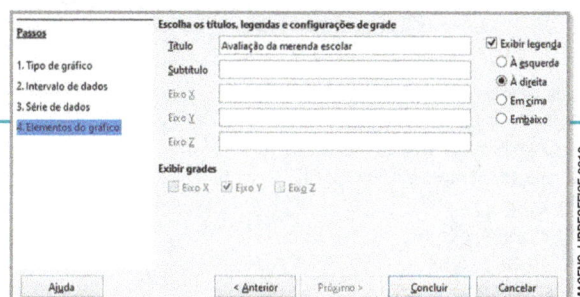

4ª Por fim, clicamos em **Concluir**. Para que apareçam os valores correspondentes a cada setor, clicamos com o botão direito do *mouse* sobre o gráfico e selecionamos a opção **Inserir rótulos de dados**. Para indicar os rótulos em porcentual, clicamos com o botão direito do *mouse* sobre o gráfico, selecionamos a opção **Formatar rótulo de dados** e, na aba **Rótulos de dados**, marcamos a opção **Mostrar valor como porcentagem** e desmarcamos a opção **Mostrar valor como número**.

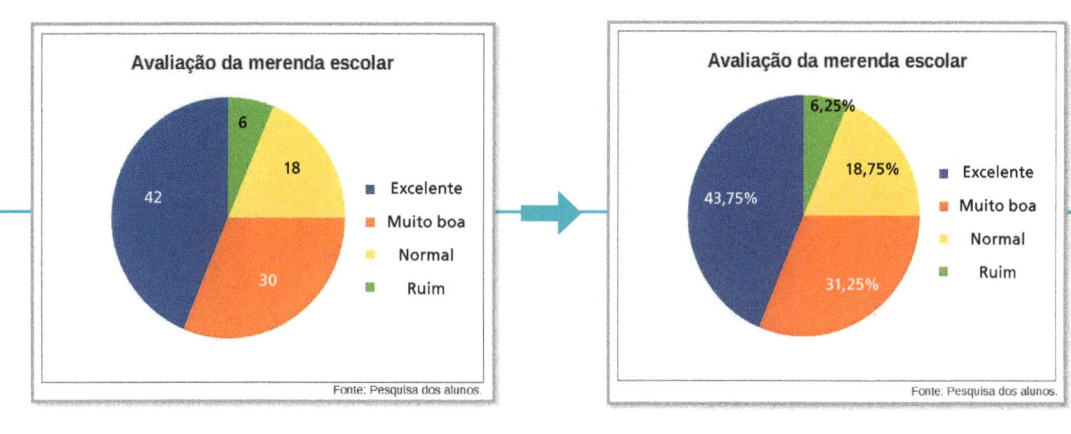

MÃOS À OBRA

1. Na atividade 3 da página 236 temos um quadro com a escolha de temas para uma redação. Com base nesse quadro, construa na planilha **Calc** um gráfico de setores e verifique se corresponde ao gráfico que você indicou na atividade.

2. Construa, na planilha **Calc**, uma tabela e um gráfico para apresentar os resultados da pesquisa que seu grupo fez na atividade 3 da página 243. Pense no tipo de gráfico que melhor representa o resultado da sua pesquisa.

RESPOSTAS

UNIDADE 1
Múltiplos, divisores, potências e raízes

Atividades p. 16 e 17

1. 480 desenhos.
   - Sim.
     Resposta esperada: O número 480 foi obtido por meio da multiplicação de 12 por 40.
2. a) 18, 45, 63 e 72.
   b) 10, 45 e 140.
   c) 10, 18, 22, 72 e 140.
   d) 18 e 72.
3. a) II.
   b) III.
4. a) 0, 6, 12, 18, 24 e 30.
   b) 0, 11, 22, 33, 44 e 55.
   c) 0, 100, 200, 300, 400 e 500.
   d) 0, 17, 34, 51, 68 e 85.
5. a) 1, 2, 5 e 10.
   b) • 15: 1, 3, 5 e 15.
      • 20: 1, 2, 4, 5, 10 e 20.
      • 11: 1 e 11.
   c) Número primo: 11; números compostos: 15 e 20.
6. a) 160 músicas. 166 músicas.
   b) 14 músicas.
   c) • Alfredo: 25 pastas.
      • Beatriz: 23 pastas e sobram 15 músicas.
7. a) 35 alunos.
   b) Sim, sobrariam 3 alunos.
8. Alternativa **c**.
9. Resposta pessoal.
10. a) Algumas respostas possíveis: 9, 15, 21, 25.
    b) 2
    c) 1

Atividades p. 20

1. Múltiplos de **6**: 0, 6, 12, 18, 24, 30, 36 e 42; múltiplos de **9**: 0, 9, 18, 27, 36, 45, 54 e 63; múltiplos de **12**: 0, 12, 24, 36, 48, 60, 72 e 84.
   a) 18
   b) 36
   c) 12
   d) 36
2. a) 36
   b) 42
   c) 40
   d) 72
3. 12 s.
4. a) 265 moedas. 13 vidas e 17 energias.
   b) 60 moedas.
   c) 25 vidas e 33 energias.
5. a) 24
   b) 20
   c) 60
   d) 75

6. a) Aline: 8; Danilo: 12; Clara: 18.
   b) Sim. A página 72.
7. Resposta pessoal.

Atividades p. 23 e 24

1. Divisores de **12**: 1, 2, 3, 4, 6, 12.
   Divisores de **18**: 1, 2, 3, 6, 9, 18.
   Divisores de **27**: 1, 3, 9, 27.
   a) 6
   b) 3
   c) 9
   d) 3
2. a) 8
   b) 1
   c) 15
   d) 24
   e) 27
   f) 6
3. 5 alunos.
4. • 6
   • 20
   • 11
   a) Respostas esperadas: O máximo divisor comum entre os números naturais dados é igual ao menor deles. Ocorre quando o menor dos números é divisor de todos os outros.
   b) • 2 500
      • 13
5. Rolo de 228 m de corda: 6 pedaços; rolo de 190 m de corda: 5 pedaços.
6. 4 enfeites. 14 balões azuis, 17 balões vermelhos e 13 balões amarelos.
7. Resposta pessoal.
8. a) 14
   b) 8
   c) 1
   d) 6

Atividades p. 27 a 29

1. a-II; b-III; c-I.
2. a) $4^2 = 16$
   b) $7^4 = 2\,401$
   c) $(1,6)^3 = 4,096$
   d) $1^7 = 1$
   e) $2^8 = 256$
   f) $15^2 = 225$
3. a) 1 024
   b) 0,25
   c) 1
   d) 128
4. a) $5^4 = 625$
   b) $12^3 = 1\,728$
   c) $(4,6)^2 = 21,16$
   d) $1^{10} = 1$
5. a) 8 bactérias. 64 bactérias.
   b) 10ª medição.
6. a) 28 561
   b) 531 441
   c) 0,00032
   d) 24,389

7. 100; 1 000; 10 000; 100 000.
   a) Resposta esperada: São potências cuja base é 10 e o expoente é um número natural.
   b) Resposta esperada: A quantidade de zeros do resultado é igual ao número do expoente da potência.
   c) 1 000 000; 10 000 000; 100 000 000.
8. a) Resposta esperada: Porque eles podem ser representados por pontos dispostos de modo que lembrem um quadrado ou por serem obtidos elevando ao quadrado números naturais.
   b) 25, 36, 49, 64, 81, 100.
   c) Não. Resposta esperada: Como $10^2 = 100$, $11^2 = 121$, $100 < 115 < 121$, e observando que 10 e 11 são números naturais consecutivos, não existe número natural que, elevado ao quadrado, seja igual a 115.
9. **A**: $5^3 = 125$; 125 cubos mágicos;
   B: $3^3 = 27$; 27 cubos mágicos.
10. a) $121 = 11^2$
    b) $260 = 2^2 \cdot 5 \cdot 13$
    c) $375 = 3 \cdot 5^3$
    d) $256 = 2^8$

Atividades p. 32 e 33

1. a) 25
   b) 20
   c) 36
   d) 12
   e) 11
   f) 16
2. Alternativa **b**.
   • 6
3. Deve organizá-las em 12 colunas com 12 linhas.
4. a) 11
   b) 9
   c) 5
   d) 10
5. a) 23
   b) 30
   c) 18
   d) 29
6. a) 14
   b) 10
   c) 24
   d) 27
   • Resposta pessoal.
7. Item **A**.
   • Resposta esperada: O empilhamento terá formato de cubo com aresta de 5 unidades (considerando como unidade o comprimento da aresta de cada cubinho do material dourado).
8. a) 2; 18
      50; 6
      65; 6
      59
   b) 8; 5; 2
      4; 12; 2
      12; 6
      6

9. Alternativa **c**. 46 m.
10. Alternativa **d**.

Integrando com Ciências p. 34 e 35

1. Resposta esperada: É a trajetória que esse planeta realiza em torno do Sol.

2.

Período orbital aproximado dos planetas do Sistema Solar	
Planeta	**Período orbital**
Mercúrio	88 dias terrestres
Vênus	225 dias terrestres
Terra	365 dias terrestres
Marte	2 anos terrestres
Júpiter	12 anos terrestres
Saturno	29 anos terrestres
Urano	84 anos terrestres
Netuno	165 anos terrestres

Fonte: RIDPATH, I. *Astronomia*. Rio de Janeiro: Zahar, 2014.

3. 12 anos terrestres.
4. Resposta pessoal.

UNIDADE 2
Números inteiros

Atividades p. 44

1. a) Hemisfério Norte: Astana, Pequim, Toronto e Virton. Hemisfério Sul: Adelaide, Durban e Fortaleza.
   b) • Negativa: Astana, Pequim, Toronto e Virton;
      • Positiva: Adelaide, Durban e Fortaleza.
   c) Resposta pessoal.

2. a) $-8\,605$ m.
   b) -5 °C.

3. **A**: -12; **B**: 6; **C**: 9; **D**: -3; **E**: -6.

4. a) -7
   b) -1 e 0.
   c) -15

5. a) 12: 12; -523: 523; 0: 0.
   b) 6: -6 e 6. 27: -27 e 27. 528: -528 e 528.

Atividades p. 46 e 47

1. a) <
   b) <
   c) >
   d) <
   e) >
   f) >

2. 3 845, 421, 77, 9, 0, -3, -123, -728, $-1\,622$ e $-2\,523$.

3. **A**: -15;
   B: -12;
   C: -3;
   D: 9;
   E: 12;
   F: 18.

4. a) 10 números inteiros.
   b) 11 números inteiros.

5. a) 16 andares.
   b) 6 andares. -1, 0, 1, 2, 3 e 4.

6. a) -225 °C, -210 °C, -180 °C, -150 °C, -53 °C, 15 °C, 420 °C, 456 °C.
   b) Mercúrio, Vênus e Terra. Marte, Júpiter, Saturno, Urano e Netuno.
   c) Saturno.
   d) Saturno, Júpiter, Marte, Terra e Mercúrio.

7. Resposta pessoal.

8. a) Resposta pessoal.
   b) Lasanha.
   c) Algumas respostas possíveis: Sorvete e *pizza* no *freezer* I e pão de queijo, lasanha e filé de frango no *freezer* II. Sorvete e filé de frango no *freezer* I e pão de queijo, lasanha e *pizza* no *freezer* II.
   d) Resposta pessoal.

Atividades p. 49 e 50

1. **a-IV**; **b-III**; **c-I**; **d-II**.
   a) -2
   b) 6
   c) -8
   d) 4

2. -1

3. 4 °C.

4. a) positivo.
   b) negativo.
   c) positivo.
   d) negativo.

5. a) 23
   b) 70
   c) -22
   d) -19
   e) -27
   f) 38

6. a) -8
   b) 12
   c) -120

7. $+45 + (-10) + (-15) + (-12) + (+30)$; R$ 38,00.

8. a) -37
   b) 44
   c) -193
   d) 86

9. Resposta pessoal.

Atividades p. 52 e 53

1. a) 2 °C.
   b) 9 °C.
   c) -6 °C.

2. a) -42
   b) 104
   c) -29
   d) 70

3. a) Bolívia. Brasil.
   b) Brasil: 30 gols; Uruguai: 12 gols; Bolívia: -22 gols; Venezuela: -16 gols.

4. a) 2º momento.
   b) -24 m.

5. a) 10, 18, 26.
   b) -27, -42, -57.

6. a) Resposta esperada: A partir do número 84, Renato adicionou -20 unidades ou subtraiu 20 unidades para obter o próximo número.
   b) Resposta esperada: -76 e -96.

7. a) -33
   b) 0
   c) 20
   d) -86

8. Resposta pessoal.

Atividades p. 56 a 58

1. a) -27
   b) 75
   c) -48
   d) 200
   e) 9
   f) -15
   g) 12
   h) -16

2. -14 °C.

3. $-R\$ 319,00$.

4. a) -256, -512 e $-1\,024$.
   b) 2 430, $-7\,290$ e 21 870.

5. 26

6. a) Resposta esperada: Para obter um número inteiro terminado em zero, a fim de facilitar o cálculo da etapa seguinte.
   b) • $(-4) \cdot (-25) = 100$; $100 \cdot (-28) = -2\,800$.
      • $(+2) \cdot (-150) = -300$; $(-300) \cdot (+7) = -2\,100$.
      • $(-20) \cdot (-30) = 600$; $600 \cdot (+6) = 3\,600$.

7. Resposta pessoal.

8. a) Propriedade comutativa da multiplicação. Resposta pessoal.
   b) Resposta esperada: O pai de Armandinho não permite que ele coma chocolate antes do jantar. Resposta esperada: De acordo com Armandinho, assim como a ordem dos fatores na multiplicação não altera

o produto, alterar a ordem entre jantar e comer o chocolate também não altera o resultado.

c) I e IV; III e V.

9. Número positivo: **a** e **d**; número negativo: **b** e **c**.
10. a) III.
    b) $-22\ °C$.
11. a) $(+48) + (-80) = -32$.
    b) $(+15) \cdot [(-7) + (-20)] = (+15) \cdot (-7) + (+15) \cdot (-20) = (-105) + (-300) = -405$.

Integrando com Geografia p. 59 a 61

1. Resposta pessoal.
2. Resposta pessoal.
3. a) -18 m.
   b) 2º momento. -8 m.
   c) -9 m.

UNIDADE 3
Figuras geométricas planas

Atividades p. 68 a 70

1. a) 75°.
   b) 150°.
   c) 45°.
   d) 90°.
2. a) 100°; obtuso.
   b) 180°; raso.
   c) 30°; agudo.
   d) 90°; reto.
   e) 55°; agudo.
3. a) GĤI e PQ̂R.
   b) JK̂L e MÑO.
4. [figura]
5. a) Resposta pessoal.
   b) 120°.
   c) Obtuso.

Atividades p. 73 e 74

1. a) • opostos pelo vértice: â e ĉ; b̂ e d̂; ê e ĝ; f̂ e ĥ.
      • correspondentes: â e ê; b̂ e f̂; d̂ e ĥ; ĉ e ĝ.
      • alternos: â e ĝ; b̂ e ĥ; d̂ e f̂; ĉ e ê.
      • adjacentes: â e b̂; â e d̂; b̂ e ĉ; ĉ e d̂; ê e f̂; ê e ĥ; f̂ e ĝ; ĝ e ĥ.
      • colaterais: â e ĥ; b̂ e ĝ; d̂ e ê; ĉ e f̂.
   b) Os pares de ângulos opostos pelo vértice, de ângulos correspondentes e de ângulos alternos são formados por ângulos de medidas iguais. Os pares de ângulos adjacentes e os de ângulos colaterais são formados por ângulos suplementares.
2. Respostas pessoais.
3. a) ĉ: 120°; ê: 120°; f̂: 60°.
   b) â: 42°; b̂: 138°; ĉ: 42°.
4. a) â: 80°; b̂: 100°; ĉ: 80°; d̂: 75°; ê: 105°; f̂: 75°.
   b) Não. Não. Não.
   c) Não.
   d) Não.
5. Dois ângulos de 79° e dois ângulos de 101°.

Atividades p. 77 e 78

1. a) II, V, VI e VII.
   b) II: O contorno da figura não é formado apenas por segmentos de reta; V: No contorno da figura há segmentos de reta que se cruzam; VI: O contorno da figura não é formado por segmentos de reta; VII: O contorno da figura não é fechado.
2. Resposta pessoal.
3. a) 2 diagonais; 2 diagonais.
   b) 3 diagonais.
4. a) I: Triângulo; II: Quadrilátero.
   b) I: 12 cm; II: 15 cm.
5. Alternativa **c**.
6. a) 180°.
   b) III. Resposta esperada: Fazendo a composição com a peça III obtém-se um ângulo raso e, consequentemente, um alinhamento dos lados inferiores das peças que formam tal composição.
   c) Em um polígono, um ângulo interno e o ângulo externo correspondente são suplementares.
7. a) â: 120°; b̂: 100°; ĉ: 140°.
   b) d̂: 105°; ê: 90°; f̂: 135°; ĝ: 30°.

Atividades p. 80

1. $A(-3, 1)$; $B(2, 1)$; $C(6, 4)$ e $D(-1, 3)$.
   $E(0, -2)$; $F(-4, -3)$ e $G(5, -4)$.
2. [gráfico com triângulo ABC]

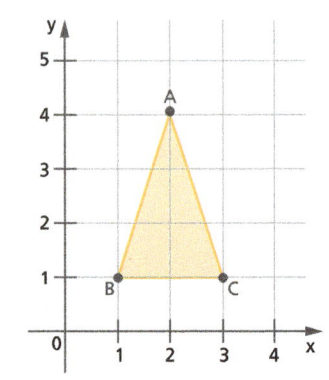

   a) Resposta esperada: Os vértices obtidos têm coordenadas $D(-2, 4)$, $E(-1, 1)$ e $F(-3, 1)$. Nesse caso, o triângulo DEF corresponde à figura obtida por simetria de reflexão do triângulo ABC em relação ao eixo das ordenadas.
   b) Resposta esperada: Os vértices obtidos têm coordenadas $G(2, -4)$, $H(1, -1)$ e $I(3, -1)$. Nesse caso, o triângulo GHI corresponde à figura obtida por simetria de reflexão do triângulo ABC em relação ao eixo das abscissas

3. a) Resposta esperada: As medidas dos lados do retângulo A'B'C'D' têm o dobro das medidas dos lados correspondentes ao retângulo ABCD.
   b) Resposta esperada: As medidas dos lados do retângulo obtido têm o triplo das medidas dos lados correspondentes ao retângulo ABCD.

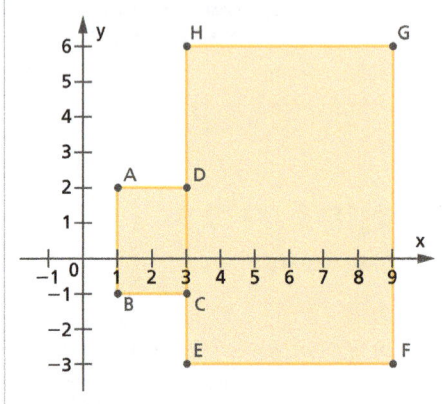

[gráfico com retângulos ABCD e DEFGH]

Atividades p. 83 e 84

1. Resposta pessoal.
2. a) Triângulo retângulo: **I** e **III**;
      triângulo acutângulo: **II**;
      triângulo obtusângulo: **IV**.
   b) I: Isósceles.
      II: Escaleno.
      III: Equilátero e isósceles.
      IV: Escaleno.
   • Sim, o triângulo equilátero é também classificado como isósceles, pois tem ao menos dois lados com medidas iguais.
3. a) 14 cm.
   b) **III**, **IV** e **V**.
   c) Resposta pessoal.

Atividades p. 87 e 88

1. a) Resposta esperada: Não.
   b) 180°.
   c) 180°.
2. a) 95°.
   b) 40°.
   • Resposta pessoal.

3. Resposta esperada: Não, pois, na decomposição do polígono, Raul deveria escolher um vértice e, a partir dele, traçar todas as diagonais possíveis, formando triângulos.

4. a: 1 440°; **b**: 1 080°; **c**: 1 260°; **d**: 900°.

5. C.

6. a) 120°
b) 360°
c) Resposta esperada: Os alvéolos da colmeia se encaixam perfeitamente porque todos eles têm formato de hexágonos regulares idênticos. Para formar um encaixe perfeito, a soma dos ângulos que se encaixam no vértice comum deve ser de 360°, o que ocorre no caso dos alvéolos hexagonais regulares.
d) **I** e **III**.

Atividades p. 91 a 94

1. a) $\overline{OA}$, $\overline{OB}$, $\overline{OC}$ e $\overline{OD}$.
b) $\overline{AB}$ e $\overline{CD}$.
c) $\overline{AB}$, $\overline{CD}$, $\overline{BC}$ e $\overline{EF}$.

2. a) Respostas pessoais.
b) 6 cm; 8 cm; 10 cm.
c) Resposta esperada: A medida do diâmetro de uma circunferência é o dobro da medida do raio.

3. Resposta pessoal.

4. a) **II**.
b) Resposta esperada: Duas figuras.
c) Uma flecha. Resposta esperada: A flecha ficou no centro do alvo.

5. Resposta pessoal.

6. 100 m.

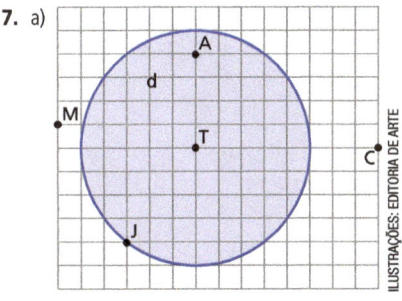

7. a)

b) As casas de Ana e de Joice.

8. Resposta pessoal.
a) 9 cm.
b) 60°.

9. a) Resposta esperada: Sim, pois podemos traçar uma circunferência com centro **A** de maneira que **M** e **N** estejam sobre ela, ou seja, com $\overline{AM}$ e $\overline{AN}$ raios dessa circunferência.
b) Resposta pessoal.
c) Resposta esperada: Sim, pois o quadrado é um quadrilátero com os quatro lados de mesma medida e os quatro ângulos internos de mesma medida.

d) Resposta possível:

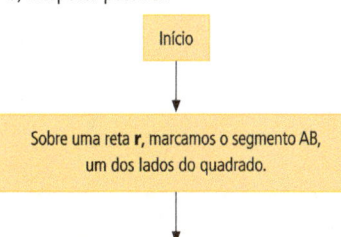

```
Início
↓
Sobre uma reta r, marcamos o segmento AB,
um dos lados do quadrado.
↓
Fixamos a ponta-seca do compasso em A e, com
uma abertura qualquer, traçamos dois arcos de
maneira a marcar os pontos M e N na reta r.
↓
Fixamos a ponta-seca do compasso em M e, com
uma abertura maior que AM, traçamos um arco.
Sem alterar a abertura do compasso, fazemos o
mesmo com a ponta-seca em N, de maneira que
os arcos se cruzem no ponto P.
↓
Com o auxílio de uma régua, traçamos uma reta
s passando por A e P. Usando o compasso com
abertura de AB e ponta-seca em A, marcamos o
vértice D em s.
↓
Repetimos a 2ª, a 3ª e a 4ª etapas considerando o
vértice B. Com isso, obtemos o vértice C.
↓
Usando a régua, ligamos os vértices A e D,
os vértices B e C e os vértices C e D. Por
fim, colorimos a região interna da figura do
quadrilátero ABCD.
↓
Fim
```

Integrando com Arte p. 95 a 97

1. 5 dobraduras.

2. Resposta esperada: Triângulos e quadriláteros.

3. 320 cm.

4. Resposta pessoal.

UNIDADE 4
Os números racionais

Atividades p. 104 a 106

1. a) • $\frac{2}{14}$
• $\frac{5}{14}$
• $\frac{4}{14}$
• $\frac{3}{14}$

b) **IV**.

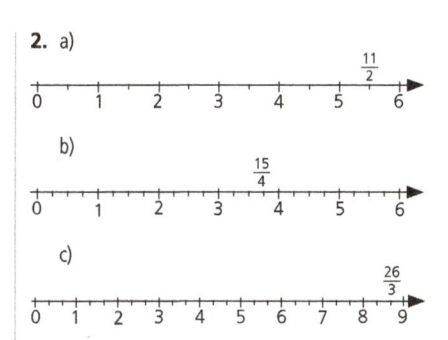

2. a)

b)

c)

3. a) **I**, **II** e **IV**.
b) **I**: 80 mL; **II**: 24 kg; **IV**: 125 cm.
c) Resposta pessoal.

4. a) 21 miçangas azuis.
b) 24 miçangas amarelas e 36 miçangas azuis.
c)

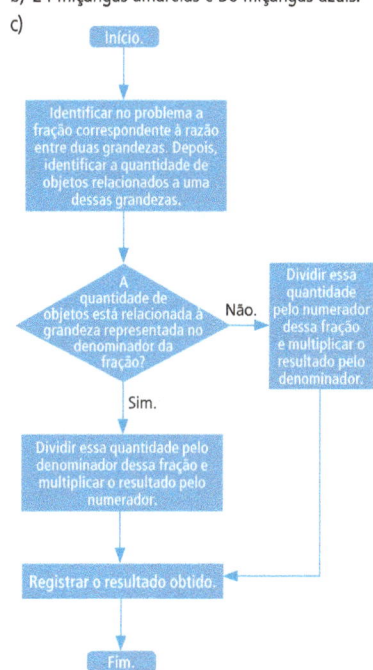

5. a) $\frac{3}{5}$
b) 9 copos de suco concentrado.

Atividades p. 109

1. a) $\frac{5}{6}$
b) $\frac{3}{2}$
c) $\frac{7}{9}$
d) $\frac{1}{4}$

2. $\frac{10}{25}$

3. A: $\frac{1}{6}$; **B**: $\frac{2}{4}$; **C**: $\frac{7}{8}$;
D: $\frac{5}{4}$; **E**: $\frac{3}{2}$; **F**: $\frac{5}{2}$.

4. Catira: $\frac{1}{24}$; samba: $\frac{1}{12}$; carimbó: $\frac{5}{24}$;
fandango: $\frac{1}{4}$; frevo: $\frac{5}{12}$.

5. a) II.
   b) 65 s. 195 s.
6. Zona urbana.
7. Algumas respostas possíveis: $\frac{22}{56}$; $\frac{30}{56}$; $\frac{35}{56}$; $\frac{38}{56}$.

Atividades p. 111 e 112

1. a) • $\frac{5}{12}$
      • $\frac{7}{24}$
   b) • $\frac{1}{6}$
      • $\frac{1}{8}$

2. a) $\frac{14}{5}$
   b) $\frac{2}{9}$
   c) $\frac{37}{12}$
   d) $\frac{19}{24}$
   e) $\frac{136}{63}$
   f) 2

3. a) Gelatina. 3 etapas.
   b) Água e pó de gelatina. 30 minutos.
   c) II.

4. $\frac{7}{6}$

5. a) $\frac{7}{16}$
   b) II.

6. a) $\frac{6}{25}$
   b) $\frac{47}{100}$
   c) $\frac{1}{10}$

Atividades p. 115 e 116

1. Abacate: 210,6 mg; kiwi: 280,8 mg; maracujá: 315,9 mg; romã: 526,5 mg.

2. a) $\frac{15}{4}$
   b) $\frac{40}{21}$
   c) $\frac{5}{6}$
   d) $\frac{7}{18}$

3. a) 27 moedas de prata.
   b) 4 moedas de bronze.
   c) 6 moedas de bronze.

4. a) $\frac{17}{20}$
   b) $\frac{17}{80}$
   c) R$ 391,00.

5. a) $\frac{6}{5}$
   b) $\frac{8}{9}$
   c) $\frac{2}{21}$
   d) $\frac{25}{4}$

6. a) $\frac{8}{13}$
   b) $\frac{1}{10}$
   c) 1
   d) 99

7. Resposta pessoal.

Atividades p. 119

1. a) $\frac{40}{3}$
   b) $\frac{2}{3}$
   c) $\frac{1}{40}$
   d) $\frac{8}{25}$
   e) $\frac{11}{21}$
   f) 36

2. a) II.
   b) $\frac{4}{10}$ ou $\frac{2}{5}$.

3. a) $\frac{3}{10}$
   b) R$ 24,00.

4. a) $\frac{7}{14}$ ou $\frac{1}{2}$.
   b) $\frac{99}{132}$ ou $\frac{3}{4}$.
   c) $\frac{15}{40}$ ou $\frac{3}{8}$.
   d) $\frac{448}{7}$ ou 64.

5. Alternativa c.
6. 20 pacotes.
7. Resposta pessoal.

Atividades p. 122 a 124

1. a) Sete décimos.
   b) Um inteiro e quinze centésimos.
   c) Dois inteiros e trezentos e quarenta e cinco milésimos.
   d) Quatro inteiros e dezesseis milésimos.
   • a: $\frac{7}{10}$; b: $\frac{115}{100} = \frac{23}{20}$; c: $\frac{2\,345}{1\,000} = \frac{469}{200}$;
     d: $\frac{4\,016}{1\,000} = \frac{502}{125}$.

2. a) $\frac{6}{10}$; 0,6.
   b) $\frac{71}{100}$; 0,71.
   c) $\frac{4}{5} = \frac{8}{10}$; 0,8.

3. A: 0,6; B: 0,648; C: 1,335;
   D: 1,34; E: 2,28; F: 2,65.

4. a) Chile. Colômbia.
   b) Brasil, Uruguai e Venezuela.
   c) Argentina, Chile, Uruguai e Venezuela.

5. Luiza e Tales.

6. a) 9,5; 9,2; 9,1; 7,1.
   b) Terremotos de Valdívia, do Alasca e de Sumatra.
   c) Resposta pessoal.

7. Alternativas a e d.

8. a) Cia do livro, Ponto do livro e Livraria Meu Livro.
   b) R$ 13,45; R$ 18,25; R$ 18,50; R$ 18,95; R$ 19,00; R$ 34,90.
   c) Respostas pessoais.

9. a) 0,127
   b) Respostas possíveis: 2,107; 2,170; 2,017; 2,071.
   c) Algumas respostas possíveis: 12,70; 21,07; 70,12; 701,2.

Atividades p. 126

1. a) • R$ 106,73.
      • R$ 363,51.
   b) • R$ 5,77.
      • R$ 7,21.

2. a) 603,82
   b) 172,07
   c) 5,128
   d) 17,012
   e) 114,84

3. a) R$ 9,00.
   b) R$ 24,00.
   c) R$ 12,00.
   d) R$ 23,00.
   • a: R$ 9,00; b: R$ 23,60; c: R$ 12,40; d: R$ 22,25.

4. a) Resposta esperada: Ela arredondou o subtraendo para a unidade mais próxima e realizou a subtração. Depois, adicionou ao resultado 0,1 para compensar o cálculo inicial com arredondamento.
   b) • 6,4
      • 11,7
      • 19,3
      • 4,5

5. 12,8 m. 19,22 m.
6. 43,2.

10,8	20,4	12
15,6	14,4	13,2
16,8	8,4	18

7. Resposta pessoal.

Atividades p. 128

1. a) 23,68 kg.
   b) 13,2 kg.

2. a) 1 798,6
   b) 3 645
   c) 117,12

d) 21,894

3. 53,2 kg.

4. a) 1,83
b) 18,3
c) 183
d) 124
e) 1 240
f) 12 400

Resposta esperada: Ao multiplicar um número por 10, 100 ou 1 000, a vírgula é "deslocada" uma, duas ou três casas para a direita, respectivamente.

5. a) 2 355
b) 82 700
c) 1 057,4
d) 4 800

6. a) Resposta esperada: Propriedade distributiva da multiplicação.
b) • 30,5
• 26,8
• 73,6
• 150

7. a) 101,4 cm.
b) 623,7 cm².

8. a) • 672,9 KB.
• 1 121,5 KB.
b) Resposta esperada: Sim, pois em 1 hora e com essa velocidade de *download* é possível baixar um arquivo com 6 729 KB.

9. Resposta pessoal.

Atividades p. 131 e 132

1. 8".

2. a) 1,125
b) 12,4
c) 5,24
d) 6,25
e) 6,4
f) 12,134

3. R$ 1,50.

4. a) 1,8
b) 3,24
c) 10,4
d) 0,115

5. Alternativas **a** e **d**.
a) $1,\overline{6}$
b) 0,225
c) 1,12
d) $0,\overline{54}$
• **a**: 6; **d**: 54.

6. Resposta esperada: Ao dividir um número por 10, 100 ou 1 000, a vírgula é "deslocada" uma, duas ou três casas para a esquerda, respectivamente.
a) 274,68
b) 27,468
c) 2,7468
d) 1,53
e) 0,153

f) 0,0153

7. a) 3,1
b) 2,16
c) 2,011
d) 5,14

8. • **B**.

9. Resposta pessoal.

10. a) 3,14
b) Resposta pessoal.
c) Resposta esperada: Os valores obtidos para o número π são próximos uns aos outros, correspondentes a aproximadamente 3,14.
d) Resposta pessoal.

Integrando com Língua Portuguesa p. 133 a 135

1. Resposta esperada: Informar e conscientizar sobre os perigos do uso dos *smartphones* ao volante.

2. a) 1,5 segundo.
b) Abrir o aplicativo de rede social; 3,5 segundos.
c) 2,98 segundos. 41,4 metros.

3. Resposta pessoal.

UNIDADE 5
Expressões algébricas e equações

Atividades p. 141 a 143

1. a) R$ 15,50.
b) R$ 10,50.
c) R$ 8,00.

2. a) 3x.
b) $\frac{x}{4} - 5$.
c) $\frac{x}{2}$.
d) x².
e) 10 − 2x.
• a) 30;
b) −2,5;
c) 5;
d) 100;
e) −10.

3. a) 4p; 7a
4; 7
p

4. a-II; b-III; c-I.

5. a) Uma resposta possível: −2y.
b) Uma resposta possível: 4x − 3.

6. Alternativa **a**.

7. a) 2x + 5y.
b) 2 − x.

8. a) Resposta esperada: Serão adicionados os valores indicados nas células **B2**, **C2** e **D2**, que representam as notas obtidas nas avaliações **1**, **2** e **3**, respectivamente, e o resultado será dividido por 3, ou seja, será calculada a média aritmética das notas das três avaliações.
b) 8
c) Jean: 6; Suzana: 8,7.

9. a) Respostas esperadas: Na rua ou em algum local aberto, sob a chuva. No banheiro. O último quadrinho.
• Resposta esperada: Como eles estão testando as capas no chuveiro, para esquentar a "chuva", basta mudar o termostato dele.
b) III.
c) • 150 L.
• 450 L.
• 900 L.

10. a) Laís: 166 cm; Ricardo: 179 cm.
b) Resposta pessoal.

11. a) • 42
• 34
• 31
• 39
b) Resposta pessoal.

12. a) 15 °C.
b) Aproximadamente 41 °C.
c) Aproximadamente 27 °C.
d) 20 °C.

Atividades p. 146 a 148

1. Resposta esperada: **b**, pois de uma figura para a seguinte é inserida, na parte inferior, uma linha com duas figuras de triângulo a mais do que na linha logo acima.

2. Alternativa **c**.

3. a) II e III.
• **I**: (1, 4, 7, 10, ...); **IV**: (6, 4, 2, 0, ...).
b) I e II.

4. a) (5, 8, 11, 14, 17, ...)
b) (10, 17, 24, 31, 38, ...)
c) (0, 2, 4, 6, 8, ...)
d) (5, −1, 5, −1, 5, ...)
• Alternativas **a** e **d**.

5. a) 1º conjunto: 6 alvéolos; 2º conjunto: 12 alvéolos; 3º conjunto: 18 alvéolos.
b)

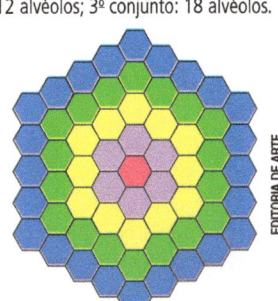

24 alvéolos.
c) I.

6. a) 10 círculos.
b) I e IV.
• Resposta esperada: Não, pois para obter um termo qualquer dessa sequência, não é

necessário conhecer outros termos dela.

7. a) Resposta esperada: $a_1 = 0$ e $a_n = a_{n-1} + 5$.
   b) Resposta esperada: $a_n = 5(n-1)$ ou $a_n = 5n - 5$.

8. Algumas respostas possíveis: (1, 3, 5, 7, 9, ...); (1, 3, 9, 27, 81, ...).
   a) Algumas respostas possíveis: Para (1, 3, 5, 7, 9, ...): $a_1 = 1$ e $a_n = a_{n-1} + 2$ ou $a_n = 2n - 1$; Para (1, 3, 9, 27, 81, ...): $a_1 = 1$ e $a_n = 3a_{n-1}$ ou $a_n = 3^{(n-1)}$.
   b) Respostas pessoais.

9. a) Ambos os alunos escreveram uma sequência correta, ou seja, correspondente à indicação da professora.
   b) Resposta esperada: Sim, pois a sequência foi indicada pela professora de maneira recursiva, mas sem apresentar o primeiro ou outro termo da sequência.

10. Respostas pessoais.

11. a) Resposta esperada: Para escrever a próxima palavra da sequência, é excluída a última letra da anterior e adiciona-se no início uma letra **V**.
    b) Resposta pessoal.

Atividades p. 151 a 153

1. a-IV; b-III; c-II; d-I.
2. a) II.
   b) III.
3. Alternativas **b** e **c**.
4. Alternativas **a** e **c**.
5. $x + \dfrac{x}{7} = 19$.
6. • 6
   a) 12
   b) 14
   c) 15
   d) 44
7. a) II.
   b) 200
   c) 200 g.
8. a) $3x + 13 = 1$.
   b) $9x - 7 = 7x + 2$.
   c) $\dfrac{5}{2}x - \dfrac{5}{2} = 15$.
   d) $\dfrac{17}{3}x - \dfrac{5}{2} = \dfrac{3}{2}x - \dfrac{1}{2}$.
9. a) 6
   b) 30
   c) 16
   d) 5
10. a) Resposta esperada: $6p + 125 = 605$.
    b) $p = 80$; R$ 80,00.
    c) R$ 75,00.
11. a)

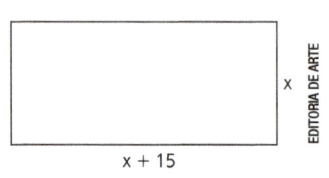

    [retângulo com largura x e comprimento $x + 15$]

    b) II.

c) $x = 10$.
d) Comprimento: 25 m; largura: 10 m.

Atividades p. 155 a 157

1. a) 2; 2
   8x; 8x
   −2
   b) 5x; 5x
   −7; −7
   3; 3
   −6
   c) 6; 6
   $-\dfrac{x}{3}; -\dfrac{x}{3}$
   3; 3
   6
2. a) **III, I e II**.
   b) Resposta esperada: $3x + 800 = 2x + 1\,400$.
   c) 600; 600 g.
3. a) Resposta esperada: Substituir na equação a incógnita pelo resultado determinado por Rafael e verificar se a sentença obtida é verdadeira.
   b) Em certa etapa da resolução, Rafael adicionou 3x ao primeiro membro e subtraiu 3x do segundo membro, enquanto o correto seria subtrair 3x de ambos os membros.
   c) $x = 8$
4. a) $x = -6$.
   b) $x = 2$.
   c) $x = \dfrac{4}{3}$.
   d) $x = 8$.
   e) $x = 2$.
   f) $x = \dfrac{8}{5}$.
5. a) Respostas possíveis:
   $x + (x+1) + (x+2) = 33$ ou
   $3x + 3 = 33$; $(x-1) + x + (x+1) = 33$ ou
   $3x = 33$; $(x-2) + (x-1) + x = 33$ ou
   $3x - 3 = 33$.
   b) 10, 11 e 12.
6. 16 min.
7. a) Sim, é raiz.
   b) • Resposta esperada: $3x - 10 = 11$.
      • 7
   c) Resposta pessoal.
8. a) 27 °C.   b) 393 K.
9. $x = 7$.
10. Resposta pessoal.

Integrando com História p. 158 e 159

1. Resposta esperada: Sendo o primeiro e o segundo termos iguais a 1, a partir do terceiro adicionamos os dois termos anteriores para obter o próximo.
2. 144 pares de coelhos: (1, 1, 2, 3, 5, 8, 13, 21, 34, 55, 89, 144, ...).
3. Alternativa **c**.
4. Resposta pessoal.

UNIDADE 6
Proporcionalidade e simetria

Atividades p. 166 a 168

1. a) $\dfrac{4}{3}$ ou 4 : 3.
   b) $\dfrac{14}{32}$ ou 14 : 32.
   c) $\dfrac{7}{10}$ ou 7 : 10.
2. a) 39 retalhos brancos e 21 retalhos pretos. 60 retalhos.
   b) • $\dfrac{39}{21}$ ou 39 : 21.
      • $\dfrac{21}{39}$ ou 21 : 39.
      • $\dfrac{39}{60}$ ou 39 : 60.
3. a) 84 cm.
   b) 180 cm ou 1,8 m.
4. a) $\dfrac{8}{4}$ ou 8 : 4.
   b) $\dfrac{6}{8}$ ou 6 : 8.
   c) $\dfrac{4}{6}$ ou 4 : 6.
5. Alternativa **c**.
6. a) Resposta pessoal.
   b) R$ 21,00.
   c) 15%.
7. a) Resposta esperada: Do dia 1º até o dia 12 de cada mês, para que possa obter desconto de 10% na mensalidade.
   b) • R$ 256,50.
      • R$ 256,50.
      • R$ 285,00.
   c) R$ 299,25.
8. a) R$ 45,00.
   b) R$ 32,50.
9. a) 67 km/h.
   b) 73 km/h.
10. Resposta pessoal.

Atividades p. 170

1. a) 5, 9, 20 e 36.
   b) 5 e 36.
   c) 9 e 20.
2. Alternativas **b** e **c**.
3. Alternativa **d**.
4. a) Galão de 6 L: $\dfrac{6,90}{6}$; galão de 10 L: $\dfrac{11,50}{10}$.
   b) Sim. Respostas possíveis: As razões são iguais; o produto dos extremos é igual ao produto dos meios.
   c) Resposta esperada: Qualquer um, pois em ambos os produtos o preço por litro é o mesmo.
5. Resposta pessoal.

Atividades p. 174 a 177

1. Alternativas **a** e **d**.
2. 15 xícaras de farinha de trigo.
3. a) 1,2 litro.
   b) 10 horas.
4. 500 mL.
5. 250 latas.
6. 650 km.
7. a) Resposta esperada: Evitar o corte de árvores e diminuir o consumo de energia e água.
   b) 100 árvores.
   c) 155 556 árvores.
8. a) 4 800 watts.
   b) 840 watts.
   c) Resposta pessoal.
9. a) 25 pingentes.
   b) Renata: 15 pingentes; Mônica: 20 pingentes.
10. Resposta pessoal.
11. a) 62,5 MB.
    b) Porcentual já baixado do aplicativo.
    c) 35 MB.
    d) 76,8%.
12. a) 360°. 30°.
    b) Resposta esperada: Sim, se consideramos o dobro de um intervalo de tempo, a medida do ângulo associado ao giro dos ponteiros também dobra; se consideramos a metade de um intervalo de tempo, a medida do ângulo associado ao giro dos ponteiros também se reduz à metade.
    c) 180°. 15°.
    d) 5°.
    e) Ponteiro dos minutos: 240°; ponteiro das horas: 20°.

Atividades p. 180 e 181

1. a) 8
   b) 64,5
2. a) O valor que cada um vai pagar será reduzido à metade.
   b) Inversamente proporcionais.
   c) R$ 6,00.
   d) 25 alunos.
3. 8,4 h ou 8h24.
4. Resposta pessoal.
5. a) 80 km/h.
   b) 140 min.
6. 24 grupos.
7. 102 milhões de reais.
8. 1 400 L/s.
9. 6,5 min ou 6min30s.
10. 12 s.
11. a) Bolo: 100 g; suco: 280 mL.
    b) Bolo: 6 kg; suco: 16,8 L.
12. a) Renan: 30 moedas; Laís: 24 moedas.
    b) 94 moedas antigas.

Atividades p. 185 e 186

1. Alternativa **b**.
2. a) 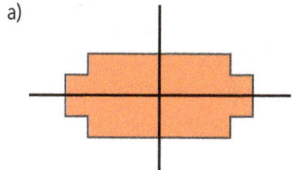
   b) 
   c)
3. Alternativas **b** e **d**.
4. a) Resposta esquerda: A figura de um barco.
   b) Resposta pessoal.
5. a) • A e A'; B e B'; C e C'.
      • Triângulo ABC: A(−3, 1), B(−5, 4) e C(−2, 3). Triângulo A'B'C': A'(3, 1), B'(5, 4) e C'(2, 3).
   b) Respostas possíveis: As abscissas são números opostos, e as ordenadas são números iguais; as abscissas de **A'**, **B'** e **C'** correspondem às abscissas de **A**, **B** e **C** multiplicadas por −1, respectivamente, já as ordenadas são iguais.
6. a)

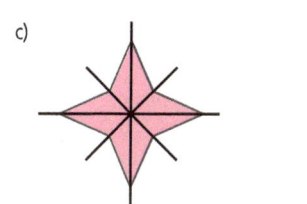

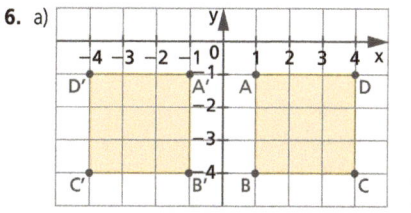

   b)

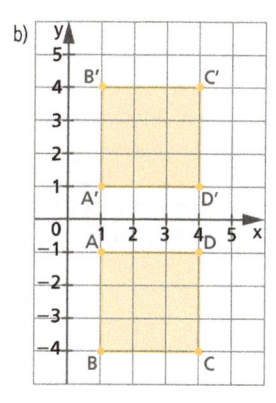

7. Alternativa **c**.

Atividades p. 188 e 189

1. I-IV; II-VI; III-V; VII-VIII.
2. II-B; III-D; IV-F.
3.
4. Resposta pessoal.

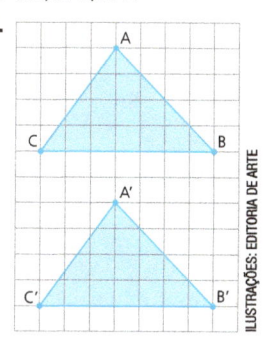

Atividades p. 191 e 192

1. Algumas respostas possíveis: 1 clique; 5 cliques; 9 cliques.
2. a-I; b-III; c-II ou c-IV.
3. Alternativa **e**.
4. A-G; B-H; C-I; D-J; E-F.
5. Alternativa **c**.
6. a) Sentido horário: 170°; sentido anti-horário: 190°.
   b) Sentido horário: 90°; sentido anti-horário: 270°.

Integrando com Arte e Língua Portuguesa p. 193 a 195

1. a) Resposta esperada: É possível identificar que as letras de algumas palavras possuem simetria de reflexão em relação a um eixo horizontal imaginário, como ocorre com todas as letras das palavras do primeiro verso.
   b) Resposta esperada: Em geral, objetos posicionados próximos a um espelho d'água são refletidos de maneira parecida com a que ocorre na simetria de reflexão. O título do poema remete à reflexão da Lua na água, o que pode ser observado em letras de algumas palavras desse poema.

2. a) Luxo; lixo.
   b) Resposta esperada: É possível identificar ideias da simetria de translação, uma vez que a palavra formada LIXO pode ser obtida reproduzindo e transladando a palavra LUXO de acordo com certa direção, sentido e distância. Uma exceção ocorre em parte da formação da letra X, de LIXO.
3. 180°.
4. a) Resposta pessoal.
   b) Resposta pessoal.

UNIDADE 7
Medidas de superfície e volume

Atividades p. 201
1. Resposta pessoal.
2. a) 57,7%.
   b) Figura II.
3. Figura I: 16 cm²; figura II: 11,5 cm²; figura III: 16 cm².
   - Figuras I e III.
4. 6 620 000 000 m².

Atividades p. 206 a 209
1. a) 110,25 m².
   b) 52,2 m².
   c) 36 m².
   d) 88 m².
   e) 57,4 m².
2. a) Fotografia 13 × 18: 234 cm²; fotografia 10 × 15: 150 cm²; fotografia 15 × 21: 315 cm².
   b) Fotografia 15 × 21. Fotografia 10 × 15.
3. 11,75 m².
4. a) Resposta esperada: 12x = 228.
   b) 19 cm.
   c) 95 cm².
5. a) 21,2 cm e 33,2 cm.
   b) • 1 120 cm².
      • 351,92 cm².
      • 768,08 cm².
6. Alternativa a.
7. a) Figuras II e III.
   b) Figura II. 216 m².
8. a) Algumas respostas possíveis: 2 cm e 12 cm; 3 cm e 8 cm; 4 cm e 6 cm; 2,4 cm e 10 cm.
   b) Resposta pessoal.
9. a) Uma resposta possível: Considerado o quadrado desenhado por Meire com 1 cm de lado, a área desse quadrado será 1 cm² e o perímetro, 4 cm. Já o quadrado desenhado por Gael terá 2 cm de lado, 4 cm² de área e 8 cm de perímetro.
   b) • Sim.
      • Não.
10. a) 23 328 cm².
    b) Resposta esperada: Não. Porque Franciele e esse outro integrante do grupo utilizaram inicialmente o próprio palmo como unidade de medida de comprimento e eles podem ter o palmo de diferentes medidas. Além disso, podem ocorrer imprecisões no uso da régua na etapa seguinte do procedimento, além da própria imprecisão no instrumento utilizado.
11. Resposta pessoal.

Atividades p. 211 e 212
1. a) 21 505 m².
   b) 86 020 m².
2. a) 30 m².
   b) 60 m².
3. a) 18 cm².
   b) 27 cm².
4. a) 12 m².
   b) 8,4 m².
5. a) 19,5 cm².
   b) Resposta pessoal.
6. Resposta pessoal.

Atividades p. 214 a 216
1. a) 60 cm³.
   b) 98 cm³.
   c) 48 cm³.
   d) 36 cm³.
2. a) 2
   b) 1,5
   c) 20
   d) 560 000
   e) 240
3. 2 000 garrafas.
4. Alternativa a.
5. a) Aproximadamente 702,7 cm³.
   b) 20 cm³.
   c) 137,5 cm³.
6. a) Até 10 m³; de 11 a 20 m³; de 21 a 30 m³; de 31 a 50 m³; acima de 50 m³.
   b) 10 m³.
   c) 23 000 L.
   d) R$ 43,05. R$ 397,15.
   e) Respostas pessoais.

Atividades p. 219 e 220
1. a) 100 cm³.
   b) 1 728 cm³.
   c) 840 cm³.
2. a) Modelo B. Modelo C.
   b) A: 2 187 cm³; B: 1 056 cm³; C: 4 374 cm³; D: 4 032 cm³.
   c) Modelo D.
3. a) 38 064 L.
   b) 76 128 L.
4. Algumas respostas possíveis: 4 dm, 10 dm e 5 dm; 8 dm, 5 dm e 5 dm; 10 dm, 10 dm e 2 dm.
5. Resposta pessoal.
6. a) 55 L.
   b) III.
7. a) 1 008 mL.
   b) Não. Resposta esperada: As medidas não são iguais por alguns fatores, como a imprecisão na medição e o espaço não ocupado por leite no interior da embalagem.
   c) Resposta pessoal.
8. Alternativa a.

Integrando com Ciências p. 221 a 223
1. 3,24 m².
2. a) Modelo I: 15,13%; modelo II: 14,37%.
   b) Modelo I.
3. Resposta pessoal.

UNIDADE 8
Estatística e probabilidade

Atividades p. 229
1. a) Do site do Ministério do Turismo. Fonte.
   b) Ásia; 238 670 turistas.
   c) 6 577 984 turistas.
2. a) Resposta pessoal.
   b) 6 medalhas.
   c) Daniel Dias.
   d) 13 medalhas.
3. a) O licenciamento de automóveis novos no Brasil nos anos de 2012 e 2016, por tipo de combustível.
   b) Automóveis movidos a etanol. 12 licenciamentos.
   c) 4 406 303 licenciamentos.
   d) 2012. 3 115 223 licenciamentos.
4. a)

Cor dos olhos		
Alunos Cor	Meninos	Meninas
Azul	2	3
Castanho	10	8
Preto	1	3
Verde	1	2

Fonte: Dados fictícios.

Resposta pessoal.

b) Resposta pessoal.

Atividades p. 231 a 233

1. a) Respostas pessoais.
   b) *Site* do Ministério das Relações Exteriores.
   c) 25 387 brasileiros.
   d) Europa. 197 943 brasileiros.

2. a) F. Respostas possíveis: Em Belo Horizonte, 14,9% dos homens adultos estavam com obesidade em 2016. Em Belo Horizonte, 18,4% das mulheres adultas estavam com obesidade em 2016.
   b) V
   c) V
   d) F. Respostas possíveis: Em São Paulo, 84,8% dos homens adultos não estavam obesos em 2016. Em São Paulo, 79,4% das mulheres adultas não estavam obesas em 2016.

3. a) Porcentagem de portadores de celular, por plano contratado, no período de 2008 a 2016.
   b) Em 2015.
   c) Resposta esperada: Não, pois, com exceção de 2010, os demais anos indicam que a quantidade de indivíduos com celulares com pagamento pré-pago diminuiu ou se manteve em relação ao ano anterior.
   d) Resposta pessoal.

4. a) Porcentagem de usuários que utilizaram o computador para acessar a internet, por faixa etária, em 2016. Porcentagem de usuários que utilizaram o celular para acessar a internet, por faixa etária, em 2016.
   b) Resposta esperada: Sim, pois para cada faixa etária a altura da coluna vermelha, correspondente ao uso do celular, é mais alta do que a da coluna azul, correspondente ao uso do computador.
   c) 3%.

5. a) De 2007 a 2016.
   b) 20,8%.
   c) Resposta esperada: O maior porcentual da população adulta, entre os anos apresentados, que consumiu refrigerante em cinco ou mais dias na semana. Isso ocorreu em 2007, com 30,9% da população adulta.
   d) Resposta esperada: Sim, a partir de 2012, o porcentual da população adulta que consumiu refrigerante em cinco ou mais dias na semana diminuiu em relação ao ano anterior.

6. Alternativa **b**.

Atividades p. 235 e 236

1. a) Norte.
   b) 26%.
   c) Azul. Indica o porcentual correspondente à população indígena da região Sul em 2010, o menor entre as regiões brasileiras.
   d) Respostas possíveis: Centro-Oeste: 143 507 indígenas; Nordeste: 233 198 indígenas; Norte: 340 828 indígenas; Sudeste: 98 661 indígenas; Sul: 80 723 indígenas.

2. a) Resposta esperada: Nesse pictograma, a figura lembra um LP ou CD, que são mídias que remetem à música.
   b) Sertanejo. 32%.
   c) Resposta esperada: Sim, pois o porcentual correspondente a esses dois estilos juntos era de 57%, ou seja, maior que a metade (50%).
   d) Resposta esperada: O setor "Outros" representa os demais estilos musicais que não foram citados no pictograma, por exemplo, MPB e *funk*.
   e) Respostas pessoais.
   f) Resposta pessoal.

3. a) 30 redações.
   b) *Bullying*: 30%; desmatamento: 10%; redes sociais: 60%.
   c) Figura **III**.
   d) Resposta esperada: Distribuição das redações escritas pela turma na aula de Língua Portuguesa, por tema.

4. Alternativa **c**.

Atividades p. 238 e 239

1. a) 151 cm.
   b) Adriane, Ana, Daiane e Thais.
   c) 43 kg.
   d) Karina e Sheila.

2. a) Dupla **A**: 50 pontos; dupla **B**: 50 pontos. Iguais.
   b) Dupla **B**.

3. a) Jovem: Cauê, 7 anos; idosa: Rosa, 68 anos.
   b) 61 anos.
   c) 36 anos.
   d) • Roseli. • Rosa.

4. a) Resposta pessoal.
   b) Nota final com a opção **I**: 7,4; nota final com a opção **II**: 7,8.

5. Algumas respostas possíveis: 5, 10 e 15; 3, 9 e 18. Resposta esperada: Uma mesma média pode ser obtida para diferentes conjuntos de dados numéricos.

6. 55 s.

7. a) 166,29 litros de água. Resposta esperada: Adicionou-se a quantidade de litros de água distribuída por todas as companhias do país naquele ano e o resultado foi dividido pela população considerada.
   b) Não. "Mas a relação de consumo com o recurso varia em cada estado."
   c) 2 400 L.
   d) Resposta pessoal.

Atividades p. 242 e 243

1. a) Resposta esperada: Uma pesquisa censitária é feita com todos os elementos da população, já a pesquisa por amostra é feita com parte desses elementos.
   b) Por amostra. Porque havia muitos alunos na escola.
   c) 96 alunos.
   d) Tabela e gráfico de colunas. Planilha eletrônica.
   e) **A**: 6,25%; **B**: 18,75%; **C**: 31,25%; **D**: 43,75%; **E**: Excelente; **F**: Muito boa; **G**: Normal; **H**: Ruim.

2. Resposta pessoal.
3. Resposta pessoal.

Atividades p. 245 a 248

1. a) • $\frac{1}{3}$, $0,\overline{3}$ ou aproximadamente 33,3%.
      • $\frac{1}{6}$, $0,1\overline{6}$ ou aproximadamente 16,7%.
   b) • Resultados favoráveis a André:

   Resultados favoráveis ao empate:

   Resultados favoráveis a Rita:

   • Rita: $\frac{2}{3}$, $0,\overline{6}$ ou aproximadamente 66,7%.
   André: $\frac{1}{6}$, $0,1\overline{6}$ ou aproximadamente 16,7%.
   • Rita.

2. a) $\frac{1}{32}$, 0,03125 ou 3,125%.
   b) $\frac{1}{2}$, 0,5 ou 50%.
   c) $\frac{3}{8}$, 0,375 ou 37,5%.

283

3. a) $\frac{3}{10}$, 0,3 ou 30%.

b) $\frac{1}{3}$, $0,\overline{3}$ ou aproximadamente 33,3%.

4. a) Respostas possíveis: 40, 41, 42, 43, 50, 51, 52 e 53.

b) Resposta esperada: Não, pois na caixa referente às dezenas há apenas bolas com os algarismos 4 e 5 e na caixa das unidades, 0, 1, 2 e 3.

c) par: $\frac{1}{2}$, 0,5 ou 50%;

ímpar: $\frac{1}{2}$, 0,5 ou 50%;

um número maior que 41: $\frac{3}{4}$, 0,75 ou 75%;

igual a 50: $\frac{1}{8}$, 0,125 ou 12,5%.

d) Menor que 50.

e) Caixa das unidades. Bola com algarismo 0 ou 2.

5. a) • $\frac{1}{3}$, $0,\overline{3}$ ou aproximadamente 33,3%.

• $\frac{1}{4}$, 0,25 ou 25%.

b) 12 composições.

c) $\frac{1}{12}$, $0,08\overline{3}$ ou aproximadamente 8,3%.

6. a) Respostas esperadas: Azul. Verde.

b)

Cor da bolinha	Frequência
Azul	26
Amarela	15
Verde	9

c) Amarela: $\frac{15}{50}$, 0,3 ou 30%;

verde: $\frac{9}{50}$, 0,18 ou 18%.

7. a) Respostas pessoais.

b) Resposta pessoal.

c) Resposta pessoal.

d) Resposta pessoal.

Integrando com Geografia p. 249 a 251

1. 12,9%. 11,6%.

2. R$ 1 764, 00. R$ 2 306,00.

3. 18,8 horas. 10,9 horas.

4. 84%. 16%.

5. Resposta pessoal.

REFERÊNCIAS BIBLIOGRÁFICAS

ALMEIDA, L. W. de; SILVA, K. P. da; VERTUAN, R. E. **Modelagem matemática na educação básica**. São Paulo: Contexto, 2012.

AUSUBEL, D. P.; NOVAK, J. D.; HANESIAN, H. **Psicologia educacional**. Tradução de Eva Nick et al. 2. ed. Rio de Janeiro: Interamericana, 1980.

BORBA, M. de C.; PENTEADO, M. G. **Informática e educação matemática**. 5. ed. Belo Horizonte: Autêntica, 2016. (Tendências em Educação Matemática).

BOYER, C. B.; MERZBACH, U. C. **História da Matemática**. Tradução de Helena Castro. 3. ed. São Paulo: Blucher, 2012.

BROUSSEAU, G. **Introdução ao estudo das situações didáticas**: conteúdos e métodos de ensino. São Paulo: Ática, 2008.

CARAÇA, B. de J. **Conceitos fundamentais da Matemática**. Lisboa: Gradiva, 2012.

COLL, C.; TEBEROSKY, A. **Aprendendo Matemática**. São Paulo: Ática, 2000.

D'AMBROSIO, U. **Educação matemática**: da teoria à prática. 23. ed. Campinas: Papirus, 2017.

EVES, H. **Introdução à história da Matemática**. Tradução de Hygino H. Domingues. Campinas: Ed. da Unicamp, 2004.

FAINGUELERNT, E. K.; NUNES, K. R. A. **Fazendo arte com a Matemática**. 2. ed. Porto Alegre: Penso, 2015.

FERREIRA, M. K. L. **Ideias matemáticas de povos culturalmente distintos**. São Paulo: Global, 2002. (Antropologia e Educação).

FERREIRA, M. K. L. **Madikauku**: os dez dedos das mãos – matemática e povos indígenas no Brasil. Brasília: MEC, 1998.

FREIRE, P. **Pedagogia da autonomia**: saberes necessários à prática educativa. 43. ed. São Paulo: Paz e Terra, 2011.

IFRAH, G. **História universal dos algarismos**: a inteligência dos homens contada pelos números e pelo cálculo. Tradução de Alberto Muñoz; Ana Beatriz Katinsky. Rio de Janeiro: Nova Fronteira, 1997. 2 v.

KAMII, C.; DECLARK, G. **Reinventando a Aritmética**: implicações da teoria de Piaget. Campinas: Papirus, 1996.

LINDQUIST, M. M.; SHULTE, A. P. (Org.). **Aprendendo e ensinando Geometria**. Tradução de Hygino H. Domingues. São Paulo: Atual, 1994.

LUCKESI, C. C. **Avaliação da aprendizagem escolar**: estudos e proposições. 22. ed. São Paulo: Cortez, 2011.

MACHADO, N. J. **Matemática e língua materna**: análise de uma impregnação mútua. 6. ed. São Paulo: Cortez, 2001.

MONTEIRO, A.; POMPEU JUNIOR, G. **A Matemática e os temas transversais**. São Paulo: Moderna, 2001.

MORAIS FILHO, D. C. de. **Manual de redação matemática**. 2. ed. Rio de Janeiro: SBM, 2018.

MORETTIN, P. A.; BUSSAB, W. O. **Estatística básica**. 9. ed. São Paulo: Saraiva, 2017.

NEVES, I. C. B. et al. **Ler e escrever**: compromisso de todas as áreas. 9. ed. Porto Alegre: Ed. da UFRGS, 2011.

NUNES, T. et al. **Educação matemática**: números e operações numéricas. São Paulo: Cortez, 2007.

OLIVEIRA, V. B. de. **Jogos de regras e a resolução de problemas**. 4. ed. Petrópolis: Vozes, 2010.

ONUCHIC, L. R.; ALLEVATO, N. S. G. Novas reflexões sobre o ensino-aprendizagem de Matemática através da resolução de problemas. In: BICUDO, M. A. V.; BORBA, M. de C. (Org.). **Educação matemática**: pesquisa em movimento. 4. ed. São Paulo: Cortez, 2012.

PAIS, L. C. **Educação escolar e as tecnologias da informática**. Belo Horizonte: Autêntica, 2008. (Trajetória).

PARRA, C.; SAIZ, I. (Org.). **Didática da Matemática**: reflexões psicopedagógicas. Porto Alegre: Artmed, 2001.

POLYA, G. **A arte de resolver problemas**: um novo aspecto do método matemático. Tradução de Heitor Lisboa de Araújo. Rio de Janeiro: Interciência, 1995.

PONTE, J. P. da; BROCARDO, J.; OLIVEIRA, H. **Investigações matemáticas na sala de aula**. 3. ed. Belo Horizonte: Autêntica, 2016. (Tendências em Educação Matemática).

SOUZA, E. R. de et al. **A Matemática das sete peças do tangram**. São Paulo: CAEM/IME-USP, 2008. (Ensino Fundamental).

TOLEDO, M.; TOLEDO, M. **Teoria e prática de Matemática**: como dois e dois. São Paulo: FTD, 2010.

TOMAZ, V. S.; DAVID, M. M. M. S. **Interdisciplinaridade e aprendizagem da Matemática em sala de aula**. Belo Horizonte: Autêntica, 2012. (Tendências em Educação Matemática).

Documentos oficiais

BRASIL. Ministério da Educação. **Base nacional comum curricular**: educação é a base. Brasília, 2018. Disponível em: <http://basenacionalcomum.mec.gov.br/images/BNCC_EI_EF_110518_versaofinal_site.pdf>. Acesso em: 7 jun. 2019.

BRASIL. Ministério da Educação. **Diretrizes curriculares nacionais gerais da educação básica**. Brasília: SEB: Dicei, 2013.

BRASIL. Ministério da Educação. **Parâmetros curriculares nacionais**: Matemática. Brasília: SEF, 1997.

AVALIAÇÕES

As atividades propostas a seguir são apresentadas em forma de avaliação e foram organizadas para que você possa praticar, ampliar e avaliar o seu aprendizado sobre os principais conteúdos abordados neste livro. Elas apresentam-se na forma de questões discursivas e de testes de múltipla escolha e têm como objetivo mobilizar competências (gerais e específicas) e habilidades fundamentais para a sua formação.

SUMÁRIO

1ª AVALIAÇÃO   Unidades 1 e 2 .... **291**

2ª AVALIAÇÃO   Unidades 3 e 4 .... **297**

3ª AVALIAÇÃO   Unidades 5 e 6 .... **305**

4ª AVALIAÇÃO   Unidades 7 e 8 .... **313**

1ª AVALIAÇÃO — Unidades 1 e 2

NOME DO(A) ALUNO(A): _____

TURMA: _____ DATA: _____

1. Pedro mora em São Paulo, no Brasil, e pretende realizar uma ligação para um primo que mora em Roma, na Itália. Considerando que a diferença de horário de Roma em relação a São Paulo seja de +4 horas, assinale a alternativa que representa o horário brasileiro que Pedro deve realizar a ligação para que seu primo a receba exatamente às 18 horas, em Roma.

a) [relógio]   b) [relógio]   c) [relógio]   d) [relógio]

2. Em uma cidade gaúcha, os termômetros registraram 8 °C no período da tarde e, à noite, essa temperatura caiu 10 °C. Na reta numérica, marque um **X** na localização aproximada do ponto correspondente à medida da temperatura aferida à noite nessa cidade, em graus Celsius.

<-----|-----|-----|-----|-----|-----|-----|-----|-----|-----|----->
    −20   −15   −10   −5   0   5   10   15   20   25   30

_____

_____

_____

_____

1ª AVALIAÇÃO - Matemática

3. Em determinado dia de inverno, observou-se a temperatura de quatro cidades brasileiras em um mesmo horário, apresentadas a seguir:

Cidade	Temperatura
São Paulo/SP	3 °C
Curitiba/PR	1 °C
Porto Alegre/RS	−4 °C
Canoas/RS	−3 °C

Assinale a alternativa que representa a cidade com a menor temperatura observada.

a) Curitiba.
b) São Paulo.
c) Canoas.
d) Porto Alegre.

4. Mariana tem uma loja virtual e, em certo dia, fez quatro vendas. Teve prejuízo de R$ 15,00 na primeira venda, prejuízo de R$ 5,00 na segunda, lucro de R$ 20,00 na terceira e lucro de R$ 25,00 na quarta. Assinale a alternativa que representa a forma que Mariana poderá avaliar o saldo resultante das quatro vendas em sua loja virtual, em relação ao lucro ou prejuízo.

a) 15 + 5 + 20 + 25 = 65
b) (−15) + (−5) + (+20) + (+25) = 25
c) (−15) + (−5) − (+20) + (+25) = −15
d) −15 − 5 − 20 − 25 = −65

5. Carlos observou uma promoção anunciada por uma papelaria que oferecia descontos nos preços das caixas de lápis de cor e nos conjuntos de canetinhas.

Produto	Promoção
Caixa de lápis de cor com 12 unidades	De R$ 15,00 por R$ 12,00
Canetas hidrográficas com 24 unidades	De R$ 25,00 por R$ 21,00

Quanto Carlos economizou ao comprar três caixas de lápis de cor e três conjuntos de canetinhas, oferecidos na promoção, em relação ao preço original?

a) R$ 99,00

b) R$ 21,00

c) R$ 120,00

d) R$ 10,00

6. Lucas precisa comprar uma caixa de sabão em pó para a sua mãe, mas se deparou com a seguinte situação: existe a marca **A**, que custa R$ 6,00 e contém 2 kg de sabão em pó, a marca **B**, que custa R$ 8,00, com 3 kg de sabão em pó, e, por fim, a marca **C**, que custa R$ 12,00, contendo 4 kg de sabão em pó. Qual é a marca de sabão em pó que oferece a melhor opção de compra, considerando o menor preço por quilograma?

7. Os Jogos Olímpicos da era moderna foram realizados pela primeira vez em 1896 em Atenas, na Grécia. Desde 1948 esses jogos ocorrem nos anos correspondentes a números divisíveis por 4, sem interrupção.

a) Em quais dos anos indicados a seguir ocorreram Jogos Olímpicos?

1994   1964   2010   2016

_____
_____
_____
_____

b) Em quais anos devem ocorrer as próximas quatro edições dos Jogos Olímpicos?

_____
_____

8. Em determinada escola há 30 alunos que gostariam de estudar a língua inglesa em um nível avançado, e outros 36 que gostariam de estudar a língua espanhola nesse mesmo nível. A direção da escola resolveu criar grupos de estudos avançados dos dois idiomas, mas precisa descobrir quantos grupos deve formar, de modo que todos os grupos tenham a maior quantidade possível de alunos e sejam idênticos na quantidade de alunos por grupo. Quantos alunos devem compor cada grupo de estudo desses? Quantos grupos de cada idioma serão formados nesse caso?

9. Associe os números listados na coluna da esquerda aos valores do mínimo múltiplo comum ou máximo divisor comum apresentados na coluna da direita.

a) 75   ( ) mmc (6, 8, 12)
b) 24   ( ) mmc (3, 15, 25)
c) 6   ( ) mdc (6, 8, 12)
d) 2   ( ) mdc (12, 18, 36)

_____
_____
_____
_____

10. Complete as lacunas com as palavras: múltiplo ou divisor.

a) O número 7 é um número que aparece em diversos contextos: são sete dias na semana, sete cores no arco-íris e sete notas musicais. Além disso, o sete é _____ de quatorze, que, por sua vez, é _____ de 2.

_____
_____
_____
_____

b) O número 12 também aparece em diversos contextos: são doze meses em um ano, doze homens pisaram na lua, e todos os seres humanos possuem doze costelas de cada lado do corpo. Além disso, o doze é _____ de 6, _____ de 4, _____ de 3, _____ de 2, _____ de 24 e _____ de 36.

_____
_____
_____
_____

1ª AVALIAÇÃO – Matemática

11. O diretor de uma escola combinou com os alunos que realizaria uma atividade com jogos nos dias do mês de março que fossem múltiplos de 3, entre segunda-feira e sexta-feira. Circule no calendário a seguir todos os dias em que serão realizadas atividades com jogos nessa escola.

\	\	\	MARÇO	\	\	\
D	S	T	Q	Q	S	S
					1	2
3	4	5	6	7	8	9
10	11	12	13	14	15	16
17	18	19	20	21	22	23
24	25	26	27	28	29	30
31						

2ª AVALIAÇÃO – Unidades 3 e 4

NOME DO(A) ALUNO(A): _____

TURMA: _____ DATA: _____

1. Durante uma reforma, Alex teve de prender seu cachorro. A guia tinha 2 metros de comprimento e foi fixada em uma torneira, localizada no centro do jardim, de maneira que o cachorro pudesse se movimentar para qualquer lugar, desde que o comprimento da guia alcançasse. Qual das imagens a seguir apresenta a região por onde o cachorro pode se movimentar, sendo o ponto **P** a posição da torneira?

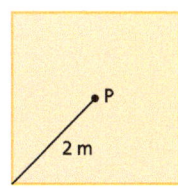

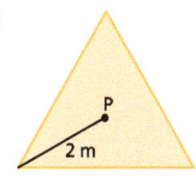

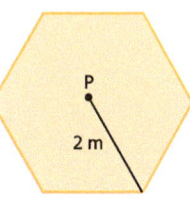

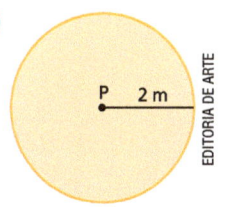

a) [quadrado, 2 m]   b) [triângulo, 2 m]   c) [hexágono, 2 m]   d) [círculo, 2 m]

2. Represente uma circunferência cujo diâmetro mede 3 cm. Considerando π = 3,14, qual é o comprimento dessa circunferência?

3. Represente um triângulo de lados medindo 3 cm, 4 cm e 5 cm. Depois, construa um fluxograma para descrever as etapas que você utilizou para representar esse triângulo. Por fim, responda: É possível construir um triângulo com os lados de mesma medida que esse, mas com os ângulos internos de medidas diferentes? Justifique.

4. Observe o fluxograma sobre a construção de um polígono.

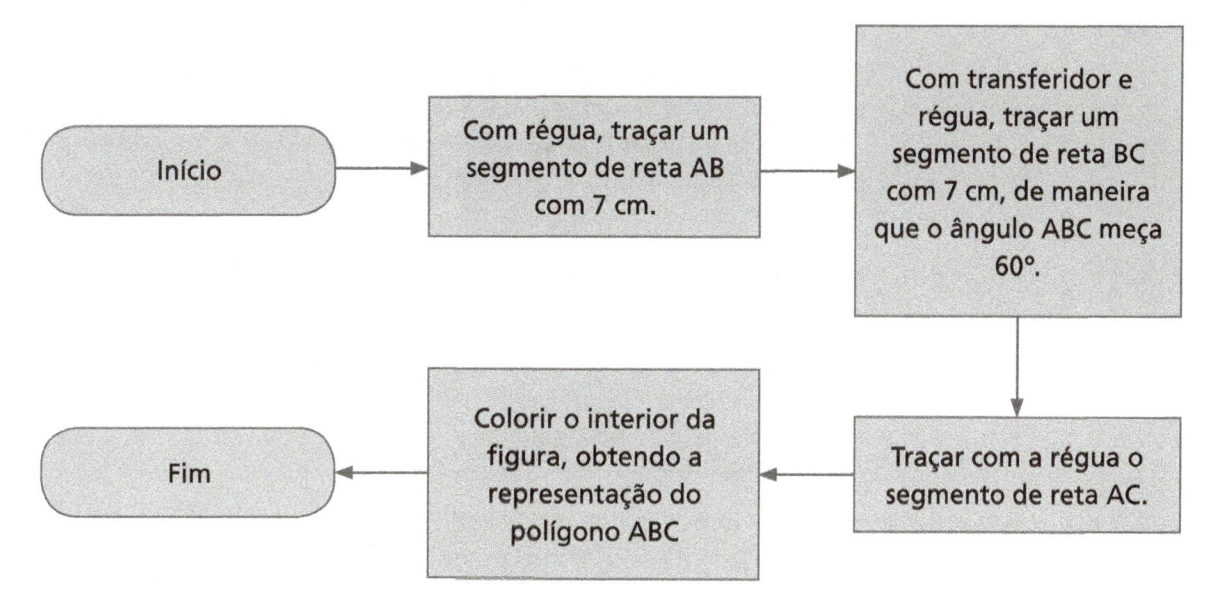

```
Início → Com régua, traçar um segmento de reta AB com 7 cm. → Com transferidor e régua, traçar um segmento de reta BC com 7 cm, de maneira que o ângulo ABC meça 60°.
↓
Fim ← Colorir o interior da figura, obtendo a representação do polígono ABC ← Traçar com a régua o segmento de reta AC.
```

Seguindo todas as etapas descritas no fluxograma, obtém-se a representação de um:

a) triângulo, em que os ângulos internos medem 90°, 45° e 45°.
b) triângulo, em que os três ângulos internos medem 60°.
c) quadrilátero, em que os quatro ângulos internos medem 90°.
d) pentágono, em que um ângulo interno mede 60°, e os demais, 120°.

5. Na embalagem de um suco concentrado de caju, está indicado o seguinte modo de preparo:

> Para cada 250 mL de suco concentrado de caju, acrescentar 1,75 L de água e mexer. Adoce a gosto.

Já para o suco de manga, de outra marca, a indicação sugerida de preparo é:

> Para cada copo de suco concentrado, utilize 3 copos de água. Mexa e adoce.

a) Qual dos sucos concentrados tem o maior rendimento, ou seja, é possível preparar mais refresco com a mesma quantidade de suco concentrado?

_____

_____

_____

_____

_____

_____

b) Quantos mililitros de suco concentrado são necessários para preparar 2 L de refresco de caju? E de refresco de manga?

_____

_____

_____

c) Represente por meio de um fluxograma como preparar determinada quantidade de refresco de caju.

6. Na figura, as retas **r** e **s** são paralelas e o ângulo Â mede 65°.

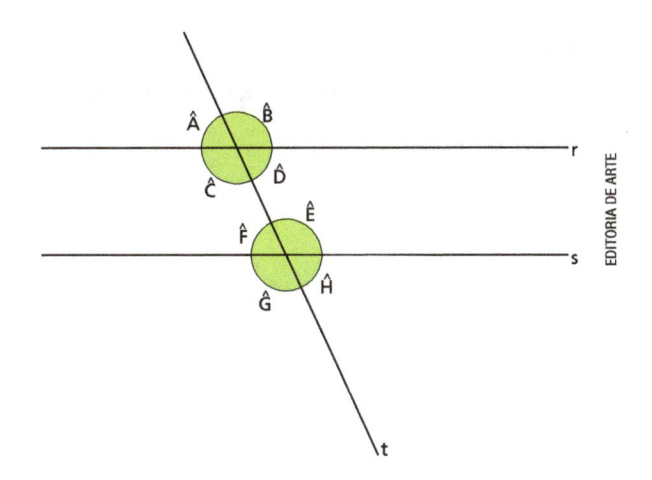

Outros dois ângulos que medem 65° são:

a) Ĝ e Ĥ.
b) D̂ e F̂.
c) Ĉ e F̂.
d) Ĉ e Ĥ.

7. Em um triângulo ABC, a medida do lado $\overline{AB}$ é 6 cm e a do lado $\overline{BC}$ é 8 cm.

a) É possível que o lado $\overline{AC}$ meça 2 cm? Justifique.

_____

_____

b) Se o triângulo ABC tem um ângulo interno medindo 25° e outro medindo 110°, quanto mede o outro ângulo interno?

_____

_____

8. Julia comeu $\frac{1}{4}$ de uma barra de chocolate. No dia seguinte, comeu $\frac{3}{5}$ do que havia sobrado.

Qual fração da barra restou? Expresse a resolução utilizando retângulos para representar as frações e, depois, por meio de operações com frações.

9. Para a festa de aniversário de seu filho, Raquel preparou 6 litros de refresco. Ela vai repartir esse refresco em copos com $\frac{1}{5}$ de litro cada um. De quantos copos como esse Raquel precisa para repartir todo o refresco preparado?

_____

_____

_____

_____

10. Em relação à localização de frações na reta numérica, podemos afirmar que:

a) $\frac{2}{5}$ está localizada à esquerda de $\frac{1}{5}$.

b) $\frac{5}{2}$ está localizada à direita de $\frac{3}{2}$ e à esquerda de $\frac{7}{2}$.

c) $\frac{3}{4}$ está localizada à direita de $\frac{5}{4}$.

d) $\frac{10}{5}$ está localizada à direita de $\frac{6}{5}$ e à esquerda de $\frac{8}{5}$.

11. No Brasil, a parte da população idosa, com 60 anos ou mais de idade, está aumentando. Em 2015, cerca de $\frac{1}{7}$ dos brasileiros era idoso, sendo que aproximadamente $\frac{2}{5}$ deles eram homens. Que fração da população brasileira, em 2015, correspondia a mulheres idosas?

12. Observe a representação de circunferência e alguns pontos indicados na figura a seguir.

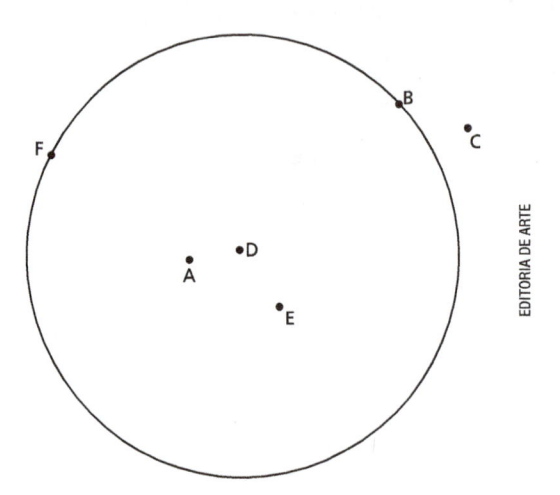

a) Qual dos pontos indicados é o centro da circunferência?

b) Quantos centímetros mede o raio dessa circunferência?

3ª AVALIAÇÃO – Unidades 5 e 6

NOME DO(A) ALUNO(A): _____

TURMA: _____ DATA: _____

1. Os alunos de uma turma do 9º ano estão vendendo rifas para levantar fundos para a formatura no final do ano. Para calcular o lucro com a venda das rifas, pode ser utilizada a seguinte expressão algébrica:

$$4m - 200$$

Sabendo que **m** representa a quantidade vendida de bilhetes de rifas, qual será o lucro caso sejam vendidos 85 bilhetes?

a) 200 reais.　　b) 540 reais.　　c) 140 reais.　　d) 85 reais.

2. As casas de um bairro são pintadas em sequência da seguinte maneira:

E são numeradas em sequência da seguinte maneira:

3　5　10　15　17　20

a) A sequência da numeração das casas, da esquerda para a direita, pode ser definida de maneira recursiva pela expressão $a_n = a_{n-1} + 2$, com $a_1 = 3$? Por quê?

_____

_____

b) Explique como pode ser definida a sequência das cores das casas de maneira recursiva?

_____

_____

_____

3. Algumas espécies de pássaro voam em bando. Observando esses bandos, a aviação passou a compreender e fazer como eles em voos acrobáticos. Na sequência a seguir temos simbolizadas as organizações dos bandos de aves durante seu voo.

Essa sequência de figuras corresponde à seguinte sequência numérica: (3, 5, 7, ...). Escreva uma expressão algébrica que permita determinar qualquer termo dessa sequência numérica de maneira não recursiva.

_____
_____
_____
_____
_____
_____
_____

4. Observe a sequência numérica abaixo:

(2, 4, 6, 8, 10, 12, ...)

Defina, por meio de expressão, essa sequência numérica de duas maneiras equivalentes: uma recursiva e outra não recursiva.

_____
_____
_____
_____
_____
_____
_____

5. Um caminhão, com certa velocidade média, percorre 270 km em 3 horas para ir de uma cidade a outra. As expressões que indicam a distância percorrida por esse caminhão, em quilômetros, em **t** horas de viagem, e a distância que ele percorre em duas horas são, respectivamente:

a) 3t e 270 km. b) 270t e 3 km. c) 90t e 180 km. d) 180t e 90 km.

6. A associação de moradores do bairro onde Júlia mora vai realizar uma festa e organizou os gastos da seguinte maneira:

Gastos com a festa no bairro	
Tipo	**Gasto (em R$)**
Som	600
Alimentação	Um terço dos gastos totais
Bebida	Um quarto dos gastos totais
Salão	Um sexto dos gastos totais
Decoração	Um doze avos dos gastos totais

Fonte: Associação de moradores.

Sabendo que a associação de moradores tinha um orçamento disponível de R$ 4 000,00, quanto sobrará após deduzir as despesas da festa?

7. Marque no plano cartesiano os pontos A(1, 1), B(1, 3), C(4, 3) e D(4, 1).

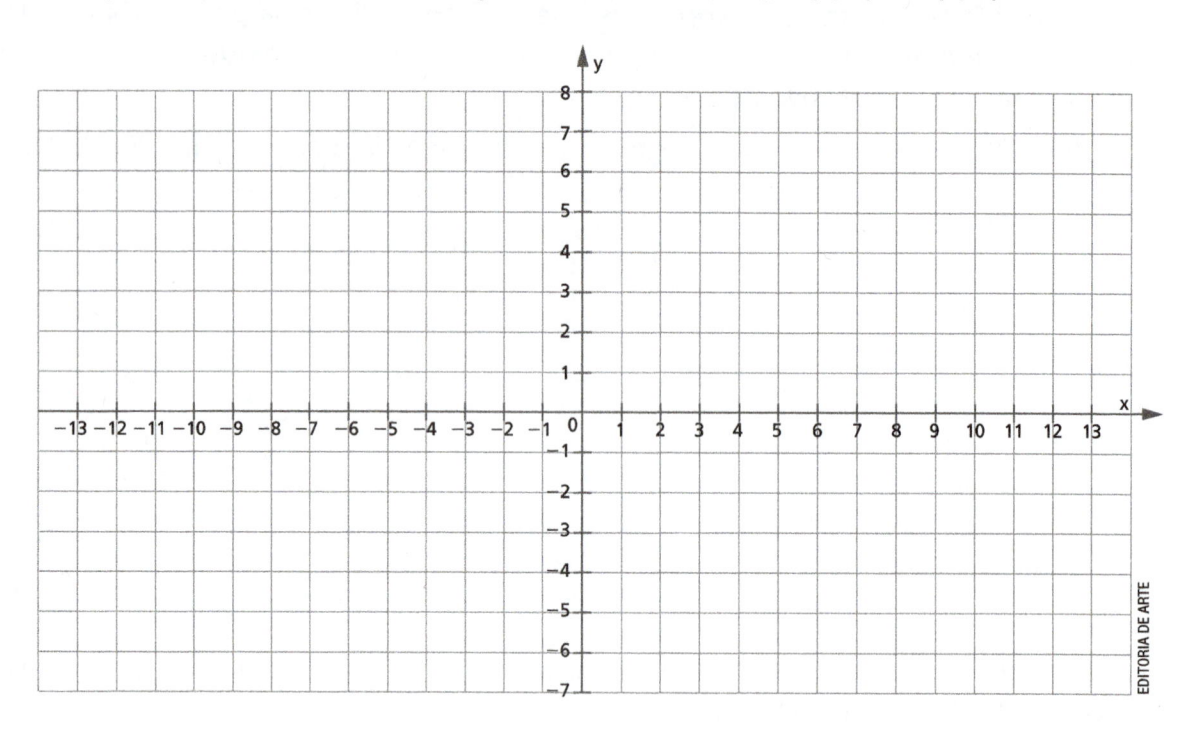

a) Ligue os pontos indicados, pinte o interior da figura e obtenha a representação do quadrilátero ABCD. Como esse quadrilátero pode ser classificado? Em qual quadrante do plano cartesiano esse quadrilátero está localizado?

b) Multiplique as coordenadas de cada vértice de ABCD por −2 e represente, nesse mesmo plano cartesiano, o quadrilátero EFGH obtido. Em qual quadrante o quadrilátero EFGH está localizado?

c) Qual a relação entre o perímetro e a área das figuras que você representou no plano cartesiano?

308 3ª AVALIAÇÃO – Matemática

8. Conseguimos encontrar simetria de reflexão em algumas letras do alfabeto escritas de determinada maneira. Observe as letras e responda:

A B C D E F G H I J K L M N O P Q R S T U V W X Y Z

a) Quais dessas letras possuem eixo de simetria horizontal?

b) Quais dessas letras possuem eixo de simetria vertical?

9. A partir de um módulo, como destacado, formou-se uma mandala, como a representada a seguir:

Com base nessa mandala, considere as afirmativas a seguir.

I. A mandala apresenta 6 eixos de simetria de reflexão.

II. O módulo destacado representa $\frac{1}{4}$ da mandala.

III. É possível traçar na mandala 8 eixos de simetria de reflexão.

IV. Rotações sucessivas de 45° aplicadas ao módulo destacado formam essa mandala.

V. Rotações sucessivas de 30° aplicadas ao módulo destacado formam essa mandala.

São incorretas as afirmativas:

a) I, II, IV.

b) I, II e V.

c) I, II e III.

d) III e IV.

10. Comprar à vista é uma ótima opção para quem deseja obter descontos no momento de uma compra e também não se endividar. Taís economizou parte de sua mesada por alguns meses para que pudesse comprar à vista um jogo de tabuleiro que desejava. Na loja, o jogo tinha o preço de etiqueta de R$ 45,00. Sabendo que Taís conseguiu um desconto de 15% sobre esse preço, determine quanto ela pagou pelo jogo.

11. Ao consultar as informações nutricionais na embalagem de um pacote de biscoito, Jorge identificou que em uma porção de 40 g havia cerca de 128 kcal. Caso Jorge coma 100 g desse biscoito, ele terá ingerido:

a) 40 kcal.

b) 128 kcal.

c) 320 kcal.

d) 512 kcal.

12. A caixa-d'água de um condomínio residencial possui um registro com o qual é possível ajustar a vazão de entrada da água. Quando esse registro é ajustado para uma vazão de 315 L/min, é possível encher completamente a caixa-d'água em 3 horas. Para que vazão deve ser ajustado o registro de maneira que a caixa-d'água possa ser completamente cheia em 2 horas apenas?

13. Um trator pode trabalhar até a velocidade de 30 km/h, porém o motorista emprega a velocidade de 20 km/h e realiza o trabalho em 2 horas. Se ele operasse à velocidade máxima, terminaria o trabalho em aproximadamente:

a) 3 h.
b) 2 h e 33 min.
c) 1 h e 33 min.
d) 1 h e 20 min.

4ª AVALIAÇÃO – Unidades 7 e 8

NOME DO(A) ALUNO(A): _____

TURMA: _____ **DATA:** _____

1. Uma fábrica de sorvetes armazena seus produtos em embalagens plásticas no formato de blocos retangulares. A nova embalagem de 2 litros precisa ter 15 cm de comprimento e 10 cm de largura. A altura da embalagem deve ter uma medida entre:

   a) 13 cm e 14 cm.
   b) 0,013 cm e 0,014 cm.
   c) 130 cm e 140 cm.
   d) 12 cm e 13 cm.

2. Ao retirarmos 64 L de água de um reservatório cúbico, o nível de água diminui em 10 cm. Qual é a capacidade, em litros, desse reservatório?

   a) 80 L
   b) 8 000 L
   c) 512 000 L
   d) 512 L

4ª AVALIAÇÃO - Matemática

3. Para ajudar na economia de água, será construída na escola em que Natan estuda uma cisterna para armazenar água da chuva. Ela terá formato de bloco retangular, com capacidade de 48 000 L.

Se o comprimento e a largura internos forem, respectivamente, 8 m e 2 m, qual deve ser a altura dessa cisterna?

4. Um terreno com formato retangular tem duas construções idênticas, também ocupando regiões retangulares, e o restante é coberto com grama. Observe, na imagem a seguir, a região em destaque correspondente à área desse terreno coberta com grama.

Calcule o valor cobrado para cortar a grama desse terreno, sabendo que o valor do serviço é R$ 0,75 por metro quadrado.

314 4ª AVALIAÇÃO – Matemática

5. João construiu um Tangram como o indicado a seguir, em que cada lado tem 10 cm de comprimento. Em seguida, recortou as peças desse Tangram e começou a montar figuras.

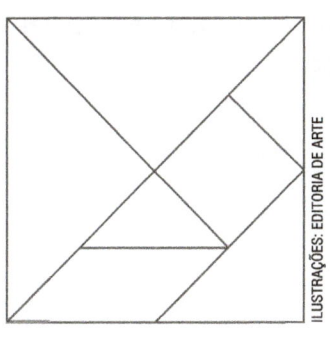

a) Qual a área de cada peça do Tangram construído por João?

b) Qual a área total da figura a seguir, feita por João com as peças do Tangram?

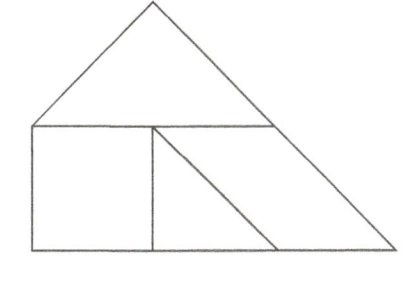

6. Em certo jogo, há um saquinho não transparente com 120 peças idênticas contendo letras do alfabeto brasileiro. Cada partida consiste em, com os participantes alternando a vez, retirar ao acaso uma peça de dentro do saquinho sem ver, sendo que o primeiro que formar uma palavra será o vencedor. Observe quantas peças com letras vogais há nesse jogo.

Vogal	A	E	I	O	U
Quantidade de peças	3	3	1	4	1

Qual a probabilidade de a primeira peça retirada em uma partida desse jogo ser uma vogal?

_____
_____
_____
_____

7. Toda a superfície de uma peça de madeira com formato de bloco retangular foi pintada e, em seguida, dividida em 12 peças cúbicas idênticas, conforme mostra a figura a seguir.

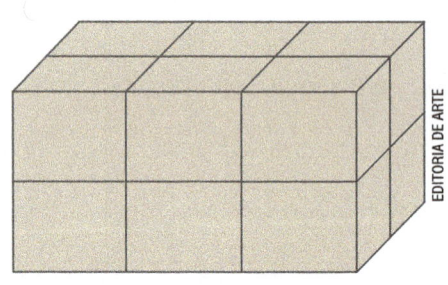

Agora, considere que essas peças cúbicas serão colocadas em uma caixa não transparente e, por 30 vezes consecutivas, uma peça será sorteada e recolocada na caixa. Estime, por meio de probabilidade, em quantos sorteios será retirada uma peça com exatamente duas faces pintadas.

_____
_____
_____
_____

8. Um dado comum, de seis faces, foi lançado 20 vezes, e os resultados obtidos estão representados a seguir:

Número obtido	Frequência
1	3
2	4
3	2
4	4
5	5
6	2

a) Qual foi a média de pontos obtidos nesses 20 lançamentos?

b) Represente, em porcentagem, a frequência em que o número 2 foi obtido em relação ao total de lançamentos.

9. Ricardo pesquisou o preço do litro da gasolina e do etanol nos cinco postos de combustível do bairro em que mora. Observe.

Posto	I	II	III	IV	V
Preço do litro da gasolina (R$)	4,95	4,92	5,00	4,95	4,98
Preço do litro do etanol (R$)	3,05	3,00	3,08	3,07	3,05

Com base nessa pesquisa, podemos afirmar que as médias de preço do litro da gasolina e do etanol nesses postos, são, respectivamente:

a) R$ 4,95 e R$ 3,05.
b) R$ 5,00 e R$ 3,08.
c) R$ 4,96 e R$ 3,05.
d) R$ 4,92 e R$ 3,00.

10. Uma pesquisa analisou a quantidade de questões que 400 alunos do Ensino Fundamental acertaram em certa avaliação composta de cinco questões. Observe o gráfico em que o resultado dessa pesquisa foi organizado.

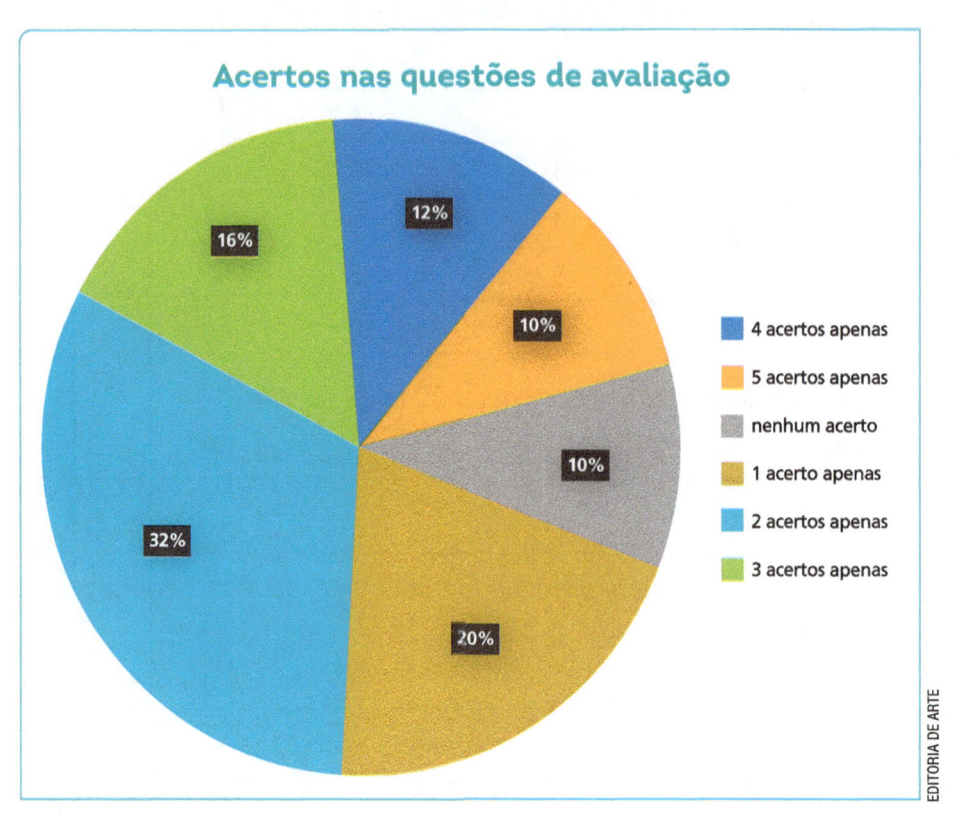

Acertos nas questões de avaliação

- 12% — 4 acertos apenas
- 10% — 5 acertos apenas
- 10% — nenhum acerto
- 20% — 1 acerto apenas
- 32% — 2 acertos apenas
- 16% — 3 acertos apenas

Fonte: Dados fictícios.

a) Quantos alunos acertaram 1 questão apenas? E quantos acertaram mais de 3 questões?

___

b) Os 400 alunos, cujas avaliações foram analisadas, compõem um grupo total de 10 000 alunos que realizaram essa avaliação. Podemos afirmar que essa pesquisa foi censitária? Explique.

___

318 4ª AVALIAÇÃO – Matemática

11. (Enem-2015) Uma pesquisa de mercado foi realizada entre os consumidores das classes sociais A, B, C e D que costumam participar de promoções tipo sorteio ou concurso. Os dados comparativos, expressos no gráfico, revelam a participação desses consumidores em cinco categorias: via Correios (juntando embalagens ou recortando códigos de barra), via internet (cadastrando-se no *site* da empresa/marca promotora), via mídias sociais (redes sociais), via SMS (mensagem por celular) ou via rádio/TV.

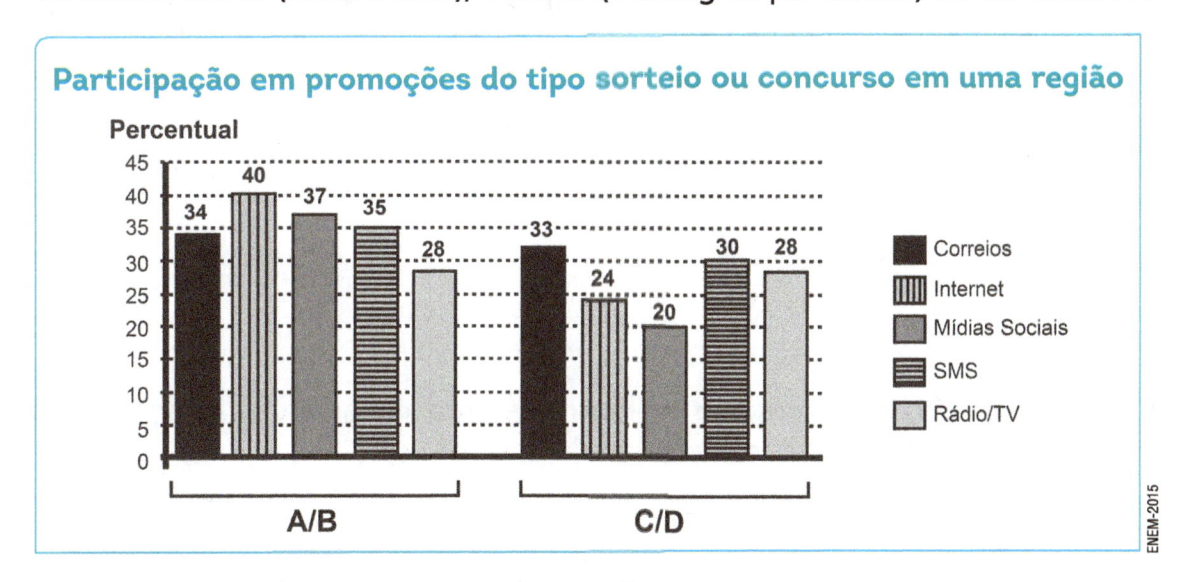

Participação em promoções do tipo sorteio ou concurso em uma região

Percentual

A/B: Correios 34, Internet 40, Mídias Sociais 37, SMS 35, Rádio/TV 28
C/D: Correios 33, Internet 24, Mídias Sociais 20, SMS 30, Rádio/TV 28

Uma empresa vai lançar uma promoção utilizando apenas uma categoria nas classes A e B (A/B) e uma categoria nas classes C e D (C/D).

De acordo com o resultado da pesquisa, para atingir o maior número de consumidores das classes A/B e C/D, a empresa deve realizar a promoção, respectivamente, via

a) Correios e SMS.
b) internet e Correios.
c) internet e internet.
d) internet e mídias sociais.
e) rádio/TV e rádio/TV.

12. (OBMEP-2017) O gráfico de barras mostra a distribuição dos alunos de uma escola conforme o tempo diário dedicado à leitura.

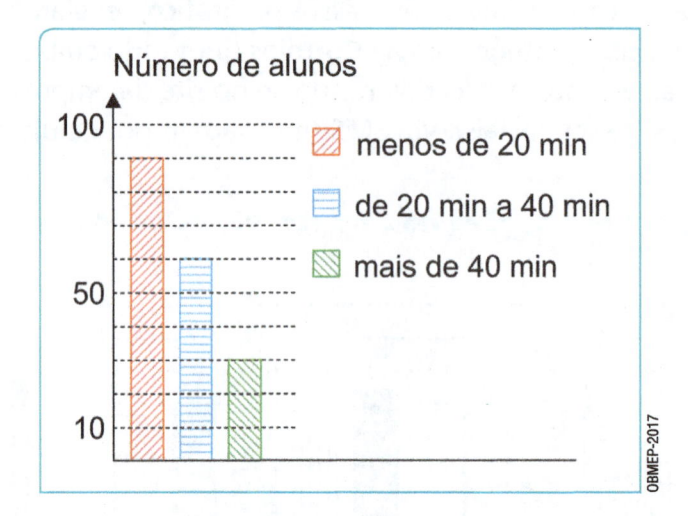

Qual é o gráfico de setores que melhor representa, em amarelo, a fração de alunos que dedicam à leitura no máximo 40 minutos por dia?

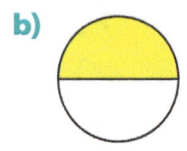

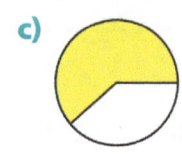

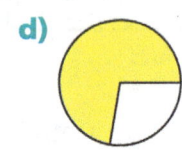

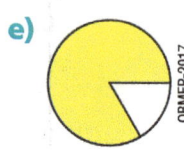

a)   b)   c)   d)   e)